U0904336

中国新城新区发展报告

冯　奎◎主编　郑明媚◎副主编

图书在版编目（CIP）数据

中国新城新区发展报告／冯奎主编，郑明媚副主编．—北京：中国发展出版社，2015.5

ISBN 978-7-5177-0119-4

Ⅰ.①中… Ⅱ.①冯… ②郑… Ⅲ.①城市—发展—研究报告—中国—2014 Ⅳ.①F299.2

中国版本图书馆 CIP 数据核字（2015）第 047750 号

书　　名：中国新城新区发展报告
著作责任者：冯　奎　郑明媚
出 版 发 行：中国发展出版社
（北京市西城区百万庄大街 16 号 8 层　100037）
标 准 书 号：ISBN 978-7-5177-0119-4
经 销 者：各地新华书店
印 刷 者：三河市东方印刷有限公司
开　　本：700mm×1000mm　1/16
印　　张：33.5
字　　数：490 千字
版　　次：2015 年 5 月第 1 版
印　　次：2015 年 5 月第 1 次印刷
定　　价：98.00 元

联 系 电 话：（010）68990630　68990692
购 书 热 线：（010）68990682　68990686
网 络 订 购：http：//zgfzcbs.tmall.com//
网 购 电 话：（010）88333349　68990639
本 社 网 址：http：//www.develpress.com.cn
电 子 邮 件：bianjibu16@vip.sohu.com

中国新城新区发展报告

学术顾问

陆大道　周成虎

主编/副主编

冯　奎　郑明媚

主要作者（按章节顺序）

冯　奎　虢建宏　顾朝林　Michel MICHEAU（法）
刘　璇　方　元　王若牛　Khoo Teng Chye（新）
윤상복（韩）　顾　强　闫学东　李传成　彭剑波
方创琳　段　进　郑明媚　李　建　钟笃粮　张　栋

支持机构

国家发改委城市和小城镇改革发展中心
新加坡宜居城市中心
资源与环境信息系统国家重点实验室
面向新型城镇化综合交通协同创新中心
中国新城新区论坛组委会
瞭望东方周刊社
横琴新区管委会
镇江经济技术开发区管委会
杭州未来科技城管委会
冀南新区管委会
威海南海新区管委会
渭北经济区——临潼现代工业组团管委会
港中旅集团
优博集团

前　言

这本《中国新城新区发展报告》，尽管还非常幼稚，存在不少问题，但作为主编，我们还是迫切地希望通过出版，最大限度地展示它的价值。

中国新城新区已经构成一个庞大的谱系，包括经济特区、经济技术开发区、高新技术产业开发区、保税区、边境经济合作区、出口加工区、旅游度假区、物流园区、工业园区、自贸区、大学科技园，以及产业新城、高铁新城、智慧新城、生态低碳新城、科教新城、行政新城、临港新城、空港新城，等等。截至2014年10月，县及县以上的新城新区数量总共超过3000个。其中国家级新区11个；各类国家级经济技术开发区、高新区、综保区、边境经济合作区、出口加工区、旅游度假区等约500个；各类省级产业园区1600多个；较大规模的市产业园1000多个；县以下的各类产业园上万计。

新城新区的价值与问题，皆始于其“新”。新，代表着成长，代表着新的生命力，代表着探索的方向。但也可能意味着稚嫩，意味着盲目性和冲动，意味着不完善与不健全。学术界对于新城新区已经作过一些研究，但是还远远不够。其中一点在于，我们缺少对新城新区进行全景式的现状呈现及趋势推演，缺少对发达国家新城新区的道路进行充分借鉴，缺少对新城新区主要类型进行冷静分析，缺少对新城新区的案例经验进行客观总结。概而言之，我们现在需要做一件极其基础性的工作，这就是要对新城新区是什么作出客观描述，然后才能对新城新区应该怎么样作出主观判断。

因此，尽可能地全面、客观，成为我们编辑这本报告追求的一个价值目标。

这本报告描绘了中国新城新区发展的现状与趋势。报告指出：新城新区是中国工业化、城镇化发展的重要支撑，惯性发展的力量依然强大；在新常态发展背景下，高层和管理部门释放出新城新区必须谋求转型发展的明确信号；各地近来积极实践探索，转型升级的方向已日渐清晰；展望未来，新城新区发展的政策体系正在迅速完善之中，中国新城新区将迎来新的发展阶段。报告对新城新区的十个发展趋势进行了全面的总结，提供了观察新城新区走向的基本框架，有利于理清主线，澄清认识。

报告重点探讨了产业新城、低碳生态新城、高铁新城、行政一体化新城、大学城等新城新区类型。在对这些“热点”新城新区类型进行描述时，研究者们一直秉持着冷静思考与判断的作风。这些作风有助我们理解：上述新城新区在风光无限时，依然有许多遮不住的问题。在遭受讥讽时，内在的发展依据仍然不能被全盘否定。

报告还提供了认识新城新区的国际视角。英国的“新市镇”开新城新区之先河，通过立法手段推进新城新区建设，至今仍富有启发；法国巴黎大区规划设计研究院对于40年后巴黎城市人口的严谨推算，一直仍让人叹服；美国公私合营的城市开发模式，具有借鉴意义；新加坡在城市化过程中探索建立的“宜居度框架”，带来方法论的价值；韩国首都圈第二期新城存在的种种问题，值得研读深思。

报告对中国若干新城新区进行了案例分析。这些案例有国家级新区横琴新区、国家高新区镇江新区；有立足于打造产业增长极的冀南新区，有致力于生态低碳经济区建设的威海南海新区；还有充满张力的杭州未来科技城。在这些案例分析中，一个核心问题始终被置于突出位置：新城新区如何通过机制体制改革，释放活力？如何通过制定科学的战略定位，激活区域竞争力？如何通过创新驱动，培植可持续发展的内生动力？报告作者结合案例新城新区的情况，给出了中肯建议，对于类似的新城新区同样具有参考价值。

为达到全面、客观，本报告的所有作者付出了辛勤而富有成果的劳动。报告总体结构得到陆大道院士、周成虎院士的指导，由冯奎研究员、郑明媚副研究员拟定并主持完成，案例部分由郑明媚副研究员拟定调研提纲并由各相关单位助助完成。

各章节的作者分别如下：

总论：冯奎，国家发改委城市发展中心研究员；虢建宏，中科院地理所博士后；钟笃粮，国家发改委城市发展中心助理研究员

第一至第三章：顾朝林，清华大学建筑学院教授、博士生导师

第四章：Michel MICHEAU，法国高等学院规划系主任、教授；刘璇，博士

第五章：方元、王若牛，美国城市规划学会注册规划师

第六章：Khoo Teng Chye（邱鼎财），新加坡宜居城市中心执行总监

第七章：윤상복（尹祥福），东義大学工科学院城市工程系教授

第八章：顾强，华夏幸福基业高级顾问、中国科学院科技政策与管理科学研究所博士后

第九章：闫学东，北京交通大学交通运输学院副院长、教授、博

导；李传成，武汉理工大学副教授

第十章：彭剑波，清华同衡规划设计研究院城市发展策划研究所副所长、博士

第十一章：方创琳，中国科学院地理所区域与城市规划设计研究中心主任、研究员、博导

第十二章：段进，东南大学建筑学院副院长、东南大学城市规划设计研究院总规划师、教授、博导；卢波，苏州市规划编研中心副主任、高级规划师；许业和，苏州规划设计研究院高级规划师

第十三章：课题组，横琴新区管委会协助

第十四章：课题组，杭州科技城管委会协助

第十五章：课题组，冀南新区管委会协助

第十六章：课题组，威海南海新区管委会协助

第十七章：课题组，镇江经济技术开发区管委会协助

附录1、附录2分别由北京大学城市与环境学院硕士研究生李京武、丁雨粟协助整理完成。

为客观平实地反映每位作者的研究与写作风格，本书主编仅对个别章节的内容提出了修改意见或者予以直接修改。全书存在的问题或每个章节存在的问题，希望读者不吝赐教。

目　录

总论
新常态与中国新城新区转型发展趋势

综观2014年，中国新城新区发展的基本特征是：新城新区是中国工业化、城镇化发展的重要支撑，惯性发展的力量依然强大；在新常态政策条件下，高层和管理部门释放出新城新区必须谋求转型发展的明确信号；各地积极实践探索，转型升级的方向已日渐清晰；展望未来，新城新区发展的政策体系正在迅速完善之中，中国新城新区将迎来新的发展阶段。

一、中国新城新区数量众多，已形成庞大体系

我们报告中所研究的中国新城新区，是一种广义上的新城新区。它是为了政治、经济、社会、生态、文化等多方面的需要，经由主动规划与投资建设而成的相对独立的城市空间单元。

从外延上，讨论比较多的中国新城新区包括：经济特区、经济技术开发区、高新技术产业开发区、保税区、边境经济合作区、出口加工区、旅游度假区、物流园区、工业园区、自贸区、大学科技园，以及产业新城、高铁新城、

作者：冯奎，国家发改委城市发展中心学术委秘书长、研究员，中科院地理所兼职研究员、博士后合作导师；虢建宏，中科院地理所博士后；钟笃粮，国家发改委城市发展中心助理研究员。

智慧新城、生态低碳新城、科教新城、行政新城、临港新城、空港新城，等等。

1. 新城新区数量众多、结构趋于完整，已形成庞大的体系

据不完全统计，截至2014年10月，县及县以上的新城新区数量总共超过3000个[①]。其中，国家级新区11个；各类国家级经济技术开发区、高新区、综保区、边境经济合作区、出口加工区，旅游度假区等约500个；各类省级产业园区1600多个；较大规模的市产业园1000多个；县以下的各类产业园上万计。

国家级新区成为新城新区的龙头。2014年，西咸新区、贵安新区、大连金普新区、青岛西海岸新区、成都天府新区等一批国家级新区相继成立。加上已有的浦东新区、天津滨海新区等，国家级新区总数达到11个，它们的规划统一由国务院审批实行，是体现国家战略的空间载体。

国家级的经济技术开发区、高新区，成为新城新区的骨干。截至2014年10月，国家级经济技术开发区有215个，国家级高新技术产业开发区有115个。此外，还有国家级的保税区、边境合作区、出口加工区，等等，它们在推动经济发展与体制创新上都发挥了骨干带动作用。

省（市）级各类新城新区成为新城新区系统的重要支撑。各省级层面的各类新城新区有1650个，较大规模的市级新城、新区1000多个。

---

① 新城新区的数量问题至今仍莫衷一是。陈嘉平在没有统计新城数量的前提下，研究提出，截至2014年全国共设经济特区7个、国家经济开发区171个、高新区141个，省级各类开发区1500个；此外，还有未经国家和省政府批准的各类开发区数千个。上海交通大学的一份报告显示，根据对全国新城新区进行的最新统计，广义全国新区2957个，狭义统计有545个，规划面积高达68000平方公里。参见本研究报告有关章节。造成新城新区在统计上无法统一的原因主要有四：①研究者的分类概念不统一。②省市级开发区有的未经有关部门批准。③新城类型多，变化较迅速。④部分新城新区是在已有新城新区上面的叠加，易造成重复统计。

表 1　　各省新城新区数目　　单位：个

省市	广东	山东	四川	安徽	江苏	河南	福建	浙江
数量	215	190	190	172	168	157	155	153
排名	1	2	3	4	5	6	7	8
省市	河北	湖南	湖北	贵州	黑龙江	辽宁	江西	山西
数量	152	148	138	121	119	118	105	99
排名	9	10	11	12	13	14	15	16
省市	陕西	广西	甘肃	吉林	云南	重庆	内蒙古	上海
数量	96	90	80	73	67	66	62	48
排名	17	18	19	20	21	22	23	24
省市	天津	新疆	宁夏	北京	海南	青海	西藏	澳门
数量	41	38	32	30	21	21	9	1
排名	25	26	27	28	29	30	31	32

其中，广东、山东、四川省新城新区数量最多。20 个省（市、自治区）达到平均每县（县级市、市辖区）1 个新城新区。广东新城新区县均数量最多，平均每县（县级市、市辖区）1.78 个。此外，山东、四川平均每县（县级市、市辖区）1.37 个、1.05 个新城新区。

中西部一些地区新城新区的数目增加较为明显。2014 年，为了强化新疆建设兵团的生产—生活功能，在 6 个“农牧团场”设置 5 家渠市（农六师师部）、图木舒克市（农三师师部）、阿拉尔市（农一师师部）、北屯市（农十师师部）和铁门关市（农二师师部）等县级新城市。

2. 新城新区成为重要经济增长极

东部主要国家级新区占所在市的 GDP 总量的 30% 以上。据统计推算，东部地区的上海浦东新区、天津滨海新区、浙江舟山群岛新区、青岛西海岸新区、大连金普新区等主要的国家级新区，2014 年 GDP 基本超过全市 GDP 总量的 30% 以上。相比较而言，中西部新城新区占全市 GDP 比重则较低。天府新区的比重最高，约占 15%，而贵安新区低于 2%。这表明，东部地区中，新城新区作为经济增长极的作用明显，中西部新城新区的增长极作用相对较小。

表 2　　11 个国家级新区的基本情况

国家级新区	上海 浦东新区	天津 滨海新区	重庆 两江新区	浙江舟山 群岛新区	甘肃 兰州新区	广州 南沙新区
2013 年 GDP（亿元）	6448.68	8020.4	1650	930.85	162	908
占全市 GDP 比重（%）	30	56	13.03	100	8.9	5.9
国家级新区	陕西 西咸新区	贵州 贵安新区	青岛西海 岸新区	大连 金普新区	成都 天府新区	
2013 年 GDP（亿元）	400	35	2266	2752	1400	
占全市 GDP 比重（%）	8.2	1.7	28.3	36	15.4	

国家级高新区与经济开发区贡献的 GDP 占全国的近 1/4。2014 年 8 月，114 家国家高新区实现工业总产值 19.7 万亿元，实现增加值 5.8 万亿元，占全国 GDP 比重达 10% 以上；工业增加值占同期全国第二产业增加值比重 16%，出口创汇占同期全国外贸出口总额的 16.9%，上交税额 1.1 万亿元，出口总额 3700 亿美元。

从 2014 年 1－9 月份的数据看，全国 215 家国家级经济技术开发区，实现地区生产总值超过了 5.6 万亿元人民币，占全国的 13.4%，财政收入超过了 1 万亿元，税收收入是 9089 亿元，同比分别增长了 15% 和 13.3%。增幅分别高于全国 1.8 和 5.9 个百分点。作为开放的平台，国家级经济技术开发区实际使用外资和外商投资再投资金额是 2841 亿元，同比增长 8.6%，实现了进出口总额超过了 4 万亿元，同比增长了 15.1%。

3. 新城新区空间分布较为集中，与城镇化主体形态比较吻合

从全国来看，据不完全统计，东部、中部、西部、东北省级和市级以上较大的新城新区数量分别是 1173 个、819 个、872 个、310 个。

长三角、珠三角、京津冀、成渝、中原、长江中游、哈长等七个城市群集聚了 1473 个新城新区，占全国新城新区总数的 46.9%。

如以两横三纵为中心建立 25 平方公里的缓冲区，缓冲区面积为 64.66 万平方公里，占全国总面积的 6.7%。缓冲区内新城新区共有 744 个，占全国的

23.7%。这说明，新城新区的空间布局，符合中国城镇化主体形态发展的方向。

表 3　　新城新区在主要城市的分布

城市群	新城新区（个）	备注
长三角	436	上海、南京、苏州、无锡、常州、徐州、镇江、扬州、南通、泰州、淮安、盐城、连云港、宿迁、杭州、宁波、嘉兴、湖州、绍兴、台州、金华、温州、丽水、衢州、舟山、合肥、芜湖、滁州、马鞍山、淮南
珠三角	95	广州、深圳、香港、珠海、惠州、东莞、肇庆、佛山、中山、江门、澳门
京津冀	223	北京、天津、石家庄、张家口、秦皇岛、唐山、保定、廊坊、邢台、邯郸、衡水、沧州、承德
成渝	150	成都、绵阳、德阳、眉山、遂宁、内江、南充、资阳、简阳、自贡、广安、达州、重庆主城区、涪陵、合川、永川、江津、大足
中原	74	郑州、洛阳、开封、新乡、焦作、许昌、漯河、平顶山、济源
长江中游	395	武汉、黄石、黄冈、鄂州、孝感、咸宁、仙桃、天门、潜江、宜昌、荆州、荆门、长沙、岳阳、常德、益阳、株洲、湘潭、衡阳、娄底、南昌、九江、景德镇、鹰潭、上饶、新余、抚州、宜春、吉安、合肥、芜湖、马鞍山、铜陵、安庆、池州、滁州、宣城、六安、淮南、蚌埠
哈长	100	哈尔滨、长春、吉林、大庆、齐齐哈尔、牡丹江、延吉、四平

4. 超大型新城新区现象突出

据不完全统计，截至 2014 年 10 月，全国超 1000 平方公里的新城新区数量有约 25 个。其中，在各省（市、自治区）中面积排名第一的新城新区，16 个超过 1000 平方公里。武夷新区、新疆米东新区、大连金普新区的面积分别达到 4132 平方公里、3407 平方公里、3357.6 平方公里。

尤其值得关注的是，2014 年全年，4 个国家级新区相继获批，总面积超过

8650 平方公里，超过 1992～2012 年所有获批其他新城新区面积总和（此处不计入舟山群岛新区）。

5. 新城新区是城镇化的重要平台，但部分新城新区人口密度较低

以北京与上海为例，2005～2014 年，北京新增加的常住人口中 40% 以上集中在城市发展新区。上海浦东新区是我国开发进度最快、人口增长最猛的新区之一。1990 年第四次人口普查时，浦东新区的常住人口为 138.82 万人，占上海市总人口的 10.4%；2014 年浦东新区常住人口 550 多万，占上海市总人口的 23%。

也要看到，新城新区人口密度较低的现象十分突出。从各省级单元面积排名第一的新城新区来看，25 个新城新区的人口密度均低于每平方公里 1000 人，其中有 10 个新城新区每平方公里只有 500 人以下。兰州新区 806 平方公里，人口 10 万人，曹妃甸新区 1869.4 平方公里，人口 22 万人，这些新城新区每平方公里都只有 100 多人。

表 4　部分新城新区的面积与人口

省份	新区名称	面积（平方公里）	人口（万人）
广东	茂名滨海新区	1688	180
山东	青岛西海岸新区	2096（陆域），5000（海域）	171
四川	成都天府新区	1578	580～630
江苏	南京江北新区	2438	168
安徽	马鞍山博望新区	332	20
河南	大郑东新区	1806.4	206.5
福建	武夷新区	4132，539（中心城区）	66（中心城区）
浙江	舟山群岛新区	1440（陆域），2.08 万（内海海域）	112.1
河北	曹妃甸新区	1869.4	22
湖南	长沙湘江新区	1200	135

续表

省份	新区名称	面积（平方公里）	人口（万人）
湖北	汉口北新区	1000	50
贵州	贵安新区	1795	73
黑龙江	七台河金沙新区	487	12
辽宁	大连普湾新区	3357.6	100
江西	红谷滩新区	350	140
山西	太原南部新区	260	105
陕西	西咸新区	882	150
广西	南宁五象新区	275	150
甘肃	兰州新区	806	10
吉林	长春空港经济区	423	30
重庆	两江新区	1200	350
内蒙古	呼和浩特新城	700	58
上海	浦东新区	1210.4	550
天津	滨海新区	2270	263
新疆	米东新区	3407	29.8
云南	呈贡新区	541	40
宁夏	宁东化工产业园	645	7
北京	亦庄新城	508.5	70
海南	洋浦经济开发区	69	6
青海	德令哈工业园区	92.67	10
西藏	拉萨东城新区	75	7～8.5
澳门	澳门新城区	7.3	11～12

6. 以低碳、生态、智慧为内容的新城新区发展迅速

截至2014年10月，全国提出低碳、生态城相关建设目标的地级城市已达380个，占全国城市总数的57.6%。此外，全国超过70%的地级城市提出智慧城市的概念。这类低碳、生态、智慧新城新区往往是在原有城区功能上的叠加与深化，体现了新城新区正向集约高效的方向上迈进。

二、推动新城新区不断发展的主要因素

从英国、法国、美国、韩国、日本、新加坡等来看，新城新区都曾经在这些国家出现过，并且还正以新的形式出现。若从改革开放开始算起，新城新区在中国历时 35 年，一轮热潮接着一轮热潮向前发展，最根本的原因是新城新区成为中国工业化、城镇化、信息化、农业现代化的重要空间平台与单元，全面地参与到中国的现代化进程之中。只有抓住这个原因，才能真正深入理解中国新城新区合理性、内生动力，才能真正理解为什么宏观政策不断变化，但新城新区发展仍然存在着强大的惯性力量，数量上不断增加。

1. 新城新区是中国推动经济增长的发动机

中国自 20 世纪 70 年代末改革开放之后，面临的最大的目标是要以经济建设为中心，迅速做大经济总量。新城新区可以为工业提供空间，能够通过特殊优惠的政策吸引外资，灵活地进行中外企业合作，是名副其实的经济增长的“发动机”，因而成为各地推动经济增长的“法宝”。20 世纪 80 年代以来，在各级政府推动下，全国由南向北、由东向西普遍设立各类经开区、高技术园区，后来又有保税区、边境经济合作区、旅游度假区，等等，政府行为的内在动因中有一条就是推动经济增长。

相比较来看，美国、英国、日本等国家，在新城新区发展中，也有推动经济增长、促进经济发展的原因考虑，但是由于体制不同，都没有像中国这样通过政府行为，并借助大规模建立各类新城新区的形式。例如，美国 1880 年始建的普曼（Pullman）是工业革命以来第一座具有一定规模的相对完整社会功能的工业新城，也是美国现代新城的起源。建立工业新城的目的之一是资本家希望通过改善工厂环境，提高企业产出效率，实现资本双赢。又如，英、法建立新城的主要目的中，经济发展并不是最为主要的原因。

2. 新城新区是中国城镇化发展的重要载体

中国改革开放之初，城镇化率只有 18%。由于长期以来实行城乡分割的二元户籍管理制度，农村人口难以进城生活与就业。改革开放之后，一系列制度探索与突破，逐渐打破了这一藩篱：大量农村剩余劳动力进城打工，成为农民工；通过就业、升学等途径进入城镇并且留在城镇的人口不断增加。本世纪以来的头十年，城镇化率年均增长 1.35 个百分点，每年新增城镇人口 2200 万人。截至 2013 年底，中国城镇化率达到 53.7%，城镇人口数量为 7.4 亿人。2020 年将达到 60%，未来 20～30 年，还将有 2 亿～3 亿人成为城镇人口，城镇人口有望达到 10 亿。

中国是世界上人口规模最大的国家。在过去 30 多年的区间范围内，中国也是城镇化数量规模最大的国家。中国相对较好地解决了新增城镇人口去向的问题，基本的途径就是老城区消化一部分人口，另外通过新城新区的建设承载了大量进城人口。典型的例子就是北京，通过新城新区建设，吸纳了四成新增城镇人口。

3. 新城新区提供了解决既有城市问题较为可行的方案

自英国建造新城开始，通过新城新区解决既有城市病问题，一直就是新城新区的重要使命。例如，19 世纪末，英国的工业城市人口密度过大、交通阻塞、空气污染、绿色缺乏，建设绿树环绕的新城成为一项选择。

中国新城新区针对和解决的问题主要有：

——缓解大城市人口压力的问题。上海、广州等特大型城市，主要通过建设卫星城的方式来疏导人口。

——产业疏导问题。例如首钢外迁至唐山市曹妃甸，河北省就在唐山市建立了曹妃甸新区。

——居住问题。在一些城市周边出现了以房地产开发为主的新城，其主要功能就是居住。

——旧城改造与保护问题。如苏州市老城区东西两侧分别开发建设有新加坡工业园和苏州新区，新区发展与旧城保护相结合，取得了较好的效果。

——发展空间的限制问题。如杭州由于西湖及山体的限制，在建成区西南发展受到限制，最终制定了跨江发展的战略，建设钱江新城成为新的城市中心。

4. 新城新区是城市建立或提升新的功能区的重要平台

区域发展环境发生重大变化之后，一些城市面临行政区划调整，或者需要进行新的功能定位，新城新区往往成为发展新功能的新空间。例如：

——围绕新的行政中心建立新城。城市的行政中心位置迁移后，需要进行部分新城建设以满足需要。例如合肥市将行政中心南移，建立了滨湖新区以满足需要。

——高铁新城。一些地方围绕高铁站点建立了高铁新城。

——港口等重大项目需要新城配套。例如为了建设上海国际航运中心，洋山港项目启动，上海芦潮港项目据此立项、规划并建设。

——科教新城、生态新城、低碳新城等。例如为了进一步引进海外人才，为科技孵化创造好的空间平台，浙江省杭州市规划建设了未来科技城。近年来，许多城市兴建了生态新城、低碳新城，以此探索新型城镇化的发展方向。

三、问题突出，引发政府部门与社会各界高度关注

1. 新城新区发展出现的一些突出问题

中国新城新区数量上不断增多、面积不断扩大，除了内在合理性的因素之外，也还有一些地方政府行为上非理性的因素，例如：

——地方政府求新、贪大、求洋。有的地方领导甫一上任，首先要做的事就是雄心勃勃重新谋划建新城、造新区，而且一出手必定要讲究要大手笔、大气魄、大尺度。

——低价获取土地是空间无序扩张的主要原因。地方政府可以超低价从农民手中征得土地，导致土地使用粗放，助长了新城新区在空间上的无序扩张。

——政府投资、金融资本注入是新城新区发展的重要推手。政府不计债务规模及后果的投融资开发模式为“造城运动”推波助澜。

——对新城新区缺乏有力的调控与规范，使得新城新区在政策体制的罅隙里野蛮成长。

以上动因多年来同时存在，导致新城新区在一些地方过度性的扩张，由此带来一些问题，引发广泛的关注。

（1）新城新区数量过多，或有城无产，或有城无人

有的地方不顾实际，盲目规划建设新城，导致部分新城有城无产或有城无人，成为空城、鬼城、死城。这些新城既有临港新城、三四线城市的新区，也有沿海地区部分号称“生态”、“低碳”的新城新区，还包括各地竞相发展的高铁新城新区。

2014 年有媒体发布“中国大陆城市‘鬼城’指数排行榜（2014）”，50 个地级城市榜上有名，它们的城区人口与建成区面积之比小于 0.5 或略高于 0.5，即 1 平方公里人口只有不到 5000 人，小于国家住建部的城市用地标准（即每 $1km^2$ 建成区容纳 1 万人口）。排名靠前的某城市每平方公里建成区只有 700 人。

2000～2010 年，城市土地扩张了 83.41%，人口仅仅增加了 45%，土地城镇化是人口城镇化的 1.85 倍。

（2）工矿用地比例过高，土地处于低效利用的状态

2013、2014 年连续两年的中国城镇化高层论坛上，土地资源低效利用的问题成为讨论的热点。中央财经领导小组办公室副主任杨伟民、国土部副部长胡存智等提出，我国工业用地比例达到了 26%，珠三角、长三角的一些城市甚至达到 40%、50%，而纽约只有 7%、香港只有 6%、伦敦只有 2.7%、新加坡只有 2.4%。目前城镇工矿建设用地中，处于低效利用状态的 5000 平方公里，占全国城市建成区的 11%。

新城新区在土地利用方面，主体功能定位不清、空间布局混乱、空间利用效率不高的问题，成为较为普遍的现象。中央财经领导小组办公室提供的数据是，我国城市建成区 4.3 万平方公里，建制镇 3.38 万平方公里，农村居民点已有 16.5 万平方公里，还有各类开发区，其中，国家和省级的开发区是 9949 平方公里，县级开发区更是数不胜数，甚至超过国家和省的开发区。

（3）有的地方政府不计成本进行开发，债务规模过大

综观中西方国家，新城开发其实都面临着融资的巨大问题。例如，美国新城开发的成功要素就是市场时机、区位、融资、开发商、企业、管治。新加坡新城开发的 5 项原则之一是与市场合作。在这些国家或地区，债务融资在逻辑上将推动基础设施和服务得到改善，而后者又能促进经济发展，导致财产价值更高，使得地方政府的税收收益增加，提高其偿还债务能力。

但中国在新城新区开发过程中，政府主导性色彩较浓。政府没有信用评价等级，且又具有统筹协调各类资源的巨大优势，这使得中国地方政府在新城新区投资中，不计成本、责任不清、管理混乱、不用承担后果等现象十分突出。

当以上现象与中国独特的“土地财政”融资模式结合在一起的时候，问题可能趋于螺旋式的恶化。中国科学院地理科学与资源研究所的一项研究表明，在现行财政体制下，地级市财政收入的约 30% ~35%、县级市和县财政收入的约 50% ~70% 来源于土地出让和房地产开发收入，这是一种典型的土地财政。一旦停止政府供地，政府就可能“断奶”，财政就难以持续。为避免财政危机，政府就会千方百计地通过多种途径出让土地。近些年愈演愈烈的地方融资平台的负债规模日渐增加，一届政府接着一届政府扩大地方融资和负债规模，出现了“新官不理旧财”、“借钱没想还钱”的可笑潜规则。

（4）新城新区千城一面，缺乏独特的定位与鲜明的个性

相比较西方发达国家每座新城新区数十年的建设历史，我国正在建设的新城新区，规划、开发、建设的时间都比较短，存在着急功近利的行为。新城新区在规划理念上照搬照抄的现象严重，用标准化的方式组建新城新区的方式突出。一些新城新区的基本配件就是高大巍峨的行政办公楼作为门面，一排排标准化的工业厂房充斥其中，马路宽广、花坛四处摆放。在新城新区这张白纸上，没有特色和个性，看不到历史文化沉淀。

除了表象上的千城一面，就是功能定位上的雷同。京沪高铁平均不到30公里就一个站点，以时速300公里计算，12分钟就要停靠一个站点。高铁新区普遍性定位就是发展工业园区、物流园区。在现有规划中，往往是一堆华丽的辞藻描绘着未来高端商务区、商贸流通区以及未来城市中心的远景形象。例如，在能够找到明确城市定位的29座高铁新城中，有20座都提出要发展商务中心、高端服务业，明确提出要建设新的城市中心的则有11座。

（5）新城新区缺乏顶层设计与科学规划

2013～2014年，国家发展改革委城市和小城镇改革发展中心进行了新城新区专项研究。该机构的研究认为，各地热衷于新城新区建设，大搞所谓的“城市综合体”，说明地方政府在理解中央城镇化政策上出现了严重的偏差，很有可能影响到未来城镇化有关政策的落实，特别是针对农民工市民化问题、城市发展模式转变等问题。社会上对地方的作法反响也十分强烈，担心是又一轮“城镇化投资大跃进”。如果不及时规范和引导，也必定造成社会的不良反响，加剧大拆大建所引发的社会矛盾。为此，他们建议：

——要对各地的新城新区建设和规划，组织综合类的专家队伍进行调查，提出意见，统一清理；

——要充分发挥市场配置资源的作用，切忌行政推动。特别是要防止政府的一把手主观拍脑袋的决策；

——要建立约束机制，通过制度建设和责任追究机制，规范政府决策者的行为；

——中央和各地政府，要按照新型城镇化发展要求，精心打造一批试点，总结经验，加以推广；

——要加强对城镇政府负责人在城镇管理方面的培训，提高对经济规律、市场规律和城市发展规律的认识；

——要加强宣传和引导，推广正面典型，介绍好的国内和国际经验，通过各种形式，形成示范效应。

上海交通大学城市科学研究院院长刘士林教授提出，在应用研究和规范管理的层面上，要研究和出台专家版《中国新城新区规范管理办法》，为国家规范新城新区政策的落地及地方政府的实际操作提供客观理性的参照。其重点包括三方面：一是要形成《中国新城新区建设总体规划纲要》，二是要出台《中国新城新区建设与规范详规》，三是要制定《新城新区治理和规范办法》。

新城新区发展中存在的问题，引发社会各界的普遍关注。《人民日报》2013年9月3日头版《土地浪费住房闲置资金套牢 圈地“造城”虚火当降》及同日视点版《“造城”吹出多少泡沫》为标志，对我国新城新区发展中出现的问题进行了批评。2013年下半年以来，新闻媒体对于新城新区的报道越来越密集①。

四、新城新区必须转型发展，中央和有关部委释放重要政策信号

1. 新城新区发展面临新常态，将步入稳定性周期

2014年5月，习近平在河南考察时指出，我国发展仍处于重要战略机遇期，我们要增强信心，从当前中国经济发展的阶段性特征出发，适应新常态，保持战略上的平常心态。

新常态背景下，经济的最大特点是速度“下台阶”、效益“上台阶”。先

---

① 相关文章与新闻报道包括：《“造城盛宴”风险大》、《“造城盛宴”：地方新城建设过多、规模过大》、《新城建设几多欢喜几多忧》、《中国144地级市规划建200余新城新区造城运动引质疑》、《治理造城之风到了必须下猛药的时候了》《解析“造城盛宴”：官员经手百亿项目受益很大》《造城盛宴背后乱象：新城变鬼城烂尾泡沫丛生》《“鬼城”来袭：新城新区背后的隐忧》、《新城泛滥绑架地方债务警惕变相“圈地”》、《新城建设应避免“合成谬误”》、《新型城镇化下的产业新城建设思路》、《造城不是城镇化》等，参见 http：//www. chinacity. org. cn/csfz/csjs/161485. html。

围绕新城新区的一系列高层论坛，也对新城新区发展进行了理性的分析，其中不乏批评的声音。例如，2014年4月，一年一度的中国城镇化高层国际论坛在上海举办，其间举办了较高规格的“中国新城新区发展论坛”，新华社、人民日报、中央电视台、《经济参考报》等对“中国新城新区发展论坛”进行了集中报道。《经济参考报》等以《地方政府“造城”冲动恐致灾难》援引中财办副主任杨伟民、国家发改委城市中心主任李铁等领导、专家的发言，对新城新区建设中存在的问题进行了批评，再一次引起人们对新城新区发展的热烈讨论。

进生产力将不断产生和扩张，落后生产力将不断萎缩和退出，而不是以往那样只要讲到生产力，就一定会有空间布局支撑，会找到由头与名义。

从过去30多年的经验来看，新城新区发展与中国工业化、城镇化的进程相耦合。新城新区的快速发展是快速工业化、城镇化的支撑性力量，同时，快速工业化、城镇化进程也为新城新区的激增提供了极为有利与宽松的环境。在新常态的发展条件下，中国工业化、城镇化的进程将从速度优先型向质量优先型转变，速度优先型的政策体系面临极大调整。这样，一些打着新城新区名义的“政绩工程”、“面子工程”、“鸡肋工程”、“低效工程”，将不再受到政绩激励与政策鼓励，甚至会受到限制。

2.《国家新型城镇化规划（2014－2020年）》将新城新区纳入统一规划管理

2014年3月颁布的《国家新型城镇化规划（2014－2020年）》提出，要严格新城新区设立条件，防止城市边界无序蔓延。因中心城区功能过度叠加、人口密度过高或规避自然灾害等原因，确需规划建设新城新区，必须以人口密度、产出强度和资源环境承载力为基准，与行政区划相协调，科学合理编制规划，严格控制建设用地规模，控制建设标准过度超前。

规划提出，要统筹生产区、办公区、生活区、商业区等功能区规划建设，推进功能混合和产城融合，在集聚产业的同时集聚人口，防止新城新区空心化。加强现有开发区城市功能改造，推动单一生产功能向城市综合功能转型，为促进人口集聚、发展服务经济拓展空间。

《国家新型城镇化规划（2014－2020年）》中专门设章节进行新城新区规划，一方面提升了新城新区发展的战略意义；另一方面对政出多门的新城新区规划思路进行了统一。国家新型城镇化规划提出严格新城新区设立条件，将对未来新城新区发展产生方向性的影响。

3. 新城新区用地受到严控，进入到有规必依、无地可建的阶段

国土部于2014年9月下发《关于推进土地节约集约利用的指导意见》，提出建设用地总量要得到严格控制。实施建设用地总量控制和减量化战略，城乡建设用地总量控制在土地利用总体规划确定的目标之内，努力实现全国新增建设用地规模逐步减少，到2020年，单位建设用地二、三产业增加值比2010年翻一番，单位固定资产投资建设用地面积下降80%，城市新区平均容积率比现城区提高30%以上。

指导意见提出，土地利用结构和布局要不断优化。实施土地空间引导和布局优化战略，完成全国城市开发边界、永久基本农田和生态保护红线划定，引导城市建设向组团式、串联式、卫星城式发展，工业用地逐步减少，生活和基础设施用地逐步增加，中西部地区建设用地占全国建设用地的比例有所提高。

尤其是，该意见提出要严控城市新区无序扩张。严格城市新区用地管控，除因中心城区功能过度叠加、人口密度过高或规避自然灾害等原因外，不得设立城市新区；确需设立城市新区的，必须以人口密度、用地产出强度和资源环境承载能力为基准，以符合土地利用总体规划为前提。按照《城市新区设立审核办法》，严格审核城市新区规划建设用地规模和布局。制定新区用地扩张与旧城改造相挂钩的方案，促进新旧城区联动发展。

《关于推进土地节约集约利用的指导意见》的有效期是8年，也意味着自现在起至2022年，新城新区的建设用地总体上处于严控状态。一些地方新建、扩建新城新区的雄心壮志将遭遇必须有规必依、无地可建的现实窘境。

4. 债务风险受控，举债造城不计后果的情况受到遏制

2014年8月，新《中华人民共和国预算法》获通过，并将于2015年1月1日起施行。新《中华人民共和国预算法》堵偏门开正门，规定地方政府可以在国务院确定的限额内，通过发行债券的方式筹措资金。

2014 年 10 月，国务院办公厅首次发出《关于加强地方政府性债务管理的意见》。《意见》提出，赋予地方政府依法适度举债融资权限，加快建立规范的地方政府举债融资机制。同时，坚决制止地方政府违法违规举债。意见提出，要防范风险。牢牢守住不发生区域性和系统性风险的底线，切实防范和化解财政金融风险。

工业园区、开发园区自设的部分平台公司将失去设立依据，受到的冲击较大。这意味着地方政府在未来新城新区开发中，必须考虑政府与市场相结合的方式，对于政府债务风险有较强的防范意识与防范措施。大面积扩张式建设新城新区的现象将失去投融资的支持。

5. 清理规范税收等优惠政策，使政府之手的作用受限

2014 年 12 月，国务院颁发《关于清理规范税收等优惠政策的通知》，提出全面规范税收等优惠政策，有利于维护公平的市场竞争环境，促进形成全国统一的市场体系，发挥市场在资源配置中的决定性作用；有利于落实国家宏观经济政策，打破地方保护和行业垄断，推动经济转型升级；有利于严肃财经纪律，预防和惩治腐败，维护正常的收入分配秩序；有利于深化财税体制改革，推进依法行政，科学理财，建立全面规范、公开透明的预算制度。

通知提出要统一税收政策制定权限，规范非税等收入管理，严格财政支出管理。未经国务院批准，各地区、各部门不得对企业规定财政优惠政策。对违法违规制定与企业及其投资者（或管理者）缴纳税收或非税收入挂钩的财政支出优惠政策，包括先征后返、列收列支、财政奖励或补贴，以代缴或给予补贴等形式减免土地出让收入等，坚决予以取消。其他优惠政策，如代企业承担社会保险缴费等经营成本、给予电价水价优惠、通过财政奖励或补贴等形式吸引其他地区企业落户本地或在本地缴纳税费，对部分区域实施的地方级财政收入全留或增量返还等，要逐步加以规范。

五、步入新常态，未来新城新区的发展将呈现十个方面的转型特征

2014 年对于中国宏观经济以及新城新区发展都是极其重要的一年。中央决策层面首次提出中国经济步入发展新常态，新城新区面前的政策环境、竞争环境迥异于从前。我们认为，在内因外因的作用之下，中国新城新区发展将呈现出十个方面的转型特征。

1. 新城新区的定位从模糊状态转向清晰明确

新城新区在发展中有成绩，也有问题。国家级层面的规划以及多个部委的政策文件，着眼于中国新城新区在经济社会中的战略角色，进行规划与指引。从本质上说，社会各方面指出新城新区存在的问题，恰恰说明新城新区战略地位之重要、发展好新城新区意义之巨大。

与发达国家的新城新区不同，中国的新城新区是整个国家工业化、城镇化发展战略的重要组成部分，将在未来发挥着不可或缺的历史性作用。以国家级新区为龙头，以国家级经济技术开发区、国家级高新技术产业区等为骨干，以各省（市、自治区）的开发区、工业区，各类新城为基础支撑的新城新区，将成为国家战略的重要组成部分。

2014 年，国务院办公厅《关于促进国家级经济技术开发区转型升级创新发展的若干意见》明确，国家级经开区要建设成为带动地区发展和实施区域发展战略的重要载体，成为构建开放型经济新体制和培育外资新优势的排头兵，成为科技创新与绿色集约发展的示范区。

2014 年，国家高新区管理部门提出 2020 年国家高新区战略提升行动的总体目标：到 2020 年，努力将国家高新区建设成为自主创新的战略高地，培育和发展战略性新兴产业的核心载体，转变发展方式和调整经济结构的重要引擎，实现创新驱动与科学发展的先行区域，抢占世界高新技术产业制高点的前

沿阵地，充分发挥国家自主创新示范区、国家高新区的核心载体作用，以更强大的创新能力服务于创新型国家建设。

2. 新城新区已建构起较为完整的体系，数量增长趋于减缓，进入稳定发展时期

截至目前，我国已形成包括3000个多新城新区在内、多层次多类型的新城新区体系。步入新常态，经济增长的速度有所放缓，工业化、城镇化高速增长时期已经结束。新城新区从总体而言将进入内涵式增长的新阶段。由此，我国新城新区的数量将趋于稳定，增速有所减缓。

类型1：处于消化时期，基本不增。比较突出的是大学城。1999年开始开发的“廊坊大学城”至今仍成为人们批评的对象。此后，全国共兴建有50多座大学城，普遍问题是炒作概念、使用率较低。考虑到大学入学人数趋稳甚至降低的基本情况，这类大学城不可能再有较多增加。

类型2：极少量的增加，但影响力巨大。国家新区在开发时序上具有从东部沿海逐渐向内陆转移的趋势。考虑到国家战略的需要，未来还可能会在一些重要的功能区，或者是重要战略位置上设立国家新区。

类型3：基本稳定、缓慢增长。国家高新区自1998年开始兴办。截至2012年，总数达到114家，范围遍及全国内地除西藏之外的所有省、自治区、直辖市。1988年批复1家，1991年批复26家，1992年批复26家，1997年批复1家，2007年批复1家，2009年批复2家，2010年批复26家，2011年批复5家，2012年批复17家，2014年批复9家。

截至2014年6月，全国共有国家级经济技术开发区215家，内地每个省区市均有分布。其中江苏省最多，有25家，其次是浙江20家，山东15家。国家级经开区经由摸索发展时期、高速发展时期、稳定发展时期，已进入基本稳定期。

类型4：有较多增长，随后减缓。2014年统计出中国沿线已规划或在建高铁新城约120个，已建设较为完备的高铁新城49个，在东部沿海区域与南部发达地区分布尤为密集。我国仍处于城镇化较快发展阶段和高速铁路大发展时

期，预计高铁新城仍会有较多增长，但之后将趋于减缓。

类型5：持续增长，具有方向性意义。这主要指的是各种用市场化手段，或者是以市场开发为主，并与政府相结合建设起来的各类小型化的新城新区，例如智慧新城、低碳生态新城。

3. 从粗放走向集约、从低效迈向高效成为转型的主要内容

在土地利用方面，未来新城新区的土地管理将会日趋严格，增量严控、存量盘活的方向基本确定。土地开发利用的动态监管将会进一步加强，闲置、低效利用土地的成本增大。

在资源节约、环境准入门槛方面，未来将会更加严格。在此前提下，新城新区未来的一个方向就是大力发展节能环保产业，提高能源资源利用效率，减少污染物排放，防止环境风险。

总的来说，步入新常态的发展环境，经济指标方面的要求仍然是新城新区发展的重要内容，但已不是唯一内容。有关部门提出要进一步完善《国家级经济技术开发区综合发展水平评价办法》，把创新能力、品牌建设、规划实施、生态环境、知识产权保护、投资环境、行政效能、新增债务、安全生产等作为考核的主要内容，核心思想就是引导国家级经开区走质量效益发展之路。

4. 产城融合成为新城新区主要空间布局形式，融合的水平与程度由低到高

在新城新区发展过程，产城关系有四种类型，即有产无城、有城无产、产城低端结合、产城融合高度发展。

有产无城的现象，主要是指一些工业区、产业区定位于产业发展，但没有城市功能的配套。这类新城新区存在的问题是：公共服务尚不完善，生产的空间、生活空间相分离；生态空间较小或水平较低。

有城无产的现象，主要是一些大面积开发的楼盘项目，只具备居住功能，没有相应产业导入，沦为卧城。

产城低水平融合的现象主要出现浙江、广东等地设在县、市的新城新区。这些新城新区沿袭了以往“产业集聚区（产）+小城镇配套（城）”的发展模式，它们大量依靠劳动力，技术水平较低，有的污染较为严重。

产业高水平融合是未来新城新区发展的重要方向。当前，一方面要提高现有新城新区产城融合的程度。例如，对有产无城的新城新区可以采取以下措施：解决好交通可达性，给新城新区居民工作生活带来便利，培育公共服务机构，开展园林绿化，引进教育医疗机构，发展休闲旅游产业，等等。

另一方面，也更重要的是，在新型的新城新区规划建设过程中，要以产城融合作为重要的空间布局任务与方向。为此，需要注意以下几点：

一是要划小新城新区的开发规模，合理预计人口增量。

二是要科学选址。所有新城新区都有所依托。以大城市为中心的郊区化新城，其与都市区核心区的通勤时间一般在 40 分钟左右，距离宜在 20 公里左右。以特大项目为中心发展起来的新城，一般可以规划设计，提供大量就业岗位。具有一定资源优势的小城镇发展起来旅游型新城，要在吸引流量人口方面多下功夫。新城新区还可以依托老城区人口与产业进行发展。例如青岛经济技术开发区的范围扩大到黄岛全区时，并没有把岛上的居民迁走，而是建设了新的居住区，并发展服务业。

三是科学规划生产、生活、生态的空间组合布局。例如天府新区在规划中提出，要依据主导产业和生态隔离划定六个产城综合功能区，集聚新型高端产业功能，并独立配备完善的生活服务功能。各功能区内按照产城一体的模式，强化城市功能复合，生活区安排与产业区布局相适应，形成产业用地、居住用地和公共设施用地组合布局、功能完善的功能单元。

四是注重区域文化与创新氛围的塑造，提高新城新区的知名度、美誉度等。

5. 政府与市场协作的开发模式将会得到更加广泛的利用

政府主导型的新城新区开发模式，优势在于布局合理，环境完善，招商目标明确，有利于形成优势集群；存在的问题是行政力量过于强大会阻碍新城新区发展，另外政府可能产生开发资金不足的问题。

市场主导的新城新区开发模式，优势是符合市场规律，能够充分满足市场需求，能够形成良好的产业体系，但存在自发性和无序性，缺乏统一规划，缺乏统一的开发机制，开发建设较为分散。

政府与市场协作，通过发挥两种机制的优势进行新城新区的开发建设，能够最大限度地化解问题，积累优势，但同时也存在着参与主体较多，管理难度较大的问题。

政府与市场协作需要较好的制度环境与保障条件。当前，围绕进一步完善公私合作（PPP）模式，有关方面正在积极工作。学界对 PPP 还没有统一的定义，但共识是，公共工程领域政府和非政府主体供应合作，实现有效供给。相关模式包括，BOOT 方式（建设—拥有—运营—移交），BOO 方式（建设—拥有—运营），BLT 方式（建设—租赁—移交），BOOST 方式（建设—拥有—运营—补贴—移交），BTO 方式（建设—移交—运营等）。PPP 是一种管理模式，而不是简单的融资方式。

当前有关方面正在积极工作，包括研究出台 PPP 合作领域清单，推动出台相关的扶持政策。随着深化投融资体制改革以及建立规范透明的市政债发行与监控机制，民间资本参与新城新区建设的活力也在逐步得到激发。政府与市场协作有制度上的优势，相关环境正在优化，政府与市场协作的模式将会在未来得到大面积的利用。

6. 试点性、示范性政策将会更多惠及一般性新城新区，形成更多的后发优势

部分新城新区在设立、发展的阶段，被赋予在一定领域进行先行先试。推广这些新城新区先行先试的成功经验，能够减少同一类型新城新区制度探索的成本，有助于推动新城新区的整体升级转型，也是为了进一步创造公平竞争与发展环境的需要。

一个突出的例子是中关村“1＋6”政策的推广。2010 年底，国务院同意支持中关村自主创新示范区实施“1＋6”系列先行先试政策。“1”是指搭建

中关村创新平台，“6”是指在科技成果处置权和收益权、股权激励、税收、科研项目经费管理、高新技术企业认定等方面实施6项新政策。在2013年9月底，国务院又同意支持中关村开展四项税收政策试点，对中关村符合要求的企业进行税收优惠。数据显示，2013年，中关村高新技术企业总收入3.05万亿元，同比增长22%，约占全国高新区的1/7。而万元增加值能耗0.079吨标煤，约为北京市的1/5、全国的1/10。

在先行先试政策下，中关村示范区取得了良好成绩。2014年12月国务院常务会议决定，把6项中关村先行先试政策推向全国。并且，在所有国家自主创新示范区、合芜蚌自主创新综合试验区和绵阳科技城，推广实施4项先行先试政策。

7. 更加注重在已有新城新区的基础上进行功能叠加与提升

第一种情况是，在已有新城新区的基础上，进行新的创新示范试验。2014年12月3日，国务院总理李克强主持召开国务院常务会议，部署在更大范围推广中关村试点政策、加快推进国家自主创新示范区建设，进一步激励大众创业、万众创新。会议决定，在天津、湖南长株潭以及东中西部一些地方再建设一批国家自主创新示范区。其中所选择的这些地方，都是原有基础较好、自主创新成果丰硕、体制机制探索较多的新城新区。

第二种情况是，未来一些国家级新城新区是在现有省、市新城新区基础上升级而成，由此它们将获得更多的资源支持。例如，国家商务部等有关部门提出，支持经济综合实力强、产业特色明确、发展质量高等符合条件的省级开发区按程序升级为国家级经开区。

第三种情况是，低碳、生态、智慧等新城新区发展，直接在原有新城新区基础上进行叠加。例如，第一批国家智慧城市试点，其中就有一些是依托原有的新城新区：北京市依托北京未来科技城，天津市依托天津津南新区、天津市生态城，辽宁省依托沈阳市浑南新区，上海市依托浦东新区，江苏省依托南京河西新城、苏州工业园区、盐城市城南新区、昆山市花桥经济技术开发区。

8. 新城新区成为中外合作重要平台，合作形式将越发多样化

新城新区易于进行全新规划、投资便捷、享受优惠政策较多、体制机制灵活等特征，非常适合开展中外合作，是理想的国际合作平台。有鉴于此，国家级新区、国家级高新区、国家经开区普遍把国际合作作为发展的重要组成部分。目前来看，合作主要从三个方面展开。

一是以企业投资为主要内容的项目合作。例如，2014 年 6 月 11 日，镇江新区与意大利 GSE 公司首次对接、洽谈，双方较快达成意向，镇江新区管委会主任郭建与意大利 GSE 公司总裁帕斯夸蒂成功签署《关于合作建设中国—意大利农业创新示范园区谅解备忘录》。又如，中欧之间兴建了多个生态园，项目合作是主要形式。青岛中德生态园里，目前在谈在建重点德资项目 19 个，总投资 13.6 亿美元，其中已开工项目 4 个，涉及高端装备制造、新能源、生物科技等领域。

二是以服务贸易环境为主要内容的全面合作。中韩贸易合作区也于 8 月启动建设，这里将着眼于中韩两国间的服务贸易，在海关 AEO 互认、金融合作、知识产权保护等方面先行先试，突出海洋经济、健康产业以及文化产业发展，按照韩国新都市开发的先进理念，打造宜居宜业的国际新城。

三是开展从规划到投资合作在内的整体性的合作。例如 2012 年 5 月，中欧建立城镇化伙伴关系并签署《中欧城镇化伙伴关系共同宣言》，重点突出 14 个领域的具体合作。中欧之间目前选定佛山中德工业园以及上海临港工业区作为平台，探索全方位推动全面的城镇化伙伴关系合作。

9. 分类管理，新城新区将更多采取进位与淘汰并存的管理机制

新建的国家级新区基本上是一区一策。国务院或国务院职能部门还专门为这些国家级新区建立有联席机制，便于出台相关政策，协调有关机构，形成较强的推动力。

科技部等部门对国家级高新技术产业开发区进行了分类。针对“三类园区”（即世界一流高科技园区、创新型科技园区、创新型特色园区）分别制定战略提升行动目标要点。

商务部等部门对国家级经开区进行动态的分类管理，对发展质量与水平较高的省级开发区，按程序进行升级，对土地等资源利用效率低、环保不达标、发展长期滞后的国家级经开区，予以警告、通报、限期整改、退出等处罚，逐步做到既有升级也有退出。

山东省一些地市根据省级经济开发区发展综合评价体系和“转制、转型”的发展思路，按照经济总量、涉外经济、高新技术、发展效益和管理能力等综合指数，对省级经济开发区分为 A、B、C 三级，实行分类管理，梯次推进，逐步提升。将 A 类省级开发区优先列入晋升国家级后备名单，加强服务指导和政策扶持，重点培育 1 ~2 家省级经济开发区进入全省第一梯队，争创国家级开发区；对 B 类开发区着重在转型升级、拓展发展空间，对 C 类开发区主要侧重于从管理体制、产业结构上打牢基础，力求稳定发展。

10. 影响新城新区的因素出现重大变化，核心能力建设成为获得竞争力的主要方式

随着重大基础设施条件的改善，各类新城新区已没有绝对的区位交通优势。国家、省对新城新区的支持，也从以前的给项目、给产业定位，转变为给试点、给机制、给政策、给创新空间。在此背景下，影响新城新区的因素出现重大变化。以往的区位、资源等优势的作用渐渐减弱，各类新城新区主要应通过苦练内功，进行核心能力建设以获得比较优势与竞争优势。

——制度的建设与突破能力。当前，新城新区很难再通过照搬照抄上级政府的政府批复，获得持久发展动力。一方面，中国在规范地方政府行为，对地方政府的制度约束明显增多。另一方面，中国要在 2022 年实现各项制度基本定型，标志着从上到下将要进入制度创新高涨阶段。新城新区管理部门如何通过研究，明确制度创新禁区、突破区，将成为未来新城新区发展的关键。

——规划的制定与实施能力。在过去三十多年，新城新区基本上是一轮热

潮连接着一轮热潮，粗放式、软约束性的规划，适应或者说支持了新城新区的这个发展阶段。步入新常态后，新城新区的增量空间有限，迫使管理部门通过精细化的、强约束的规划，推动新城新区的内涵式发展。融合国民经济和社会发展规划、土地利用规划、环境生态规划、交通规划、水资源规划等内容的规划，如何才能制定出来，成为新城新区发展的第一要务。规划的制定不单纯是规划师的任务，也不单纯是花大价钱就能“买”到好规划。规划的制定与实施，体现了新城新区决策管理部门的愿景描绘能力、资源组织能力、动员号召能力。不能让新城新区输在规划起跑线上，是各个新城新区面临的问题。

——创新的集成与转化能力。大学、研究机构、企业、政府等私营和公共部门联合构成的组织网络及其相互联系的创新体系，决定着新区新城的创新绩效。新城新区比拼要素投入与投资，这是相对初级的阶段；如何实现新城新区范围内政府、产业、学术、研究、资本、中介、应用等各微观单元的系统化组织配置，这是下一阶段新城新区努力的方向。

——人才的集聚与培育能力。归根到底，新城新区的发展需要具有新思想、新技术、新知识、新方法的人才。新城新区应通过设立引导基金、知识产权作价入股等方式，鼓励高端人才集聚。要通过发展现代职业教育，提升发展保障水平，培育足够的技术技能型人才。

第一章
中国新城新区概述

纵观中国城市化历程，新城热并不是近年来特有的经济和社会现象。在建国初期，在中央政府主导下就曾经有过大规模的新兴工业城市建设浪潮，新建工业新城超过30多个，此外还有大量的工业新区、工业镇的建设（顾朝林，1996）。在改革开放30年中，一波接一波的开发区热蔓延全国，到20世纪末全国已经建立各类开发区4210个，规划占地12.36万km^2（李红，1998）；而大量的新中心城区的规划建设则在21世纪后涌现，仅珠三角9个城市就有22个新中心城区规划建设（李郇、刘逸，2010）。目前，学术界和大众媒体已有大量关于新城类型（张捷、赵民，2005）、新城空间特征（诸大建、王世营，2011）、新城发展动力机制（郑德高、孙娟，2011）、新城发展历程（赵民、津丽，2011）、新城开发的经济机制（张兵等，2001）、居住新城（袁奇峰、魏成，2011）、国内外的新城理论及实践（赵民、张捷，2002）以及宁越敏（2003）、李翘（2006）、杨东峰（2007）、陆大道（2007）也都进行了相关的研究。正如武廷海等（2010）所指出的，中国新城除了作为一个规划的新独立的社会（理想空间）外，更是一个承载中国经济、政治转型的空间载体。近年，新城新区已经成为新一轮城市与区域发展和规划建设的热点，其数量之多、类型之庞杂、投资之大且大量占用土地资源而引起人们的关注（李郇、刘逸，2010），据不完全统计，2000年以来，全国27个省（市、区）规划建

作者：顾朝林，清华大学建筑学院教授，博士生导师。

设了各类新城新区 748 个，规划用地总面积达到 2.7 万 km^2（邹德慈，2010）。据 2013 年国家发改委城市和小城镇改革发展中心课题组调查辽宁、内蒙古、河北、江苏、河南、安徽、湖北、湖南、江西、广东、贵州、陕西等 12 个省区的 156 个地级市和 161 个县级市发现，90% 的中国地级市正在规划新城新区，部分城市新城总面积已达建成区的 7 ~ 8 倍，其中 12 个省会城市一共规划建设 55 个新城新区，其中沈阳要建设 13 个新城新区，武汉也规划了 11 个新城新区。在 144 个地级城市中，有 133 个提出要建设新城新区，占 92.4%，平均每个地级市提出建设 1.5 个新城新区；在 161 个县级城市中，提出新城新区建设的有 67 个，占 41.6%。

一、新城新区概念

新城和新区是城市规划、建设领域一个悠久但又常新的专业名词，原意是指：在城市发展过程中，城市自身扩展形成的新开发地区，称为新区；城市出于自身发展的需要，进一步发展但不能通过扩展实现，需要跳出主城另择新址进行土地开发的地区，称为新城。最近以来，随着我国持续高速的经济增长，新区和新城的发展逐渐成为经济、社会、大众媒体和政府乃至科学家关注的焦点。

1. 新城概念

新城，在西方学术界是指“一种规划形式，其目的在于通过在大城市以外重新安置人口，设置住宅、医院和产业，设置文化、休憩和商业中心，形成新的、相对独立的社会”（张捷，赵民，2002）。新城的理念起源于 19 世纪末的英国，与霍华德的“田园城市”构想和实践有紧密关系。二次大战后，为了满足战后重建并避免大城市的无序蔓延，英美等西方发达国家开启了大规模的新城建设运动。由于新城的出现与发展，不仅可以保持大城市地区的发展势头，而且还可以有效抑制大城市的无序蔓延，同时新城作为新思想、新技术和新制度的实验基地有助于诱发新的生产和生活方式，甚至改变大城市地区的经济、社会和城镇空间结构，因而长期得到政治家、规划师、经济学家、社会学家的广泛关注。尤其在进入战后1950～1960年代的黄金经济发展时期，大多数西方发达国家、新兴工业化国家甚至发展中国家也都开始纷纷仿效规划和建设新城。至此，新城成为大都市地区城市发展的一种新形式和新现象。

2. 新区概念

新区原意是指城市新区。所谓城市新区，是指在旧城的基础上满足城市发展需要，用于布局产业和安置人口，依托旧城区规划和建设的新的住宅、产业、公共服务设施的空间地域单元。毫无疑问，传统的城市新区应该是城市内生的有机组成部分，主要是满足城市自身发展的需要。与此同时，城市新区具有独特的功能地域特色，不需要自给自足，可以依托主城发展，在这个意义上说，它实际上是主城发展的补充和外延，可以充分利用已有的城市中心、水电路等市政设施和文教卫等社会设施，也可以营造更现代化的新城区，甚至超越旧城区发展水平。

3. 中国新城新区

自1978年我国推进“改革开放”政策以来，发展成为全社会的主旋律。为了吸引国外的资本、技术和管理经验，针对当时低水平的城市市政设施和社会设施现实，在城市的远郊设立一批封闭的经济技术开发区（下称“经开区”），在科技水平较高的大城市近郊设立一批高新技术产业区（下称“高新区”），在旅游资源丰富的地域设立了国家旅游度假区，开始了我国新城新区的发展。这些经开区、高新区和旅游度假区，与城市规划意义上的“新区”和西方的“新城”有一致的地方，也有非常不同的地方。首先，它们的一致性在于都是城市发展的一种空间形式，在近郊与主城毗连的称为“城市新区”，在远郊的可以看作“新城”。其次，它们的异质性主要在于我国的这些经开区、高新区和旅游度假区设置不是城市自身发展的需要，而是国家改革开放和发展经济的需要，由于当时国家整体经济基础薄弱、城市市政设施落后，有限的开发费用只能被用于有限的地域空间进行基础设施建设以便引进技术、资本和企业，不能作为传统意义上的产城融合的新区和新城建设，“先生产后生活”，这类开发地区首先都是作为“生产区”而规划建设的，这应该可以看作中国早期的“新区”形态。

中国新城规划的实践在1950年代就已经开始，现在看可能是当时特大城市的规划师学习西方规划理念的“先锋”之作，因为当时既不是城市自身发展的需要也没有经济实力建设这样的新城，最终也大都以失败告终。中国新城的真正发展，主要是1980年代以来上述城市开发区纷纷做大，“有区无城”、“有利生产”但不利生活的弊端显现，有些城市出现明显的“钟摆式”通勤交通，有的城市甚至出现明显的交通拥堵、职住分离现象，城市管理者和规划师开始在各类开发区植入居住功能，完善传统的“城市新区”和“新城”的生活功能，再造城市的“生产—生活基本单元”，原来在远郊的开发区也就渐渐演化为与西方国家内涵相近的“新城”。与此同时，再进行类似远郊开发区的规划建设也就理所当然进行生产—生活一体的新城规划了。然而，值得注意的是，中国这时候的所谓“新城”，也与西方国家有根本的不同，它是满足国家和区域经济发展的需要，不是城市自身发展需要疏散产业、人口和空间而产生的。

自1990年代以后，为了适应经济全球化的需要，加快中国外向型经济发展和建设中国的经济中心、金融中心、航运中心，国家推动实施上海大浦东开发计划，开发的区域面积达1430km^2。这一地区，尽管毗邻上海主城，但被黄浦江阻隔，区内没有开发成熟的城市中心，这也就是我国新区发展的第二个阶段，国家级新区的伊始。它不同于传统意义的城市新区开发，也与1980年代的开发区的开发模式不同，它是一个包括“生产—生活一体”开发的地域。由于面积太大，无法满足全区域的市政设施和社会设施建设资金的需求，采取了“从点开始，连点成网”的开发建设顺序。事实上，这些一个个“点”，就是传统意义的“新城”，“连点成网”植入生态系统，就成为现代大都市的“新区”形态。这样形成的“新区”具有中国城市发展的独特性，面积大、不依赖旧城、产城一体、产业体系突破了制造业传统，包括了第三产业门类，开发建设的水平可以超越旧城区达到当代世界先进水平。2009 年，国家总结浦东开发的经验，又开始在天津经济开发区等基础上设置滨海新区，面积达到 2270km^2，拉开了我国“新区”开发的大幕。

概括地讲，中国的新城新区是国家改革开放的产物，是满足经济发展需要按照增长原则规划形成的一类城市空间单元，与西方城市的“新区”和“新城”有相近的涵义，也具有非常独特的中国特色印记。

二、新城新区分类

根据上述新城、新区概念和中国新城新区的内涵，本研究进行如下分类。

1. 新城类型

依据不同的划分原则，可以对我国新城进行类型的划分。从已有研究成果看，有按功能将我国新城划分为生产型（如北京亦庄新城）、居住型（如京津新城）、会展型（如广州天河新城）、空港物流型（如北京顺义新城）和行政中心型（如青岛东部新城）5 种类型；也有按发展动力不同划分为内城改造和用地功能置换型（如宁波东部新城）、乡镇整合型（如上海松江新城）、重大项目带动型（唐山曹妃甸新城）、城镇地区开发建设型（如哈尔滨松北新区）和开发区成功转型（如苏州金鸡湖新城）5 种类型；也有以新城兴起原因分为工业卫星城、大学城、开发区、旅游休闲城镇和综合性新城（张学勇、李桂文、曾宇，2011）。本研究从我国新城的实用性视角注重大都市地区发展进行如下分类。

（1）通常型

这类新城具有普遍性，无论在国内还是在国外，都可以看到这些类型。

①卫星城。

卫星城（Satellite city），就如月球围绕地球一样，是指在大城市周围兴建的以生活居住为主要功能、从属母城或半独立型的小城镇，其主要职能是疏解大城市的增长压力，为大城市生活或生产服务。在西方国家，卫星城具有独立的财政和行政系统，具有自主发展的能力；在中国，卫星城大多数是在大城市外围建立的既有就业岗位，又有较完善的住宅和公共设施的城镇，是在大城市郊区或其以外附近地区为分散中心城市的人口和工业而新建或扩建的具有相对独立性的城镇，它们依附于主城发展，不具备独立的财政和行政系统，在经济、文化以及生活上同它所依托的大城市有较密切的联系，与母城之间保持一定的距离，一般以农田或绿带隔离，但有便捷的交通联系，其发展主要受母城控制，市民缺乏参与卫星城发展的行为和能力。按主导职能，又可分为工业、居住、大学和研究 3 类卫星城。通常看，卫星城与母城相距较近，居住职能较强。北京周边的燕郊就是典型的卫星城。

②新城。

新城是在原有卫星城的基础上，或由城市直接规划建设的具有综合性功能、有充分的就业机会、快捷顺畅的交通、良好的生活服务设施、独立性较强的现代化城镇。也有在大城市地区远离主城的地方，规划建设工业职能强，生活独立性强，人口规模也大，有时甚至可达中等城市规模的城市，例如上海的金山卫。这类城市承担疏解中心城人口和功能、集聚新的产业，带动区域发展的规模化城市地区，具有相对独立的财政和行政管理功能。

③边缘新城。

1936 年德国地理学家哈伯特・路易（H. Louts）首先提出“边缘城市”概念。是指城市形态从单核心格局向多核心、网络化方向发展以及城市核心区在扩散中出现新集聚的过程中，在郊区发展起来的兼具商业、就业和居住等职能的综合功能中心，其本质是大城市的就业岗位全面郊区化，人口、商业和就业等多种因素在某些点集聚并综合作用促进郊区新增长区形成。1991 年加罗（Joel Garreau）发表《边缘城市》（edge city），将边缘城市定义为美国城市发展的新形式，即位于原中心城市周围郊区新发展起来的商业、就业与居住中心，而这些中心在 30 年前还是农田、村庄或纯粹的居住用地。这些新的中心具备了典型的居住、就业、交通及游憩等城市功能，但建筑的密度比中心城市低。在我国的特大城市，也出现了类似的“边缘新城”概念的“边缘组团”，是指在规模等级结构上高于卫星城，但又不同于新城的城区，它不但可以疏解城市中心区的人口与就业压力，还可以承担部分城市功能，与城市中心区共同构成城市发展核心城区，如上海的虹桥、外高桥市等就是这类新城（图1.1）。

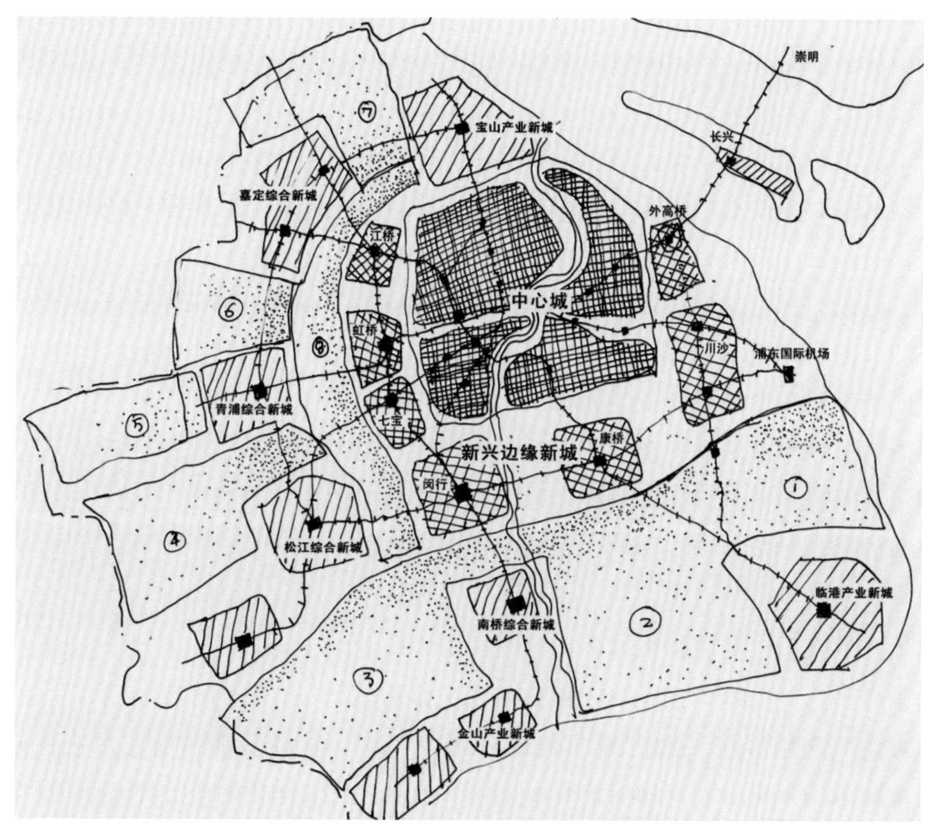

图1.1　上海的新兴边缘新城和郊区新城

（2）特色型

这类新城在国外不常见或者少见，但在中国由于经济社会发展水平变化和控制土地滥用政策的实施，呈现一批一批孕育、形成和发展的现象特征，也存在明显的中国特色类型。

①产业新（区）城。

在我国，为了适应外向型经济发展，结合早年在城市远郊设置的相对封闭的经济开发区，通过植入生活居住功能，衍生出工业新城类型。工业新区的源头可以追溯到1980年代的深圳经济特区，当时既安排了蛇口、八卦岭和上埗等专门性的工业开发区，同时还安排了华侨城、沙头角镇等城镇综合功能区，形成的深圳市总体上可以算作是改革开放后最早的新城区开发。到1990年代，上海浦东新区开发以金桥、外高桥、张江和陆家嘴4个功能开发区为切入点，其中前3个都是工业类的地区开发，陆家嘴则以金融商务功能为主，共同构成浦东新区开发的主体内容。

典型的城市如昆山，从早期的3km^{2}老县城发展到现在的60km^{2}国家级经济开发区和高新技术产业区，它既不能说是苏州的卫星城，也不是上海的外围新城，而是长江三角洲地区重要的外向型产业新城。这类新城在此大规模开发以后，可以在短时间内很快形成区域经济发展和空间开发的新增长据点。1994年的分税制改革驱使地方政府积极挖掘“土地财政”的潜能，1998年的住房分配货币化改革又激活了庞大的住宅市场。与此同时，一方面，各开发区为了招商引资竞相推出引进企业的各种“补贴”，导致许多开发区入不敷出，且受到工业财税回笼慢、补贴政策多等的拖拽而难以快速“变现”，使得理论上的“滚动开发”难以为继；另一方面，为工业配套的商业性开发却能够快速回笼资金甚至获得较大收益（汪劲柏、赵民，2012）。在这些因素的共同作用下，土地开发升温，促使越来越多的开发区扩大商业性土地开发，在“产城融合”的旗号下，“工业园区”逐步蜕变为“工业新城”。这类新城新区的形成和发展遵循“飞毯经济”和“雁行经济”理论规律，发展要素和市场两头在外，受国际市场影响巨大，如何培育本土化、植根性、多样化的产业体系是城市持续发展的根本所在，把握不好产业发展，极易导致城市快速衰退，乃至真实意义“鬼城”的产生。

资料1.1　亦庄新城

亦庄新城，也称亦庄开发区，曾经是北京经开区，位于大兴区东北部地区，筹建于1991年，1992年开始建设并对外招商。1992年亦庄开发区规划确定3.8km^{2}起步区先期开发。1994年国务院批准亦庄开发区为国家级经开区，总体规划面积为46.8km^2（一期规划面积15.8km^2），接受主城转移的造纸、印刷等产业，由产业区、商务区和生活区构成，是北京重点发展的三个新城之一。1999 年经国务院批准北京经开区范围内的 7km^2 被确定为中关村科技园区亦庄科技园，成为中关村科技园区“一区五园”的一部分。

在 2000 年以后以诺基亚、奔驰等为代表的外企的入驻，实现了经济总量以年均 25% 的速度递增，2002 年北京市人民政府批复《亦庄卫星城总体规划（2001－2020）》批准扩区 24km^2，总面积达到 39.8km^2；2007 年 1 月 5 日，北京市人民政府批复《亦庄新城规划（2005－2020 年）》，明确指出以北京经开区为核心功能区的亦庄新城是北京东部发展带的重要节点和重点发展的新城之一，总占地面积达 100.0km^2；总产值占全市的比重由 2000 年的 3.11% 上升到 2009 年的 5.1%（北京市 11 个新城的经济总量占北京市经济总量的 22.5%）。

2000～2009 年，亦庄新城的就业岗位也由 2.35 万个增加到了 16.01 万个；常住人口从 2000 年的 9 万人增加到了 2009 年的 30.84 万人，新增建设用地约占北京市新增用地的 67%，城市建设用地年均增长面积为 0.8～1.2km^2，在一定程度上缓解了北京市中心地区人口增长的压力。但是，据 2005 年亦庄新城规划进行的一项企业调查表明，居住地在主城的职工占 35.64%，其次为居住在通州和大兴的职工，分别占 25.4% 和 17.69%，居住在亦庄地区内的职工只占职工总数的 16.04%，上下班出行以跨区出行为主，遂使亦庄地区产生了潮汐式交通，早晚高峰期间交通拥堵较为严重。

到 2009 年，亦庄新城工业用地增长迅速，1294.75 公顷（含在建用地 470.5 公顷），占总用地面积的 32.45%，而居住已建用地 389.6 公顷（含在建用地 41.35 公顷），仅占总用地面积的 8.73%，公建用地 124.77 公顷，仅占 3.13%，居住用地仍以土地储备为主，区内住宅供应量的不足，加之住宅开发的结构又多以低密度高档次的住宅为主，更吸引了更多的工作在主城的高收入人群的择居行为，不能满足本地就业人口的居住需求，反而加大了新城与主城之间双向的交通压力，反映出亦庄地区不同程度的“城业不平衡”现象较为严重；产业结构中第二产业仍占主导地位，第三产业的比重偏低，商业消费体系缺乏、文化娱乐设施的短缺、生活服务设施的严重不足，导致了新城活力不足，短期内很难集聚人气。

2010 年，北京经开区同大兴区行政资源整合，形成的新区总面积达到 1052km^2。亦庄新区，历时 18 年，从当初不足 1 万人的开发区发展到可提供 19 万个就业岗位、开发区工业总产值达到 2740 亿元（2011 年）、建成区面积 46. 8km^2 的新城。

至此，亦庄也经历了开发区、卫星城、新城和新区建设等四个发展阶段。

②科学城。

科学城（Science Park）是专门设置科学研究和高等教育机构的一种卫星城。建设科学城既可减轻大城市拥挤程度，也有利于促进科学事业发展，便于利用大城市的社会环境，雄厚的物质技术基础和丰富的情报资料，集中设置科研和高教机构，利于加强它们间的内在联系和满足对外部环境质量的共同要求，我国具有代表性的科学城是 1953 年国家依托北京大学和清华大学规划建设中科院研究所形成的北京中关村科学城。1998 年广州也启动科学城建设，十年巨变，到 2010 年 GDP 超过 1900 亿，成为城市经济发展的支撑力量。最近，四川绵阳和河北廊坊燕郊也开始建立科学城。

③大学城。

大学城（University Town）是西方发达国家高等教育发达的普遍现象，通常是指围绕一所或多所大学发展形成的具有一定规模（5 万人左右）的独立城镇。其形成方式主要有两种：一种是自然生成，如美国的波士顿，英国的牛津、剑桥等大学城，它们都经过百年以上的历史自然形成；另一种是由国家、地方政府、高等院校和企业等多方合作而共同开发而成，如日本的筑波大学城等。大学城中一般有至少一所大型的综合性大学，或者是集中了一些比较小的但是数量较多的小型院校，比如文理学院和社区学院等。大学城的当地居民一般为学校的雇员和教师，而外来的学生人数一般都会超过当地的本地居民人数。欧洲的大学城一般都以拥有古老大学为荣，那些大学城不仅是教育和文化中心，有时也会因为其巨大的社会和文化影响力而成为政治中心。我国兴办大学较晚，差不多100年的历史，没有形成西方发达国家那样的大学城。然而，1990年代，为了拉动城市新区的开发，曾经兴起了一轮大学城建设热潮。到目前为止，中国已投入建设的大学城主要有广州大学城、深圳大学城、珠海大学园区、东莞大学城、南京仙林大学城、南京江宁大学城、南京浦口大学城、北京昌平区沙河高教园区、北京房山区良乡高教园区、西安长安大学城、廊坊东方大学城、上海松江大学园区、常州大学城、济南大学科技园、宁波高教园区、福州大学城、长沙岳麓山大学城等。

④空港新城。

1997年亚洲金融风暴和2008年全球金融危机，促进中国加大基础设施投资，建设了一批机场。所谓航空城，是指依托核心枢纽机场，汇集国内外航空、物流、商业和地产打造的现代化新城。2004年起航城兴业的母公司泰鸿集团与首都机场集团公司和北京顺义区政府合作，本着“共同规划、共同发展、共同建设、共同运营、共同收益”的五共同原则，投资打造北京航空城，以大通关基地作为物流及产业园区驱动核心，集中规划了航空货运站区、快件中心、进出口海关监管区、保税物流中心（B型）和办公设施，规划、开发和运营依托首都机场的北京天竺综合保税区，将航空货运保税物流的功能延伸，成为中国首个基于空港的综合保税区，航空城总体规划占地100km^2～150km^2，至今已初步形成包含空港工业区、汽车生产基地、空港物流基地、顺义新城等在内的“环状临空经济圈”。上海随着虹桥机场扩建及交通枢纽的建成，空港地区的综合开发规划已经实施。广州2001年完成新白云国际机场周边地区规划，规划面积约166.8km^2，主要发展物流产业、商贸服务和航空相关产业（吕斌，2007）。2013年航程兴业又在长三角宁波选址建设航空城，现在比较成熟的航空城还有西安阎良航空工业基地、滨州大高通用航空城、绵阳小枧镇航空城等。还有一些地方政府也有围绕机场建设仿效北京顺义打造了一批航空新城，据不完全统计，全国拟建航空城的至少有16个城市，分布在北京南、上海浦东、成都、珠海、天津、厦门、福州、西安、重庆、贵阳等主要城市，大多选址在相对独立的位置，规划面积从几平方公里到数十平方公里不等（欧阳杰，2005）。由于航空港一般距离母城20公里左右，打造的这类航空新城一般发育不良。

⑤高铁新城。

石家庄号称是铁路拉来的城市，郑州也因为位于京广、陇海两大铁路干线节点位置而迅速发展，因此可以认为铁路站点可以影响城市建设和繁荣。高速铁路带来了巨大的人流、物流、资金流和信息流，为枢纽站周边地区多种产业的发展提供了机会，地方政府纷纷以高速铁路枢纽客运站建设为契机，构筑面向区域的、多功能、综合性的城市中心或副中心。

大型铁路枢纽站建设逐渐成为枢纽站周边地区乃至更大城市、区域范围开发建设的催化剂。2008年建成中国第一条具有完全自主知识产权、世界一流水平的高速铁路京津城际铁路。此后，我国高速铁路建设全面展开，为众多城市新城、新区开发提供了动力或想象空间。

据资料显示，日本东京银座、新宿、池袋、涩谷等商业中心大多以铁路、地铁的车站为中心，在高铁站周边地区会形成1km^{2}左右的高等级综合城市功能区，高强度开发以及混合用地模式使得这一地区已成为商业设施建设的重点地区。在日本，高速铁路站址一般选择在距离城市中心2km～3km的城区内部。我国高速铁路建设正处在经济快速增长、城市扩张动力强劲的时期，2004年启动建设的广州新火车站选址于中心城区以南约17km的番禺石壁，带动了周边地区的开发建设，2006年启动建设的武汉新火车站推动了青山区杨春湖副中心的开发，2008年苏州火车站开辟北广场拉动平江新区的发展，上海虹桥枢纽火车站的周边也建设成为宏大的商务新区，这些成功的站点建设案例，误导了规划师纷纷将高速铁路站址引向远离城市中心15公里～20公里以外的郊区，催生了一批高铁新城发展的新景观。所谓高铁新城，就是围绕高铁站进行的新城开发。据不完全统计，目前全国有超过40个这类高铁新城处在建设过程中，大多数会因发展动力不足，难以很快开发成为新城或新区。

⑥临港新城。

进入21世纪，我国成为世界第一大出口贸易国，港口的深水化和现代化成为新的需要。围绕新港口的建设，“以港兴城”，也建设了一批临港新城。许多滨海城市主城区距海岸均有十几到几十公里，形成“近海而不临海”的现象，例如上海、天津、连云港、钦州等城市。为了改变这一格局，我国滨海地区开始了深水港口—临港工业区—滨海新城的建设。例如，上海临港新城的建设就是为了服务于国际性枢纽港洋山港，作为其陆域腹地和主要集疏运基地，于2002年启动开发，规划的新城主城区加产业区超过300km^2；再如唐山曹妃甸新区，规划面积1943.72km^2；还有北仑临港新城、珠海临港新城、九江临港新城等。

(3)“先锋”型

这类新城，在国内外都是比较新型的，新城的规划和建设均处在探索之中。然而，2005年以来，由于中央政府加大土地的管控力度，地方政府就刻意寻求低碳、生态的概念，借此争取土地资源，推动新区开发，真正的生态新城和低碳新城还处在实验和概念之中。例如，曹妃甸国际生态城规划面积150km^2，要聚集120万人口，目前曹妃甸区1943.72km^2，2012年总人口才26.87万。这些年除了生态城外，知识城、智慧城市也变得越来越炽热难待(汪劲柏、赵民，2012)。地方政府经常更换新概念和新主题花样，推动这类新城规划和建设，“醉翁之意不在酒”而在于地，在于“以地生财”。

①生态新城。

生态新城是指经过30多年的高速经济增长，无论是大城市地区还是重要的城镇化地区，人口—资源—环境—生态问题突显，在可持续发展理论和生态文明理念指导下，规划师探索规划建设的一类新城。生态新城规划遵循生态学原理，运用“循环—修复”和“自下而上”的规划设计技术，采用因地制宜的被动式规划设计手段，最大限度降低人工建设行为对自然环境的扰动，从空间规划入手规划建设符合生态学发展原理的新城。生态城因为需要满足水、土、气等基本生态需求，在目前技术条件下，城市规模一般较小，不应该超过10km^2，恶意规划超规模的生态新城实际上已经违背生态学基本规律。在2005

年，上海崇明东滩和辽宁黄百峪村高调出台“生态城”规划，分别有中英政府合作和中美可持续发展中心编制，但终因实际需求和投资不足纷纷流产。随后，全国各地均因此忽然涌现了200多个生态城，其中有实质推进的不过20多个（仇保兴，2010），例如深圳光明新区、中新天津生态城、上海南桥新城等（中国城市科学研究会，2012）。

②低碳城市。

为了减缓气候变化，采用应对气候变化的规划理论与方法创新，在城市碳排放清单、生产—交通—建筑领域减碳、新能源使用、静脉产业及产业园、适应地球暖化规划设计及标准等，规划和建设的一种新型城市，旨在减少温室气体排放，应对全球变化。

2. 新区类型

截至2011年9月，全国有各类新区951个，其中：生产型新区337个，占35.4%；综合型新区614个，占64.6%（朱孟珏、周春山，2012）。据此可见，我国新区以综合型新区建设为特色。

（1）综合型新区

随着我国城市化进程的深入，越来越多的城市逐渐意识到开发区功能单一，新城与母城功能割裂，自身功能难以在短期内完善。因此，在拓展新区时，除了突出产业聚集功能外，都强调了具备“生产—生活一体”的综合新区规划建设，除了专门的经济和产业规划、水电交通等市政设施规划外，也将住房建设、房地产、生活服务配套设施（学校、商场、医院等）纳入规划，建设一个功能相对完善和独立的新城区或新城镇化地区。例如郑州的郑东新区曾引起过多的争论。该新区2001年开始建设，原来准备以迁建原郑州机场腾出来的6km^2用地为起步，建设占地60km^2以住宅、商务、高新技术产业为主的现代化新城区（刘本昕，2001）。后来，采用日本建筑大师黑川纪章设计的“如意—龙湖”方案，规模扩大到约150km^2（王勇，2006）。截至2013年底，郑东新区人口已经达到103万，基本达到规划150万人口的目标。

（2）特色型新区

①产业型新区。

在改革开放之初，城市主要通过设置经开区、高新区、出口加工区、产业园区或产业集聚区等，推动经济和地方发展。它们在城市外围划出一定范围的区域，先期开发基础设施，进而开始招商引资，通过聚集产业拓展城市空间。自然而然，这类新区也就成为产业型新区。产业型新区具有明显的产业优势，但社会服务功能薄弱。最近，即使这类产业型新区，也开始注重植入生产性服务业，强化新区与老城区的融合发展。例如，沈阳大铁西产业型新区，2002年铁西区与沈阳经开区合署办公，对建设大路以北城中心地区的企业实行“腾笼换鸟”，腾出的空间用于房地产和商贸物流等第三产业，一大批高污染企业搬离城区，沈阳机床集团、沈阳重型机械集团、沈阳鼓风机集团等一批老工业企业搬迁至开发区后新组建企业。2011 年该区全年完成 GDP1001 亿元，华晨宝马、米其林轮胎、日本 NSK 精密轴承、安川电机、核电部件产业园、有色装备产业园、罕王轴承、泰豪科技园、重大数控机床生产基地等已经建成或在建之中。

②新中心城区。

2000 年以来，许多城市中心区引来了新一轮城市更新热潮，有的城市跳出老城建设新城市中心，形成一类新中心城区类型，尽管它们的开发面积不很大，但由于其开发强度和开发量巨大，对城市影响直接，因此也将其列为一种新区类型。这类新区与开发区一样表现出“增量”空间的特点，有比较明确的空间边界，但从新中心城区规划和建设来看，它们的开发又与开发区存在许多不同。新中心城区的产业载体是第三产业，承担构建城市新中心的功能，而开发区主要发展制造业（李郇，2014）。由于城市政府的统一部署，需要用开发的新中心区取代原有城市中心区，导致这类新区开发的风险一般较小，但由于依靠土地出让和房地产发展，也存在城市政府债务危机的风险。例如，珠江三角洲许多城市都开展了新城市中心区改建或新建（表 1. 1）。

表 1.1　　珠三角各市新中心城区情况列表

所属城市	新城名称	性质	规划时间	规模（km^2）
佛山	东平新城	CBD、文化中心、公服中心	2003	88.6
	顺德新城	政治、文化、金融商贸中心、信息和科研中心	1993	70
	北滘新城	行政中心和地区性综合性城镇中心区	2007	4.02
	容桂东部中心区	全区综合性服务中心、高新制造业中心	2010	10.98
	丹灶滨水新区	高档居住区和城市综合服务区	2010	17.6
	南海千灯湖板块	金融后勤、技术服务中心	2007	4.5
	陈村镇文海河区	广佛地区服务业集聚区	—	—
东莞	常平城东新区	—	—	—
	寮步新区	城市现代产业和文化休闲新区	2008	
	黄江南部新区	教育、居住、商业新区	2009	10.32
	塘厦新区	CBD、行政中心	2003	3
	长安新区	商务新城、文化新城、绿色新城	2009	1.91
	麻涌新中心区	商业、文化办公、居住、教育、体育新中心	2008	4.8
	东莞万江新行政中心	片区区域中心	2001	14.88
	虎门港口商务区	—	2009	—
	东莞生态园	城镇群协调发展的示范区、复合环境生态的综合发展区、城市休闲旅游区、现代产业发展及配套服务区	2006	30.5
中山	中山滨海新城	度假旅游区 居住新区 生态公园区	2005	13.3
惠州	江北新区	CBD	2005	—
	博罗江南新区	—	2010	—
广州	从化市城北新区	综合性新城市中心地区	2009	8.16
江门	新会南新区	居住区、商业酒店、商务办公、教育医疗设施和体育文化设施等功能的综合性城市新区	2010	18.8
	滨江新区（市）	综合性城市新区	2007	138.4

资料来源：李郇，2014。

③政务新区。

政务区普遍是指一个国家的中央政府或地方政府部门机关较为集聚的区域。

1990年代早期，中国有地方政府为了拉动新区开发，一方面卖掉原有成熟街区的行政办公用房和用地筹集资金开发新区，另一方面甚至在新区建设新行政办公中心。由于这些新行政中心建设基本是以政府为主体的开发建设活动，其建设资金一般由公共财政解决，所需用地由行政划拨，建设相对比较容易。也有地方政府通过“以地补资”或低价出让土地，有开发商帮助新建新行政中心的。这些行政中心大多是党、政、人大、政协4套班子办公楼为核心，前置广场，辅以各职能部门“拱卫”，周围由公共绿地环绕，有的还会配以会议中心、宾馆，以及博物、展览、文化、体育等公共服务设施，形成一个壮观的集中片区。在这个片区周边则会安排较大规模的商务、商业及居住等用地，亦即成为政务新区。

至此，从省级政府、地级城市到县城甚至有些重点镇，形成了一批新建的行政中心政务新区。在开发模式上，有的以置换位于中心城区的既有行政办公用地为条件，有的通过无偿或低偿提供大片商业性开发用地由开发商出资负责建造新行政中心。事实上，这种“公”“私”合作方式为一些新城新区的整体开发注入原动力。但并非每一个行政中心搬迁都是成功的，比如哈尔滨松北新区，1990年代开始谋划，2000年启动基础建设，但由于跨江发展门槛过高，新行政中心对周边地区的拉动效应并不显著，新区开发的繁荣程度相对不如靠近主城发展的其他新区。

资料1.2　青岛市行政中心

1990年代初，青岛市政府决定通过功能置换，将行政中心迁入尚待开发的东部新区。行政中心的建设对新区发展起到了促进作用，成为带动新区经济发展的一个“点”，也成为社会服务设施导向新区启动建设发展的显著标志。由于政治活动、文化活动和市民社会生活的相关性，行政中心的建设带动相关商务办公和文化娱乐产业的多功能综合发展。新区依托其相关功能的辐射效应促使城市新区建设迅速启动和快速发展，使得新区进入多种功能建设开发的良性循环，从而使东部新区发展成为城市新的行政办公、旅游、商务商贸中心，从而全面提升了城市竞争力。

④郊区大盘。

“郊区大盘”就是在城市郊区进行大规模成片开发住房。但在我国，大规模的“郊区大盘”开发背后基本都有政府的影响。起步于1985年的深圳华侨城就是我国郊区大盘的雏形，它位于深圳特区，由国资背景的公司主导开发，实际开发走了“旅游地产+住宅地产”的商业化路线，“欢乐谷”、“世界之窗”、“华侨城社区”等共同构成了一个现代化的新城区。至2001年基本成型的广州华南板块、洛溪板块均由较为成熟的郊区大盘组成，包含了华南碧桂园、星河湾、南国奥林匹克花园、华南新城、锦绣香江、雅居乐等大型综合住区，用地规模从70hm到几平方公里不等（袁奇峰、魏成，2011）。

2000年以后，开发商主导的大型居住区在北京、上海、重庆、成都等中心城市外围不断涌现，如北京的回龙观、富力城，上海的康城，深圳的桃源居，成都的南地王，昆明的世纪城等。即使在贵阳，在建的1000万m^2以上大盘就有7个，其中规划用地5000余亩、总建筑面积1830万m^2的超大楼盘花果园，规划居住人口就达35万人。对于地方政府而言，大盘开发可以迅速扩大城市规模并带来可观的土地收益；经过统一规划设计的建设有助于塑造城市形象，同时在建设过程上也比多主体开发更加简化。对于开发商来说，一方面可以借机圈地并形成大品牌效应，另一方面因大盘开发的位置一般都较偏僻，地价特别低，通过开发后升值空间也特别大。然而，对城市来说，由于过分的集中居住，极易造成“东城居住，西城上班”职住分离、产城分离等城市问题。

⑤会展中心。

会展中心（Convention and Exhibition Center）是城市政府为了促进对外贸易建设的专门用于商品展示的中心。由于商品展示一般与商品推介会相结合，因此，逐渐形成在城市近郊集展示、会议、酒店、市场为一体的会展中心。在西方发达国家，这类会展中心已经成为城市中心区的功能之一，其规模有大有小，比如西班牙巴塞罗那、日本横滨就建有专门的会展城市新区。在我国，2000年加入世界贸易组织后，也有一批城市在城市边缘地区规划建设会展中心，一般由展览场馆、会议中心、办公楼和酒店等部分构成会展综合体，围绕综合体建设新区。例如，深圳、厦门、广州、长春、南宁、天津滨海、上海、郑州、温州、海口、延边、宁波、烟台、重庆、佛山、武汉等各类城市均开发建设了会展中心和新区，但从运营效果看，基本均不理想。

⑥奥体新区。

2010 年 3 月国务院发布《关于加快发展体育产业的指导意见》，明确提出“到 2020 年，培育一批具有国际竞争力的体育骨干企业和企业集团”，2014 年国务院召开国务院常务会议，部署加快发展体育产业、促进体育消费推动大众健身。事实上，1990 年代以来，一批省会城市和地级市，通过承办“全运会”和“省运会”，围绕大型体育设施建设了“奥体新区”。例如，早在 1987 年，广州为举办第六届全国运动会建设了天河体育中心，有力地带动了周边地区的发展，天河地区因此成为广州的新地标之一。2001 年抓住承办“九运会”机会，大力建设配套设施，逐步形成了围绕“广州东站—中信广场—天河体育中心—珠江新城—新客运港—洛溪岛”城市中轴线的城市新区。再如南京，抓住 2005 年“十运会”的契机，推进河西新城区的开发建设，主场馆奥体中心项目成了河西新城开发的重要依托（杨乐平，张京祥，2008），2014 年青奥会成功举办，以河西中央商务区、新城科技园、江东中央活动区、新加坡·南京生态科技岛等重点功能园区为主体，形成优势明显的总部、研发、金融、会展等高端产业基础，集金融、商务、商贸、会展、文体五大功能为主的新城区全面建成。

3. 新城新区空间类型

（1）毗邻母城

新城新区开发成功与否，最重要的因素之一是区位。新城新区多数毗邻母城发展，与母城保持密切的经济、社会、信息和交通联系。根据朱孟珏、周春山（2013）选择的 879 个城市新区研究发现，我国城市新区与母城的平均距离达到 15. 19km，其中 5 ~ 10km 有 274 个，占 31. 17%；0 ~ 5km 和 10 ~ 15km 两个区间，分别有 181 个和 131 个，各占了 20. 59% 和 14. 90%。但也有远离母城的“飞地”型新区，例如国家首批设立的 14 个经开区中，就有 7 个与母城的距离大于 20km，再如鄂尔多斯康巴什新区、兰州新区等，距离母城距离均超过 50 公里，由于目前我国大中城市公共汽车平均运营速度 20 公里/小时，通勤时间已经达到或超过 45 分钟，依托母城发展已基本不可能。

从空间布局形态看，我国新区可分为三种类型，它们是：①独立新区，如上海、天津和大连以远郊跳跃式扩展为主，跳跃距离都超过 20km；哈尔滨、重庆、沈阳和青岛等采用近郊跳跃模式进行城市新区建设，跳跃距离一般为 10～20km；②边缘城区，一般采用边缘连续模式或以 5～10km 的近郊跳跃模式为主进行城市新区建设，这类型城市约占全国地级以上城市的 60%，如郑东新城；③内置新区，如宁波东部新城。新城新区空间扩展，主要采用两种方式：边缘轴线扩展和近远郊跳跃式扩展（朱孟珏、周春山，2012、2013）。在空间上表现为各自均衡发展、城镇协调发展、远郊新区建设、组合型城市发展四种形态和发展阶段（图 1.2）。

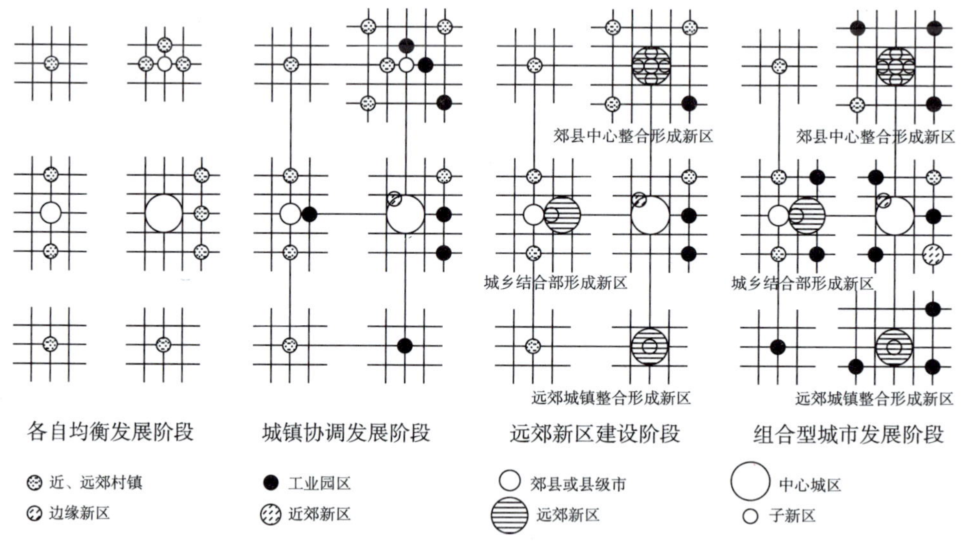

图 1.2　中国新区与母城空间形态和发展阶段

资料来源：朱孟珏、周春山，2013。

（2）多区集聚

最近以来，我国新区发展形成热潮，在地域上出现了多区聚集的现象。究其原因，可能是：①依托国家级新区，连片开发，如环渤海地区形成了以滨海新区为龙头，包括北戴河新区、曹妃甸新区、渤海新区和北海新区等在内的环渤海“新区组群”；②优势资源共同吸引，形成聚团开发，如以大河西先导区为主导形成的长株潭“新区组群”；③多区集聚，打造集聚优势，吸引区域开发要素，如郑东新区、郑汴新区、平原新区等形成的中原“新区组群”（图1.3）。这类多区集聚开发模式，由于资源要素限制，往往形成相互竞争、相互抵消优势的内耗机制，不利于新区开发。

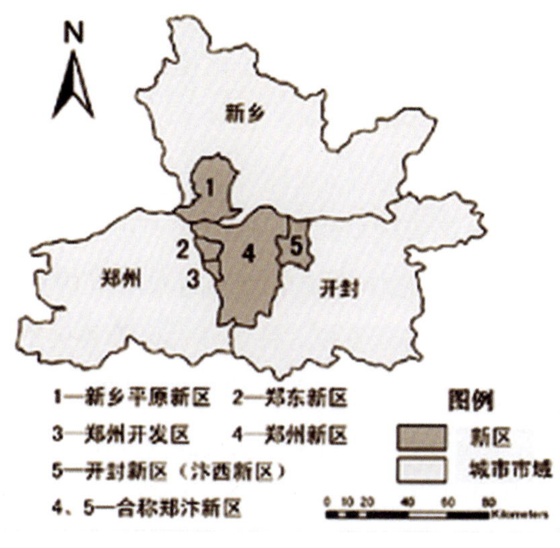

图1.3 中原“新区组群”

资料来源：朱孟珏、周春山，2012。

4. 新城新区管理模式

在我国，无论是新城还是新区，均是以开发为核心的，如何聚集资本、技术、劳动力等生产要素，管理模式至关重要。概括起来，我国新城新区主要存在三种不同的管理组织架构，它们是市场化模式、开发区模式和行政区模式。

（1）市场化模式

第一种模式是市场化管理模式，适合快速、高效开发要求，也是一种建设和管理相分离的管理体制。通过组织的“建设指挥部（工委）+城投公司”完成新区的开发建设，新区社会管理归属当地行政区管理。一般采用的开发管理模式为：由政府控股的城市开发投资公司作为投资主体，成立党工委和管委会作为政府派出机构进行管理，并给予土地征收、银行信贷、财政税收等方面的优惠和扶持政策，其中建设指挥部统筹新区的建设和招商引资作用，城投公司具体负责投融资和基础设施建设。开发建设完成后，城市政府撤销“建设指挥部”，建设项目按城投公司参股情况通过“BOT”（建设—经营—转让，build—operate—transfer）模式实施市场化管理，新区管理权移交地方行政区政府。典型新区如南京河西新区、合肥滨湖新区等。据不完全统计，截至 2011 年 9 月，全国 951 个城市新区，采用市场化模式或类似模式的有 99 个，占 10.4%（朱孟珏、周春山，2012）。

（2）开发区模式

第二种模式采取开发区管理模式。开发区管理委员会实际上类似美国城市的“特区”管理制度，赋予它作为城市政府的派出机构功能，不仅负责招商引资，而且行使政府机构的部分事权。许多开发区管委会不但对外招商批租土地，而且还设立了司法机关和检察机关，成为地方的“特区”。新区开发主要采用“管委会 + 工委 + 派驻机构”的结构体系。管委会负责新区内部的开发建设、经济发展、招商引资等，社会事务仍由行政区管理。据不完全统计，截至 2011 年 9 月，所有 951 个城市新区中，采用开发区模式的有 811 个，占 85.3%（朱孟珏、周春山，2012）。

资料 1.3　天津滨海新区管委会体制

1994 年成立的天津滨海新区只是一个地理概念，包括三个完整行政区、两个行政区的部分地区、三个经济区和一个港口。行政管理上互不隶属，各自为政，经济功能区和行政区相互间出现矛盾，造成经济和城市发展方面诸多问题。2000 年 9 月滨海新区管委会成立。它实际上是扩大了的经开区管委会，但却不具备原来开发区的决策权，管理体制依然是过渡性的市政府派出机构，缺少在新区内行使规划、管理和协调各方利益的权威。

新区开发开放的最大障碍就是行政管理的条块分割，加之各行政区政府缺乏服务新区的整体发展的动力与意识，在很大程度上影响了新区行政管理效率和经济效益，限制了新区内资源整合和配置合理化，影响了新区的发展。例如，在项目引进方面，开发区、保税区以及塘沽、汉沽、大港三区相互之间竞争激烈；在社会服务和基础设施建设方面，由于缺少有力的组织协调，各区各搞一套，影响投资效益；在企业生产方面，新区企业间在生产、经营方面，尤其是外资企业与本地企业间相互关联性差，以新区带动老区企业改造的作用也难以发挥出来。不仅如此，滨海新区和周边地区的合作还处于初级阶段，竞争大于合作，制约了区域经济的高效率发展。目前的滨海新区管委会，属市政府派出机构，仅具有规划、协调和部分管理职能。这种体制必然导致区内资源的分散低效使用和重复建设，增大条块之间的协调成本，以及各区块争资金、争项目、挖人才的无序状态，显然它难以适应新时期滨海新区开发开放的需要（孟广文、杜英杰，2009）。

（3）行政区模式

第三种是行政区管理模式。我国的城市与西方国家城市不同，西方的城市首先是社会自治体，无论规模大小均具备财政收支权，而我国的城市是一级行政区划，其设置受中央政府的控制，因此，建设的新城一般不具备行政区功能，也就没有财政和行政管理权限。新区与新城不同，因其面积比较大，地方政府具备纳入基层行政区的能力，因此一般来说，新区从行政管理关系看有三种模式，它们是：①“合一”型。新区就是一级地方行政单元，如浦东新区、舟山群岛新区等。②“内含”型。新区位于城市二级行政区内部的特定区域，城市政府可以协调，如亦庄—大兴区、郑东新区、铁西新区等。③“整合”型，新区跨相邻几个行政区的特定区域，通过上级政府整合成为一个二级行政区，如两江新区跨重庆江北、渝北、北碚 3 区，西咸新区和天府新区都跨多个县市区。新区开发和管理采用“行政区 + 管委会”的“区政合一”结构体系。行政区管理模式可以全面负责新区的经济发展、开发建设和社会事务，适用于规模较大，具备较强独立性的综合性新区，如浦东新区、滨海新区和广州萝岗区等。因涉及行政区，权限在中央政府，这类模式实际中不多见。据不完全统计，截至2011年9月，所有951个城市新区中，采用行政区模式的只有18个，仅占1.9%（朱孟珏、周春山，2012）。

一般来说，随着新区的不断演化，新区的管理模式会经历“市场化—开发区—行政区”的管理模式的演进，使得新区由相对分散的独立园区向多区合一的行政区发展，如天津滨海新区就先后经历了这三个过程，但并不是所有新区都会经历这一种演替过程，有的可能从市场化模式一步到位到按行政区模式进行管理。

三、新城新区数量和分布

新城新区是我国改革开放的产物，至今全国究竟设置了多少新城新区，难以统计，而且莫衷一是。邹德慈（2010）的研究数据表明，2000年以来全国27个省（市、区）规划建设新区748个，规划总面积达到2.7万平方公里。朱孟珏、周春山（2012）的研究表明，截至2011年9月全国有951个新区。由于缺乏底板数据，本部分采用已有研究成果进行综合和分类，力图基本准确反映我国新城新区的空间分布及其特征。

1. 开发区

自1984年国务院正式批准在沿海港口城市设置经开区起，至2014年全国共设经济特区7个、国家级经开区171个、高新区114个，省级各类开发区1500个左右（图1.4）。此外，各地还有未经国家和省政府批准设立的各类开发区数千个（陈嘉平，2013）。

图 1.4 中国主要经济特区和各类型国家级开发区

2. 国家级新区

国家级新区，是由国务院统一进行规划和审批，实行国家特定优惠政策的区域，该类区域的开发建设被上升为国家战略，区域一般具有副省级行政单位政府职能权限，用于在辖区内实行更加开放和优惠的特殊政策，鼓励进行各项制度改革与创新探索。国家新区一般规划面积比较大，配套设施齐全，招商引资后能带动一定区域的经济起飞。自 1990 年中共中央和国务院决策开发浦东，1992 年国务院批准设立上海市浦东新区，到 1994 年天津滨海新区成立、2009 年设立国家级新区，国家级新区设置进入快车道。到 2014 年 10 月，全国已经设置国家级新区 13 个（表 1.2）。从国家级新区设立的总体情况来看，在开发时序上具有从东部沿海逐渐向内陆转移的趋势，而其新区发展目标由则由单一的沿海外向型开发模式转为多类开发开放主题并存。

表 1.2 国家级新区基本情况一览表

序号	区名	面积（km^2）	常住人口（万人）	经济发展	发展目标	发展优势
1	上海浦东新区（1992 年 10 月）	1429.67	518.72（2012 年）	2012 年全区完成国内生产总值 5929.91 亿元，占上海全市 29.5%	针对我国金融市场相对封闭，加强对外开放制度和金融体制方面的改革创新，营造良好的发展软环境，建设全球重要的金融中心和航运中心	2012 年第一产业增加值 32.89 亿元，占 0.55%；第二产业增加值 2320.75 亿元，占 39.14%；第三产业增加值 3576.27 亿元，60.31%。我国最具有国际金融中心发展潜力的地区；上海巨大的国际贸易量，为浦东新区发展物流等生产型服务业提供基础。上海在外资利用总额方面占据绝对优势，且具有非常强的资金周转能力和境外资金联系强度。尽管上海对于浦东新区发展具有雄厚的支撑实力，但以投资和土地资源拉动的发展模式无法支持浦东新区向国际金融和创新中心发展
2	天津滨海新区（1994 年 3 月）	2270.00	263.00	2013 年，滨海新区 GDP 达到 8020.4 亿元，人均 GDP 达到 31 万元人民币，约合 5 万美元	中国北方对外开放的门户、高水平的现代制造业和研发转化基地、北方国际航运中心和国际物流中心、宜居生态型新城区，被誉为“中国经济的第三增长极”	天津制造业基础雄厚，拥有丰富的创新人才资源和强劲的科技生产能力，并且具有重要的交通枢纽功能。天津的发展基础为滨海新区发展高新技术制造业和北方航运中心提供基本支撑，但必须与北京及腹地河北形成协同发展机制，滨海新区才能真正发挥“三北中心”作用，并通过京津联动才能带动环渤海经济圈的一体化
3	重庆两江新区（2010 年 6 月）	1200			中国中西部地区的桥头堡和开放门户，探索内陆地区开发开放新模式，规划建设区域金融和创新中心	首个设立的内陆国家级新区，但不是行政区划。母城重庆经济总量雄厚，强大的工业基础为重庆发展先进制造业提供支撑，两江新区可通过承接沿海先进制造业转移和吸引境外资金的过程中，引进先进技术，弥补其创新能力不足的缺陷。可开发面积约为 650km^2。但去除已建成区域 150 多 km^2，实际两江新区的可用面积为 450 多 km^2

续表

序号	区名	面积（km^2）	常住人口（万人）	经济发展	发展目标	发展优势
4	舟山群岛新区（2011 年 6 月）	1440（陆域），2.08 万（内海海域）	42.3		国家开发海洋经济的战略先导区、中国大宗商品储运中转加工交易中心、东部地区重要的海上开放门户、中国海洋海岛科学保护开发示范区、中国重要的现代海洋产业基地、中国陆海统筹发展先行区。“四岛一城”：国际物流岛，自由贸易岛，海洋产业岛，国际休闲岛和海上花园城	共有大小岛屿 1390 个，被誉为“千岛之城”。舟山市临城新区（舟山新城）海岸线总长 2444 千米，深水岸线 279.4 千米
5	兰州新区（2012 年 8 月）	1700.00			西部开放平台、欠发达区跨越式发展基地，西北加工制造业中心，开发开放深入西部的基地	新区母城属于老工业基地，产业基础和区位特征是其具备发展为内陆边境开放支点的基础条件；但其制造业附加值低，缺乏高技能人力和产业技术资源方面的支撑，投资吸引能力较差。已把 700 座低矮荒山的山头削掉，将山谷填平，建一个 10 平方英里的“兰州新城”
6	广州南沙新区（2012 年 9 月）	803.00	240.00	可享省级管理权限	打造珠三角世界级城市群的新枢纽，中国南部生产性服务业中心	其母城的经济基础和交通通信可为南沙新区发展金融、保险、现代物流等现代服务业提供支撑。广州和深圳市珠三角城市群的双中心，南沙新区和深圳的新区应加强区域联动，形成珠三角新区分工协作的合理格局，成为粤港澳深化合作高地

续表

序号	区名	面积（km^2）	常住人口（万人）	经济发展	发展目标	发展优势
7	西咸新区（2014 年 1 月）	882. 00			发展空港物流、地区总部经济等的制造业关联产业，成为我国西北部金融商贸中心，撬动西北部整体发展	母城的科研机构和研发投入均较具规模，创新能力高居第 5 位，但高新技术产值不高，其原因在于科研资源向技术成果转化效率不高，对地区高新技术产业贡献较少。区域知识密集型产业不发达，导致母城虽然高教资源丰富，但新区对高端人力资源的吸引力不足，严重制约西咸新区高新技术产业发展。此外，母城交通通讯支撑条件也不强，制约新区作为向西开放支点的功能发展
8	贵安新区（2014 年 1 月）	1795. 00	65. 00		中国内陆开放型经济示范区、中国西部重要的经济增长极和生态文明示范区	母城是落后区域的交通连接枢纽和产业中心，但开放程度低、创新能力不足，短期内发展高新技术产业和现代服务业的潜力不足，应对装备制造业进行升级，并合理利用特色能源及资源发展具有高附加值的加工业
9	青岛西海岸新区（2014 年 6 月）	2096. 00		2013 年地区生产总值 2124 亿元，占青岛市的 25. 5%	大力发展海洋经济和海洋新兴产业，建设海洋科技自主创新领航区、深远海开发战略保障基地、军民融合创新示范区、海洋经济国际合作先导区、陆海统筹发展试验区、亚欧大陆桥东部重要端点	2013 年合同利用外资 24. 80 亿美元，实际利用外资 14. 71 亿美元；外贸进出口 133. 55 亿美元。西海岸新区被赋予省级经济社会管理权限
10	大连金普新区（2014 年 6 月）	2299	158. 00		引领辽宁沿海经济带加速发展，促进东北地区等老工业基地全面振兴，深入推进面向东北亚区域开放合作	重点推进普兰店湾沿岸地带开发建设，促进金州区优化发展；中远期着力促进新区全面发展设立并建设好大连金普新区，对于促进东北地区等老工业基地全面振兴、深入推进面向东北亚区域开放合作具有重要意义
11	天府新区（2014 年 10 月）	1578. 00	580. 0 ~ 630. 0		以现代制造业为主、高端服务业集聚、宜业宜商宜居的国际化现代新城区	

四、新城新区发展成就

新城新区作为中国改革开放和区域经济发展的主体，已经成为经济增长核心区、人口迁移汇聚区、土地开发集中区、科技创新的高地和体制机制示范区。

1. 经济增长核心区

新城新区首先促进了城市和区域经济的增长，成为企业集聚的高地，经济增长的核心区。由于没有确切的全国新城新区数据，这里按个案展现经济增长的成果。

上海浦东新区：在1990~2001年的11年间，共吸引外商直接投资项目7515个，投资总额381.95亿美元（杨上广，2006）。从历年累计的吸收外商直接投资项目总数看，占上海市的29.79%；从历年累计的合同外资总额看，占上海市的31.82%；从投资层次来看，世界500强企业中已超过200家落户浦东，占40%，其中25家跨国公司在浦东设立了地区总部，75家跨国公司研发机构入驻。可以说，通过浦东新区开发，上海已经成为全球屈指可数的吸引跨国公司企业的全球城市之一，浦东也成为国家高科技产业的原创基地之一。与此同时，国内宝钢、中化国际、希望、杉杉等30多家大企业集团总部入驻新区，形成总部经济区。另外，还有600多家投资性公司集聚浦东，资金总额达上千亿元。

天津滨海新区：1994年设立，1994~2007年的13年间工业总产值由213亿元增加到6282.83亿元，增长近30倍。滨海新区生产总值占天津全市的比重已由1997年的30.20%上升到2007年的47.11%，对全市经济增长贡献率达到59.3%；2007年工业总产值增长20.8%，占全市的62.4%；直接利用外资合同金额76.68亿美元，实际到位39.24亿美元，分别增长24.1%和17.3%，占全市的比重分别为66.6%和74.4%；全年外贸出口占全市约70%。

其中，国内生产总值由 1997 年的 382.04 亿元增长到 2007 年的 2364.08 亿元，增长了 6.19 倍，年均递增 20% 以上；工业生产总值由 864.05 亿元增长到 6282.83 亿元，增长了 7.27 倍；财政收入由 24.32 亿元增长到 475 亿元，增长近 20 倍；外贸出口由 24.33 亿美元增长到 245.27 亿美元，增长 10 倍。世界 500 强中 70 多家跨国公司在新区投资，电子信息、石油和海洋化工、汽车及装备制造、石油钢管和优质钢材、生物技术和现代医药、新型能源和新型材料等优势产业迅速发展。

宁波杭州湾新区：自 2010 年初成立 4 年来，新区实现了主要经济指标三年翻番的目标，四年累计引进各类项目 191 个，总投资 1300 多亿元，其中亿元以上项目 129 个，累计完成全社会固定资产投资 573 亿元。2013 年一年新区持续推进重大项目招商和产城联动发展，全年实现地区生产总值 170.9 亿元，同比增长 38.2%；完成全社会固定资产投资 233.6 亿元，同比增长 37%；完成工业总产值 803.3 亿元，同比增长 23%：完成财政一般预算收入 41.3 亿元，同比增长 37.2%。

2. 人口迁移汇聚区

新城新区也是人口迁移的汇聚区。这里以北京、上海浦东为例说明。

北京发展新区：根据国家统计局北京调查总队发布的 2012 年各区县分区数据，2005 年以来北京增加的常住人口中有近一半集中在城市发展新区，即房山区、通州区、顺义区、昌平区、大兴区五个区。数据显示，2005 年北京市常住人口为 1538 万，发展新区常住人口为 411.6 万人。截至 2012 年年底，全市常住人口增加到 2069.3 万，增加了 531.3 万，其中 45.4% 的新增常住人口集中在城市发展新区，约为 241 万，总量达到约 653 万，占全市常住人口的 31.6%，与 2005 年相比提高 4.8 个百分点；首都功能核心区人口为 219.5 万人，占全市常住人口的 10.6%，与 2005 年相比降低了 2.7 个百分点。2005 年以来增加的常住人口中 45.4% 集中在城市发展新区的主要原因：一是产业不断积聚，提供了大量就业岗位，对创造就业岗位、吸引人口形成拉动作用；二是城市建设的推进，大型社区的兴建，对人口也形成集聚效应。

上海浦东新区：上海人口最多的区，也是我国开发进度最快、人口增长最猛的新兴开发区之一。1990 年第四次人口普查时，浦东新区的常住人口为 138.82 万人，占上海市总人口的 10.4%；2000 年第五次普查时已经增长到 240.23 万人，占全市人口的比重提高到 14.6%。十年间，浦东新区常住人口增长 101.41 万人。1995 ~2000 年的 5 年间，浦东新区共迁入人口 63.2 万人，其中由市外迁入人口 39.9 万人，占 63.1%。2014 年上半年末常住人口 556.2 万人，户籍人口 285.4 万人，流动人口 272.7 万人，24 年来人口增长了 417.38 万人，平均每年新增人口 17.39 万人。

3. 土地开发集中区

按照方创琳、马海涛（2013）研究，到 2010 年全国新区规划总面积达到 7.30 万 km^2，接近全国城市建成区面积 3.18 万 km^2 的两倍。据朱孟珏、周春山（2012）研究，截至 2011 年 9 月，全国新区规划总面积达 7.4 万 km^2。从这两组研究数据看，非常接近，因此可以认为，从全国看，我国目前的开发空间主要集中在这 7.5 万 km^2 范围内，土地开发相对集中集约，实际开发空间占全国国土的比重约 0.78%。但从 2012 年数据看，有些开发区规模确实巨大，事实上不可能实行全域化开发和建设，例如乌鲁木齐米东新区（3407km^2）、天津滨海新区（2270km^2）、曹妃甸新区（1944km^2）、舟山群岛新区（1440km^2）、浦东新区（1210km^2）、两江新区（1200km^2）等。

资料 1.4　长沙湘江新区开发建设

湘江新区，原名长沙大河西先导区，依托母城长沙发展。湘江新区坚持整体规划、成片开发、全面推进，2009 年同步启动 14.8km^2 的梅溪湖国际新城一期、7.8km^2 的滨江商务新城和 19.2km^2 的洋湖生态新城的开发建设。从 2011 年开始，先导区实施南拓西进战略，18km^2 的梅溪湖国际新城二期和 39km^2 的大王山旅游度假区同步启动征地拆迁、基础设施和产业项目建设。这样四年内先导区共铺排了近 $100km^2$ 的新城功能片区开发，获批首批“全国绿色生态示范城区”和“国家智慧城市创建试点城区”。尤其梅溪湖新城同步进行高标准的配套建设，促成教育、医疗、交通的配套的真正居住氛围形成，目前已经建成学校 6 所，已开建一所三甲医院，正在引进第二所三甲医院。到 2014 年，一个 $50km^2$、50 万人的新城区初步建成。

4. 科技创新的高地

毫无疑问，新城新区通过规划和建设，也都成为国家最重要的科技创新高地。例如，张江高科技园，位于上海浦东新区，从 1999 年 8 月开园以来，以集成电路、软件、生物医药为主导产业，在集成电路技术、核心电子器件、重大新药创制三大领域形成技术创新优势，其中执行国家科技重大专项分别占上海全市的比重达到 58.33%、70.97% 和 58.24%。截至 2013 年，国家高新区集聚了全国 50% 以上高新技术企业，单位产出能耗仅为全国平均值的一半，每万名从业人员拥有发明专利 107 件，相当于全国平均水平的 10 倍。

5. 体制机制示范区

新城新区在中国改革开放过程中是新生事物，没有适用的经验和制度框架沿用，自 1994 年苏州工业园区创立以来，经过 20 年的体制机制创新，以年均 30% 左右的增幅快速增长，GDP 比开发之初增长了 100 多倍，地方财政总收入增长了 700 多倍。近年来，平均每天到账的外资超过 500 万美元，常住人口人均 GDP 达 3.5 万美元，单位土地 GDP 产出达每平方公里 0.86 亿美元，基本达到或接近香港城市水平。苏州工业园的开发也为我国积累和丰富了新城新区开发经验，成为体制和机制的创新示范区。

（1）按板块构建简政集权的指挥部

新城新区开发，采用从政府各有关职能部门派出人员或机构组建指挥部的模式，除了重大事项报市委、市政府研究外，其他纳入指挥部统一管理，实行权责统领的一门式服务。具体说，在规定的土地开发范围内（板块），土地实行统一征用、统一储备、统一出让、统一管理。土地出让采取公开拍卖的方式，拍卖资金直接由指挥部收取，实行专户储蓄，财政监督，全部用于新城新区基础设施建设。新城新区范围内的建设项目其市属权限内的规费、开发配套费和新城新区建设费均由指挥部统一收取，专项用于新城新区建设。开发初期一般集中力量重点进行道路、环境、社会公共设施等的建设，有利于迅速拉开新城新区开发框架。这种运作模式的特点是简政、集权、便捷和高效。

（2）国资城投公司市场方式融投资

新城新区开发资金来源是一大难题，通常情况下，政府没有钱进行拆迁变生地为熟地，那么土地出让项目运作就难以进行，收益只有在投资之后才能产生，与国有大企业和私营部门之间的密切合作是解决这一困境的有效途径。既然城市财政资金有限，政府又无足够资金支撑新城新区开发，融资就成为必须。地方政府可以发放债券筹资，但不能向银行借贷或实际进行开发建设活动。运用政府控制的国有企业出资建立新的专事开发建设融资的城投公司，就可以直接进入市场进行融投资，主导工程建设项目，这样新城新区开发就能获得市场资金注入的动力。组建的城投公司以国资为主，与私营部门之间密切合作，负责融资和建设，并实行独立核算、自主经营、自负盈亏。为增强公司的资本运作和投融资能力，规定和分工指挥部和城投公司的职能也是必需的，一般地，指挥部主要负责城市规划，土地出让项目计划、招商引资，资金调配等政府管理工作；城投公司主要负责工程建设项目管理、资本运作、区域开发公司运营等经营性管理工作，并负责新城区开发建设过程中形成的各类资产保值增值工作。从某种意义上说，这是通过市场垄断保证城投公司收益的行为，不符合市场经济原则，但它解决了新城新区启动初期的融资难和投资风险规避问题。以下采用苏州和常州两个案例说明。

苏州中新工业园区：最初新加坡拥有65%的股权。由于这些股权具有国有、私营和跨国企业财团多种成分，所以发展进程是依照新加坡既定的工业发展模式展开的。这被证明是极其有效的，因为它不仅带来了高效能的基础设施的兴建，而且这些基础设施又吸引了许多在中国其他地方找不到合适地点的企业。

常州武进新城区：在 2002 ~2009 年的集中建设期间，先后推出“两区两园两湖两城”（春秋淹城休闲旅游区、科教城、西太湖生态休闲区、太湖湾旅游度假区、武进高新区、武进经济开发区、嘉泽农博园和三勤生态园）等八大重点板块平台，规划开发总规模达 267.53km^2，相当于全区国土面积的 1/5。几乎所有板块都设有单独的城投公司，负责投融资、工程项目建设、物业经营管理、土地整理和开发等事务。

（3）具有企业家精神的管理委员会

新城新区通过划分板块平台，利用自身的土地资源等进行招商引资，通过城投公司进行板块开发与经营，大多数的板块管委会主任兼任相应城投公司主要领导，突出表现为企业化政府的行为特征。苏州工业园区（SIP）作为中新合作模式“试验田”，通过借鉴先进国家经验，在运行过程中逐步实现“中国化”和本土化，已经成为中国其他各类开发区、新区和新城学习的范本。苏州工业园区管理机构具备公私合作精神，十分重视考虑政府如何与企业界展开合作并为之提供支持，以便进行有助于经济增长的战略投资。在此基础上，编制长远的战略发展规划。通过长远战略规划与具有企业精神的管理机构结合，寻求一流且长远的解决方案，运用长期投资、战略思维以及某种程度的计划解决单靠市场无法解决的问题。浦东新区是一个相反的案例。一开始建立在“土地投入”和“以点带面”的开发模式上，与南汇合并前新区已建成用地和已批未建用地相加已超过土地利用规划的建设指标，将南汇并入浦东后土地瓶颈暂时缓解，1992 年编制的浦东新区总体规划和 1999 年编制的上海市城市总体规划，都是城市与产业均衡考虑的规划，促使浦东新区借此由开发区向城市地区转变，到 2004 年编制浦东新区综合发展规划时土地资源又已经用尽。这种以土地资源消耗为主开发的政府管理模式，随着信息技术发展和生产力布局模式的变化，导致浦东辐射作用和开发模式效应被逐步减弱甚至被替代，今天已经不再是长三角新城新区开发的学习范本。

第二章
中国新城新区发展阶段

中国新城新区发展是国家经济和社会发展的缩影，其发展阶段与经济发展及城镇化过程基本一致。

一、新城新区发展过程概述

1. 新城思想起源

新城建设的思想和实践起源于19世纪末期，由于产业革命带来的工业大发展，人口和产业更加向城市地区集聚，城市中心区迫于人口、经济压力，以及空间结构调整的需要，客观上要求向外疏散。当时建立新城的主要目的是为了控制大城市人口过分膨胀，疏散大城市的部分工业和人口。

（1）田园城市思想

现代的新城（New Town）开发无论从思想还是实践看，其根源都可追溯到发生在20世纪之交的田园城市建设运动。田园城市建设运动最初起源于英国，主要由该国著名的社会活动家、后又被喻为“现代城市规划之父”的霍华德所倡导与推动。他于1898年发表了影响深远的《明天——走向社会改革

作者：顾朝林，清华大学建筑学院教授，博士生导师。

之路》(1902 年再版时此书更名为《明日的田园城市》)一书，首次提出了建设融合城市与乡村特点的“田园城市”的构想，以期解决当时工业城市各种错综复杂的社会矛盾。霍华德不仅终生不遗余力地宣传他的思想，还亲自主持建设了两个田园城市：莱奇沃斯（Letchworth，1903）和韦林（Welwyn，1920）。尽管霍华德的“田园城市”的理论具有明显的乌托邦色彩，其生前在新城建设探索中也没有取得突出的成就，但他的思想与实践无疑对此后世界范围内的新城开发产生了重要的影响，如雷蒙·恩温的“卫星城市”理论就直接脱胎于“田园城市”，而“卫星城市”理论则是战后新城开发最主要的指导理论之一。

（2）战后西方国家实践

不过，总的来看，在二次世界大战之前，新城开发还主要是一些零星分散的探索与实践，如美国在两次世界大战期间曾借鉴英国田园城市的实践经验建设了一批“绿带新城”。二次世界大战后，它才逐渐演化成为一种世界性的城市建设潮流，其中英国又是最先全面由政府主导开发建设新城的西方工业化国家，它在战后由国会批准颁布了《新城法》(1946）等，为此后的新城开发提供了强有力的法律保障。英国的新城开发不仅起步早（从 1940 年代后期开始）而且历时长（共进行了三代新城的规划建设，新城开发到 1970 年代后期才基本结束）；不仅数量、类型多（共规划约有 30 余个，其中建成 28 个，容纳约 200 万人）而且成就高、影响大，为世界的新城开发与现代城市规划提供了许多经典的成功案例。

在英国的影响下，世界各国（主要是工业发达国家）都先后开发建设了新城。例如法国，在新城建设方面虽然起步较晚（从 1960 年代才开始），数量也不多（由国家建设了 9 个新城），但由于注重新城规划的创新和新技术的应用，引起了全世界的关注，如巴黎城外围地区的马恩拉瓦莱、埃夫里、伊夫林、赛尔吉蓬图瓦兹和默伦塞纳尔等五座新城，一直就是规划师进行新城规划建设学习典范。再如美国，在新城开发方面虽然政府干预较少，但由于战后美国形成了雄厚经济基础支撑，一批规划理念先进并主要由市场主导开发的新城，也成为现代新城开发中的重要案例，如 1930 年罗斯福新政时期由联邦政府主持开发旨在为中低收入家庭提供住房的马里兰州格林贝特（Greenbelt, Maryland）。在亚洲，日本在新城开发方面的探索实践启动相对较早，不过与英国等西方国家的新城相比，日本的新城一般规模更大，且主要是卧城，大都由政府主导规划建设，它们的成功开发为缓解战后日本由高速经济发展与快速城市化而带来的严重的城市问题发挥了重要作用，例如东京六本木新城。在工业发达国家的影响下，一些新兴工业化国家或地区也积极进行了新城开发的实践。如新加坡，早在 1950 ~ 1960 年代就借鉴英国新城建设的经验开始大规模建设新市镇。即使在苏联，1935 年的莫斯科总体规划也提出了“环形绿带 + 卫星城”的城市空间布局结构。

2. 中国早期新城实践

（1）内地早期新城规划建设

我国的新城建设实践始于 1950 年代。当时我国从苏联引进了整套的城市规划理论和方法，其规划模式也都是与集权统一的计划经济体制相对应的，掺杂“平均主义”的福利型生活设施标准，以及以大型工业项目为主体的建设方式，城市规划以有利于生产为准则，重视生产力布局和功能分区。当然，二战后的西方规划理论，如有机疏解、卫星城市等，在这一时期也传入了我国的规划界。在苏联规划模式、西方新城规划理念的双重影响下，结合建国初期工业发展的实际需要，在上海、天津、北京、沈阳、南京、武汉、广州等城市周围也都规划了一批工业卫星城镇。例如，天津先后建设了杨柳青、军粮城、永红林、引河北等卫星城；南京在城市外围建设了龙潭、板桥、大厂、浦口—浦镇、尧化门—栖霞、小行—西善桥等 6 个卫星城（顾朝林，1996）。从实际效果看，这一时期的卫星城，规模较小，工业门类单一，设施配套比较齐全，在计划经济体制下新城的生产—生活基本单元比较容易形成，吸引了一些居民落户，但在疏解中心城市人口和产业方面所起的作用极为有限。

在上海，第二个五年计划期间（1958 ~ 1962）工业布局开始由近郊扩张向全面分散转变，促进了工业卫星城的第一轮发展，先后规划了闵行、嘉定、吴泾、松江、安亭、金山等 6 个卫星城。到 1970 年代，上海又相继规划建设金山卫、吴淞—宝山两个卫星城发展石化和钢铁工业。这样，到1980年代上海共规划建设了7座卫星城。这些卫星城以某些新建的大工业企业为核心，统一计划、统一规划、统一投资，配套建设了工厂区、居住区以及各项公共服务设施。居民多为大型企业的职工及其家属，在国家统一安排下迁居卫星城。

在北京，1958年就在苏联专家的指导下编制完成了《北京市城市建设总体规划初步方案（草案）》，其中提出城市布局采取“子母城”的形式，规划了清河、石景山、长辛店、大峪、石化总厂、通州、南口、沙河、黄村和房山等12个近郊卫星镇和昌平、门头沟、通县等新县城。1983年的《北京城市总体规划》提出重点建设燕化、黄村、通县、昌平四个卫星城，并于第二年出台《北京市加快卫星城建设的几项暂行规定》，推动郊区郊县经济发展。然而，该规划方案并未得以真正执行，“摊大饼”现象更加严重。到10年后的1993年，经国务院批复的《北京城市总体规划（1991－2010）》进一步提出建设通州、大兴黄村、昌平、亦庄、房山良乡等14个卫星城镇，实现“两个战略转移”，即：城市发展重点要逐步从市区向郊区转移，市区建设要从外延扩展向调整改造转移。尽管在城区日益膨胀的压力下，北京的卫星城规划实践已经持续了30多年，这14个卫星城的建设用地总规模也从157km^2增长到202km^2，但常住人口却仅仅增长不足20万。后来有人总结卫星城建设失败的原因，归集为：①对卫星城的规划建设只有大框架，缺乏具体的政策和有力的协调；②主城区与卫星城之间缺乏安全、快速、廉价、大容量的公共交通网络，制约了区域间的要素流通；③以土地和户籍政策为主的教育等政策阻碍了中心城区人口外溢，等等。

（2）香港新市镇的建设

香港建设新城较晚，到1973年政府才开始推行新市镇计划，先后兴建了9个新市镇，但香港新市镇规划建设非常成功，总共规划了110km^2，耗资约2400亿港元，但容纳了香港六成人口，居住人口约460万，而且极大缓解了中心城区高度拥挤的状况。

香港的新城计划按新市镇理念建设，尽管以卧城为主，但每个新市镇相对自成一体，设施完善，生活环境优美，与发达的地铁系统相连，解决产城分离、职住不平衡问题。这主要在于：香港的新市镇建设从一开始便与解决中低收入阶层的住房问题的“公屋发展计划”（公营性住房）互为一体，同时也是为了缓解中心城区的过度集聚而将人口和就业岗位引向“新界”外围区域，其基本的政策目标是强调均衡发展、自给自足，不仅要为居民提供足够的居住设施、商业设施和康乐设施，而且还能为居民创造就业机会。香港的9个新市镇均以高速公路和轨道交通与城市中心连接，运用成熟的TOD发展模式，围绕快速轨道交通站点建设高密度的公共中心，建设密度由中心向外围从高到低。在高密度条件下，注重休憩用地及康乐设施建设，为居民提供多样化的生活空间。新市镇的开发有效解决了香港公营性住房的建设空间问题，同时也深刻地改变了香港的城市形态，在全港形成了核心区与新市镇相结合的多核心空间格局。

综上所述，不难看出，在中国内地，无论是上海规划的9个新城，还是北京规划14个新城，其核心就是按照计划经济的思想控制中心城区的规模，在中心城区外围发展新城。香港的新市镇则是依照英国新城思想建设的，主要是满足巨大住房需求，建设成为大城市周边的卧城。

3. 新城新区发展阶段划分

毫无疑问，新城新区是经济社会发展的产物，其发展过程也烙下中国经济发展和城镇化过程的印记（图2.1）。根据新城新区发展的数量、动力机制不同，大致可以划分为四个阶段：①计划经济时期（1949～1978）：工业新城发展阶段；②改革开放时期（1979～1991）：外向型经济空间锻造阶段；1980年代展开的农村经济改革和对外开放，以经济特区、经济开发区和高新技术产业园区发展为主。③中国城市大发展时期（1992～2000）：都市区空间扩张阶段；1990年代社会主义市场经济体制的初步建立，外国直接投资和城市土地市场化，促进了城市边缘新区的快速发展。④全球化时期（2001～2008）：世界工厂建设阶段；21世纪初中国加入WTO，我国东南沿海发展成为世界工厂，内地劳动力和自然资源向沿海地区流动，进入开发区、新区、新城规划和建设高潮。⑤转型发展时期（2009以来）：内需拉动和快速城镇化阶段。2008年世界金融危机形成对我国外向型经济的严重冲击，为了突破世界经济衰退重围，中国开始注重内需拉动经济发展，政府主导城镇化进程促进中西部、农村地区开发和建设，同时关注可持续发展和气候变化的影响，各类新区和新城应运而生。

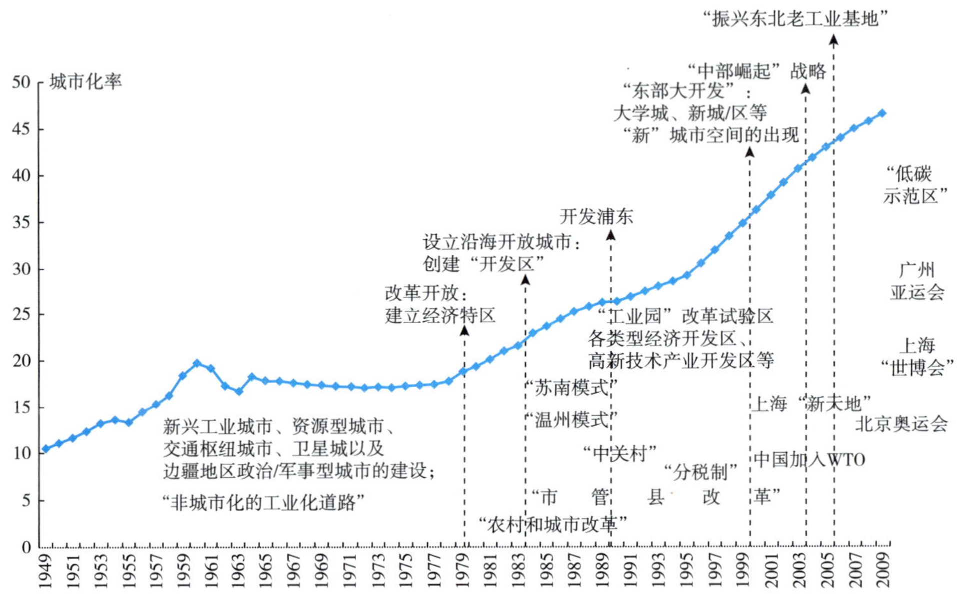

图 2.1　中国新城新区的发展历程

资料来源：武廷海，杨保军，张城国，2011。

二、计划经济时期与产业新城发展

1.“文革”前工业新城发展

在“文革”前的计划经济时期（1949～1965），中国呈现低城市化水平的特征（许学强、叶嘉安，1986；周一星，2006），但在这16年间，中国城市人口与城市数量在绝对数量上都有长足发展，其中新工业城市在该时期的城市化进程中扮演了重要角色，约占新建城市总数的60%（顾朝林，1996）。例如，“一五”时期，为了发展工业，全国新建工业城市6个、大规模扩建的城市20个、一般扩建城市74个，此外还有大量工业镇的规划建设（曹洪涛、储传亨，1990）。在这一时期，由于高度的中央集权计划经济体制，新工业城市规划和建设完全受国家重点项目选址的影响，主要集中在东北老工业基地、中西部地区的陇海铁路沿线、京广铁路沿线，呈现第一波由沿海向内陆推进的新城建设浪潮（图2.2）。可见，各类新兴工业城市、新区、镇是这一时期主要的空间开发载体（陈嘉平，2013）。

图2.2　“文革”前工业新城和工业基地

资料来源：陈嘉平，2013。

2. “文革”期的工业城市建设

“文革”时期（1966～1978）是我国社会、经济处于十年动乱的年代。一方面，盲目地下放城镇居民、干部和知识青年；另一方面，大搞“三线”建设，把大量的资金、设备、技术力量“靠山、分散、进洞”。根据陆大道、薛凤旋（1997）相关研究，这一时期国家投资逐步从沿海向内陆乃至三线地区转移（表 2.1），中国新城的建设也逐步向内陆推进，到 1978 年“三线”地区已经形成 45 个专业生产科研基地和 30 个各具特色的新兴工业城市（李百浩等，2006）。据资料统计，在这 12 年中，新设城市 25 个（表 2.2），以工矿、林业、农垦城市为主（顾朝林，1996）。

表 2.1　　中国基本建设投资（1952～1975）（%）

时期	沿海	内地	
		总计	其中“三线”地区
一五（1953～1957）	41.8	47.8	30.6
二五（1958～1962）	42.3	53.9	36.9
调整时期（1963～1965）	39.4	58.0	38.2
三五（1966～1970）	30.9	66.8	52.7
四五（1971～1975）	39.4	53.5	41.1

注：沿海 + 内地合计不等于 100%，因为购置运输工具等投资未列入计算。
资料来源：陆大道、薛凤旋，1997。

表 2.2　　1966～1978 年设置城市统计表

省区	数量	城市名及年份
山西	3	榆次（1971）、侯马（1971）、临汾（1971）
内蒙古	1	二连浩特（1966）
黑龙江	3	伊春（1967）、七台河（1970）、绥芬河（1975）
安徽	3	屯溪（1975）、阜阳（1975）、六安（1978）
江西	1	抚州（1969）
河南	1	平顶山（1969）
湖北	1	十堰（1969）

续表

省区	数量	城市名及年份
湖南	3	冷水江（1969）、岳阳（1975）、郴州（1977）
广东	1	梅县（1978）
四川	2	绵阳（1976）、达县（1976）
贵州	4	安顺（196）、都匀（1966）、六盘水（1978）
陕西	1	延安（1972）
新疆	3	奎屯（1975）、石河子（1976）、哈密（1977）
合计	26	—

注：台湾及港澳地区暂未列入。
资料来源：顾朝林，1996。

三、改革开放时期的开发区

1. 改革开放时期的外向型经济空间

（1）经济特区、经开区和高新区设置

1979 年 4 月邓小平首次提出要开办“出口特区”，后于 1980 年 3 月“出口特区”改名为“经济特区”，并于 1979 年建立了深圳、珠海、汕头 3 个经济特区，又在 1980 年和 1988 年分别建立厦门经济特区和海南经济特区，拉开了我国新区发展的序幕。这一时期的经济特区规模比较大，都达 100km^2 以上。1984 年进一步开放大连、秦皇岛、天津、烟台、青岛、连云港、南通、上海、宁波、温州、福州、广州、湛江、北海等 14 个沿海港口城市，商务部批准建设了 14 个经开区，其平均规划用地 16.5km^2。1986 年 8 月和 1988 年 8 月又先后批准设立上海市的闵行、虹桥和漕河泾 3 个经开区。这些经开区成为我国最早在沿海开放城市设立、以发展劳动密集型和技术密集型工业为主的特定区域。后来在全国范围内设立经开区，实行经济特区的某些较为特殊的优惠政策和措施，成为中国对外开放窗口和经济发展排头兵。

为了配合中国的高技术发展（863）计划，促进高技术研究成果的商品化、产业化和国际化，自 1988 年 8 月科技部开始实施“火炬”计划，全国批准兴建了 53 个国家级高科技园区。这些高科技园区大多设在大专院校、研究机构等智力密集的大城市地区，并拥有良好企业发展背景，总体上都能依托城市布局，在利用原有水、电、路等设施的基础上很快形成较好的高新技术产业发展和投资环境。据 52 个国家级高科技园区空间分布分析，它们主要集中于华北、华东和东南沿海地区，尤其集中于沿海地带的辽宁、北京、天津、山东、江苏、上海、浙江、福建和广东，其中 55.8% 以上的高科技园区设置在 100 万以上人口的特大城市地区，23.08% 设置在 50 万 ~100 万人口的大城市地区，19.23% 设在 20 万 ~50 万人口的中等城市地区，仅有 2% 设置在 20 万以下的小城市地区（顾朝林、赵令勋等，1999）。

这一时期，无论是经济特区还是经济开发区或高新区（图 2.3），都是以吸引出口加工企业布局，建设外向型经济体系的中心环节，实质上是在行政分权的框架下引入市场机制，通过对外开放与国际经济接轨以及权力下放推行经济自由化和市场化（武廷海等，2011）。作为中国改革开放的前沿，深圳经济特区本身就是国家级的一个新区。从 1979 年建市到 1992 年宝安县撤县为宝安区和龙岗区，深圳经济特区的成立及发展获得了密集的国家权力垂直下放和转移，如 1979 年设为地区一级省辖市，1980 年设置为经济特区，1987 年土地管理体制改革，1988 年批准为计划单列市、授予特区立法权和住房制度改革等。这些分权事件在推动深圳经济高速起步和发展的同时，也对改革开放初期经济特区的规划建设产生了深远影响，如基本确立了带状多中心组团式的空间结构布局，规划了东步、上步、福田、沙河、南头等五个城市组团，对前海填海区进行规划预留等（王吉勇，2013）。

然而，这些开发区恪守“技术的窗口、管理的窗口、知识的窗口、对外政策的窗口”定位，发展速度较为缓慢，到 1988 年 10 年间 14 个沿海城市 17 个开发区共引进外资 8 亿美元，出口 11 亿美元，工业产值 142 亿元，仅占所在城市工业总产值比重不到 2%，技术引进也不尽如人意。针对这一问题，1989 年后遂将开发区定位调整为以“吸引外资为主、发展工业为主、出口创汇为主”，逐步建立起了在资金、技术、管理、土地开发方面的运作机制。广州开发区（现萝岗区），作为典型的经开区，1984～1990年间产业以初步加工制造业为主，引进了200多家以港资为主的制衣厂、玩具厂、塑料厂等中小型加工制造企业，建设资金开始利用每年国家开发区贷款的2亿多元和广东省、广州市政府拨款的3000多万元，发展到20世纪90年代初开发区自身每年财政收入的十几个亿，初步实现了资本的原始积累。同时，在规则制定、企业管理和对外交流等方面也积累了经验，为开发区下一步的发展奠定了基础。

（2）特大城市边缘组团的发展

一些特大城市也开始在城市边缘地区建设外向型经济为主的产业空间。例如北京，1980年代工业空间形成了中心市区一极集中、边缘（郊区）分散组团的空间结构模式。在上海，1986年国务院批复了《上海城市总体规划方案》，明确上海中心城、卫星城、郊县小城镇和农村集镇四级城镇体系建设框架，卫星城规划人口130万人左右（当时上海城区的753.68万人，约占17%），重点发展金山卫和吴淞—宝山南北两个卫星城。根据李晓文等人的研究，1987～1990年城市建设强度最高的地区在距离外滩直线距离5公里的地方，1990～1995年拓展到10公里地方，1995～2000年拓展到15公里的地方。2000～2008年，上海城市建设强度最高的地方已经拓展到包括闵行、九亭、南翔等地区20公里的地区范围内（郑德高、孙娟，2012）。

2. 城市大发展时期的都市区空间扩张

1992年邓小平南方谈话后，我国新区建设进入第一个快速发展时期，1990年代社会主义市场经济体制初步建立，外国直接投资和城市土地市场化等原因，在1990年代初期和末期二次掀起“开发区热”，对我国新城新区的发展和城市边缘新区空间扩张具有非常重大的推动作用，我们称这一时期是中国城市大发展时期。

哈尔滨经济技术开发区
海林经济技术开发区
宾西经济技术开发区
长春经济技术开发区
吉林经济技术开发区
营口经济技术开发区
沈阳经济技术开发区
锦州经济技术开发区
大连经济技术开发区
大连长兴岛经济技术开发区
秦皇岛经济技术开发区
廊坊经济技术开发区
烟台经济技术开发区
威海经济技术开发区
东营经济技术开发区
日照经济技术开发区
潍坊滨海经济技术开发区
青岛经济技术开发区
连云港经济技术开发区
南通经济技术开发区
昆山经济技术开发区
南京经济技术开发区
苏州工业园区
扬州经济技术开发区
徐州经济技术开发区
镇江经济技术开发区
闵行经济技术开发区
虹桥经济技术开发区
漕河泾经济技术开发区
上海金桥出口加工区
温州经济技术开发区
萧山经济技术开发区
杭州经济技术开发区
嘉兴经济技术开发区
湖州经济技术开发区
绍兴袍江经济技术开发区
宁波经济技术开发区
宁波大榭开发区
芜湖经济技术开发区
合肥经济技术开发区
安庆经济技术开发区
马鞍山经济技术开发区
福州经济技术开发区
福清融侨经济技术开发区
东山经济技术开发区
漳州招商局经济技术开发区
泉州经济技术开发区
厦门海沧台商投资区
广州经济技术开发区
湛江经济技术开发区
广州南沙经济技术开发区
惠州大亚湾经济技术开发区
增城经济技术开发区
海南洋浦经济开发区
南昌经济技术开发区
九江经济技术开发区
赣州经济技术开发区
井冈山经济技术开发区
南宁经济技术开发区
长沙经济技术开发区
岳阳经济技术开发区
常德经济技术开发区
武汉经济技术开发区
黄石经济技术开发区
襄樊经济技术开发区
昆明经济技术开发区
曲靖经济技术开发区
贵阳经济技术开发区
遵义经济技术开发区
拉萨经济技术开发区
成都经济技术开发区
广安经济技术开发区
德阳经济技术开发区
重庆经济技术开发区
万州经济技术开发区
西安经济技术开发区
陕西航空经济技术开发区
陕西航天经济技术开发区
银川经济技术开发区
西宁经济技术开发区
兰州经济技术开发区
金昌经济技术开发区
天水经济技术开发区
乌鲁木齐经济技术开发区
石河子经济技术开发区
太原经济技术开发区
郑州经济技术开发区
呼和浩特经济技术开发区
天津经济技术开发区
北京经济技术开发区

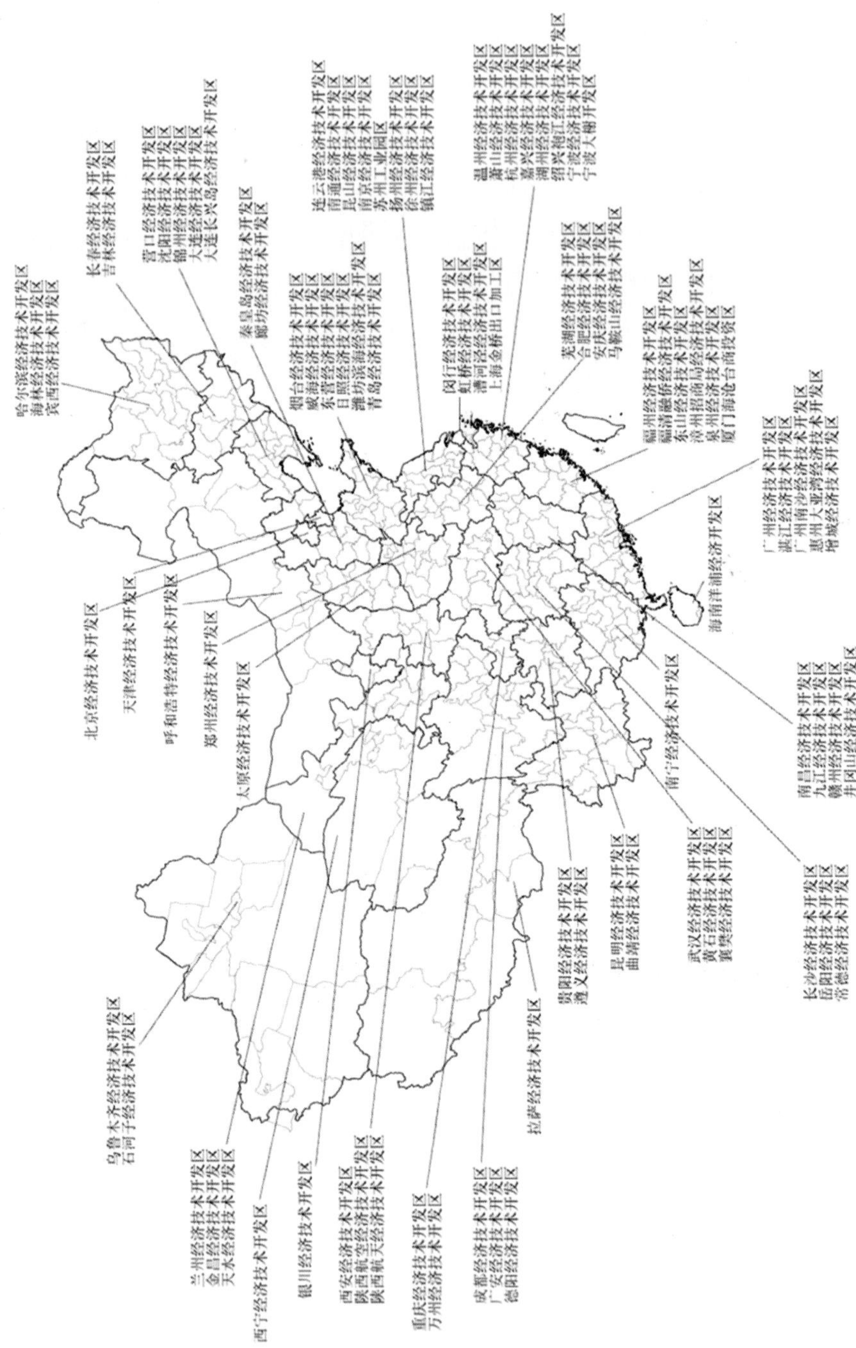

图 2.3　国家级经开区

（1）浦东新区开发

1990年4月党中央、国务院作出了开发开放上海浦东的重大决策，上海市委、市政府按照中央的战略部署，制定了“开发浦东、振兴上海、服务全国、面向世界”的开发方针。其时浦东新区面积570km²，常住人口280万。浦东开发从一开始就带有强烈的政府主导色彩，当时来自中央的支持是5年内提供65亿贷款，城市建设资金主要来自地方政府的土地批租，可以说这是中国城市土地财政的发源地。鉴于当时的建设资金短缺，中央赋予浦东开发开放一些特殊政策，其中最重要的是浦东多渠道筹措资金。据统计，在1991～1999年十年间，先后从中央和银行筹资417.5亿元，同时进行财政体制改革，用“八五”期间新增的财力和“九五”期间返还浦东的财政收入建立“浦发基金”59.4亿元，完成了浦东国际机场、地铁二号线、南浦大桥、杨浦大桥、杨高路等十大基础设施建设。此外，中央还允许浦东在贸易服务业开放领域“先行先试”，奠定了浦东开发的“大改革开放”格局。

（2）全国“开发区热”

与浦东开发同步，国家相继将珠江三角洲、闽南厦（门）、漳（州）、泉（州）三角地带、长江三角洲以及山东半岛、辽东半岛辟为经济开放区，着手在这些地区设置一系列经开区。首先，1992年9月在南京成立国家级经开区，拉开第二轮（1992～1993年间）全国设置经济开发区的大幕。这一时期，开发区基础设施日益完善，逐步走向成熟，进入了高速发展时期。1992～1996年，引进外资数量大幅度增加，引进项目的档次也出现了跨国公司，引进项目在技术含量和技术水平上明显提升，填补了国家多领域空白，占据了国内同行业的技术制高点，促进了中国工业现代化的进程。到1996年，首批14个经开区工业总产值达到1887.86亿元，税收为101.45亿元，合同外资额达到57.88亿美元，年平均增长率分别达到了48.04%、66.61%和48.04%。经开区也由最初的17个陆续增加到了32个，主要分布在沿海对外开放地区。其次，在1990年代，也掀起了建设高新区的高潮。北京、上海、天津、南京、杭州、广州等城市争先恐后建立国家级或省级等不同级别的高新区。1991年以后，国务院先后共批准建立了53个国家高新技术产业开发区。截至1999年12月，国家级开发区覆盖了除西藏、青海以外所有省份，全国共有各类新区 362 个。其中，生产型新区（开发区）339 个，占总数的 93.6%；综合型新区（以服务功能为主的或以开发区为基础形成的综合型功能的新区）23 个，仅占 6.4%。从新区规模来看，1999 年全国新区规划总面积达 9310.56km^2。其中，规模较大的新区有哈尔滨松北新区（736.3km^2）、潍坊滨海新区（677.00km^2）、上海浦东新区（532.75km^2）等。

这一时期，开发区的土地一直是采用使用权有偿出让的方式进行市场配置，各开发区之间，为了竞争资源，大部分都以十分低廉的价格甚至是零地价出让。这种依靠降低土地成本吸引外资、技术和企业策略，必然造成粗放而非集约的土地利用方式，在开发区产值规模迅速增加的同时，开发区土地以近乎同等的速度蔓延式扩张，很快许多开发区土地资源耗尽，又通过“扩区”的方式来保障供地需求，如长三角地区的苏州、无锡、常州和南京等开发区纷纷进行“扩区”增地。在深圳特区，由于大批外企和外资的涌入，特区内建设用地很快被大规模开发建设填满，部分地区开始向位于“二线关”的布吉、新安、西乡等地区蔓延，加剧了深圳经济特区和宝安县之间在经济发展和土地资源之间的强烈竞争，土地资源成为影响特区高速扩张和原始资本积累的制约瓶颈。如同当前国内许多城市通过行政区划变更一样，1992 年国家决定撤销宝安县建制设立宝安、龙岗两个市辖区，实现了深圳特区的空间扩容，使深圳经济特区的可用土地资源一下扩大了 4 倍，为保持深圳经济高速发展和土地成本比较优势注入了活力（王吉勇，2013）。

到 1990 年代中后期，我国沿海大城市开发区规模越做越大，产城分离更加明显，出现了向新城发展转型迹象。例如，广州开发区提出“把开发区建设成为以现代化工业为主体、三次产业协调发展、经济与社会全面进步的广州新城区”；大连开发区提出“以工业化促城市化，通过城市化逐步实现现代化，建设以工业化、产业化为支撑的新市区”；青岛开发区也明确提出“开发区要向现代化的国际性的新城区方向发展，建设一个功能齐全、经济社会协调发展的新城区”；天津开发区将“逐步建成以工业现代化为基础，以管理现代化为支撑，以城市现代化为标志的具有国际水准的现代化新城区”作为发展目标。与此同时，在开发区的城市化过程中，许多沿海大城市开发区在物质空间上呈现出日益明显的新城特征。例如广州开发区，在 1991 ~ 1995 年间主要是建设现代化工业园区，开发区在规模、产业结构和管理模式上有了较大的改善，开辟了东区和永和区，所引进的项目大部分具有一定的科技含量，在产品的前卫性、设备先进性、深加工度和科技含量等方面较前一阶段有较大的进步。到 1996 ~ 2004 年间，开发区与高新区、出口加工区及保税区实现“四区合一”，以建设综合经济功能区为发展目标，逐步实现从经济开发向技术开发的转变，形成了今天萝岗区的雏形。

1997 年亚洲金融危机，国际资本总量减少，地方开发区仍呈现不断增加的态势，导致开发区之间引资竞争更加激烈，一些开发区进入失落茫然、发展进程顿挫的状态（皮黔生等，2004）。国家及时抓住机会，清理撤销了一批“开”而不“发”的开发区。

（3）城市边缘组团扩张

全面开发对外国资本、技术和企业的吸引，除了上述经济特区和开发区外，沿海大城市也是最受青睐的空间。在北京，1990 年代后，市郊兴建的大批市区县级工业小区，使北京市工业逐步由城区向近郊区、甚至远郊区县转移，也为主城腾退出了大片土地用于发展附加值更高的服务业空间奠定了基础。在上海，1990 年代城市空间演化为内部重组和向外扩展，办公和商业的集聚规模从传统中心扩展到整个核心地域，居住分布在城市内圈的主导地位更为突显，而工业分布则向城市外圈转移（郑德高、孙娟，2012）。在紧邻上海中心城区的边缘城镇却获得更大的发展机遇，它们尽管缺少市政府乃至中央的政策扶持，但在市场作用下成为空间快速蔓延、城市建设与投资最活跃地区，有些还成为上海新中产阶级的新居住场所。例如嘉定县，2000 ~ 2005 年嘉定全区常住人口增加了 25%，但嘉定新城却仅仅增加了 11%，而边缘城镇马陆、江桥、安亭的常住人口增加却超过了 40%；马陆镇、南翔镇、江桥镇、安亭镇的工业产值也都超过了嘉定工业园，马陆、江桥成为吸纳外省市劳动力最多地区。再如青浦县，规划的青浦新城的发展速度大幅落后于徐泾、华新这样的边缘城镇。很快，这些边缘城镇形成了专业化的功能分工，如江桥成为总部经济的主要集聚地，虹桥是各类生产性服务业的汇聚区，闵行成为上海西南部重要的居住区和大型产业集聚区，康桥则发展成为上海南部以居住为核心功能的生态型城镇，川沙地区由于迪士尼乐园的进驻以及毗邻浦东国际机场的区位优势将发展成为以文化娱乐和大型主题社区为主的综合性服务城镇，外高桥则以保税区为主体成为出口加工型产业新镇。

在这一时期，我国大城市功能结构已经呈现鲜明的特征：居住先向近郊区后向远郊区迁移，工业、仓储、文教向远郊区迁移，商务类功能区向中心聚集。土地利用扩展经历了由以围绕老城区扩展为主转变为同时围绕中心城区、卫星城、交通干线扩展，并最终围绕卫星城、郊区城镇和交通干线为主扩展的模式。过去规划的郊区新城不但没有成为人口和就业的中心，而且完全湮没在边缘城镇的无序拓展之中（郑德高、孙娟，2012）。在政府和市场力的较量之下，政府主导的新城在发展的秩序上具有明显的优势，但在发展的活力上却有所不足。市场主导的边缘新兴城镇具备强大的发展活力，却在发展秩序中有所缺失。蔓延的空间扩展方式，低效率的土地使用要求思考大城市的边缘城镇发展问题，需要寻求政府主导与市场推动相结合，从无序中寻找有序的发展路径（顾朝林等，1995）。

（4）“开发区”衍生变体

由于发展的需求强烈，这一时期，除了以工业发展为主的“工业园”、“开发区”外，也衍生出一些另外的“开发区”变体，如“科学城”、“大学城”等。1998 年广州规划建设第二个科学城，规划面积 22.74km^2，起步区 4km^2，科学城以科学技术的开发应用为动力，以高科技制造业为主导，规划建成高新技术产业的示范基地，产、学、住、商一体化的多功能、现代化新型科学园区。同一时期，上海启动了松江大学城建设，深圳也引进清华、北大、哈工大等名校的研究生院建设大学城。南京作为教育资源集聚的城市，先后启动了浦口、江宁 2 个大学城建设，规划用地面积达 70km^2。到 1990 年代后期，为了拉动新区发展开始行政中心搬迁，大多数新行政中心的开发目标设定都超出了单纯的改善行政办公条件，成了所谓的“政务新区”（汪劲柏、赵民，2012），如青岛（1994 年）、无锡（1995 年）、苏州（1996 年）等先后都通过建设新行政中心建设了城市新区。

四、全球化时期与城市数量和空间扩张

2000 年中国加入 WTO 组织，东南沿海发展成为世界工厂，内地劳动力和自然资源向沿海地区流动，进入我国开发区、新区和新城规划建设的高潮期。

1. 全球化与世界工厂建设

至 20 世纪末期，在经济全球化及我国改革开放不断深入的背景下，经济、社会和城市化呈现出了持续快速发展的势态。大城市的人口和经济社会活动过度集聚给城市的运行造成了巨大的压力，拓展新的城市发展空间已势在必行。一些城市采取了建设“新城”及引导郊区集中发展的方式来缓解老城区人口增长的压力，并使城市结构得到优化。与此同时，随着经济全球化和新技术革命的影响日益深入，通过多中心的区域空间结构来加强区域协作，引进巨型开发项目提升城市综合竞争力（杨东峰、熊国平、王静文，1990）。

（1）东南沿海“世界工厂”格局形成

我国东南沿海城市，为了在国际竞争中占据有利的位置，均不约而同地选择吸引重化工业落户，欲以“植入型”、“空降型”产业来推进临港工业园区发展。这一时期，国家及时设置了第三批（2000 年～2002 年间）和第四批（2005 年以后）国家级经开区。在这个阶段，经开区的数量和质量无疑得到了巨大的发展，天津经开区首先提出扩大规划面积的要求，随后福州、青岛、兰州等经开区纷纷调整扩大规划面积范围，实施增容扩区方案。以当时的 49 个国家级经开区为例，在仅占全国 0.05% 左右的土地上取得了突出的经济效益，2002 年工业总产值、地区生产总值、累计实际使用外资额、进出口总额、税收总额等各项指标分别占据全国 7.12%、3.04%、11.36%、8.64% 和 2.94%，尤其是环渤海、长三角、珠三角的国家经开区发展成就显著，单位面积经济指标甚至高出我国对外开放桥头堡的深圳经济特区。从全国看，这一时

期的经开区，呈现了东部地区的经开区效益明显高于中西部地区，但是中西部经开区发展速度要快于东部的现象，东南沿海“世界工厂”的格局慢慢形成。以江苏省为例，2009 年江苏省各类开发区实现的进出口总额占全省的 77%，实际利用外资占全省的 75 %，创造了全省 36% 的地方一般预算收入（买静、张京祥、陈浩，2011）。

（2）特区推进全域城市化

城市边界和空间结构的基本固化使城市空间本身难以出现根本性调整与变化，深圳在撤销宝安县新设两区后，已无法向其他城市那样走“区域整合”、“撤县设区”的传统扩张发展道路，有限的新增用地导致城市土地规模和成本优势基本消失，内部空间资源的重组与提升成为深圳空间拓展的主要路径，然而实现这一路径的根本动力需要体制、制度的再次创新，即深圳需再次获得国家、广东省层面的进一步分权。2009 年，国务院批准《深圳综合配套改革试验总体方案》，深圳获得以深化行政管理体制改革为首要任务的六项改革试验权，其中“探索城市行政区划及管理体制改革”对城市内部行政区划的调整与重构具有重大影响，也成为激活既有空间价值与潜力的重要触媒。与传统行政区划不同，深圳在新一轮行政区划变更中，以增设新型功能区的方式体现“一级政府三级管理”的行政管理体制改革。新型功能区充分发挥了深圳在综合配套改革的先行试验权，具有行政区和功能区两大特征，在绕过需国家批准才能设立行政区的体制性约束条件后，同时减少了行政层级，提高了管理效率，为进一步拓展城市发展空间提供了制度平台。在 2007 年光明新区成立基础上，2010 年和 2011 年相继成立坪山新区、龙华新区和大鹏新区三个新型功能区和前海“特区”，拉开了深圳从大区制向小区制转变的新型功能区时代，也从过去“1 + 1”市县分治结构、特区内外“4 + 2”结构演变为由六大行政区、四个功能区和一个前海“特区”（王吉勇，2013），得以在全域范围内推进城镇化进程。

（3）大城市空间重建和规划失效

经济全球化、市场原则主导的快速发展，也给大城市发展注入了活力，刺激了大城市的旧城重建、近郊蔓延和“新城开发热”，但也导致了城市规划的失效。

①旧城重建。

在上海中心城区，旧城重建发展楼宇经济成为主流。由于规划和建设权的下放，以行政区为单元发展楼宇经济，积极构建资本市场服务的咨询中介、金融证券等资本服务型企业的商务商贸空间载体。以静安区为例，2002 年嘉里中心商务楼月创税收超过 1 亿元，到 2008 年这样的“月亿楼”已有 50 幢。据统计资料，这一时期，静安、卢湾、黄浦前 30 幢重点楼宇税收占全区税收的比重已经分别达到 56%、51% 和 39%。上海楼宇经济主要集中在六大核心区域，分别为陆家嘴、外滩、淮海中路、南京西路、徐家汇和虹桥开发区。据张伊娜、周双海（2014）研究，2000 年上海中心城核心区（黄浦、卢湾、静安 3 区）的常住人口密度高达 43048 人/km^2，2010 年下降至 32958 人/km^2，平均每 km^2减少了 1 万多人，人口总量也从 120.88 万人降至 92.54 万人，减幅达到 23.44%。在中心城边缘区（徐汇、普陀、长宁、闸北、虹口和杨浦 6 区）也呈现缓量增长趋势，在 2000 ~2010 年间，这一地区常住人口规模仅增长了 5.93%。

②近郊蔓延。

在近郊区（闵行、宝山、嘉定、浦东含原南汇 4 区），以服务业为主的园区经济成为城市发展的新地标景观。它们以企业总部为特征、以园区型办公为空间载体，很快形成新的现代服务业集聚体，可分为企业服务的研发总部、运营总部、管理总部、采购总部和结算总部等多种类型。例如以虹桥枢纽为核心，就形成了包括虹桥枢纽商务区、虹桥临空经济园区、嘉定西郊等生产性服务业聚集区。而与此同时，上海郊区出现了人口集聚的态势。从 2000 年的 638.58 万人增长到了 2010 年的 1084.99 万人，增幅达到 69.91%，其中外来人口的增幅高达 182.54%，人口密度也从 2000 年的 2757 人/平方公里上升到 2010 年的 4684 人/平方公里（张伊娜、周双海，2014）。

③“新城开发热”。

为了疏解大城市人口、产业和环境压力，新城再次被赋予了新的功能与责任。在此宏观背景下，各地新城建设不断升温，内容和形式各异的各类“新城”纷纷涌现。如旧城改造和城市战略升级相互联动而形成的新城如宁波东部新城、城市结构改变生成的组团级新城如无锡滨湖新城、城市郊区化蔓延形成的郊区新城如上海宝山和嘉定新城、为重点项目配套建设的新城如唐山曹妃甸新城和上海临港新城以及在传统小城镇基础发展而成的新城等（张捷、赵民，2005）。此外，还出现由于区域格局的新变化、围绕潜在经济增长点形成的功能型新城，如杭州湾新城。

④城市规划失效。

上述市场力和经济全球化对城市发展的冲击是前所未有的，也必然导致在没有充分考虑这些因素编制的城市总体规划实施失效。以上海为例，1999 年版上海城市总体规划提出“1966”空间结构①，即 1 个中心城市、9 个新城、60 个镇、600 个村，核心思想是控制中心城的规模，用地控制在 660km^2，人口控制在 950 万人以内。同时在中心城外围建设 9 个新城，新城规划总人口约 540 万人，其中嘉定、松江、临港是 3 个重点新城，人口规模按照 80 万 ~ 100 万人规划，总人口控制在 270 万人。同时，上海提出在中心城坚持“双增双减”，即增加公共绿地和公共空间，减少建筑容积率和建筑容量；在中心城外围推进“三个集中”，即人口向城镇集中，工业向园区集中，农业向规模经营集中，试图建设一批各具特色的新型城镇，以期形成郊区城镇对中心城区“反磁力”系统。然而，这一版规划的实施结果却大相径庭。首先，人口和用地规模很快被突破。根据对 2000 年与 2008 年卫星遥感影像的判读，8 年间上海建设用地增长了 76%；从人口增长看，相比 1990 年的人口，2008 年上海常住人口达到 1888 万人，人口翻了一番；从人均建设用地看，也从 82 平方米/人增长到 124 平方米/人。其次，再看上海建设用地增长的空间分布，2006 年全市建设用地约 2580km^2，占全市土地面积的 37%，土地开发强度已经越过了 25% 的界限。其中，城市建设用地 2080km^2，占全市建设用地 80.6%；农村建设用地 115km^2，仅占 4.46%。因此，可以认为上海这一时期的用地是以中心城空间蔓延为主，与 1999 版上海城市总体规划控制规模设想不一致，表现为城市规划失效。

---

① 国务院批复的《上海市城市总体规划（1999 - 2020）》原规划有 11 个新城，后来上海经过几年的不断研究和论证，最终确定规划建设 9 个新城，包括松江、嘉定—安亭、临港、宝山、闵行、青浦、金山、奉贤南桥和崇明城桥新城。原规划的空港新城和惠南新城不再单独设置。

2. 新城运动和建设失败

这一时期，我国新城规划主要表现为两种类型：大城市周边新城和“大学城”。

（1）大城市周边新城

之所以在大城市周边建设新城，一方面，与我国大城市发展阶段相关。通过近20年的快速经济增长和开发区建设，城市空间蔓延现象突出，大多数城市希望通过在远郊规划建设新城疏解中心城区发展压力；另一方面，这一时期的大城市，已经具备比较雄厚的经济基础、良好的基础设施条件和强大的资源整合能力，可以通过新的空间扩张，在市场竞争中迅速占据区域经济增长中心的地位。然而，事与愿违，规划的新城在建设过程中均以失败告终。

以上海为例，这一时期规划了新城“一城九镇”，即：松江新城和安亭、罗店、朱家角、枫泾、浦江、高桥、周浦、奉城、陈家镇9个镇。但由于新城的建设没有与轨道交通建设紧密结合，各城镇也没有形成良好的产业和人口集聚，仅建成了几个外国风貌的居住区，因此也无法起到预期的疏解中心城区压力的效果。

据统计资料，2000～2010年间，金山、松江、青浦、奉贤和崇明5区县常住人口规模增加了67.66%，其中外来人口从2000年的49.8万人上升到了2010年的242.17万人，翻了两番多；平均人口密度也上升了560人/平方公里，从828人/平方公里上升到1 388人/平方公里（张伊娜、周双海，2014）。但7个新城，除松江新城的大学城的建设常住人口从2000年的25.81万人增长到了2010年的63.40万人外，奉贤南桥新城从2000年的17.27万人增长到2010年的36.12万人，嘉定新城、崇明城桥新城常住人口10年间增幅仅在50%左右，青浦新城、临港新城增长30%～40%，尤其金山新城的人口仅增加19.13%，而嘉定新城、青浦新城和金山新城的户籍人口总量反而减少，其中青浦新城的户籍人口规模比2000年减少了12.07%。从7个郊区新城自身的人口增长规模和速度来看，新城吸引中心城区人口的规划目标没有实现，甚至还出现了4个郊区新城的人口规模集聚速度均慢于其所在区县增长的现象。例如嘉定区在 2000 ~ 2010 年常住人口增长了 95.36%，而嘉定新城仅增长了 50.53%，且嘉定新城户籍人口不增反减。再从新增人口来源看，这些郊区新城主要成为外来人口的迁入地。2000 年 7 个新城共集聚了 24.64 万外来人口，到 2010 年共吸引了 101.9 万外来人口，比 2000 年翻了两番。松江新城、奉贤南桥新城、崇明城桥新城外来人口的增长幅度最大，分别达到了 566.89%、427.62% 和 41 0.98%（张伊娜、周双海，2014）。目前，宝山、闵行两座新城的部分组团已与中心城区连为一体，连接中心城区（宜山路站，距上海最大的城市副中心 - 徐家汇仅一步之遥）与松江新城的轨道交通 9 号线一期已于 2007 年底通车，连接“徐家汇站”与“浦东世纪大道站”的二期于 2009 年 12 月 31 日开通试运营；同日，连接中心城区（江苏路站）与嘉定新城及其安亭组团的轨道交通 11 号一期北段也开通线试运营。

（2）一哄而上的“大学城”

1998 年 11 月经济学家汤敏以个人名义向中央提交了一份建议书：《关于启动中国经济有效途径——扩大招生量一倍》，建议扩大大专院校招生数量。其理由主要有：中国大学生数量远低于同等发展水平的国家；国企改革带来的大量下岗工人如果进入就业市场与年轻人竞争会出现恶性局面；国家提出经济增长 8% 的目标，教育被认为是老百姓最大的需求，扩招可以拉动内需，激励经济增长；高校有能力接纳扩招的学生，当时平均一个教师仅带 7 个学生；高等教育的普及事关中华民族振兴。该建议被中央采纳之后，很快制定了以“拉动内需、刺激消费、促进经济增长、缓解就业压力”为目标的扩招计划。1999 年教育部出台的《面向 21 世纪教育振兴行动计划》，提出到 2010 年，高等教育毛入学率将达到适龄青年的 15%。这样，在国家紧缩土地用地指标而地方政府具备强烈发展愿望的情况下，一些城市政府纷纷转向规划和建设“大学城”。

1999 年 10 月，河北廊坊市开发区在爱心日语培训学校的基础上，划拨 2300 亩土地，由北京外企集团投资建设“具有国际水平的职业教育基地”的东方大学城。奠基一年后，57 万平方米建筑即拔地而起，北京中医药大学东方学院、北京北大方正软件技术学院、廊坊东方职业技术学院、北京城市学院、中国民航管理干部学院、廊坊职业技术学院、北京东方研修学院、东方艺术专修学院、廊坊卫生职业学院等高校和北京25中的近万名学子入驻，开启了中国高等教育的“大学城”时代。然而，“东方大学城”建设的真正目的并不是建设大学园区，而是希望用“大学城”名义以低地价在京津之间获得数十平方公里土地、通过引进大学进行大规模的土地开发，但最终由于投资主要来自银行贷款和承建商垫资，在资金链断裂后失去初期的光环。2003年广州也在番禺区规划建设广州大学城，面积为34.4km^2，一期进驻十所高校，分别是中山大学、华南理工大学、华南师范大学、广州大学、广东外语外贸大学、广州中医药大学、广东药学院、广东工业大学、广州美术学院、星海音乐学院等，集中在面积18km^2小谷围岛。据不完全统计，这一时期，全国大学城项目猛增到近50个（图2.4）（汪劲柏、赵民，2012），主要集中在大城市，南京作为教育资源丰富的城市，规划建设了浦口、江宁和仙林三个大学城。

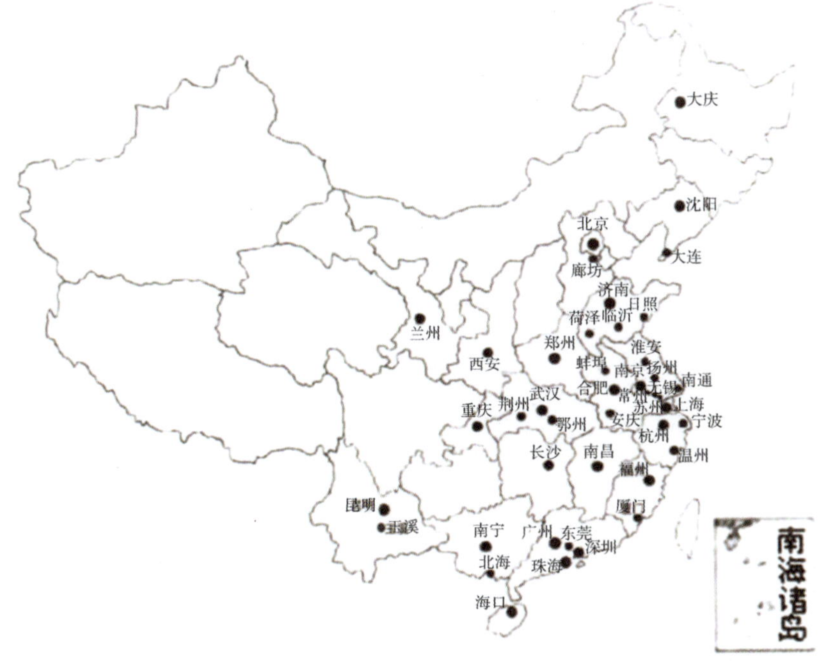

图2.4　2005年中国主要大学城分布

资料来源：汪劲柏、赵民，2012。

资料 2.1　松江大学城

1958 年松江就作为卫星城规划建设。1998 年松江撤县设区，上海市委、市政府又选择远郊的松江作为新城建设的试点，希望建成“松江新城”。按照松江新城总体规划，到 2005 年人口规模达到 27 万，用地规模 $39km^2$，远景人口将达到 40 万，由老城区、新城区、大学城、高科技园区、工业区 5 个功能单元组成。从 2001 年 8 月新城建设启动到 2003 年的 12 月，开工建设量就达到 600 多万平方米，基础设施投入超过 40 亿元，新建成的城区超过 $10km^2$。

松江大学城位于上海松江新城区西北角。2001 年启动的松江大学城建设项目，由松江区政府筹款 10 亿元，征地 7000 亩免费提供给上海市教委和 7 所大学。在短短 4 年间里，巨量资金迅速注入。到 2005 年，一个占地面积 $4.82km^2$，建设总投资 53.3 亿元的国内一流的大学园区建成。同年，上海外国语大学、东华大学、华东政法大学、上海对外贸易学院、上海工程技术大学、上海立信会计学院和复旦大学上海视觉艺术学院等 7 所高校入驻，大学在校生接近 10 万。

松江大学城，由于是在一片农田上规划建造起来的，因而多年来几乎是一座“空城”。截至目前，其内部学生公寓和教室等公共设施的使用率较低，区域内的住宅小区空置率畸高，商业租售比约为 1/1000，人口导入缓慢。随着该大学城的资产利用率下降，对周边经济的辐射作用也被削弱，在松江大学城房地产投资连年高速增长的背后，是“先造城后造市”的苦果，是概念炒作带来的空城危机。

3. 综合型新区设置

2000 年以后，许多地方政府采用新建行政中心拉动新区地价上升，并激活新区房地产市场，以至国家在 2004 年出台强力整顿政策，叫停“楼堂馆所”建设，其后新行政中心建设有所放缓（毛刚，等，2006），但仍有合肥、昆明等省会城市建设了新的政务中心，拉动新区发展。通过县级行政中心搬迁拉动新区建设更是数量可观，不再赘述。这一时期由于前期的“开发区热”，开发区管理者和学术界开始反思，希望开发区进入“二次创业”阶段，即从外延式发展向内涵式发展转变，从注重硬环境建设向注重软环境建设转变，从以国内市场为主向大力开拓国际市场转变，从渐进式改革向建立新体制、新机制转变。综合“政务新区”和开发区“二次创业”思想，设置大新综合型新区付诸实施。该阶段以建设国家级天津滨海新区（2000 年）为起点，陆续推出了如郑东新区（2003 年）、两江新区（2010 年），形成综合型新区建设高潮。与此同时，国家开始清理整顿开发区，生产型新区纷纷朝综合型新区转型。

五、转型发展时期与快速城镇化

2008 年 8 月中国在北京承办第 29 届夏季奥林匹克运动会获得巨大成功。然而，2008 年 9 月 9 日，源自美国次级房屋信贷危机导致投资者对按揭证券价值失去信心引发流动性危机开始失控，并导致多间相当大型的金融机构倒闭或被政府接管。随后衍生出欧元区如希腊债务危机，极大挫伤欧美国家居民购买能力，从而形成对我国外向型经济体系的巨大冲击。拉动内需、寻找新的增长点和增长区成为非常急迫的问题。与此同时，中国持续的高速经济增长，已经衍生一系列的资源—环境—生态问题，转型发展和城镇化拉动经济发展成为选择。

1. 进一步发挥开发区作用

（1）转战二线城市和中西部拉动发展

2009 年以来，廊坊、扬州、临沂、盐城、西青、武清、许昌、大同、长春西新、萍乡等 43 家省级经济开发区晋升为国家级经开区。截至 2011 年底，全国国家级经开区数量增至 131 家。2012 年 10 月，红旗渠经济开发区、十堰市经开区升级为国家级经开区。据《2013 中国开发区投资建设与转型升级研究报告》数据显示，截至2012年底，国家级经开区已经达到171个，其中中西部87家，占50.9%，经开区也成为二线城市和中西地区重要的经济和社会发展极。此外，国家2010年在新疆设立喀什经济特区、霍尔果斯经济特区。

（2）科技创新驱动转型发展

国家高新区已发展成为中国深入实施创新驱动发展战略、走中国特色自主创新道路的高科技产业集聚区和经济增长重要区。2012年国务院批准长春净月、温州、衡阳、乐山、莆田、泰安、新乡、玉溪、榆林、本溪、承德、马鞍山慈湖、徐州、孝感、武进、咸阳17家省级高新区升级为国家高新区。2014年8月国家高新区总数已达114家，实现工业总产值19.7万亿元，实现增加值5.8万亿元，占全国GDP比重达10%以上；工业增加值占同期全国第二产业增加值比重16%，出口创汇占同期全国外贸出口总额16.9%，上交税额1.1万亿元，出口总额3700亿美元。

2. 大规模新城建设

与此同时，国内新一轮的新城开发热开始涌现。据武廷海等（2011）初步调查发现，国内直辖城市由政府规划建设的新城一般在10个左右，如北京与天津各有11个，上海为9个，重庆在主城区外围也规划了11个组团（实际上多为新城），而一些特大的区域性中心城市如广州、沈阳、武汉、南京等规划建设的新城也不在少数，如南京除建设3个新市区外，另还规划建设9个新城。其他国内一般的大城市甚至某些中等城市也都在积极建设新城。从全国范围看，由各级地方政府规划建设的新城的数量可能要数以百计甚至千计，这还不包括各地方政府以其他各种名义（如新区、新市区、新组团、新市镇或各种开发区等）设立的新城以及由企业开发的各类新城（如城郊大盘开发，有的居住规模达数万人，实际上也是一种新城开发）。这些新城不仅数量多，而且一般规模都较大，多数规划人口达数万人，不少则达到中等城市的规模，少数甚至达到大城市规模，比国外战后规划建设的绝大部分新城都要大很多。与我国以往新城多为产业新城不同，本轮开发的新城类型也更为多样，既有一般的产业新城，也有大学城、科技城、临港新城、航空新城、高铁新城、奥体新城等五花八门。另外，还出现了以住宅开发为主的居住新城，冠以“生态城”、“低碳城”、“智慧城市”等名义。2014 年，为了强化新疆建设兵团的生产—生活功能，在 6 个“农牧团场”设置五家渠市（农六师师部）、图木舒克市（农三师师部）、阿拉尔市（农一师师部）、北屯市（农十师师部）和铁门关市（农二师师部）等县级新城市。

这些新城，均有一个显著特点，即地方政府自下而上自发推动，中央政府既没有明确制定过新城开发的相关法律与政策，也极少在财政、用地、贷款等方面上给予新城开发直接的支持（武廷海等，2011）。究其深层次的原因，可能与城市政府前段时期过大的基础设施投入和地方债务有关，希望通过新城规划和开发，一方面推进本地城镇化进程，另一方面依赖土地财政维持城市政府运行。即使像上海这样的特大城市，十二五期间，仍将南桥、金山、临港三座新城作为重点进行新城建设，以期进一步拉开城市开发的大框架。

3. “新区热”酝酿之中

经过 1994 年上海浦东新区试点、2009 年天津滨海新区小试锋芒，再到 2010 年重庆两江新区设置，国家级新区设置和开发已经具备经验和条件，截至 2014 年共设有 10 个国家级新区。还有一批省级新区期待进入国家新区行列，如南京江北新区、沈抚新区等。这些新区主要有两种模式：一种是在未开发的土地或原有郊区、开发区基础上开发，例如青岛西海岸新区；另一种则是大城市通过行政区划调整吞并其辐射范围内的中小城市，建成大城市的新区，最终成为大都市圈的组成部分，例如西咸新区，通过签署《西—咸经济一体化协议书》，通过西安、咸阳两市的合作，在陕西省政府带动下建设陆上丝绸之路经济带的核心区。

第三章
中国新城新区影响因素

中国新城新区，承载了国家改革开放的空间，经历了起伏发展的过程，也存在一些发展过程中的问题，但从总体看，应该具有美好的发展未来。

一、新城新区影响因素分析

中国新城新区建设作为大城市空间结构演化的产物，不仅受到世界城市体系内新国际分工和经济重构的影响，也与国内经济、政治、社会的发展相关联，是多重因素相互作用的综合结果。

1. 新城新区驱动因素

一般地说，城市政府做出新城新区开发的决策，不是城市规划师研究的结果，而是政治家和开发商相结合的产物。因此，政治决策是新城新区开发的首要驱动因素，国内国外，概莫能外。在最近的 30 多年，主要体现在如下两方面。

（1）改革开放政策推动

1980 年代，为了吸引国外资本和技术、发展外向型经济，根据国家政治

作者：顾朝林，清华大学建筑学院教授，博士生导师。

和经济发展基础，由国家中央政府在特定城市和地点设置国家经济特区和国家级经开区、高新区。1990 年代在国家级开发区开发获得经验的基础上，结合国家开放沿海地区政策，开始设置一批省级开发区，构建了我国外向型经济体系。2000 年，中国加入 WTO 后，外国资本和技术与国内劳动力、土地和政策相结合，东南沿海“世界工厂”蔚然成风，开发区热进一步向地级城市和县区蔓延，如这一时期的浙江省，地级市规划的开发区规模都超过 $100km^2$、县级城开发区规模约 $50km^2$，乡镇级开发区规模在 $20km^2$，一时间开发区的数量和规模有了空前的发展，推动了全国的“开发区建设热”，外向型工业新城新区的概念才逐渐显现。2010 年以后，随着经济全球化参与深度进展，国家级新区建设又成为国家经济发展重要推动地区和新增长区。

（2）行政中心迁移的带动

为了快速推进城市开发区、新区发展，在基础设施投入严重不足的情况下，根据中国社会主义市场经济特色和政府可以发挥的土地、建设资金、税收杠杆作用，通过行政中心搬迁引导城市新城新区发展，这一方式从省级行政中心、市中心到县中心被广泛使用，为新城新区的驱动发展增加了取之不尽的动力。

（3）适时的行政区划调整

大多数开发区曾经或正在采取的都是开发区管委会的管理模式，这种创新的管理体制以其机构精简、高效，降低了制度成本，实现了“小政府、大社会”的功效，为开发区初期及今后相当长时间的持续发展起到了重大作用。然而，随着社会主义市场经济的进一步深入和我国加入 WTO，这种带有转型期特征的管理体制暴露出的诸多问题也越来越显著。中央政府通过新城新区设置和适度实时的行政区划调整，进行行政区管理范围调整和重划，同时适时出台各类开放开发政策，从另一方面推进了新城新区的驱动发展。例如，2009 年 4 月国务院正式批准原浦东新区、南汇两区合并，为浦东的空间拓展和重构提供了更广阔的空间，同时浦东开发开放的强大产业溢出效应，也带动了昆山、太仓等周边一批中小城市的工业化发展。再如南京河西新城，在设立之初，$56km^2$分属于建邺、雨花台、下关和鼓楼四个行政区管辖。为应对2005年即将举办的“第十届全国运动会”启动新城区建设，同时解决行政管理碎化的问题，促进河西新城区统一规划与建设，2002年南京市政府启动了河西新城区的行政区划调整，调整后河西新城区的主体部分属于“新建邺区”。

（4）体制改革和制度创新

首先，体制改革。1980年代初，随着农村劳动力的解放，以及政府放松对农民流入城市的管制，原有的城乡二元户籍制度出现裂痕，大量“非城市”人口流入城市；在沿海一些基础较好、经济发达的人口密集地区，乡镇企业的崛起孕育了一种“离土不离乡、进厂不进城”的“苏南模式”（费孝通，1985；张敏、顾朝林，2002）。1980年代中后期，户籍制度逐渐松动，资金、土地划拨、技术和劳动力等要素之间关系发生了新的变化，又催生了一些新的地方发展模式，如“温州模式”（史晋川，2002）。1992年党的“十四大”报告明确提出建立社会主义市场经济体制，1993年中共十四届三中全会通过《中共中央关于建立社会主义市场经济体制若干问题的决定》，中国以城市为中心的社会经济体制转型进入新阶段。

其次，税制改革。1994年“分税制”改革不仅重塑了国民经济的分配格局，也给中国的中央和地方关系、城市空间的再结构以及社会治理带来了一系列深刻变化，城市政府获得以土地为中心的地方税征收权后，由于趋利行为极大地推动了城市新区新城设置和规模的扩张。

第三，权力下放。中国改革开放的整个过程，中央和地方的权利分配基本上中央放权，地方（特别是地、市级）政府在城市规划和资金统筹等方面的权力渐增，为城市大规模的空间扩张创造了制度条件。同时，“市管县”体制在全国各省区逐步推行，从城市化及区域的意义上强化了“城市”的政治经济和社会文化功能。

第四，城市土地经营。随着城市自主权的扩大，1990年代中后期城市经营的观念和模式也逐渐散播开来，其中大连即是这一时期较早地对城市形象进行经营和行销的成功案例。在这一阶段，市场的作用渐渐与制度的力量结合起来，而所谓的“空间生产”也明显地在中国各地的城市里发生。针对地方政府在推动新城新区开发时的资金难题，将城市建设过程中产生的土地增值收益用于城市的公共设施与基础设施的建设与营运，以此实现新城新区的滚动开发与持续发展。今天土地经营正成为我国众多新区，新城为筹措建设资金而普遍采用的最主要手段之一。

2. 新城新区发展要素

概括起来，新城新区的发展有以下两个因素决定。

（1）规划编制的作用

城市规划是综合政治决策、土地资源利用、开发商和市民各方意见形成新城新区开发方案的关键机制和沟通平台，也是新城新区综合发展水平的决定因素，因此具有十分重要的作用。自 1978 年改革开放以来，为了应对快速的经济增长带来的挑战，中国的规划业者（包括学者和规划师）一直在学习西方国家的规划理论和方法，从最大程度上进行内容整合和方法创新。毋庸置疑，中国最近 30 多年的城市规划学科发展为中国经济奇迹立下汗马功劳，发挥了积极和重要的作用。过去的 30 多年，中国的城市规划业者，一方面努力学习西方发达国家市场经济条件下的城乡规划理论和方法，另一方面满足中国改革开放“问题导向型规划”和“发展目标导向型规划”的需求，完成了从计划经济体制下苏联城市规划模式向“社会主义市场经济体制”下的城市规划模式转型。为了满足我国的城乡规划的需要，发展了引导型发展战略规划、综合型总体规划和协调型多规融合规划三种类型。

①引导型发展战略规划。

为了适应由于政治决策和政策效应、高速经济增长需求和快速的土地开发，需要编制增长拉动型土地利用规划，有效控制和引导城市新城新区发展。通过经济发展背景、产业发展和用地条件的综合分析，通过空间结构、功能区组织、交通道路系统、景观生态系统、战略节点、预留弹性、超前配置等城市规划技术手段，对新城新区的未来发展诸多不确定性进行提前空间布局和引导，满足新城新区的快速发展和土地资源的可控配置，为其可持续发展提供技术保障。我国新城新区开发的早期基本都进行了引导型发展战略规划的编制过程，对鼓动开发和凝聚发展共识起到了关键作用。

②综合型城市总体规划。

为了满足新城新区发展总体目标，在土地资源、水资源、环境容量等制约因素下，兼顾规模扩张和存量优化进行新城新区发展的综合型整体安排。相比引导型发展战略规划，综合发展规划不仅是新城新区政治决策的空间投影，而且更加注重规划过程和规划协调的技术性，更加强调了规划的综合性和实施性，在规划思路和内容上更加强调多专业、多部门、多领域合作。在土地利用规划方案的基础上进行水电路等市政基础设施和教科文等社会设施布局，还要考虑环境、生态、防灾、景观等协调，注重由物质空间规划向引导、调控城市发展的公共政策转变，强调城市规划的公共政策属性，编制一个用于新城新区的建设蓝图规划。

③协调型多规融合规划。

在综合型总体规划实施阶段，由于新城新区的高速增长、边界固化和增量有限等因素，促使通过精细化城市治理提高城市发展的效率，这样涉及社会经济、空间布局、土地利用、生态环境等不同领域的专业规划的多规融合变得越来越重要。

在现行行政架构体制下，与综合型总体规划发展相关的主要还有国民经济和社会发展规划、土地利用总体规划、环境和生态规划、交通规划、水资源规划等，它们的编制期限、范围、重点、方法各不相同，如国民经济和社会发展规划侧重于城市经济和社会发展的总体目标以及各行各业发展的分类目标；土地利用总体规划强调对土地资源的保护，实施自上而下的刚性控制；城乡总体规划工作重点大都在城市建设区范围内，更加关注快速城市化发展阶段的需求，强调功能结构的合理、资源布局的均衡、空间发展的有序等。协调型多规融合规划编制，力求实现各类规划在编制范围、期限、内容、成果的合一。在规划范围上按行政区边界，国民经济和社会发展规划确定发展目标和开发空间总体结构，土地利用规划确定建设用地控制范围、基本农田保护范围，城市规划利用弹性边界进行功能调整。在规划期限上，分三个层次的期限，以国民经济和社会发展中长期规划和城市总体规划为远期 15 ~ 20 年规划期限，以近期建设规划、国民经济和社会发展规划为近期 5 年规划期限，结合土地利用总体规划将国民经济和社会发展、交通、水资源、生态和环境等规划重大项目在城市规划进行年度安排。在规划内容上，首先以二调数据为基础，结合土地利用变更调查、卫星影像图以及城市规划与土地利用规划用地分类转换标准，形成现状用地评判；其次，借助工作坊机制在规划编制前期对涉及地区发展的核心性前期内容进行共同研判并达成共识；在此基础上，国民经济与社会发展规划主要确定综合发展规划的指导思想、发展目标（指标体系）、产业经济、社会发展等内容，以土地利用规划与城市规划共同确定空间管制分区、增长边界、用地规模，城市规划则侧重用地发展方向、空间结构、功能布局等内容，土地利用规划侧重耕地保护、生态清退等内容，交通、生态、环保等专项规划提供相应专项支撑。

（2）创新和变革策划的作用

①全球化与大事件/巨型工程。

21 世纪伊始，中国加入 WTO，全球化伴随着中国渐进的区域开放和开发政策日益深广地影响着中国的经济和社会生活。从更广阔的视角来看，全球化给中国沿海地区（除了珠三角和长三角，还包括环渤海地区、山东半岛和厦漳泉区域）带来了一种从核心城市到腹地区域的连绵发展，作为这些区域的成长发动机，核心城市的空间特征、形态和结构也经历了翻天覆地的变化。浦东经过 20 年的开发开放，迅速蜕变成为中国的金融中心，其成长过程就是全球化力量参与、国家资源投注和地方制度重组的典型案例。全球化对城市空间再结构的重大影响还体现在北京奥运会和上海世博会给这两座城市的面貌所带来的巨大变化上。大事件和巨型工程（mega－event/projects）对中国城市空间的影响在各大城市普遍显现，南京河西新区的开发、广州的亚运会，以及深圳的大运会等也都是其中的突出代表（张京祥等，2007）。

——大事件策划。为支持河西新城的建设与发展，南京市政府将承办的多个大事件（2005 年的十运会和绿博会、2008 年的第四届世界城市论坛、2013 年的亚洲青年运动会以及 2014 年的青奥会等）的主会场都放在了河西新城，希望能够利用大事件的触媒效应持续推进该地区的开发建设。这些大事件的植入既是机遇也是挑战，使得河西新城建设的任务更加艰巨与紧迫。

——大项目推动。浦东从成立开始，重大项目从未间断。从1990年代初期的4大国家级开发区到浦东机场的建设，再到新世纪世博会的承办；洋山港和临港新城的开发以及迪士尼项目，浦东走的是依托大项目的投资带动空间跳跃式增长的路径。这些重大项目的空间变化特征主导了浦东建设用地增长的方向：从北向南，由内向外。

②从工业园区到新城区的蜕变。

开发区是中国特定时期对外开放和发展经济的产物，以利用外资、技术发展出口加工、外向型经济为主。但是，外资的单一结构和变化的世界市场，不可避免地形成开发区经济结构的单一性和脆弱性。同时，以工业发展为主，使得开发区过度偏重其工业生产的功能，而忽视城市化功能的开发。这种功能的单一性不可避免地对开发区的投资环境产生消极影响，开发区内普遍存在的“区内注册，区外经营”的现象。在用地布局上存在明显的不合理。大多数开发区在建区伊始，都采取工业区与生活区相分离的布局方式，但随着开发区规模的不断扩大，这种布局方式的不足也逐渐显现。以扬州经济开发区为例，2003年统计数据显示，开发区实际利用的内外资比为1∶5，而且进入开发区的内资企业存在“三多三少”现象，即就地形成的多，外来引进的少；小企业多，大集团少；技术含量低的多，高的少。地方企业和本土产业难以通过开发区得到发展。当开发区工业生产达到一定规模形成经济效益时，没有配套的城市化功能，一方面使开发区的再开发难以继续，持续发展缺乏后劲；另一方面，又使开发区经济缺乏新的增长点。开发区内的工作人员，也由于城市功能的缺失，宁愿早晚通勤于主城和开发区之间，也不愿在开发区居住生活，这不仅加大了开发区与主城之间的通勤交通，又使开发区长期缺少人气，进一步制约了城市功能的开发。

要解决上述问题，必须从土地开发的价值规律寻找答案。我国的开发区内建设一开始主要是引进外资和企业，土地利用效率不是考核的内容，因此零地租出让、大量闲置土地在开发区屡见不鲜。即使到现在，开发区的土地供给规模只以投资强度为依据，而不考虑容积率等的控制标准，加之很多开发区的土地投资强度控制指标也不高，这使得有些对土地需求量本身并不大的企业

（如电子、IT 行业等），可以获得超过需求很多的土地，其结果是导致土地“隐性闲置”，土地产出强度下降，并诱发了一些企业利用所得的“多余”土地进行二次出让的“园中园”现象。据江苏资料显示（表 3.1），开发区处在不同的发展阶段，其产出效益存在明显不同，产业区相对较低，新城区居中，城市城区最高。例如扬州经济开发区的地均国内生产总值、地均工业产值就只有苏州新区的 50% 左右。

表 3.1　　江苏开发区地均效益比较

开发区名称	开发程度	已开发面积（km^2）	地均国内生产总值（亿元/km^2）	地均工业产值（亿元/km^2）
扬州经济开发区（2003）	产业区	8.0	9.1	21.7
无锡新区（2000）	新城区	7.7	9.1	29.6
苏州新区（2000）	成熟社区	8.0	17.5	43.1

资料来源：沈宏婷，2007。

新城新区的建设往往从单功能的拓展开始，比如产业区、居住大区、教育区等，但随着新区的不断发展，单一功能的集聚效益逐渐达到最大值，必然需要新的服务配套功能的进入，新区才能进一步健康发展（林华，2001）。

资料 3.1　从苏州工业园到现代化新城区

苏州新工业园发展可以分为三个阶段。

（1）示范性工业区。苏州工业园设立于 1994 年，最初由中国和新加坡两国政府合作建设，初衷是加强两国经济技术的交流和建设具有国际竞争力的高科技工业园区，园区同时享有国家经开区和高新技术产业开发区的优惠政策。在第一个十年，园区发展制造业为主，定位为“以高新技术为先导、现代工业为主体、第三产业和社会公益事业相配套的国际化现代工业园区”。

（2）具有国际竞争力高科技工业园区。随着园区人口的集聚以及经济多元化发展，一个新兴的城区正在苏州东部崛起。2001 年开始，园区推进二区和三区建设，确立建成“具有国际竞争力的开发区”的目标。围绕这一目标，园区将工作重点放在引进高科技和资本密集、具有辐射带动效应的项目上，重点发展和培育电子信息、精密机械、生物制药和新材料等四大产业和产业集群。以电子信息为例，2001 年工业园将 IC 和 TFT 项目作为招商引资的主攻方向，到目前为止，苏州工业园 IC 产业产值占全国总产值达到 20% 左右，世界 3/4 的笔记本电脑均产自园区。到 2008 年园区 GDP 达 1001.5 亿元、工业总产值 2999.5 亿元、出口总额 311 亿元，分别比 2000 年增长了约 6.7、8.5 和 19.6 倍。产业发展水平不断提升，初步形成了电子信息、精密机械、生物制药和新材料四大特色产业群。其中高新技术产业产值从 2005 年 892.9 亿元增加到 2007 年 1572.1 亿元。

（3）现代化新城区。在 2005 年，苏州工业园区的“十一五”规划对园区进行了重新定位，在保留“具有国际竞争力的高科技工业园区”定位的基础上，增加了“现代化、园林化、国际化新城区”的新定位。在其后苏州市城市总体规划（2007－2020）将园区定位为东部新城和市域 CBD。在产业发展上，目前已形成电子信息、精密机械、生物医药和新材料等主导产业，软件、服务外包、纳米科技等新兴产业也发展迅速。伴随工业经济迅猛发展，园区房地产、商贸娱乐、科技教育和旅游等第三产业不断发展壮大，使园区逐步从工业园向城市新区迈进（罗小龙、郑焕友、殷洁，2011）。为推进东部新城和 CBD 建设，2006 年园区将行政中心东迁至金鸡湖湖东地区以带动湖东地区的开发。这样，苏州工业园区就从一个单纯的制造业空间向生产—生活综合空间转变。近年来，又通过建设独墅湖科教创新区、金鸡湖中央商务区、中新生态科技城和阳澄湖生态旅游度假区等功能区，使之转变为苏州最具影响力的新区（刘畅、李新阳、杭小强，2012）。

③综合发展的新城区。

近年来，开发区的发展出现了新变化，即从工业园向城市新区转变，天津、青岛、南京和大连等城市的开发区纷纷提出建设新城区的目标。一些发展条件较好的开发区甚至走得更远，直接进行了行政区划调整，设立新的市辖区，例如广州萝岗区（广州开发区）。

资料 3.2　宁波杭州湾新区

宁波杭州湾新区是2010年新成立的，决策开发之初就提出了“打造浙江小浦东”的设想，按照综合新城区规划建设，将其定位为“国家统筹协调发展的先行区、长三角亚太国际门户的重要节点区、浙江省现代产业基地、宁波大都市北部综合性新城区”。宁波“十二五”规划又进一步提出了打造“宁波北翼国际化新城区”和“产业转型新基地”的发展目标。事实上，宁波杭州湾“新区”在诞生之初，就选择了有别于传统意义上的经济开发区的发展道路。生产区规划：近 $50km^2$ 制造业区块初步建成，汽车整车制造及关键零部件、智能电气、新材料、装备制造等战略性新兴产业集聚发展并初具规模；生活区规划：$27km^2$ 城市功能区块全面启动建设，可满足20万高端人才居住的一批功能性项目建成投用；生态区规划：$43.5km^2$ 的湿地休闲板块部分已经建成开放，作为全球候鸟迁徙线路中重要的栖息地，目前有各种珍稀鸟类220多种。“生态生产生活、宜居宜业宜游”，构成了新区规划的新价值观。

3. 新城新区成功因素

新城新区开发是否成功，最重要的衡量指标是是否成为新的经济和人口增长中心，后者尤其重要。据此，新城新区的建设因素将发挥重要作用。一般地，空气、水源等自然条件是新城新区吸引力的决定因素，产业的正确定位和发展是决定新城新区发展能否取得成功的关键，因为产业决定就业，就业决定居民，其他水、电、网络和交通等配套基础设施是居民能否定居的关键因素。从研究视角看，新城新区区位选择、产业功能、配套实施和开发进度都可能是新城新区开发是否成功的基本因素。

（1）自然环境决定选址位置

自然环境是新城新区建设的基础和空间载体。优美的自然环境应该是人类住区首选的要素，因为山体、河流、滨水岸线等影响区位选择，水资源、土地和自然资源又制约了新城新区的生产—生活组团的规模，新城新区建设不应该脱离自生的景观生态环境本底而寄希望从区外调水调粮调资源，应该在自身生态环境体内孕育和发展，当大则大，当小则小。“将新城建到沙漠中，建在海滩上”违背自然规律的构思，肯定会因为“先天条件不足”而断送新城新区开发的前程。

（2）产业发展决定就业岗位

产业是经济发展的有力支撑，也是提供新城新区就业岗位的平台。没有适合的产业，就不可能有适合的就业人口和适合的居住人口。以宁波杭州湾新区为例，构建了“大产业—大平台—大企业—大项目”产业支撑平台。另一个相反的案例是天津中新生态新城，规划有国家动漫园、国家影视园、环保产业园、生态科技园、信息产业园五个园区，但吸引的住户要么是为了投资要么是中低收入社会群体，因产城融合的困难，成为一座没有人口集聚生活的“空城”，一座没有职住分离的“睡城”。

资料 3.3　宁波杭州湾新区产业支撑平台

宁波杭州湾新区，位于上海、宁波、杭州、苏州等大都市的几何中心、两小时交通圈内，周边同时拥有上海浦东、上海虹桥、杭州萧山、宁波栎社四大国际空港和上海洋山、宁波北仑两个东方大港，依托杭州湾跨海大桥，这里直接成为杭州湾南翼对接上海的桥头堡。

第一，大产业。加快培植战略性新兴产业集群，占领未来产业发展的制高点。为此，新区提出了“2+3+1”的产业发展设想；“2”，即打造汽车整车及其关键零部件、通用航空两大千亿级产业；“3”，即培植智能电气、新材料及高端装备产业三大百亿级产业；“1”，即建设年客流量超千万的文化休闲和生命健康产业。

第二，大平台。新区整体规划中，陆域面积达到353km^2，海域面积达到350km^2，土地平整开阔，十分适合新产业、大项目的集聚与发展，吸引上海大众、吉利汽车、深圳华强、美国美高梅等一批超百亿重大项目相继落户。

第三，大企业。在上海大众、吉利汽车等整车制造企业带动下，韩国万都、法国佛吉亚、美国伟世通等60多家国际高端汽车零部件企业相继落户。

第四，大项目。以大项目为龙头，产业新战略已经初露风姿。直接连接宁波与上海金山的第二座跨杭州湾大桥也已开始谋划建设。中华复兴文化园、美高梅“中国假期”等一批重大项目开工建设。宁波杭州湾新区通过实施“大产业—大平台—大企业—大项目”新区开发经济—产业链条，目前落户新区的世界500强企业已有13家16个投资项目，引进了50亿元以上产业项目2个以上，10亿元以上产业项目10个以上。2014年在其他城市和新区经济下行压力巨大的情况下，杭州湾产业集聚区经济继续保持高位增长。初步统计，1~4月份引进项目13个，总投资达77.21亿元，前四个月工业总产值同比增长25%，全社会固定资产投资同比增长35%，公共财政预算收入同比增长32.8%。

（3）生活配套设施决定新区新城生机

首先，交通可达性影响新城新区居民工作和生活到达的便利程度。早期的开发区因政治和意识形态的限制孤居城市一隅，给工作和生活带来严重不便，很长时间内缺乏生机。一些城市受限于自然门槛束缚，城区难以拓展，随着交通技术的改善，采取跨河穿（山）洞发展，特别是高速公路、高铁和机场的兴起，使城市新区得以获得机遇发展，如黄山高铁新区、衡阳武广新区、兰州秦王川新区等。其次，社会服务设施配套。被媒体热炒的“中国第一鬼城”鄂尔多斯康巴什新区，为了摆脱难聚人气的局面，对基础设施、公共服务机构、企事业单位、居民住宅、园林绿化以及城市的文化品位等进行了全方位打造，全面启动了生态环境和社会服务设施建设。在生态环境方面，新区绿化面积达到3400万平方米，绿化率达到43%；2011年鄂尔多斯市获得了全国文明城市称号，2012年康巴什被评为国家4A级旅游景区，下一步计划借此发展集休闲、旅游、购物为一体的文化旅游产业。在科教文卫等社会设施配套方面，努力提高到宜居宜业水平。2007年9月成立的北京师范大学鄂尔多斯附属学校，2008年成立内蒙古大学鄂尔多斯学院，目前已建成2所大学、23所中小学、鄂尔多斯医院、鄂尔多斯蒙医院、中医院和康巴什医院等教育、医疗体系。

4. 新城新区适应力因素

在城市—区域系统中，新城新区是新生事物，无论是与自然环境还是与人类社会环境，均存在不适应的地方，因此，提升它们的适应能力也非常重要。

（1）不确定因素的应对

从城市竞争力要素进行分析，新城新区发展存在许多不确定因素，例如：①气候变化引起的海平面上升、水资源短缺、生态危机、旱涝等极端天气等对新城新区建设条件的影响；②世界经济发展和不断出现的经济危机、金融危机、城市危机对新城新区产业结构和经济发展的影响；③国家的宏观政策、区域基础设施建设对新城新区的发展影响；④城市政府决策者决策不确定对新城新区发展的影响等。所有这些都需要有应对的对策才能规避发展过程的风险。

（2）弹力（韧性）塑造

新城新区，作为经济活动、就业机会和创新的中心，深深地吸引着人们迁居于此并乐此不疲的工作和生活。然而，它与通常的城镇相比，更是经受着各种压力的累积，一旦遭遇突然冲击，即会出现设施受损、经济衰退和社会崩溃的风险。快速发展的新城新区，由于基础设施和社会设施水平还不完善，抵御各类风险和灾害的能力薄弱，遭遇经济全球化冲击更直接，使得各类新城新区发展的不确定性突显。因此，需要塑造更加强劲的新城新区弹力（韧性）（图3.1），主要包括：①能够承受一系列改变并且仍然保持功能和结构的控制力；②有能力进行自我组织的能力；③具有能够建立和促进学习自我适应的能力

（李彤玥、牛品一、顾朝林，2014）。

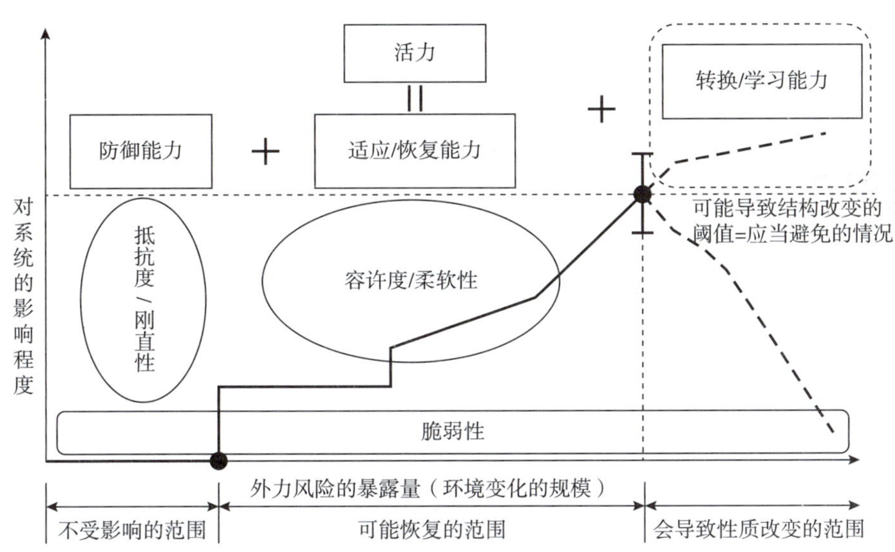

图 3.1　弹力（韧性）城市的三个阶段

资料来源：Kenshi Baba，Mitsuru Tanaka，2014。

（3）企业型政府组建

企业型政府（entrepreneurial government）是指由一群富有企业家精神的公职人员组成的政府部门，员工们运用各种创新策略，使原本僵化的官僚体制恢复活力，使绩效不佳的政府更有效地运作。改革开放以后，义乌在应对市场经济的发展中抓住了一系列机遇，从一个小城镇发展到小城市以及全球最大的小商品集散中心、世界第一大市场和中国最富裕的地区之一，企业型政府组建和运行发挥了极其重要的作用。义乌城市治理结果的成功并不仅仅是由于民间产生了自发的市场和社会力量或是政府进行了改革创新，更重要的是这三个方面能通过各种显性制度或是隐性安排形成各种在不同的层次应对不同问题的城市治理策略，将各自的力量和发展需求较好地融合在一起，而没有产生大的利益冲突。在义乌的不同时期和不同层面上，城市治理主体相互联盟，形成了涉及城市政治、经济、社会等多方面的治理策略。对于这样一个缺乏资源，又无区位优势的城市，只有不断地进行治理创新，提出并实施把握先机的城市治理策略，才能在转型时期的中国应对种种危机与挑战，保持先发优势成为区域发展的领跑者。这些城市治理策略的成形与实施，深刻地反映了义乌城市结构性群体之间的利益格局与其利益互动，影响了城市的发展方式，导致了城市空间资源的重新分配与组合（汤芳菲，2008）。

资料 3.4　义乌企业型政府

义乌地处丘陵山区，人口众多，耕地数量少，土壤以红壤为主，酸性高、黏性大、质量差、板结严重，农业发展水平非常有限，并且缺乏工矿资源，没有任何大工业的生产基础。在早期，义乌农民是用“鸡毛换糖”这样的传统方式经商的。义乌的货郎们挑着本地土产的红糖制品和一些针头线脑，到全国各地走街串巷以换取鸡鸭鹅毛，回来后精选加工，再将鸡绒鸭绒等加工制品转卖，下脚料就作为农耕的有机肥料改善板结的土壤，同时也将糖换取一些废铜烂铁等杂物转手换取中间利润。到 1970 年代的“文革”时期，外出的义乌农民越来越多，逐渐形成了组织化的敲糖帮，建立了网络化的生意关系。敲糖帮拥有自己一整套严密而有序的组织方式，内部有分工且存在中间剥削，而对外则是相互协作、共同出击。义乌人的吃苦耐劳和组织严密使得敲糖帮逐渐壮大，所经营的范围逐步从简单的鸡毛换糖扩大到日用小商品，并在改革开放以后有了蓬勃的发展（图 3.2），成为义乌小商品经济发展的源头，孕育了义乌人应对市场经济的先发优势。

早年义乌的村镇经济呈现出“一村一品”或“一镇一业”的块状经济形式，其政府组织与全国各地大同小异，是行政管理功能。随着义乌小商品市场的扩展与升级，这些企业群落的集聚规模扩大，产业链拉长，并产生了各类中介组织，形成了包括袜业、玩具、拉链、饰品、服装、五金、工艺品等极具地方特色的产业集群。但过分强调低成本的优势使得集群内部的恶性竞争持续不断，义乌传统产业集群面临发展瓶颈，而且规模较小、分布较散、档次偏低、人才素质有限，无法应对全球化、信息化带来

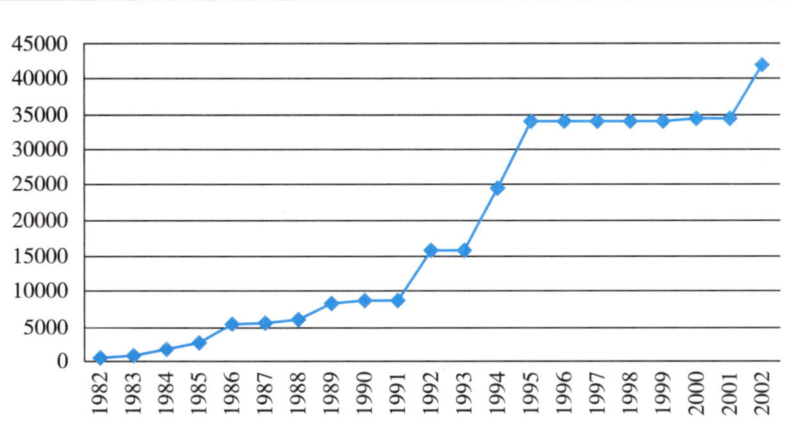

图 3.2　1982～2002 年义乌市市场摊位数逐年变化图

数据来源：2004 年义乌市城市总体规划调整基础资料汇编。

的日益激烈的区域竞争。这时的城市政府，在地方产业集群成长的关键阶段开始介入发展指导和协调，政府与企业联合起来形成了共同发展的联盟机制，在 1992 年建立了城市次级准行政空间单元——义乌经济开发区。在开发区的内部，由地方政府建立新的治理机构，旨在有效地减少行政交易环节，降低行政成本，提高空间单元运行的经济效率，并享受各种优惠政策，提供完善的水电、交通等基础设施和技术支持服务，鼓励技术创新，扶持龙头品牌企业的带动作用，营造出富有吸引力的产业载体，将分散的产业集群在空间上进一步集中，将植根于传统农村社会网络的产业集群组织到以面对全球化、信息化的现代型企业园区环境当中，使产业集群获得了快速的发展。

义乌工业园区建设植根于传统产业集群基础之上，与我国一般的工业园区以外资驱动的增长方式大为不同。它关注地方产业集群如何保持长久的生命力。因此，针对地方特色，义乌政府规划了多个特色专业园区的发展建设，推进了地方产业集群的专业化分工和产业价值链的扩展和提升。在这一过程中，一些发展较为成熟的行业为了提高与政府打交道的运行效率，获得更大的话语权，并为行业自身提供更多的信息和更好的服务，自主组建了非政府组织——行业协会。行业协会凭借自身对于行业的熟悉程度与组织能力，直接领导或参与了部分专业园区的规划建设与组织运行，例如玩具行业专业园区和化妆品行业专业园区。

当地方政府与产业集群共同发展的联盟产生后，政府又开始直接参与产业空间的规划布局与建设，设立更多新的地方治理空间单元，涉及范围不仅仅在城区，还扩展到周边的乡镇，过去以家庭关系为基础的民营经济产业集群，得以在现代化的开发区，通过基础设施的建设和政策引导，生产空间开始向开发区集中，与原来的居住空间相剥离，于是各个街道、各个镇也都建立起自己的工业园区。这些工业园区，相对集中提供了就业机会，于是吸引了大量外来人口进入，进一步刺激园区经济发展。

后来，由于区域竞争和城市内部空间单元的竞争日趋激烈，分散无秩序的市场体系也使得义乌小商品市场遭遇严峻的挑战。面对这些问题，地方政府作为一级行政代理人，利用政治力量主动地追逐本地经济利益的最大化，通过把握集中型市场和物流站场的所有权，并将其作为一种公共资源进行统一规划和建设，再采用降低交易成本方法用低价将其出让给企业和商户，一方面使市场的整体搬迁和提升变得易于实施，另一方面也促使市场进一步集聚形成规模效应。

1998 年，当综合集中型市场的所用权掌握在政府手中变成一种公共资源的时候，为了应对小商品市场扩张与升级的强烈需求，义乌地方政府与市场群体又强有力地结合在一起，作出了建设第五代小商品市场的决策，选择跳出义乌老城在东北部郊区共同推进第五代小商品市场——福田商贸城的建设。城市政府编制城市规划进行引导，主导这一地区的农村拆迁安置，集中修建基础设施，提供便捷的交通，鼓励市场和投资的转移，从而实现市场布局的空间调整。这一策略，一方面大大促进了义乌市场规模的扩大和国际化品质的提升，为广大商户和企业赢得了更多的发展机会；另一方面，推动了城市商贸中心的转移，并且向商务中心演变，使得城市的建成区面积出现飞跃式的扩张，促进了城市品质的提升，地方政府与市场群体联盟的机制实现了城市与市场区域竞争力的共同提升。

2005年，联合国、世界银行和摩根士丹利等机构联合发布的《震惊世界的中国数字》报告：“义乌，距离上海300km，是全球最大的小商品批发市场。”联合国统计的50万种商品中这里就有42万种。2006年，国家商务部推出了义乌日用消费品批发价格指数（简称“义乌指数”），定期向国内外发布，有力地提高了义乌市场的国际影响力。英国《每日电讯报》说，仅在几十年前，义乌还是不知名的村镇，甚至大多数中国人都闻所未闻。但如今它已成为外国商人必到之处。它就像吸引全世界商人的磁场。如果你在每个摊位前逗留3分钟，每天行走8个小时，需要1年时间才能逛遍。在这里，几乎不可能买不到你想要的商品。

（4）“准政府”指挥部机制

“准政府”指挥部机制，是新城新区为了有效实施城市重大发展战略，在短期内服务于大事件、大项目，城市政府将开发建设责任和权力从次级政府剥离出来，成立具备采取更加灵活政策和策略的市直属专业型“准政府”组织。

资料3.5　南京河西指挥部

为了支持河西新城的建设与发展，南京市政府连续承办2005年的十运会、绿博会、2008年第四届世界城市论坛、2013年亚洲青年运动会和2014年青奥会等，南京市政府成立河西指挥部。

河西指挥部被赋予了很多的资源和市级管理权限，概括起来，主要包括四个方面：①赋予河西指挥部封闭运作的市级开发建设决策权和审批权。由副市长兼任指挥长，建邺区主要领导及市级相关职能部门主要负责人兼任副指挥长，按照一站式服务的理念，各市直部门直接将服务窗口开在河西，所有开发建设的事务在河西现场就可以完成决策、立项与审批程序，大大提高了决策和执行效率；②按照“取之于河西、用之于河西”的原则，支持河西新城的开发建设，赋予河西指挥部市级土地管理和土地出让收益权，规定除上缴国家和省提计部分的资金外，市属部分全部返还给河西指挥部用于新城持续开发建设，仅此一项，河西指挥部就比一般区级政府所得的土地收益份额要多出32%～42%；③城市政府还授权河西指挥部直接收取各种规费，可以市场化运作公共资产并留成全部经营收益，并提供了大量优惠的税收减免、返还和补贴政策。

在赋予这些特殊权力和资源的基础上，所有的开发建设资金完全由河西指挥部按照市场化的方式自行筹措，市政府不再投入额外的财政资金。因此，河西指挥部也必须评估风险，按照企业的模式运作，其运作机制需要更能适应市场环境，从而带来更优的投入—产出绩效。

河西新城区开发由“指挥部”、建邺区政府和市政府共同组成的新型治理体系负责。河西指挥部是新城开发建设的主要责任单位，承担河西新城区规划、河西中部和南部地区的开发建设、组织协调以及对外融资工作。其中开发建设包括繁重的基础设施、公共服务设施、城市绿化等一系列的城市建设工程。建邺区政府承担河西新城内的经济与社会事务，主要包括拆迁安置、招商引资、市政养护等。城市政府虽然并不直接参与到河西新城的建设，但事实上是最大的决策者与操控者，如在动员全市资源向河西集聚方面，持续将大事件选址在河西，将市级政府机关搬迁到河西等，以及给予其有关的体制创新等。总之，“指挥部”、建邺区政府和市政府三方通过构筑职权明晰、合作共赢的“联盟”关系，共同推进河西新城的快速建设。

5. 新城新区成功开发案例

中国新区新城数量众多，有许多成功的案例，这里选取珠江新城和湘江新区两个案例。

资料 3.6 广州珠江新城规划与建设

广州珠江新城，位于广州市天河区，用地面积约 6.6km^2，是广州新城区中轴线上的主要区段和未来的城市中心。新城自 1993 年启动建设。

建设背景：20 世纪 90 年代初，在经历了改革开放 15 年的飞速经济发展后，广州的城市空间结构已经发生了重大的变化。“六运会”以后，广州以天河体育中心为核心，在天河地区逐步形成了多功能、复合化的商业和商务中心，并带动了城市中心区的东移，广州“东进”的战略已经初显端倪。同时，广州市委市政府提出十五年基本实现现代化的目标，要求进一步提高广州中心城市地位，建设国际化大都市，高标准、大规模发展第三产业。

新城规划：1993 年，美国托马斯规划服务公司（Thomas Planning Services. Inc. Boston. MA）方案规划珠江新城建设目标：未来广州新城市中心。1999 年，同济大学进行《广州市新城市中轴线规划研究》，提出建设北起燕岭，南至珠江外航道海心沙 12km 长新城市中轴线。根据珠江新城实际开发情况和规划管理需要，对原规划的“会议展览中心区”、“外贸外事区”和大量的“特殊用地”进行了修改调整，重新确立建设包括珠江新城在内的广州市 21 世纪中心商务区。2001 年，广州市城市规划勘测设计研究院进行“广州新城市中心珠江新城规划检讨”研究提出：减少办公建筑开发总量，降低开发强度和容积率，增加政府大型项目。但直到 2003 年，珠江新城一直广受批评，主要是作为一个应该要求集中发展商贸、金融等综合性商务活动的中心区，在其商业区位优势还没有显示之前已经在大量受到更具有短期市场效益的住宅房地产业或政府办公建筑的侵蚀，珠江新城有沦落为广州市一处普通高档居住区的趋势，而不能成为负担大规模综合性高端商务活动的城市 CBD。有鉴于此，2003 年《珠江新城规划检讨》再次提出：在保证规划延续性、保障既定利益平衡的前提下，建设集金融、商贸、文娱、行政和居住等功能于一体的广州市 21 世纪中央商务区。同时明确了市级文化中心的具体内容为：广州歌剧院、广州博物馆、市图书馆和市青少年宫等；将原控规约 440 个小开发地块整合为 269 块综合地块开发单元（街坊），采用建筑周边围合的布局方式，将楼群间的绿化集中设置，争取最大的街坊公共花园；丰富了交通系统的多样性，将“东风路”式的交通干道和“上下九”式的骑楼式商业步行街进行合理组合，并提出了由高架步行道、地下人行隧道、步行街构成的立体化步行系统；同时强调了一个必须通过举办设计竞赛才能确定方案的地标性建筑系统，用制度保证创造出有艺术特色的城市形象。

新城开发时机：2004年，广州获得了2010年亚运会的主办权。这时的经营性土地已出让90%以上。2004年完成《珠江新城中央广场城市设计》，至此，珠江新城的空间形态有了明确的规划引导。政府投资建设的广州市图书馆、广州市第二少年宫、广州市歌剧院、广东省博物馆等公共建筑已全面启动。据广州市政府报告显示，已有近百家外国（地区）金融机构在广州开设营业点或办事处，珠江新城已成为新的跨国公司、外资知名企业进入广州、华南的首选之地。一个面向世界的现代化大都市中央商务区在2010年呈现在世人面前，成为亚运中广州实力展现的一个重要平台，使世人对广州未来的发展更加充满信心。

新城开发成就：珠江新城已经建设成为广州以总部经济发展为主的中央商务区，建成包括珠江投资大厦、富力中心大厦、保利大厦、新世界商务大厦、广东全球通大厦、联通新时空广场等各类甲级或超甲级写字楼，最为引人注目的中轴线上的双子塔中，西塔已接近完工，华南第一高楼东塔也已动工建设。目前在逐步使珠江新城成为未来广州金融商贸业最集中的地区，多家跨国公司的总部都在伺机进入。

资料3.7 **长沙湘江新区规划和建设**

新区规划：从2008年“长沙大河西先导区”到2014年“湘江新区”，率先实行“三规合一”，制定空间发展战略规划、城市规划、土地利用总规划和环保建设规划；率全国之先出台《长沙大河西先导区基本生态控制线规划》，1200km^2 的河西新城规划范围内，610km^2 圈上禁建红线，150km^2 划为限建区，余下的才是可建设开发区，仅 380km^2；湿地、林地、生态廊道纳入保护区。率全国之先创出 12 项城市建设绿色指标体系，节水、节能、节材作为绿色建筑上的重要内容，纳入土地招、拍、挂的摘牌条件。作为湘江新区起步片区 32km^2 的梅溪湖国际新城，15km^2 建成区内，3000 亩水面的梅溪湖，4630 亩的桃花岭公园，还有 7 个占地 8000 亩的城市公园，8 条绿轴，经营性用地仅占 23%，人均绿地达 9m^2，为全国人均水平的 3 倍。13.8km^2 的洋湖生态新城，湖泊、绿地、公共开放空间多达 6.05km^2；26.84km^2 的大王山旅游度假区，公共绿地 14.58km^2，占地 54.3%，建筑容积率仅 0.711。作为一个 1200km^2 的新城，动迁的人口不计其数，仅梅溪湖国际新城，一次拆迁腾地 1.8 万亩，动迁人数 2 万余人，在风光旖旎的桃子湖畔建成展示新城迷人的风采的安居小区。

整治环境：（1）生态修复。湘江新区，作为总部经济区定位的洋湖片区，可谓寸土寸金之地。而湘江新区却在这座“金山银山”上，掷资 55 亿元，建造了中部最大的城市湿地公园，创建了洋湖再生水厂，在全国首次、湖南唯一采用“MSBR + 人工湿地”治污工艺处理城市生活污水。4km^2 的湿地公园里，台、亭、榭、廊、桥环绕，1500 个品种、15 万株湿地生物，150 种亚热带动物和昆虫荟萃，构成一个完整的湿地生态系统。一个曾经杂草丛生、荆棘遍地的行洪垸，蝶变为国家级 4A 景区梅溪湖，原来并没有湖，而是一片低洼的滩涂地。2009 年，湘江新区投资 6 亿元退田还湖，依托麓山山脉独特的山水资源，建设了 3000 亩蓄水量达 700 万立方的梅溪湖，让国际新城有了水的灵动！而与岳麓山抵足而立的桃花岭，虽有满目葱茏，却无桃花也无清潭。湘江新区匠心造景，新植桃树 20 万株，筑清潭一串，构成赏月、映日、瞻星、听雨、看云、观花、惜春、安夏、纳秋、藏冬十景，造出桃花仙境的桃花岭公园。（2）环境治理。湘江之滨的坪塘，曾经的工业强镇，由于数十家化工建材企业的污染，使得天无亮色、树木蒙尘。而关闭污染企业之路关山重重，企业要出路，职工要生存。伤筋动骨的关闭行动年年搞，次次皆成“无言的结局”。湘江新区独闯新径，政府投入2亿元，2008年11月在全国率先成立环境资源交易所，敲响排污权交易第一锣。在成熟的利益机制面前，坪塘污染产业全线退出，让湘江每年减排污染物40万吨，占长沙城区排污量的45%。2011年再战靳江河整治，湘江新区投资6亿元，流域三个区县19个村镇合力治污，沿线3家纸厂关停，100家网箱养殖户退出，20家非法采砂场退出，流域两厢200米范围内的5万多平方米的畜禽养殖栏舍全部关闭退出，一系列釜底抽薪之举，靳江河水质由IV类提升到III类。龙王港，曾是一条浑浊不堪的臭水沟，成为湘江新区范围污染最严重的河流。湘江新区全线实施雨、污分流，全面截污，堵死污源等措施。如今，马桥河、八曲河、雷锋河、云盖河、沩水、湘江河西流域的八条支河全面整治，河畔碧水清风，玉带流动，白鹭高翔，空气优良率由先导区成立之初的87%提高到今天的95%。六年，湘江新区共投资130亿元，再造新城环境。今日湘江新区的天，是蔚蓝的天；湘江新区的水，是清澈的水。碧水蓝天，成为这座新城永恒的底色。

建设成就：(1) 交通。作为城市的经脉，人们出行的先决，决定城市的荣与衰，承载人们的幸福。六年来，湘江新区共投资400多亿元，建设了200多条400多千米的城市主次道路，不仅支撑了400km^2的新城，也打造了湘江新区绿色交通体系，无轨电车、电瓶车、自行车、船运将成为未来之城的主体工具。(2) 产业。一座新城，没有产业的支撑，将会成无源之水，无根之木。现代服务业成为湘江新区产业发展的主旋律。正在建设中的大王山旅游度假区，曾经让蓝天蒙尘、湘江失色的坪塘老工业区正在蝶变为世界一流的旅游度假中心。规划面积为66km^2的度假区内，有世界最大的室内滑雪场，有高端冰雪体验度假酒店群，有超大型娱乐Mall、商业Mall，还有室内水世界、国际五星级酒店、魅力水都、湘军文化园等等。400米长、100米宽、数十米深的废矿，是大王山修复令人头痛的难题，填上这个坑，需要移动1000万方土，变成为冰雪乐园，这是世界最大一室内冰雪乐园，也是世界唯一悬浮于深坑之上的冰雪游乐世界。它与欢乐广场、欢乐水寨、欢乐丛林、欢乐天街构成湘江欢乐城。首期开发13km²、投资300亿元核心区建成，长沙将拥有令世界为之惊叹的“乐园”！它将成为超过广州长隆和深圳东部华侨城的全国性旅游产业巨擘，年接待量1500万人，预计收入30亿元。碧波荡漾的梅溪湖畔，40万平方米的国际研发中心气宇轩昂，中瑞海建筑设计、中化化肥等7家研发机构捷足先登，国家重点实验室、国家级科技平台、中冶长天、景嘉微电子纷纷入驻。一个区域大脑、创新的心脏在这里形成。还有骑龙商业大街——中南最大的文化产业园和长沙首座山地购物公园、步步高新天地——国际国内顶级品牌集纳之地，聚集在32km²的梅溪湖国际新城，展示着长沙高端服务业的诱人风光。6.7km²的滨江新城已聚集10个金融机构总部、3个大型城市综合体、3个滨水特色商业街区、2家五星级酒店、11个高端住宅项目。诞生才六年的湘江新区，已建设了60个、总投资达1000亿元的高端服务业项目。“河西没有红绿灯，市府建在姚塘村，宾馆酒家无星级，过了湘江喊进城”歌谣被历史封尘。（3）文化设施。城市发展的新地标——梅溪湖国际文化艺术中心，一个长沙与世界对话的国际化平台，就这样在一次次与世界的聚焦与牵手中升起。投资28亿元、总建筑面积为12万平方米的梅溪湖国际文化艺术中心，由拥有1800个座位的大剧院、500个座位的多功能小剧场及12个展厅的艺术馆组成，集大型歌剧、舞剧、交响乐等高雅艺术表演、艺术展览、艺术交流于一体，兼顾艺术培训、艺术品交易。这是湖南迄今规模最大、功能最全、全国领先、国际一流的文化艺术中心，它填补了长沙高端文化设施的空白。2012年11月16日，长沙梅溪湖国际文化艺术周开幕，28个中外文艺团体、1000多名演员联袂演出。2014梅溪湖国际文化艺术周、从10月17日启幕、到21日落幕，期间来自三大洲8个国家260名知名艺术家为长沙市民上演一出出令人拍手叫绝的高雅艺术。国际文化艺术周、花卉艺术展、国际灯光节三大文化品牌一年三度，定时上演，一场场文化大餐、视觉盛宴，让星城百姓接受高雅文化的洗礼与召唤，也让襁褓中的河西新城借文化之翼繁荣昌盛。（4）教育医疗设施。2012 年秋季开学招生的长郡梅溪湖中学，是湖南唯一、国内罕见的被住建部授予“二星级建筑”的学校，这里不仅校园里绿树环绕、绿草茵茵，其屋顶、墙壁、阳台全被青藤包镶。2014 年 5 月交付使用的师大附中梅溪湖中学，为长沙市建筑档次最高、面积最大的中学。刚刚开门招生的岳麓山实验小学，采用地源热泵系统，没有电源空调，竟冬暖夏凉，四季如春。在 19.8km^2 梅溪湖国际新城一期，14 所中小学星罗棋布，3 所三甲医院均衡而立。目前，湘江新区已建、在建的中、小学 28 所，今年秋季，就有 8 所名牌中小学落成开门招生，新增学位 1.65 万个，占长沙市新增学位的 1/2，到 2016 年湘江新区的核心区将实现 500 米半径内拥有一所小学、1000 米半径内拥有一所中学和一座品牌医院，成为全国优质教育、医疗资源最密集、发展最均衡的区域。

二、新城新区开发问题及其原因

我国的新城新区，历经从无到有、由小至大的变化，毋庸置疑，城市建设和经济社会发展的成就巨大。然而，不可否认，也出现了一系列问题。

1. 规划理念和制度问题

（1）城市规划理念落后

工业化是各国城市化初期的最主要动力，为城市化的实现提供了基本条件。工业化进程中的生产方式和生活方式影响着城市化进程中的城市形态和社会组织。工业化时期城市人口迅速集中，城市规模迅速扩大，城市功能逐渐强化，成为社会经济活动的主体。以标准化、大生产、大消费、郊区化为主要社会特征，工业化时期的城市在单个城市的空间结构上呈现单中心、高密度、集中式外延发展，城市为生产服务，城市区域内呈现完整连续的生产链，从生产管理、研发到产品生产、装配服务的各个生产阶段都集中在同一城市区域。这就是所谓的“摊大饼城市发展模式”。诚然，对我国城市发展而言，原有的低基础设施条件、初期工业化水平，大城市的发展空间必然选择摊大饼城市发展模式，这是符合我国城市发展和中国国情的经济增长规律的。然而，改革开放30多年来，我国高度城市化地区的基础设施水平和产业发展都达到了相当的水平。信息和快速交通技术等弹性生产要素，使中心与端点间按等级体系重新组织空间形式成为可能，原有的“核心—边缘”大城市地区空间结构被打破，并逐渐融合到一个不平衡的发达区域、城市和地方的全球网络之中，边缘城市（Edge City）、多中心“增长走廊”（growth corridor）和“多中心—网络化—功能区—通道脊”巨型城市空间结构特征显现出来。但是，今天许多城市还在按照传统城市空间结构规划城市的空间结构，规划建设新城。

（2）违法设置过多的新城和新区

由于我国目前还尚未出台明确规范的新城新区法规，各地方政府主要依据区域城镇体系规划或城市总体规划建设新城，有时则以各类开发区或新区的名义推进新区的开发，存在很大的随意性和不科学性。区域城镇体系规划或城市总体规划是规范规划区建设用地行为的，尽管具有一定的法规性、指导性与约束性，但主要还是引导性与技术性，对地方政府新城新区决策行为缺乏约束力。事实上，国家主管新城新区设置的部门是国家民政部行政区划与地名管理部门，往往由于条件不成熟不予申报，违法规划和建设。有的城市编制总体规划，为了满足开发冲动，随意设置卫星城和新城，开发失败，规划师不承担规划编制责任，实施主体也不承担开发责任，浪费大量的财力、物力和土地资源。

（3）产城分离职住不平衡

长期以来，新城新区的产业发展和人口不相融合，形成产城分离、职住不平衡的现象。一旦这种现象出现，还会衍生一系列的城市社会问题，而且在短期内无法真正得到解决。这里用北京附近的燕郊和南昌红谷滩新区两个案例予以诉述。

资料 3.8 燕郊：不是新城的新城

燕郊，原先是河北省三河市的乡镇，毗邻北京，与天安门的直线距离约 30km，西北距首都国际机场 25km，最近 10 余年中发展饱经争议。这里，在历史上，除了清康熙年间曾在此地修建行宫成为清朝历代皇帝拜谒东陵的驻跸之所外，与中国大地上的小乡镇一样，一文不名。直到 1970 年代末 80 年代初，大量过去隶属于北京各部委的单位从三线回流，其中部分进不了北京城区在此留了下来，随后一些生产性单位进驻，小镇才逐渐为人所知。1992 年，燕郊设立省级经开区，但辖属 8 个村庄，人口不足 3 万，固定投资 1.8 亿元，GDP 仅 2.5 亿元。1999 年被定为省级高新区。在“十一五”期间，燕郊高新区总共完成地区生产总值 727 亿元，财政收入 118.45 亿元，固定资产投资 618 亿元，年均增长分别为 20.11%、25.2% 和 26%，远高于河北省和全国的增长速度。因此，在 2010 年底，燕郊省级高新区进一步升级为燕郊国家高新技术产业开发区，是继江苏昆山之后第二个由县级市管辖的国家高新区，也是全国唯一设在镇域的国家级高新技术产业开发区。

燕郊在 2002 年普通住宅价格为每平方米均价 1000 元左右，到 2011 年每平方米也在 6000 ~ 8000 元，2014 年上升到每平方米 10000 元，但相邻的通州均价已在每平方米 20000 元以上。巨大的房价落差和北京市区的高房价，吸引了众多的低收入人口来此租房和购房居住。根据燕郊高新区公布的数据，2011 年末燕郊辖区总人口已达 45 万人，其中城镇常住人口 25 万人，流动人口 20 万人。由于火爆的房地产市场，目前燕郊在售楼盘 16 个，总建筑面积约 805 万平方米，其存量房保守估计达到 13 万套，可供 52 ~ 65 万人居住。

值得引人关注的是，在涌入燕郊的人口中，因低房价而置业、在北京工作的外地人超过 30 万。但燕郊开发区的交通、水电和通讯（互联网）市政设施、教育等社会服务设施等根本无法支撑这样庞大的人口群体，更没有为定居的人口提供就业岗位的机会，从而逐渐演化为北京近郊“不是新城的新城”，而且很快滋生出对外交通拥堵且缺乏、供水供电和网络能力不足，教育资源奇缺，医疗、文化设施也短缺的“城市病”。比如因职住分离，通勤困难成为因城区房价奇高“逃离”到燕郊的上班族最头痛的问题，有人用“简直就是天堂与地狱空间转换”来形容他们每天通勤的感受。再如，教育资源稀缺。区内共有高中1所、初中3所、小学14所，一些中小学班容量已超过70人，甚至有达到80多人的现象。还有小区限水停电是家常便饭，就医不便等。

2002年，燕郊高新区总体规划完成，坚持大力培育高新技术产业的定位，到2015年，人口达到100万，GDP1000亿元以上，财政收入120亿元以上，高新技术企业300家实现产值500亿元，经济贡献率达到70%。已陆续规划建设中兴产业园、燕郊精工园、华隆工业园等，以电子信息、生物医药、新材料、机械制造为主导产业的体系正在形成之中，成为河北省通讯与电子专用设备产业园区、廊坊市软件外包服务基地和廊坊市生物医药健康产业园区。2012年，燕郊实际完成GDP266亿元，财政收入40.88亿元，工业总产值354.2亿元，工业增加值125亿元，固定资产投资160.3亿元，光伏产业基地、神威药业、日本富士胶片、新加坡平易印刷、世原汽配、中兴通讯和燕郊东湖创业孵化器为代表的软件和服务外包业已经或计划落户。进驻园区的华北科技学院、交通管理干部学院、北京化工大学北方学院等6所院校规划为“燕郊大学城”，并视其将为燕郊产业升级提供人才和智力支持。但实际上，产城不融、职住分离现状一时还难以改善。

资料3.9　南昌红谷滩新区

南昌红谷滩新区，位于赣江北岸，原是一片沙滩、沼泽和农田，2000年7月正式启动开发建设。这里与老城区的繁华商业街胜利路步行街仅一江之隔，坐公交车仅15分钟左右。新区开发是南昌拓展城市空间，提升城市竞争力，形成一江两岸发展战略格局的具体体现，规划建设目标是把红谷滩新区打造成江西及中部地区的金融、商贸和物流中心。建成区面积 135km^2，包括红谷滩中心区和红角洲高校园区，距市政府原址仅 3km。从 2001 年市政府搬迁至今已 14 年，新区在周末、节假日和夏季人气较旺，但平时、夜晚和冬季新区人气仍然不旺，其原因是这里有许多景观和旅游设施，包括亚洲最大的摩天轮、中国乃至亚洲最大的喷泉广场——秋水广场，紧邻赣江的赣文化雕塑长廊，可以吸引市民、外地游客在此参观游览，但这里常住的居民还不多。

红谷滩中心区开发的大量中高档楼盘基本售完，售价也和老城区差不多，但入住率并不高。红谷滩中心区楼盘在周末夏季入住率不到 40%，平时入住率不到 30%。而红角洲高校园区开发的楼盘大部分尚无人入住，有人住的也仅 10% 左右。红谷滩中心区的商铺尽管已大部分销出，但营业的多以房屋中介、建材和装饰材料店为主。而设在红谷滩中心区的洪城大厦分店，巨大的超市卖场顾客极少。能够体现人气的小吃、理发、餐馆、杂货铺等在红谷中大道的商业街却没有一家。据居住在这里的市民反映，生活在新区交通便捷、空气良好、生活安静，孩子上学也不成问题，但看病、吃早点、理发、洗头美容之类不便，尤其是夜晚较冷清，缺少夜生活和娱乐。总的来说，新区并没有达到预期中的人气并形成南昌市新的城市中心。

2. 建设过程衍生经济社会问题

（1）脱离开发和融资能力，大量非法占用土地

城市政府在土地财政体制的驱使下，盲目扩大城市人口和用地规模，大量非法占用土地，导致空间无序蔓延。按照目前城市开发投资水平，每平方公里市政基础设施需要投入 8 亿 ~ 10 亿元，每平方公里城市建成区需要投资 25 亿 ~ 35 亿元，一般城市每年的融资和开发能力大概都在 1 ~ 2km^2。但是，现在

很多城市的新区、新城开发动辄几十平方公里，甚至上百平方公里，有的甚至大量非法批地、以租代征、违反土地利用规划等，通过“撤村并点”向农民和农村要地要指标，表现出城市政府的严重“土地饥渴症”，违背了城市开发和建设的基本规律，造成大量的耕地被占，开发区“开而不发”的现象。

（2）过度依赖土地经营，引发严重社会问题

我国的新城新区开发，主要是建立在“以地生财”机制上的“政府主导，市场化运作”模式。这种开发模式具有动力强、效率高、反应快等优势，但也存在着明显的不足，其中最突出的问题是容易导致对土地经营的过度依赖。据资料统计，2011 年全国国有土地有偿出让收入 2.94 万亿元，2012 年全国土地出让金达 2.69 万亿元，差不多相当于同期全国地方财政总收入的 40% 以上。2013 年上半年全国土地出让合同价款就高达 1.70 万亿元，增幅高达 77.3%，创了历史新高，其中房地产用地出让价款同比增幅高达 90%。在很多地方，土地出让金占预算外财政收入比重已经超过 50%。一些地方政府，为拿到土地指标编制新城新区总体规划，导致城市总体规划，盲目追求人口和用地规模（表 3.2），不再是城市建设的蓝图，而变成城市出让土地的图纸；一些地方政府，没有土地指标就打出推行“新农村建设”旗号合村并居、旧村改造、集中社区，从农民手中的宅基地中掘取，引发了一系列社会问题，如大量侵占耕地，直接影响农民的生产生活；肆意压低征地成本，损害和牺牲失地农民或拆迁居民的合法权益；利用土地垄断或通过囤积土地谋取不正当收益，加剧社会不公与贫富差距等。这些问题在某些新城新区开发中已开始影响到当地社会的和谐与稳定。

表 3.2　　部分新城规模统计表

新城名	用地规模（km^2）
昆明呈贡新城	461
天津京津新城	260
上海松江新城	160
郑州郑东新区	150
西咸新区	882
南通市通州湾新区	825

续表

新城名	用地规模（km^2）
兰州新区	806
广州南沙新区	803
龙岩市古蛟新区	766
贵州黔西南州兴贞新区	668
烟台市海洋经济新区	600
泸州市江南新区	600
洛阳新区	518
常德物流新区	480
北戴河新区	426

资料来源：各城市规划网站。

（3）脱离劳动力市场盲目升级产业结构

新城新区产业规划脱离城市自身产业发展阶段和劳动力市场，盲目追求劳动密集型产业、高新技术产业和新兴战略性产业，对大城市市郊庞大的低素质劳动力市场不闻不问，导致土地城镇化、景观城镇化，而实质没有解决本地居民的人口城镇化。即使像上海浦东新区，也存在相应的问题。据统计，在1995年，浦东新区第一产业从业人员只占新区农村劳动力总数的26.2%，70%以上农业劳动力以“离土不离乡”或“离土又离乡”的形式转移到了第二、第三产业；到1997年，由于绝大部分农民在工业、建筑业、商业饮食业等行业就业，这一比例更是降至19.0%（《上海浦东新区统计年鉴》）。自新区开发进入快速增长期，征地数量日益增加，乡镇企业日趋萎缩，许多当地农民也渐渐成为既失地又失业，依靠社会保障的城市贫困社会群体。到2008年，浦东新区建设用地已占新区总面积的75%以上，其中浦东外环内建设用地超过外环内总面积的91%，其中张江、金桥、外高桥3个国家级开发区的用地已基本用完（刘学勇，2000）。一方面，因新区开发吸引了大量外地的农民工，构成了外来劳动力市场；另一方面，由于产业结构不适合因征地析出的大量农民和乡镇企业职工，形成当地劳动力市场。因为文化和价值观的不同，尽管新区政府先后实施过数种征地劳动力安置政策，试图运用行政力量或市场机制来解决问题，但因征地劳动力群体待岗失业问题至今也没有彻底解决，对社会公正和社会稳定产生了不利影响。从全国看，由于新城新区开发类似的失地农民数量不在少数，处理不好可能酿为社会问题。

（4）投资巨大增加了地方债务风险

一些城市新城新区开发建设的投资需求，动辄几百亿元乃至数千亿元，远远超出多数中小城市的投融资能力，迫使所在城市竞相通过地方政府建立融资平台如城投公司举债融资。据统计，截至2010年底，全国共有地方政府融资平台公司多达万家，地方政府性债务余额超过10万亿元。从地方政府负债情况看，估计2012年底其余额大致在13.07万亿，年均复合增长率为10.5%。由于新城新区建设的重大项目往往投资回报周期长，地方政府在财政收入、资产变现等方面偿债能力弱，迫使融资平台公司数量膨胀，负债规模急剧攀升，地方债务性风险不断加大。甚至还有一些地方政府由于土地出让收入下降借新债还旧债的，进一步增加了地方政府性债务风险隐患（方创琳、马海涛，2013）。据国家审计署公布的全国政府性债务审计结果显示，截至2013年6月底全国各级政府负有偿还责任的债务约20.7万亿元，其中地方负有偿还责任的债务约10.9万亿。近年来，由于新城新区建设，致使地方债务呈两位数增长，且资本利息也很高，过不了几年肯定会不堪重负。据南方周末报道，全国有12座高铁新城，已投资或计划投资百亿以上的有4座，投资50亿元的有4座，30亿元及以下4座。例如长沙2009年启动的高铁新城建设，截至2013年底累计投入90多亿元，未来三年还要再投入100亿元，而这座新城2013年财政收入仅为879万元（鲍小东、李雅娟、孙然、杨国要，2014）。

三、“鬼城”及其认识

1. “鬼城”及其空间分布

（1）“鬼城”概念

“鬼城”原意是指资源枯竭并被废弃的城市。但是，随着行政力量主导城市化的推进，我国出现了因空置率过高，鲜有人居住的新城新区，被称为“鬼城”。

（2）“鬼城”空间分布

除了先前媒体广泛报道的鄂尔多斯市康巴什、杭州天都城、贵阳、营口、云南呈贡等之外，2013 年“鬼城”现象蔓延，江苏常州、河南鹤壁、湖北十堰、京津新城、唐山曹妃甸、山西大同等被列入。2014 年《投资时报》发布“中国大陆城市‘鬼城’指数排行榜（2014）”（表 3. 3）。“鬼城指数”理论依

表 3. 3　　中国大陆城市“鬼城”指数排行榜（2014）

排名	城市	“鬼城”指数	所属省区	排名	城市	“鬼城”指数	所属省区
1	二连浩特	0. 07	内蒙古	26	茂名	0. 47	广东
2	钦州	0. 26	广西	27	周口	0. 47	河南
3	拉萨	0. 28	西藏	28	克拉玛依	0. 47	新疆
4	嘉峪关	0. 32	甘肃	29	咸宁	0. 48	湖北
5	井冈山	0. 33	江西	30	鄂尔多斯	0. 49	内蒙古
6	威海	0. 36	山东	31	肇庆	0. 49	广东
7	锡林浩特	0. 37	内蒙古	32	酒泉	0. 49	甘肃
8	嘉兴	0. 39	浙江	33	固原	0. 49	甘肃
9	石嘴山	0. 40	宁夏	34	张掖	0. 49	甘肃
10	三亚	0. 40	海南	35	宁波	0. 50	浙江
11	金昌	0. 41	甘肃	36	榆林	0. 50	陕西
12	惠州	0. 42	广东	37	烟台	0. 51	山东
13	宜城	0. 42	湖北	38	昆山	0. 51	江苏
14	吴忠	0. 42	宁夏	39	泉州	0. 52	福建
15	常熟	0. 42	江苏	40	北海	0. 52	广西
16	义乌	0. 43	浙江	41	怀化	0. 52	湖南
17	滁州	0. 44	安徽	42	丽江	0. 52	浙江
18	防城港	0. 44	广西	43	合肥	0. 53	安徽
19	承德	0. 45	河北	44	许昌	0. 53	河南
20	中山	0. 45	广东	45	中卫	0. 53	宁夏
21	衢州	0. 45	浙江	46	葫芦岛	0. 54	辽宁
22	丽水	0. 45	浙江	47	七台河	0. 54	黑龙江
23	伊春	0. 46	黑龙江	48	六安	0. 54	安徽
24	绍兴	0. 46	浙江	49	乌兰察布	0. 54	内蒙古
25	大庆	0. 47	黑龙江	50	百色	0. 54	广西

注：“鬼城指数” = 城区人口/建成区面积低于 0. 5 或稍微高于 0. 5。

资料来源：中国大陆城市‘鬼城’指数排行榜（2014），《投资时报》，2014 - 10 - 13，http：//wenku. baidu. com/link？url = 8M6QoPLc7JoHehCW0HK1nQYFbcQmNC8tVdUf2tf03d0d7D3vO LvI7DzufczqvFobbXBMJeFcrBEHPNl681AEXiTy6pri8gHTWcEigVRJZeK。

据来自国家住建部的城市用地标准每 1km^2 建成区容纳 1 万人口。比如，一个城市的建成区面积为 100km^2，按照占用地标准，这个城市容纳的城区人口应该为 100 万人，如果目前该城区仅有 50 万人，而该城市对外来人口的吸引力并不强的话，短时间内难以达到 100 万人的容纳量，就很可能沦为“鬼城”。

2. 主要“鬼城”类型

（1）临港工业新城

从某种意义上来说，临港新城是我国滨海地区港口拉动工业化、工业化驱动城市化的产物。但最近为了发展深水岸线，许多城市在滨海地区建设港口和港口工业园区，因距离老港城较远，常常造成产城分离格局。从临港新城规划看，大都脱离港口城市发展的基本规律，规模偏大，一时难以发展起来。

资料 3.10　曹妃甸新城

发展基础：曹妃甸具有渤海湾内最重要的深水岸线和最近的出海航线，可用土地 310km^2，在北京首都钢铁厂整体搬迁的推动下，建成 25 万吨矿石码头和 30 万吨原油码头，大型钢铁基地一期建设项目已完成投产，石化、装备制造等后续主导工业进入筹划阶段。经过几年的发展，曹妃甸工业区已逐步成为京津产业转移的承载区，以及现代制造业、能源和重化工产业集聚区。

新城选址：新城建设始于 2005 年，原规划选址结合唐海县城（5 万人，距港口 12km）建设，后因作为唐山南部地区重要的增长空间，通过工业区的产业发展实现了人口集聚，新城选址在距曹妃甸港区 5km。

新城规划：由于曹妃甸工业区产业的高度集聚，必然引发人口的集聚。预计工业区 2010 年新增直接就业人口 3.1 万人，新增配套服务人口 1.2 万人，新增总人口达 4.2 万人。因此，新城规划最终人口 15 万人，第一期按 5 万人口 5km^2 启动，建设成为低碳生态新城。曹妃甸作为“十一五”规划中的国家重点项目，中央政府希望借助曹妃甸加深日中之间的交流，与 JEM 公司一道准备进驻建设“日中生态工业园区”。2008 年世界金融危机爆发，大型国家级工业园开发项目陷入了困境，国家主导的开发急剧降温。然而，过去 10 年政府已在曹妃甸投资和融资 2800 亿元，地方政府每天要支付的利息超过 1000 万元。最终地方政府无奈，试图通过与瑞典合作规划建设 150km^{2}的中瑞曹妃甸生态城。

摆脱不开的“鬼城”：且不说当下的生态技术根本无法建设 150km^{2}的生态城，不合时宜的开发时机，也会使不切实际的新城胎死腹中。今天，尽管首都钢铁集团已经将高炉从北京搬到这里，除了进口铁矿石的码头外，鲜有企业愿意进驻，包括建设中的公寓在内很少能看到人影，到处都是空地，“鬼城”印象尽显。

（2）大城市卧城

所谓卧城，原意是卫星城的一种类型，是指在大城市边缘区建设的专门用于疏散中心城居住人口的新城。在我国，主要指以房地产开发为主的“郊区居住大盘”且无产业支撑的所谓新城。因为这类新城脱离了这些基本准则，一般发育不良，有的沦为“鬼城”。

资料 3.11　京津新城

京津新城，2002 年天津宝坻区政府与合生创展合作启动。2003 年按“宝邸温泉度假村”新城项目取得 260km^{2}土地。2006 年国务院批准天津城市总体规划将其列为 11 个卫星城之一，功能定位为“休闲环保型城镇”。目前建成 3000 栋别墅，由桃园、康园、顺园等别墅小区构成，一座五星级酒店，还有温泉度假村、高尔夫球场、博物馆、寺庙、两所大学和若干娱乐场所。概括起来，沦为鬼城的原因有如下 4 个方面：（1）选址失当。选址时认为区位优势明显，“位于北京、天津、唐山三大城市的核心区域，处在环渤海经济圈发展的腹地”，距离宝坻县城往南 15km，天津市中心

50km，唐山市中心 80km，北京市中心 110km。但实际上，这个区位基本是脱离了大中小城市依托而独立发展的卧城。房客大多来自北京，作为第二住所使用，空置率必然奇高。(2) 缺乏科学规划。《天津市城市总体规划（2005－2020 年)》，京津新城重点发展旅游、商贸物流、教育和会议服务，远景规划是 8000 多套别墅，至 2020 年的人口规模为 20 万人。计划投入 120 亿元资金，在这片盐碱地上建设一个可居住 50 万人的新城，可当时宝坻全区常住人口才 79.9 万。功能定位是“京津唐地区重要的休闲旅游服务中心，以温泉疗养、会议会展、文化教育、商务金融为特色的现代服务业基地”。(3) 缺乏配套设施。缺乏配套工程是最大的问题，医疗、教育以及交通等成本都比较高，而且短时间内无法解决。除了交通不便，京津新城存在配套短缺的尴尬，周边医院、菜市场、小学，均在附近的镇子上。此外，京津城际高铁在武清区设站，而宝坻人期待的京唐高铁，目前暂无实质性动作。(4) 严重浪费土地和财力。据报道，当初拿地时只付出了 78 元/平方米。独栋别墅的均价在 13000 元/平方米，比宝坻区中心新房 6000 元/平方米的均价高很多。新城一共规划了 8000 多套别墅，现在建成约 3000 套，建成部分的销售率很不错，但入住率非常低。户型以欧式风格的独栋别墅为主，面积均在 300 至 $400m^2$ 左右，有些院落较大的别墅还配备游泳池。新城的每个片区都有水系与周边道路相隔。目前桃园的二手别墅，均价只有 750.0 元/平方米。开发商推出新房优惠价，190 平方米与 194 平方米两种房型，毛坯房外带 200 平方米花园，单价从 7000 元滑到了 4800 元，售价在 80 万元左右。2005 年建成之时，其配套设施投资已高达 68 亿元，2008 年二次定位整改时期配套设施建设追加资金 40 亿元。为了使“鬼城”能尽快复活，地方政府制定人才引进各种政策，甚至不惜代价地进行招商引资，付出巨大的人力和财力成本。

（3）三四线城市的新区

2013年7月中国房产信息集团克而瑞研究中心，根据全国286个地级市信息，依据四大类指标，第一类即市场需求，包括常住人口与户籍人口比，城市动拆迁需求增量、人口复合增长率等；第二类是市场供求，包括供给与需求比，5年内住宅成交价格走势等；第三类为市场容量，即城镇职工工资，人均购房面积，房价收入比等；第四类为外部因素，即基础设累计投资额，城市人均GDP等，发布了“中国城市房地产发展与风险排行榜”认为，一线城市因需求强劲位居发展榜上游，而鄂尔多斯、延安、陇南等地则入围风险榜。《证券市场周刊》也报道，中国从南到北众多三、四线城市新区，大量空置房预兆着房地产市场泡沫破裂的危险，而银行业的现金链条更为堪忧。“鬼城”危机正在三四线城市蔓延，内蒙古鄂尔多斯、安徽阜阳、四川雅安、西藏拉萨等均在名单之列。榜单显示，高风险、低前景以西北贫困城市为主，前10位风险高的城市有湖南张家界，内蒙古鄂尔多斯，甘肃陇南、武威、酒泉、定西、固原、平凉、庆阳，陕西延安等西北地区（董世盼，2013）。

资料3.12　康巴什新区

富饶的鄂尔多斯：在2004年之前，鄂尔多斯曾是内蒙古最为贫困的地区。然而，鄂尔多斯市，特有的阿尔巴斯白山羊绒被誉为软黄金；8.7万平方公里地下能源矿产资源储量丰厚，其中已探明煤炭储量1676亿多吨，约占全国总储量的1/6，如果计算到地下1500米处，总储量约近1万亿吨，在鄂尔多斯市8.7万平方公里土地上70%的地表下埋藏着煤，分布东胜煤田、准格尔煤田、桌子山煤田和乌兰格尔煤田四大煤田，煤炭资源不仅储量大，而且煤质品种齐全，埋藏浅，垂直厚度深，易开采，是中国产煤第一大市；在乌兰格尔一带，地质勘探部门已经发现20多处油气田，已探明天然气储量8000多亿立方米，占全国1/3；此外，已探明稀土高岭土储量65亿吨，占全国1/2。2011年鄂尔多斯市实现GDP3700亿元，地方财政收入820亿元，固定资产投资2243亿元，城乡居民收入高于上海、北京和香港。全市综合经济实力由全国地级以上城市第60位跃升至第35位，进入中西部地区经济强市前列。

新区选址：鄂尔多斯政府所在地是东胜区。目前人口只有30多万，城市功能相对比较完善，在城区周边都是荒山荒地，城区发展完全可以依托现有的城市扩展和完善，即可治理荒山荒地，又可改善因城市规模不大而制约经济发展的不利因素。受益于西部大开发战略呈现出爆发式的财富增长，在距离鄂尔多斯市（原东胜）40多千米康巴什，平地起家新建一个城市新区。之所以新区选址康巴什，主要是东胜区地上地下都缺水，康巴什地下有水，地表植被丰富是鄂尔多斯大草原的一部分。但是，通过政府搬家建设新区，消耗有限的地下水资源，整个鄂尔多斯草原有生态退化风险。然而，到2014年，煤炭产业下滑，房价一下跌去七成，由盖楼兴起的借贷行业几乎崩溃，现在已成为著名的债务之城。

非煤经济发展：为吸引企业前来投资设厂，鄂尔多斯给出煤炭配置（以煤矿换投资）的特殊政策。目前，汽车、装备制造、陶瓷、纺织服装、PVC、新能源等一批项目相继落地鄂市，东胜金融广场、高新技术产业园区、鄂尔多斯文化产业园区、阿康物流园区等一批服务业集聚区相继建设。尤其是规划面积达75km^{2}的装备制造基地，计划主要发展汽车整车及零部件制造、风电光伏为主的新能源产品制造、航空航天设备制造、光电应用以及电子信息等产业。华泰、奇瑞等项目已经相继落户。据最新统计，这个基地引进项目53个，协议总投资3400多亿元。2013年鄂尔多斯开始杜绝原煤直接输出，新建煤矿需配套建设选煤厂。大力发展煤炭洗选配、物流运输业。

集聚中的城市人口：任何一座城市都有一个发展过程，从基础设施的建设，到公共设施的完善，再到人气的聚集，必须要经历一个阶段。2001年，鄂尔多斯城市政府基于拉大城市框架、完善城市功能，承接国家能源重化工基地的重大战略的部署，决策建设康巴什新区。当初建设新区的规划是用20年的时间达到30万人口，最终不超过50万，旨在打造一个宜居宜业的现代化新型城市。目前，康巴什发展的现状与当初的规划基本吻合。现在新区基本形成完善的市政基础和服务体系，入住人口现已近10万人。神华集团在鄂尔多斯建设国家级煤制油基地，选择康巴什为生活服务场所，规划入住3万户，现在已经入住了1万户，全部入住就是近10万人。类似的大企业、大项目这两年还在陆续入驻鄂尔多斯，不少已经决定在康巴什建设生活场所。预计到2020年，最晚到2025年完成规划，入住人口达30万。

不切实际的规划：在东胜区—康巴什新区间建设轻轨解决两区交通。然而，两城区总人口之和不足50万，家庭轿车户均拥有量超过1辆，不说轻轨建设费用，就是建成后的运行维护成本都无法从运行中得到满足。在产业发展和就业岗位方面，康巴什新区在没有任何科技支撑条件的基础上，建设了鄂尔多斯高新科技产业园区、清华低碳谷等。在文体事业方面，脱离城市自身需求，康巴什新区建设了国际赛车城和2015年全国少数民族传统体育运动会的主体育场的体育中心，为未来这些设施的赛后利用留下无尽的隐患。康巴什还计划引进西安交大、南京理工等10家院校的科研机构，想打造一个鄂尔多斯国际生态总部联盟，为国内外大型企业和科研机构进入鄂尔多斯提供办公的地方和生活的地方，背离了城市建设满足地方经济增长和社会发展需要的基本原理。

“鬼城”的解读：今天的康巴什新区，有比北京人民大会堂还要宏伟的鄂尔多斯市政府大楼，有鄂尔多斯唯一的二本大学学院，市重点中学，星罗棋布的星级宾馆，宽大无比的马路，富丽堂皇的娱乐场所等。2010年鄂尔多斯的开复工量近2600万平方米，而同期北京的开复工量也就3600万平方米。为什么康巴什新区被解读为“鬼城”？因为，这座新区一开始就不是为鄂尔多斯老城市民所建，是为了炫耀鄂尔多斯政府“暴富”；这里的建筑建造成本过高，建筑的利用效率太低。这里每家能源企业都有房地产开发业务，2011年新建住房面积超过2000万平方米，过度投资的房地产造成严重的结构性过剩。2012年当地楼市从均价每平方米1

万元左右暴跌至每平方米 3000 元，最终房地产和民间信贷泡沫被挤破，就不免隐隐透出这光怪陆离背后的“鬼城”踪影。

（4）沿海先锋城市

“先锋”原义是指一支武装力量的先头部队，其任务是为这支武装力量展开行动做准备。“先锋”这个术语始于法国大革命，再转向文化和文学艺术术语。无论是军事先锋还是政治先锋，抑或是文化先锋，都有一个共同的特点：它所遵循的发展路线本质上类似比它更早也更广泛的现代性概念。先锋小说是指吸纳了西方现代主义（包括后现代主义）的观念和技巧，通过新的价值取向与传统伦理道德观念发生决裂。“先锋派”艺术表现为反传统文化，刻意违反约定俗成的创作原则及欣赏习惯，片面追求艺术形式和风格上的新奇。在生态学中，有先锋树种的概念，是指常在裸地或无林地上天然更新、自然生长成林的树种，一般是指更新能力强，竞争适应性强、耐干旱瘠薄的阳性树种，如樱桃、马尾松、刺槐、火炬、白桦等，由于这些植物并不耐蔽荫，往往在成林后被其他树种逐渐替代。这里借用“先锋”一词说中国沿海一类新城，是指具有探索和前卫理念，但还不被广泛接受的一类新城，例如生态城、低碳城、智慧城，等等。这类城市，由于缺乏规划和建设经验，刻意追求相关理念，很容易形成“空城”或“鬼城”。

资料 3.13　天津中新生态城

天津中新生态城，是一个标准绿色的生态城市。它用 5 年的时间在盐碱滩上建造起来。然而，建设初期不可避免的空置，尚待完善的交通，单一的商业配套，稚嫩的产业基础，并不是人们期许的先进性、高端化和能复制、可推广的“理想之城”。主要原因是：（1）城市规划失当。距天津中心城区 45km，滨海新区核心区 15km，缺乏必要的城市依托。配套产业为动漫、影视、环保、生态科技、信息等产业，产城难以融合。选择盐碱滩建设城市给绿化、用水造成困难。（2）建设标准偏高。新城建设配置标准大多是国内和国际领先标准。例如，照明路灯为节能环保路灯，采用太阳能和风力发电，100%的建筑达到绿色建筑标准，所有项目都是精装修交房，嘉铭红树湾智能小区还配备可以用IPAD、电话操作通过智能电网实现远程控制空调、加湿器、空气净化器、台灯、电饭煲、窗帘等，清洁能源使用比例为100%，90%的出行方式为步行、骑车或乘坐公共交通工具，但从住户构成来看，60%～70%是来自北京、山西、河北、山东等地的投资客，2012年限购政策之后大多为塘沽区或者滨海新区需要改善居住条件客户群体，这就意味着，集聚的人口要么是为了投资要么是中低收入社会群体。（3）交通和生活设施配套不完善。中新生态城2013年在建面积达到273万平方米，目前中新生态城入住人数远不足1万人。居民形容在中新生态城的生活，“出门基本靠步行，看病基本靠百度，‘六、日’基本靠沙发，假期基本靠网络”。即使拥有商业配套，但单一的货品，难以满足需求。住户依旧要到塘沽和汉沽买菜。原本打算2012年底启动的、中新生态城独有的“垃圾气力输送系统”，也将在等待入住人口增加之后启动。（4）行政操控市场。2013年5月28日万通地产以160万元/亩的价格获得中新天津生态城南部片区19号地块，楼面地价仅为3114元/平方米。经过限购调控后的中新生态城房价是12000～13500元/平方米左右。但遭遇调控，市场变得低迷，目前在售的十余个项目，均价都在8500元/平方米左右，比高峰时期跌去了30%左右。由于商业房产品同质化，在售项目几乎都是精装修高层电梯房，售价也相似，除去建安成本、财务成本、营销成本，8500元/平方米的价格接近成本价出售。

（5）高铁新城新区

费伯2014年发表的《贸易一体化、市场规模和产业化：来自中国高速公路网的证据》称，被纳入高速公路网的边缘城市，其经济发展具有显著的负面作用，1997～2006年间，在其他条件不变的情况下，这些城市相比于其他边缘城市，其经济增长率平均要低18个百分点，而其工业总产值的增长率平均要低26个百分点（Faber，2014）。费伯认为，高速公路导致地区间运输成本下降，从而导致边缘城市的工业经济不断向中心城市聚集，也便利了落后地区人民的自由迁徙。这也就是说，高速交通网的节点，并不如人们想象的都会发展成为集聚生产要素的新城和新区。那么，为什么地方政府热衷于规划和建设这些不靠谱的高铁新城呢？主要还是地方政府土地财政所致。为了支撑城市的土地财政状况，高铁站往往被想象为城市发展的新增长因素。地方政府都会倾向于将实际很普通的铁路站场想象建设成为城市副中心或片区商贸中心，以期推进诸如房地产、商业商务这类高土地价值的开发，使其在土地出让中谋取更多的土地出让费，但实际上并不符合城市发展的客观规律，最终导致开发半途而废沦为“鬼城”。据不完全统计，在有明确城市定位的29座高铁新城中，有20座都提出要发展商务中心、高端服务业，提出要建设新的城市中心的有11座（鲍小东、李雅娟、孙然、杨国要，2014）。这些高铁新城大致分成两类：（1）“高铁新城”。它们全新的城市规划和建设，一般规模较大达数十平方公里，居住、生活、服务、商业等城市要素具备。因为目前的很多高铁站均远离主城区，所以大部分都是在建设高铁新城。如锡东新城（包括高铁商务区）达125km^2、德州高铁新区56km^2，南京高铁新城以高铁站点为核心的启动区就超过了30km^2。（2）“高铁新区”。由于高铁站靠近主城区，紧挨站点建设高铁站前区，它们规模一般较小，仅几个平方公里，如苏州城际站等。由于大多高铁站距离城市20km左右，根据在建和规划的36个高铁新城统计，有19座规划面积在6km^2～40km^2，5座规划面积超过40km^2，如果真的依托高铁站建设新城并拉动发展，最终必然尽现“鬼城”现象。

资料3.14　高铁新城和新区

宿州高铁新城：2010年京沪高铁铺轨到达宿州东站时，当地媒体报道称，这个站点的建设，标志着在皖北地区，宿州成为率先进入高铁时代的城市之一，对宿州打造成为区域性中心城市具有深远意义。依托宿州东站，宿州开始规划面积30km^{2}的高铁新城。到2014年7月，面积约48km^{2}的宿州马鞍山现代产业园区，除了物流园等少数项目在正常施工之外，其他40多个在建项目，有的进程缓慢，有的停工，有的只砌着围墙没有开工。宿马高铁新区是中国总营业里程达11028km的高铁线上数十个高铁新城的缩影。宿州新城选址距离宿州主城达25km之远，这也直接导致新城难以接受宿州主城在人口、产业以及公共服务等方面的辐射，发展基础过于薄弱，难以启动发展。

邢台高铁片区：为京广高铁邢台东站特地规划了一个城市新区。由于京广高铁，邢台把原来的一城五星（邢台市＋任县、南和、沙河、内丘、邢台县）城市发展战略调整为一城五星＋一区（高铁片区）。目前，世界500强企业新兴际华集团正在高铁片区建设金融中心和高端产业园，未来5年总投资500亿元；富士康集团也将在高铁片区投资建厂，用工规模5万人。

3. 制造“鬼城”的推手

从当下中国实际情况看，制造“鬼城”存在四个方面的推手，他们是：地方政府、金融资本银行、城市土地制度和暴利房地产业。

（1）地方政府

新城新区的建设，涉及土地征收、房屋拆迁、道路交通、水电气热供给、信息网络、污水垃圾处理、生态绿化等，既形成了巨大的投资需求，也产生了很高的GDP，又扩张了出让城市用地的范围，这是地方政府乐此不疲、越来越深地陷入了追求外延扩张的恶性循环的原因。实际上，“鬼城”是地方政府出于政绩和GDP增长考虑导致的重复性建设。近年来，中央政府一直在努力解决产能过剩问题，而地方政府却在不断恶化此问题，最关心的仍然是与GDP增长联系的干部政绩评价体系。其核心的问题是：地方政府视GDP增长为硬约束，产能过剩、“鬼城”和地方债是软约束，甚至是零约束。有人认为，制造鬼城实际上就是一种囚徒困境，除非政府和国企彻底退出竞争性领域，否则这种大规模制造产能过剩和“鬼城”的机制就不会改变。只能等到房地产到了市场的临界点，市场机制突然发生作用，大量土地和房屋无人购买，房地产泡沫破裂，“鬼城”制造才会戛然而止。事实上，“鬼城”都是地方政府行为，“永远不会破产”，总是相信中央政府会在必要时刻使用行政手段拯救“鬼城”制造的房地产泡沫。一旦改变重 GDP 的干部考核机制和“地方借钱中央免单”的妄想落空时，“鬼城”现象也许就会减少大半了。

（2）金融资本银行

金融资本和银行体系是中国新城新区空间成长的重要推手（武廷海等，2012）。新城新区建设是以加速资本融通增殖为动力的空间生产，而金融资本和银行系统则将资金、土地和既定的政策架构“熔铸”成一个联动的逐利体系。作为一种相对低投入而高收益的行业，房地产开发最容易把资本的逐利趋向发挥到极致。这就导致了金融资本银行与房地产商非常容易“结盟”的条件。过去历年来每一次政府对银行业管制的收紧，以及最近一次大规模国际金融危机所引致的后果都表明：金融资本的起伏跌宕与中国的房地产行业已形成了一种连带关系，二者之间关系紧密、互为表里。我国大部分银行为国有银行，国有商业银行体系在 21 世纪初完成了市场化转型的任务，同时非公有制银行也成为国内金融市场的重要组成部分，它们长期维持存入利息 5% 左右、贷款利息 9% 左右银行利息体系，而用于房地产的大额贷款利息有的高达 16% 甚至更高，这就为某些金融资本银行谋取金融暴利创造了条件。首先必须制造钻石信誉客户，再就是鼓励借贷，贷得越多，赚得越多，最后形成金融资本银行与钻石客户的借贷链。一旦这条链条形成，金融资本银行与钻石客户就从过去的资本家与借贷人关系转变为“同一条船上的战友”，谁也不希望这链条断裂。银行的大宗贷款源源不断地流入房地产业，为“鬼城”制造创造了资本条件。据国土资源部统计数据显示，截至 2012 年底，全国仅 84 个城市处于抵押状态的土地面积就达到了 34.87 万公顷，抵押贷款总额为 5.95 万亿元。

（3）城市土地制度

1982 年颁布的《中华人民共和国宪法》第 10 条对城市土地所有制作了明

确的规定："城市土地属于国家所有"，"农村和城市郊区的土地，除由法律规定属于国家所有以外，属于集体所有；宅基地和自留地、自留山，也属于集体所有"；"国家为了公共利益的需要，可以依照法律规定对土地实行征用"。1986 年进一步出台了《土地管理法》，规定："国家依法实行国有土地有偿使用制度"，"国家所有土地的所有权由国务院代表国家行使"。

1994 年进行分税制改革，将税种统一划分为中央税、地方税、中央与地方共享税，建起了中央和地方两套税收管理制度，并分设中央与地方两套税收机构分别征管，其中城镇土地使用税、耕地占用税、土地增值税、房产税、城市房地产税是地方税的主要来源。在此基础上建立土地市场，采取地方政府第一级土地市场高度垄断、二级市场放开的模式。这种模式有利于城市政府引导土地开发和安置征地撤迁问题，但有些地方政府利用这一机制乘机储备土地，用尽可能低的价格把农民手中的农用土地征收过来，再以尽可能高的价格出售给开发商，在此过程中每亩土地的价差一般都在数倍甚至几十倍。

一般地说，通过"分税制"的改革，地方政府尤其是基层政府基本上都是"吃饭财政"，能够按时发放地方官员、教育和医疗部门的工资已经是"好政府"，因此，没有财政盈余用于新城新区开发。由于上述"一级土地市场"机制，反而让一些财政状况不好的地方政府敢于铤而走险，为了改善地方财政状况开发新城新区，卖地生财。这种城市土地征用制度，实际上是鼓励地方政府采取"涸泽而渔"的行政手段谋取垄断利益，成为新城新区开发的重要推动力。有的地方政府没有新城新区开发启动经费，就先拆迁后补偿给农民"打白条"，采用"空手套白狼"手法获得土地使用权，然而向银行贷款补偿撤迁，"抵押靠土地，还债付息靠卖地"，形成"卖地—建设—借贷—卖地"的怪圈，让脱离市场需求的新城新区越做越多，越做越大，以致最终产生"鬼城"。

要杜绝"鬼城"现象，改革我国城乡土地制度，推进土地集体产权和私有化，增加土地征用的资金成本和谈判成本，才会有效遏制地方政府建设新城新区的冲动。面对可能出现的大量"鬼城"、"空城"，国土资源部 2014 年 10 月下发《关于推进土地节约集约利用的指导意见》。按照相关要求，今后国土部将严格核定各类城市新增建设用地规模，适当增加城区人口 100 万 ~300 万的大城市新增建设用地，合理确定城区人口 300 万 ~500 万的大城市新增建设用地，从严控制城区人口 500 万以上特大城市的新增建设用地。

（4）暴利房地产业

中国房地产业从无到有，从小到大，经历的时间不长，成就了一批企业家神话。究其原因，主要在于对住房和住房政策理解的偏差。

理论上来说，住房的属性，对人类社会来说，首先是庇护所，这是基本人权。也就是说，无论富人还是穷人，都应该拥有住房，钱多可以住高级住所，钱少就住差房。其次才是商品。我国城市住房制度从计划经济时期的配给制改革为全面的市场化，也就是说全面抛弃了住房作为人类的庇护所的第一属性，推行城市住房商品化和市场化，给房地产商创造了巨大的市场空间和市场垄断机会，也为其牟利创造了理论基础和实际条件。

今天的房地产业，有人形容为“在‘市场经济’幌子下的投机趋利行业”，一点也不为过。在国外，作为长期投资的行业，房地产业的年投资回报率不高，一般在 25% ~35%，我国的房地产业投资回报率远远超过国外的水平，有时达到 200% 甚至更高。一开始，一些经济发展好的城市，为了改善住房条件进行新区开发；后来，温州、山西炒房团投资房地产炒高住房价格，使房地产业成为没有风险的盈利产业；再就是财政状况好的地方政府，如鄂尔多斯、神木、温州，拼命投资房地产，让资本在流动中增值更多；最后就是笼罩在“房地产热”下的新城新区开发，开发不好形成“鬼城”。据 2013 年国土资源部一项调查资料显示，全国 391 个城市的新区规划人均城市建设用地 $197m^2$，已建成区人均城市建设用地达到 $161m^2$，远远超过人均 $100m^2$ 的国家标准。2008 ~2012 年五年间，中国设市城市新建城区 0. 97 万 km^2，但若按住建部 $1km^2$ 建成区容纳 1 万人的城市标准可以容纳 0. 97 亿人，但同期城区人口仅增加 0. 35 亿人，因此还可容纳 0. 62 亿的人口。在河北邯郸，按照人均居住面积 $31.6m^2$ 计算，在售和预售楼盘至少可以容纳 105 万人，而实际这个城市非农人口也不足 160 万人。从这些数据看，由于房地产有利可图，超社会需求建设也是形成“鬼城”的原因。

4. 准确认识“鬼城”

综上所述，“鬼城”是一个系统性、机制性的问题，不仅涉及政府，也涉及房地产行业，还与金融资本银行体制和城市土地制度等相关，整治手段尽管多样，但也存在“双刃剑”效应，处理不好，也会打压经济增长驱动机制，使经济发展受损。因此，准确认识“鬼城”现象非常重要。

第一，“鬼城”不是中国独有的城市开发现象，它是所有城市开发过程的一个环节。任何一座城市都有一个发展过程，从基础设施的建设，到公共设施的完善，再到集聚人气，必须经历一个过程，过程趋向无限长了，也就成了“鬼城”。

第二，“鬼城”没有渲染得那么可怕。中国正在进入城镇化的快速增长期，新城新区和住房可以说是一种“刚需”，在对的时间对的地点进行新城新区开发，一般不会制造“鬼城”，即使已经制造的“鬼城”也可能在今后一段时间慢慢被消化。我国住房以高层公寓为主，通常以毛坯房形式出售，购房者需要进行从淋浴器到地板和厨房的所有设施安装。许多此类“鬼城”在经过一段时间的住房装修后会慢慢集聚人气成为成熟社区。对于违背城市发展基本规律，建成且被市场遗弃的“鬼城”，也就只能在市场机制下，开发商、地方政府、产权拥有者各自承担相应的责任，通过开征“房产税”将泡沫击碎。

第三，建设“鬼城”不是真正的城镇化。我国新型城镇化是以人为主的彻底的城镇化，是变农村人为城市人的城镇化，其中不仅仅包括了为进城农民建设住所，也包括为他们创造就业岗位，并且具备维持不可逆可持续的城镇化过程，城市政府需要在新城新区建设的同时接纳他们成为城市的永久居民。

第四，城镇化可以消灭多数“鬼城”。从这个意义上说，不难看出，推进有序的新型城镇化，是消化多数在建或已建“鬼城”最有效的手段。中国社科院发布《2011 中国城市发展报告》指出，未来 20 年每年将有 1000 多万农村人口转移到城镇居住。因此，对“鬼城”来说，降低建设标准，配套生活基础设施，建设快速交通体系，转售为租，降低购房和银行贷款门槛，可以称为新进城市市民的家园。

第五，三、四线城市造城造区应谨慎。根据我国城镇化的发展趋势，沿海五大城市群、300 万 ~500 万的大城市及其地区、县城—地级城市—省会城市是农民进城的主要流入地，在其他三、四线城市造城造区应该谨慎。

四、建设美好未来新城新区

自 1980 年设立深圳经济特区以来，我国根据社会经济发展的不同阶段的特定发展需求，依次设立经济特区、沿海开放城市、综合改革配套试验区、国家级新区等政策新区，作为区域发展和城市经济依托的增长极得到了发展。一个个独立新城和城市新区，承载了国家改革开放的核心内容，也是民族和国家复兴“中国梦”的具体体现。

1. 功能定位和性质

（1）国家级新区

国家新区是国家空间战略推进的政策发力点和核心引擎。国家级新区的设立，是为了解决我国经济转型时期不同地区面临的特殊发展问题。因此，国家级新区发展，不仅关系到某一区域的经济社会发展，更关系到我国经济社会发展的总体战略部署和区域空间格局的重构。

总体上说，国家级新区具有拉动区域经济增长、实现产业战略升级、扩大对内对外开放、示范特色经济等主要功能。国家级新区承担国家重大的改革和发展任务，多功能类型的新区将构建起我国未来区域发展的空间格局。有些新区是国际竞争型新区，承担国家深入参与全球经济活动的功能。同时也是我国市场进一步开放的制度试验田，对于中国融入世界经济体系具有重大意义。例如浦东新区、滨海新区、广州南沙新区、大连金普新区等；有些新区是依托重要城镇群承担拉动全国或拉动区域经济发展的地区，其中有些是我国未来经济发展重要的增长极，例如天府新区、重庆两江新区等；有些新区还承担对外开放的窗口作用对全国经济都产生重要影响，例如西咸新区；特殊战略型新区承担国家特殊战略需求，是国家发展新型经济、支持少数民族及欠发达地区发展的重要支点，这类新区产业发展受到其他新区功能溢出的影响，例如舟山群岛新区、贵安新区等。

（2）新区和新城

新区和新城，一般来说，它们是特大城市人口、经济、产业发展到一定阶段空间溢出的产物，是城市和经济发展的客观需要。因此，在经济发达地区，新城新区通常都承载着新时期城市和区域发展的主要任务，是一定时期内城市发展的活力地区。它们的功能应该与母城互补，存在一种耦合关系，而不是喧宾夺主。城市新区功能定位是以城市整体发展战略为基础的。新城建设的根本目的应该是缓解大城市高度集聚造成的城市问题，希望通过“飞地”发展的空间模式，在大城市的周边规划建设具有自身相对独立性的小城市，它分解中心城市的部分功能，但具有独立的发展能力，具备自给自足的财政能力和行政管理系统。从这个意义上说，新城是城市化推进过程中城市群地区新的重要发展极，也是城市和区域的新创新空间。对于经济欠发达地区，新城新区能够成为实现工业化和城镇化跨越式发展的引擎，成为带动中心城市结构大尺度转换的关键性节点（曹传新，2012），但是，数量和规模的控制是成功的关键所在。

2. 第三波和第四波新城

鉴于我国经济和社会发展的阶段，应该摒弃传统产业新城、卧城和卫星城的发展理念，从新技术发展和新交通方式视角，结合地方经济发展的需要，规划建设具有独立发展能力、特色鲜明的第三波和第四波新城。

（1）第三波新城

第三波是基于通信技术的空间重构引起的，其中无线通信、互联网及其在世界范围的信息扩展，金融服务、电子商务和外包等领域的电子技术应用，促进了前台办公操作、常规后台办公职能、商品的生产和分配和综合办公室工作等由于信息技术而产生的新空间形态的出现。由信息技术发育的知识经济成为第三波新城的基础，因此，先进技术和创新拉动也就成为这一波城市发展转型的主要动力。毫无疑问，技术在推进城市化过程中可以发挥非常重要的作用。

在知识经济时代，过去以制造业为主的生产性城市正在转向基于信息和通信技术发展的服务性城市。老工业城市、公司总部城市、创新中心、养老基地等与传统工业城市相关的城市或功能区仍然保持繁盛状态，后福特主义城市、边缘城市、网络城市和休闲旅游场所成为第三波的新城市类型。

①服务业城市。

众所周知，福特主义城市是发达工业化阶段的产物。后福特主义则以满足个性化需求为目的。由于个性化需求带来的大规模定制，水平型组织形式和弹性生产等改变了传统的福特主义生产模式和消费模式。后福特主义生产方式是一种以信息和通信技术为基础，生产过程和劳动关系都具有灵活性（弹性）的生产模式。与前福特主义时期的工业城市相对应，后福特主义时期规划建设服务业城市。这类城市以网络化和信息化为支撑，在城市区域内按个性生产的需求组织生产空间，传统的完整的产业链转变为更加细化的不连续的产业链，城市空间也变得更加分离和松散（图 3. 3）。

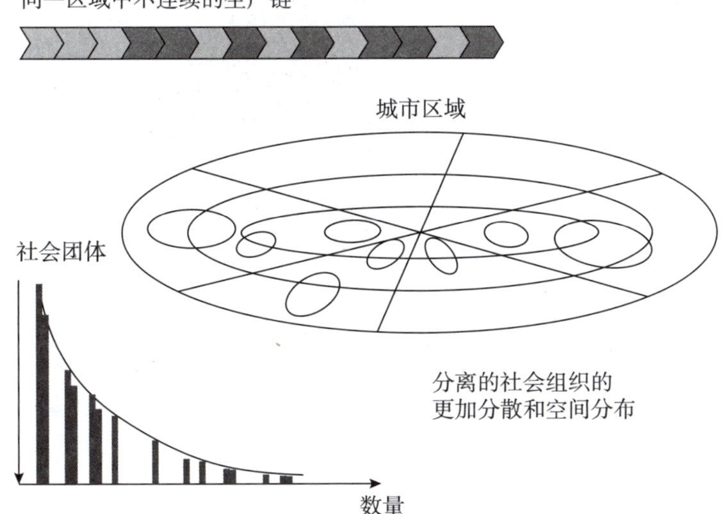

图 3. 3　后福特主义城市空间结构形态

②边缘城市。

边缘城市是指位于传统城市区域外围，在居住郊区和半农业化区域新形成的集商业、购物、娱乐功能为一体的新区。边缘城市的出现一方面是由于工业化时代的终结，城市的生产性功能不断弱化，消费性功能逐步强化，城市的吸引力也就不断地衰退；另一方面，由于大城市环状与放射状高速公路的发展，在高速公路的交叉互通口，新一代新城逐渐发展起来（图3.4）。

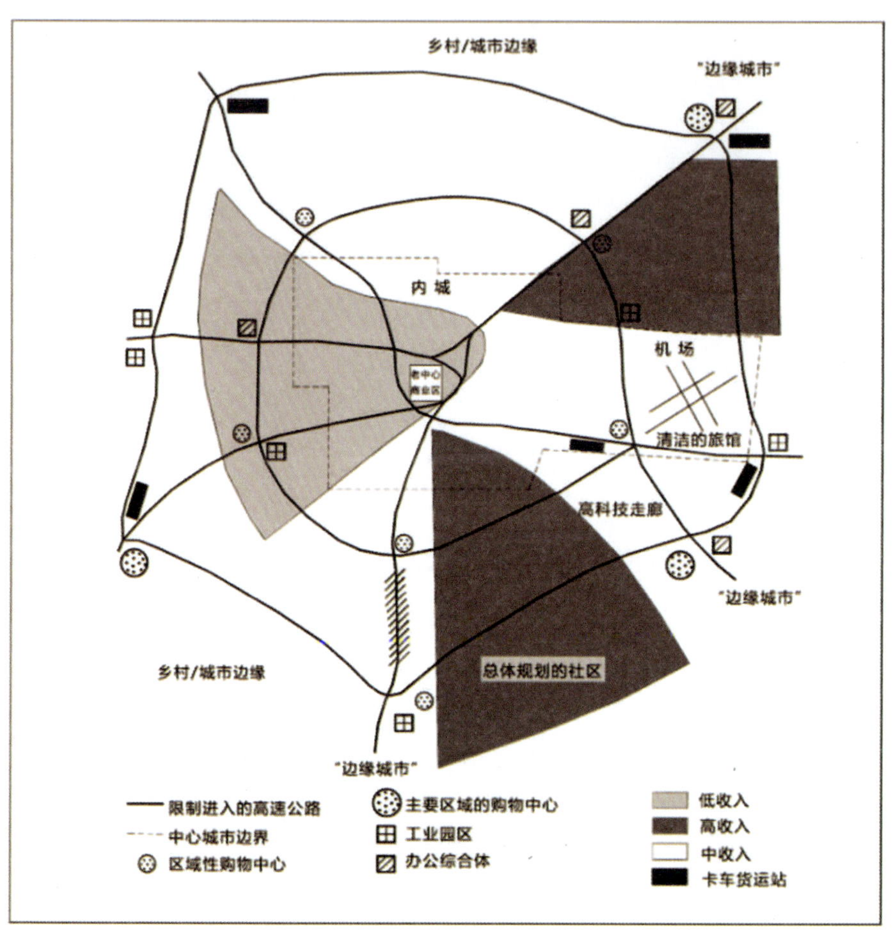

图3.4 边缘城市与中心城市关系

③网络城市。

网络城市是知识经济培育出的一种创新性多核心城市结构，由两个或更多原先彼此独立、但存在功能互补的城市，借助于快速高效的交通走廊和通信设施连接起来，彼此尽力合作而形成的富有创造力的城市集合体（Batten，1995）。网络城市可以分为不同的类型（图3.5）。

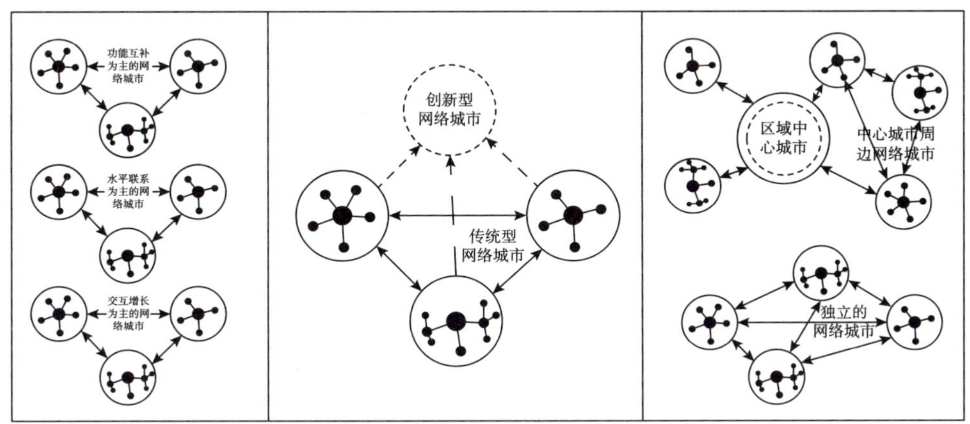

图 3.5　网络城市分类图

④旅游休闲度假城市。

旅游休闲度假城市是一种建立在享乐的销售与消费基础上的城市发展模式。全球力和地方力协同存在，旅游休闲度假城市被无止境地（再）创新、（再）生产、（再）获取和（再）创造。内城、滨水区、城市郊区等空间成为城市休闲度假的集中承载空间，各种旅游休闲度假的相关物质的与非物质的要素，在时空的延续中呈现出动态的发展性，构成旅游休闲度假城市基本形态格局（图 3.6）。

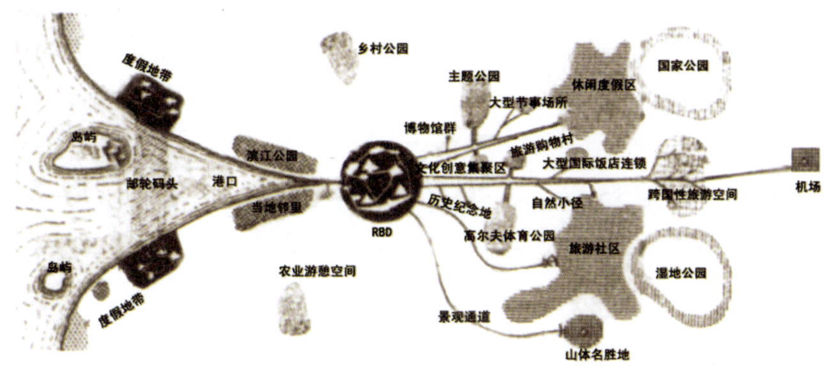

图 3.6　旅游休闲度假城市空间结构形态

（2）第四波新城

当代的经济转型与空间转移和权力下放相交织（Clarke and Gaile，1998：37），其结果是强化了政府治理体系改革和创新，这种积极的企业家方法将关注人力资本发展和全球—地方连接调整到地方发展战略中来，多区位生产、生产价值链体系重构和人力资本利用成为第四波经济社会发展的新特征。也就是说，这一时期的城市发展将主要依靠经济全球化、人力资本资源和信息基础设施发展而发展的（Clarke and Gaile，1998：55－56）。因此，第四波的城市类型也浮现出来，它们以自我重建为特征，具有丰富多彩的特点。

①文化城市。

文化城市，作为一种战略意识予以实践，在1980年代的整个欧洲就已经开始，欧洲文化之都就是其中最为盛行的一种形式，一直延续至今。与传统的历史文化名城发展模式不同，文化城市更加强调文化活动、文化经济、城市文化形象策划以市民文化参与塑造等（Palmerrae，2004）。文化城市包含六个基本构成要素：文化资源、文化创意产业、文化景观、文化氛围，文化场所和文化制度与政策，其中文化氛围又称为文化场，是一种磁力空间，具备黏性力量，将上述文化城市的诸多要素有机组织在一起，从而实现文化城市的三个核心功能：①应对全球文化同化，保障国家和民族的文化生存；②以文化的手段促进城市经济可持续增长；③促进城市居民日常交流，破解理性趋利决策造成的城市居民的心理与情感隔离。文化城市的城市文化场构建如图3.7所示。

②创意城市。

创意城市原本是指以文化为主的城市再生，通过城市创意对各个行业的渗透而形成以创意产业为主导产业体系的城市。创意城市是创意产业与创意空间的有机聚合体（图3.8）。创意情境是创意城市形成的环境条件，创意产业是创意城市的产业支撑，创意产业园区是创意城市的空间表现形态。通过发展创意产业，带动空间创新和组织创新、制度创新，进而孕育出创意城市。

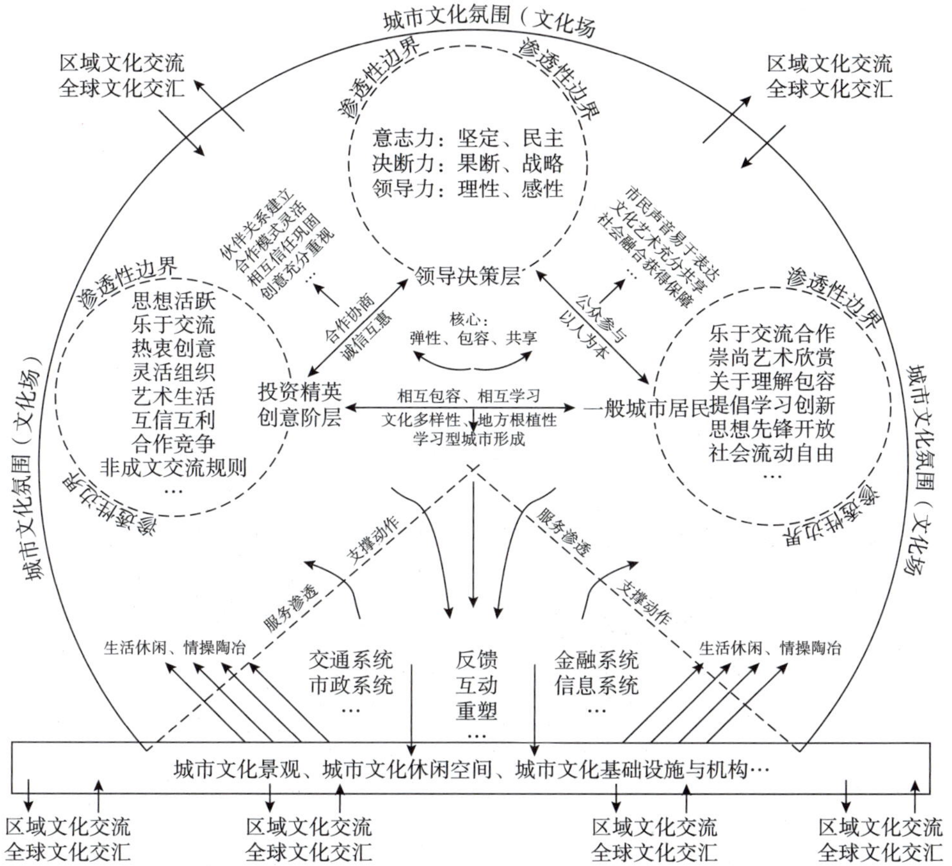

城市文化氛围（文化场）
区域文化交流
全球文化交汇
渗透性边界
意志力：坚定、民主
决断力：果断、战略
领导力：理性、感性
伙伴关系建立
合作模式灵活
相互信任巩固
创意充分重视
…
市民声音易于表达
文化艺术充分共享
社会融合获得保障
…
领导决策层
合作协商
诚信互惠
公众参与
以人为本
核心：
弹性、包容、共享
思想活跃
乐于交流
热衷创意
灵活组织
艺术生活
互信互利
合作竞争
非成文交流规则
…
投资精英
创意阶层
相互包容、相互学习
文化多样性、地方根植性
学习型城市形成
一般城市居民
乐于交流合作
崇尚艺术欣赏
关于理解包容
提倡学习创新
思想先锋开放
社会流动自由
…
支撑动作
服务渗透
生活休闲、情操陶冶
交通系统
市政系统
…
反馈
互动
重塑
…
金融系统
信息系统
…
城市文化景观、城市文化休闲空间、城市文化基础设施与机构…
区域文化交流
全球文化交汇

图 3.7 文化城市的“城市文化场”

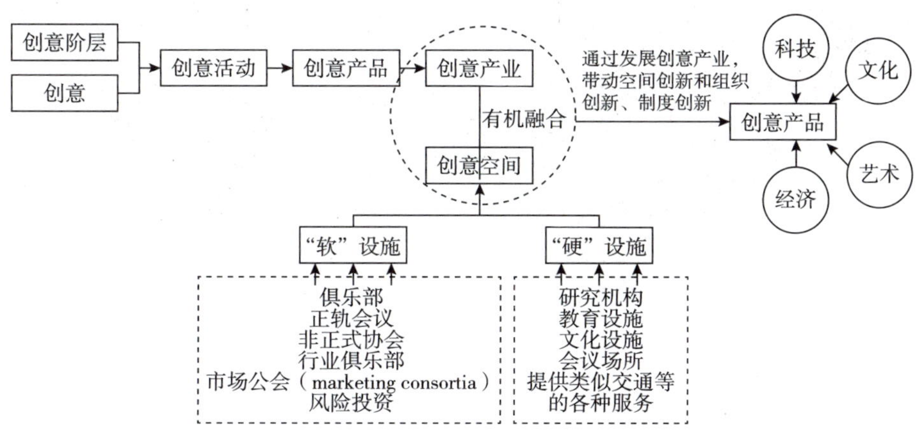

图 3.8 创意产业、创意空间与创意城市组织概念图

③生态城市。

生态城市是按生态学原理建立起一种社会、经济、自然协调发展，物质、能量、信息高效利用，生态良性循环的人类聚居地，具有高效、和谐、宜居、幸福、活力的特征（图 3.9）。生态城市的核心是生态优先，所有的城市系统和要素都是建立在满足生态系统安全格局基础上的。在当下技术水平低，生态城市的规模一般较小，五万人口的组织是可能的。

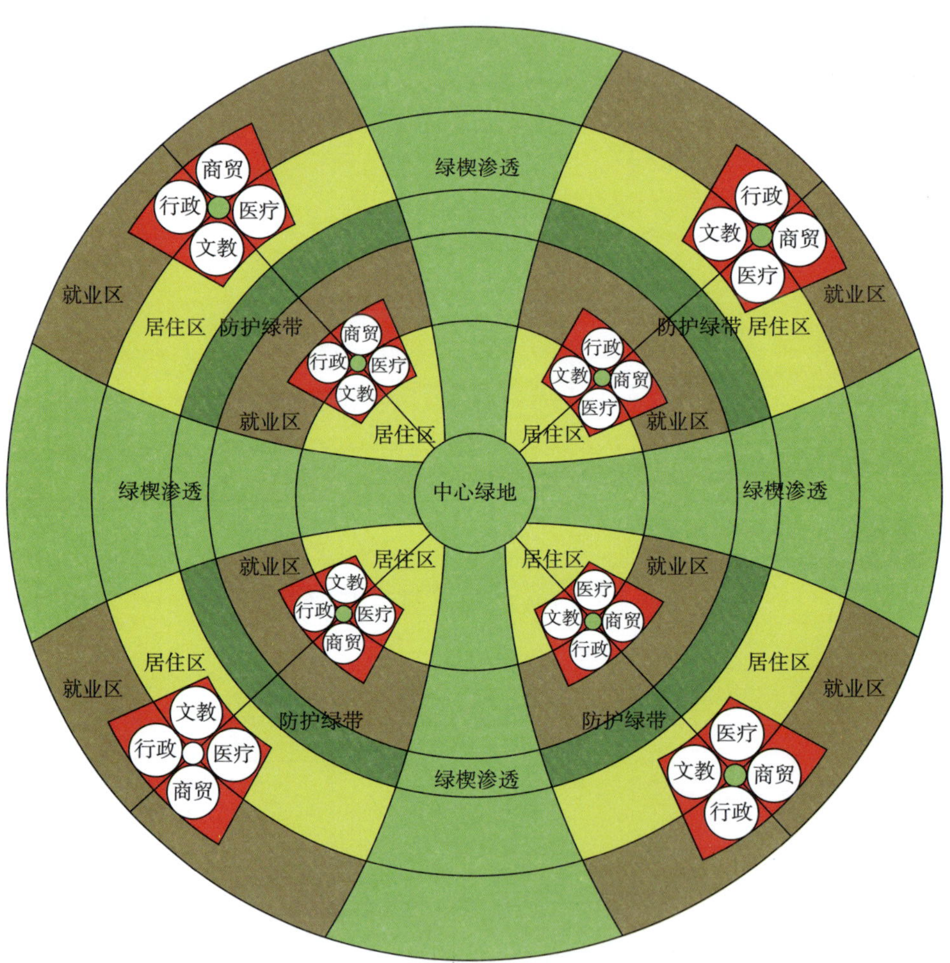

图 3.9　生态城市空间结构模式图

④低碳城市。

为了应对全球变暖、气候变化而导致海平面上升、水资源枯竭、极端气候增加等对地球生态系统、人类社会和城市自生的影响，通过设计减排 CO_2 产业和能源体系，强化建筑、交通和生产三大领域内的低碳发展模式，增加城市绿化的碳汇，规划和改造的一类理想城市（图 3. 10）。

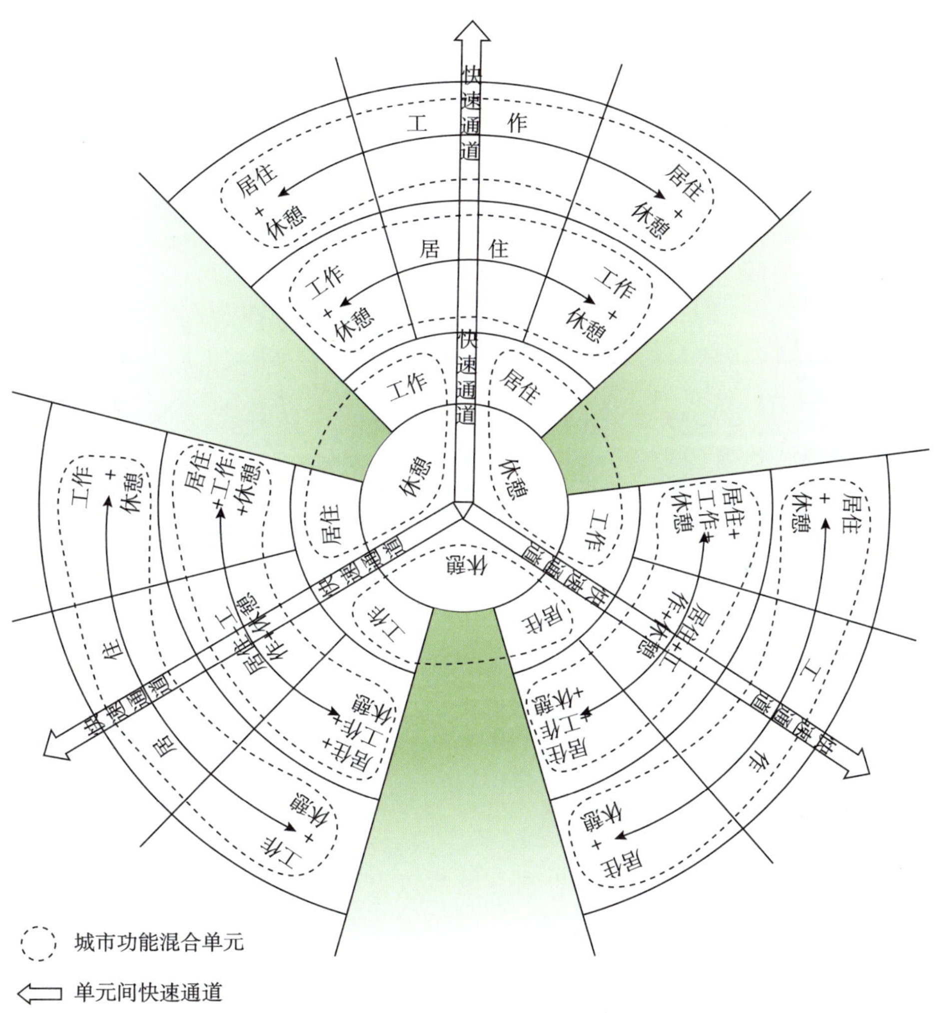

图 3. 10　低碳城市的理想空间模式

⑤科技城市。

科技城是以利用人力资源、切入高附加值的生产价值链系统、以创新驱动为核心的新城类型，其核心是为居民、企业、社会提供自主创新的环境，由创新源核心区、知识共享平台、科技服务平台、RDP 综合体、多样化居住区构成（图 3.11）。

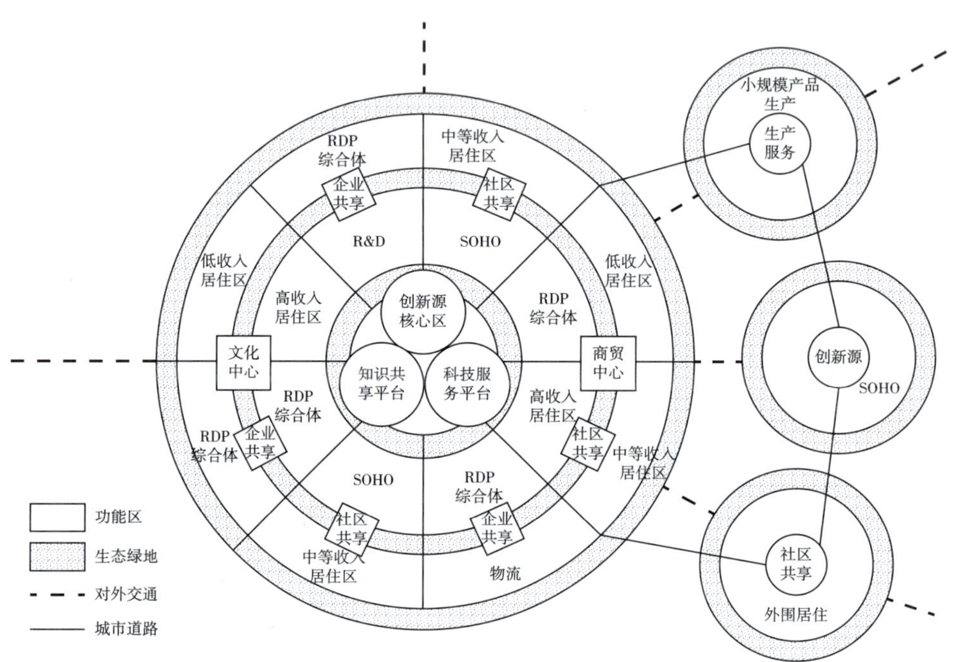

图 3.11　科技城理想空间结构模式

3. 综合型低碳生态新区

中共“十八大”推进基于生态文明和以人为本的中国新型城镇化道路，节约集约、循环再利用、低碳绿色是基本特征。因此，综合型低碳生态新区受到高度重视，它强调关注节约资源能源、循环利用物质、遵循生态学原理，采用混合用地空间、多样化、尊重地方文化与自然等规划手法，规划和建设城市新区。

资料 3.15 **长辛店生态城**

北京市“第一批绿色生态示范区”，规划范围 500 公顷，包括生活社区和科技园区。2013 年北京市规划委员会从环境、资源、社会、经济四个纬度制定六大技术策略，提出 19 项可度量的可持续发展指标。长辛店作为示范区，它的生态城规划将生态规划融入城乡规划设计与管理系统，将生态控制指标纳入规划行政许可文件以及规划审查管理流程付诸实施。根据长辛店生态城的实践经验，北京市规划与国土部门将生态控制条件纳入规划行政许可文件和土地招标文件，建立了生态城市建设全生命周期的监管体系。规划突破国内传统城区规划建设框架，引入国际领先的低碳生态城区理念，在规划过程中采用了以综合资源管理为目标的创新规划工具，依照北京市地域特点，集土地、交通、能源、水资源、废弃物等发展策略提出了一系列可量化的低碳生态指标，长辛店等地建立了低碳生态的生活与产业混合社区。

第四章
西欧新城新区的发展：特征与借鉴

有人说，在交通便捷的21世纪，欧洲单个国家全国的城镇化网络，可以看成是一个大的都市圈。这种说法不无道理，因为所有欧洲国家的本国主要城市之间，都可以通过最多4个小时左右的高速，或者1~2小时的飞机直达。但这种说法，忽视了欧洲城市的突出特点：比如说当地特色突出，具有丰富多样性，特别是各具特色、极有活力的小城镇。因此在讨论西欧的新城新区发展之前，让我们首先对西欧城镇化的概况有个总体的了解。

一、西欧城镇化的概览和特色

西欧城镇化的第一个突出特点是，城镇化人口以中小城镇为主体——56%的西欧城市人口生活在总人口为5000~10万人的城镇。这些中小城镇高度发达，基础设施完善、具有很强的经济竞争力。今天，欧盟国家当中只有伦敦和巴黎被列入全球26个人口超过1000万的“大都市”行列。后面我们会讨论到，为缓解城镇化过程中人口压力而建设的新城新区项目，也主要围绕巴黎和伦敦这两个欧洲“大都市”。

作者：米歇尔-米洛（Michel Micheau），享誉法国的城市规划和治理专家、巴黎政治学院规划系创始人、系主任；刘璇，专攻城市治理的旅法全额奖学金博士生。前者是关于法国新城经验的执笔人，后者是关于其他欧洲国家新城经验的执笔人，二人各负其责。

西欧的历史和文化是小城镇茁壮发展的根源，特别是欧洲近现代史上平等、民主的社会理念。在这种意识形态的影响下，欧洲历史上，地方自治发展的比较早、程度比较高。即便15世纪的《威斯特伐利亚条约》以来，民族国家在西欧长足发展，但欧洲的地方政治仍然相对自治程度较强。进入现代以来，工业服务业集群于大城市，小城镇经济发展相对缓慢。可是通过国家税收和补贴的渠道，经济更活跃的大城市的财力，实际上支援了小城镇的发展。这种政府调剂，一定程度上调节了欧洲大中小城市的协调发展。但这种国家在一定意识形态驱动下的协调作用，也不总是产生积极的后果①。

西欧城镇化的第二个突出特点，是各国独具特色的城市网络。这种城市网络，是城镇化过程中的历史背景、政府的政策导向等历史因素的作用下形成的。

今日英国的城市发展多围绕工矿区展开，往往位于便捷的运河、港口、铁路附近。英国是欧洲最早开始工业化的国家，城镇化与工业同步发展，1851年，英国城市人口超过总人口的50%。同时，英国也是最早感受到“城市病”的欧洲国家。二战后，英国工党政府试图通过建设新城解决“城市病”。

今日法国的城镇化，主要是通过传统的历史政治中心城市，如巴黎、里昂、波尔多和马赛等的扩张实现的。相比英国，法国的小农社会比较顽固，因此工业化、城镇化晚于英国。法国快速城镇化时期是二战后的三十年，约从1945年到1970年代末，这个时期内，法国城镇化以每年一个百分点的速度上升，完成了从农业为主体的社会到以市民为主体的社会的转型。在二战之后，法国紧随英国，开始了新城的实验。

今日德国城市、工业中心比较分散、均匀地分布。因为一直到19世纪末俾斯麦完成德国统一之前，德意志文明一直由38个各自为政的小邦国组成的。这些小邦国各自为政、各自有自己的地区中心，因此发展了较均衡的国家城市网络。德国分散、均衡的城市化，减轻了城镇化人口聚集的压力，一定程度上

---

① 过度权力下放的负面事例很多。比如说法国城市规划历史上的一个错误就是：1981年，法国左派上台，将国家权力下放，把城镇规划的权力从国家下放到地方政府。受绝对平等的政治意识形态的驱使，这次权力下放没有区别本地治理单元的大小，结果不管是拥有200万人的巴黎这样的大都市，还是仅有500人的小村庄，都接到了下放的规划权，不利于从更大的范围内统筹的人口、交通等规划。

避免了“城市病”，所以德国快速城镇化的过程中，并没有如英法两国一样，大规模建设新城，以减轻大都市人口压力。

表 4.1　　欧洲主要国家的城镇化率（%）

国家	城镇化率	2010~2015 年间城镇化平均增长率
英国	79.6	0.76
法国	85.8	1.1
德国	73.9	-0.03
意大利	68.4	0.49
西班牙	77.4	0.81
瑞士	73.7	0.49
丹麦	86.9	0.5
比利时	97.5	0.32
荷兰	83.2	0.74
奥地利	67.7	0.48
捷克	73.4	0.24
波兰	60.9	-0.04

数据来源：美国中央情报局最新数据。

二、西欧新城新区的类型

二战后，西欧百废待兴。在马歇尔计划的财力支持下，英法德等西欧民主政府，均不同程度转向“服务性”、家长式的政府。这些西欧战后民主政府，进行了一系列社会改良的实验，其中包括通过新城新区建设，减轻大城市人口聚集压力的实验。

这种实验主要集中在英法两国，是因为只有这两个欧洲国家的首都——巴黎和伦敦——是欧洲城市中的世界级的大都市①，有过于膨胀的危险。西北欧

① 大都市的定义：拥有超过 500 万人口、30 亿美元以上产值的经济、受认可的金融和公司总部所在地、有活力的商业圈。

的一些高人口密度的国家，如丹麦，虽然没有大张旗鼓进行新城建设，但也采取有效措施分流了人口聚集。北欧名城哥本哈根确定了“手指型”的城市扩张规划，通过公共交通等，引导大都市周围的新居民定居点线性分布。因此，1940～1970 年间，为吸收、分流新增城市化人口和外来移民而建设的，可以算是第一类欧洲新城新区。对这一类新城，中国的城镇化决策者可以借鉴其立项决策过程、产城结合政策、新城治理结构、发展历史经验等。我们将在下文详细分析英国和法国这个时期新城建设的历史经验。

1960 年代，当英法两国热火朝天的集中建设第一类新城时，随着第三产业在经济中重要性的提高，一些西欧国家在历史中心城市之外，选址建设适合第三产业的新城市空间。这类欧洲新城新区，不同于人口驱动的第一类新城项目，因为其驱动力并不是“分流”城镇化人口，而是发展新兴产业。所以，第二类欧洲新城是 1960 年代后，在原有城市中心外，新建的以服务业为主的新城。这第二类新城中最著名的代表，是巴黎西北部的拉德方思。自 1970 年建成以来，拉德方思稳居欧洲最大商务中心（CBD）的榜首。下文我们也将重点分析拉德方思项目的治理结构、成功的秘诀和今天面临的挑战。

1970 年代之后，西欧的城市化速度趋于平缓，加上石油危机，政府财力开始显得匮乏，因此没有再兴建新的新城项目。20 世纪末、21 世纪伊始，在欧洲一体化和全球化背景下，一些重要城市的传统行业迅速衰落。于是，为振兴衰落的“老工业中心城市”，一些灵敏的城市决策者，通过充分利用“天时、地利、人和”，完成了城市重建和产业升级。所以，这第三类的欧洲新城，是在 21 世纪之交，在地区经济一体化和全球化的推动下，在西欧重要工业城市中心衰落的工业地块（brownfield）上，建设的城市新兴产业区。这种类型的新城包括东伦敦围绕 2012 奥运会的发展、德国汉堡新城的发展、瑞典马尔默的振兴等。

1. 第一种类型的新城

（1）二战后人口聚集驱动的新城建设：英国、法国和丹麦经验

欧洲新城建设的开端，是二战后的英国新市镇项目（“new towns” programme）。在当时英国决策者的眼中，新市镇项目不仅是为了吸收新兴城市化人口，也负担有社会改良的使命。二战后英国工党政府，有家长式的社会民主主义倾向，因此将建造新城看作一项社会工程。他们希望，通过这种新型城市化解决一些社会问题，进而创造一种更和谐的社会新秩序。比如说，1948 年 9 月，在一次演讲中，时任二战后工党首相阿特礼领导的工党政府的城镇规划部部长斯尔金①说："Basildon② 将成为一个让来自世界各地的人都向往、都想要去拜访的城市"。

①最早的欧洲新城项目——英国新市镇。

伦敦市区的贫民区在战前就凸现了严峻的居住条件问题，加之第二次世界大战中，英国很多城市受空袭破坏严重。所以，接近二战尾声的时候，英国各界开始关注战后重建问题。有关方面纷纷提出各种可行性方案。

政府战后重建专门委员会由 BBC 创始人 Reith 勋爵③主持，包括来自 1899 年成立的花园城市协会的一些主要人物。实际上，新市镇项目基因，源于 1945 年之前的英国花园城市运动（Garden City Movement）。

1945 年，这个委员会接受了通过建设新市镇、分流吸收新增城市化人口的方案。1946 年，时任工党政府推动通过了英国的新市镇法案（1946 New Town Act），确定了建设新市镇的宏伟计划，并给予政府圈地选址新城的权利。至此，英国新市镇项目立项。

确定新市镇战略后，英国政府出台了相关的法案，为其顺利实施搭建了法律框架。1947 年出台的城镇规划法案（the 1947 Town and Country Planning Act），规定了控制城市蔓延的行政管制手段，比如所有的城市规划都必须得到地方治理委员会的批准。1947 年出台该法案时，还规定全国土地都必须有一个"发展规划"（development plan），确定每一个地区该如何保护、发展当地资源。这些规划法案，将城市化有效限制在规划中的新城目标选址。新城计

① Lewis Silkin，1st Baron Silkin（1889－1972），1945～1950 年间工党首相阿特礼政府的城乡规划部部长。

② Basildon 位于伦敦东部 51 公里。

③ 全名 John Charles Walsham Reith，1st Baron Reith（1889～1971）。

划，被看作是控制大都市无序蔓延的有效手段。1950 年后，英国议会批准在伦敦经济圈之外的英格兰其他地区、苏格兰和威尔士等地的新城计划。

英国所有的新城都是国家级项目，从立项伊始，就受到政府、专业群体和大众媒体的高度关注，因此其工作团队——无论是政府指派官员，还是相关的设计师、咨询师、其他专业人员等，一色素质精良。二战后英国中央政府权力较集中，财力有保障，因此新城建设周期集中，多处同时开工。

1940 年代末～1960 年代末的近二十年中，整个英国共有 32 座新城破土：其中 11 座在伦敦附近或者英格兰东南角、6 座在苏格兰中部、4 座在西北部、3 座在东北部、3 座在北爱尔兰、2 座在威尔士、2 座在西部 midland，1 座在东部 midland。规划者希望，这 32 座新城将吸纳约 200 万人口，等于每座新城 7 万人的设计人口容量。

图 4.1 英国新市镇项目

资料来源：英国环境、食品和农村事务部，译者：刘璇。

32 座新城中，最先诞生的新城是 1940 年代末在 Hertfordshire 崛起的 Stevenage，紧随其后的是 50 年代开始发展的 Crawley，Helmel Hempstead 和 Harlow。在 1940 ~ 1950 年代这第一波新城建设中，大部分新城是以住宅为主的，但也有工业为主的新城，如 Aycliffe，Peterlee 和 Corby 等。第二波新城建设在 1960 年代早期，包括 Runcorn，Telford 和 Washington。最后一个、也是计划最宏伟的一个新城，是诞生于 1967 年的米尔顿—凯恩斯（Milton - Keynes）。

从规划上来说，在二战后的英国新市镇上，我们可以或多或少看到一些 20 世纪初田园牧歌式的“花园城市”的影子——拥有半城镇、半农村的市镇景观。新市镇人口密度往往比较低，比如说伦敦北部的米尔顿—凯恩斯新城约 23 万人，人口密度每平方公里 2584 人。这些新市镇也有现代主义的影子，比如说其建筑往往有现代主义建筑风格，其城市设计往往使用绿地隔离生产、生活等功能区。这些新市镇距离最近的大城市中心约 32 ~ 64 公里①，往往沿高速公路或者铁路修建，拥有有效的道路交通基础设施。

从居民社会阶层上来说，新市镇居民的社会阶层不一。立项于 1940 ~ 1950 年代的第一批英国新市镇，如 Harlow 和 Stevenage 等，只允许修建用于出租的社会住房，导致这些新城永久的成为工人社区。而稍晚一点修建的米尔顿—凯恩斯新城，则发展了半独立的郊区独栋住房，主要面向逃离大都市生活的中产阶级。

从产业上来说，新市镇的支柱产业呈现多元化的倾向。比如伯明翰南部 24 公里的 Redditch 和南安普顿东北 37 公里的 Corby，从建成到今天，始终依靠城市周边的大型制造业来创造就业。而离伦敦较近的新市镇中的居民主体，主要是每天往返于伦敦工作的人。特别是随着伦敦首都经济圈的不断扩张，有些在伦敦边缘工作的人，选择就近的新市镇居住，非常方便。在伦敦北部约 50 公里的 Stevenage，服务行业创造的新就业岗位，基本弥补了因英国宇航业衰落而消失的岗位。在伦敦西部 48 公里的 Bracknell，吸引了成群蓝芯（blue-chip）科技公司的入住。

① 20 ~ 40 英里。

有的英国新市镇尽管面积小，却实现了产城结合，劳动力的本地就业。今天，位于伦敦正北方约 50 公里的 Stevenage 仅拥有约 85000 常住人口，其劳动力就业率达 81%，几乎为全国所有地方政府中最高的，且收入水平在全国平均水平之上。Stevenage 工业园吸引了一些优质企业的入驻，比如说制药业巨头 GlaxoSmithKline，这些企业员工的消费水平刺激了当地商业的发展。地方商贸的繁荣又反过来吸引了一些周边小镇或农村居民向市镇的聚居。过去的 20 年间，伦敦之外的地方经济体中，增长最快的是新城米尔顿—凯恩斯①。

英国对新城的研究热潮，在 1977～1978 年前，大部分关于新城研究的资料，诞生于这个日期之前。最近，随着英国政府正在研究“新区”计划（New Area），英国的新城研究有抬头趋势②。进入 2000 年之后，随着大伦敦住房压力的持续增加，工党前首相布朗（Gordon Brown）画下了在英国东南部发展几个“生态镇”（eco－town）的蓝图③。现任保守党首相卡梅隆（David Cameron）和 Nick Glegg 则建议通过修建新的“花园城市”来缓解伦敦的人口压力④。

根据《经济学人》杂志 2013 年的分析，伦敦经济圈的新城镇成功的秘诀，是廉价的土地。所有的新城都在积极发展住宅建设，以高品质、低价位的市镇住宅吸引人群。同时，新城今天的成功跟 1947 年出台的城镇规划法密不

---

① 英国新市镇米尔顿—凯恩斯，是 1967 年在一个人口 3 万人的小村庄的基础上发展起来的。今天，它的占地面积是 89 平方公里，却仅拥有 12 万居民，城市化的密度非常低。主要居民住宅楼的样式是独栋别墅。其城市中心采取方方正正的棋盘式规划，整齐却似乎缺乏一种城市氛围。

② “新区”是继 60 年前的“新市镇”项目以来，英国最大的城市发展项目，两者之间有一定可比性：首先是规划的开发规模类似；其次是“新区”计划的推进会跟半个世纪前诞生的、正在发展中的“新市镇”街上，从而造成相互影响。将受到“新区”影响的“新市镇”包括 Basildon，Milton Keynes，Northampton，Corby，Harlow，Peterborough 等；尽管因为时代不同、语境不同，但两个相隔 60 年的项目都强调类似的指导观念：“新区”强调发展“可持续发展的社区”，增强不同社会阶层、文化群体之间的互动，而当年的“新市镇”强调发展“可自给自足”、拥有均衡地方社会的社区。

③ 布朗的“生态镇”相关的媒体报道可见：http：//news. bbc. co. uk/2/hi/uk_ news/politics/7010888. stm，http：//news. bbc. co. uk/2/hi/uk _ news/7311548. stm，http：//www. theecologist. org/News/news_ analysis/1302479/what_ has_ happened_ to_ the_ uks_ ecotowns. html。

④ 卡梅隆的“花园城市”相关报道可见：http：//www. planningresource. co. uk/article/1122912/cameron－reaffirms－garden－cities－ambition，http：//www. telegraph. co. uk/news/politics/10564713/Two－new－garden－cities－for－southern－England－in－secret－Tory－plan. html。

可分，因为严格的绿化带控制了大城市的边缘增长，从而迫使投资转向离市中心稍远的新城。

《经济学人》认为，过去60年英国新城发展的主要经验教训就是，新城通过与大城市的联系而发展。英国60年的新市镇实践表明，在英国新城建设初期，期待部分新城成为自给自足、独立发展的经济体的想法，是基本不切实际的。《经济学人》认为，也许当初新城的选址不应该离城市中心太远，而应该在更靠近城市中心的、规划的城市绿化带中选择合适地址，发展高密度城镇。

②1960～1980年代的法国新城建设。

1960年初，在英国结束第一波新城建设，正在准备开始第二波新城建设的同时。英吉利海峡彼岸的法国，也开始思索采取什么样的战略，应对由工业化、人口增长、劳动力移民和战后重建驱动的城市化需求。

1960年，“巴黎大区规划设计研究院”①成立，定位为关注法国城市发展的智库。这个智库的新颖之处在于，它超越治理单元的划分，从“大都市区经济圈”的角度，前瞻性的思考巴黎城市建设需要回应的挑战。通过在已有城市中心建立卫星城而吸收新增加的城镇人口的想法，正出自这个机构。1961年，时任总统、民族英雄戴高乐委派亲信德卢耶夫②为这个机构的负责人。德卢耶夫受过传统的法国行政系统精英教育，忠诚、实干、有效。他通过发动重要国家高级行政人员的参与，搞活了知识分子的气氛，同时团结了与自己观点一致的人。

在德卢耶夫领导下的“巴黎大区规划设计研究院”发布了关于城市化的一份报告。报告中的一些主张，在当时的历史背景下，极具有革命性，例如：

第一，建议超越城市行政边界，通盘考虑区域发展规划。

第二，彻底摒弃再建一个巴黎城的想法，把法国的国家行政机构保留在市

---

① “巴黎大区规划设计研究院设计研究院”的法语缩写IAURP：（Institut d'aménagement et d'urbanisme de la Région parisienne）。这个机构今天的名字为Institut d'aménagement et d'urbanisme de la région Île－de－France（IAU Île－de－France）。

② Paul Delouvrier（1914～1995）.

中心。

第三，质疑当时在“功能主义”指导下，建筑界流行的经济、快捷、简单的大型住宅楼，认为这些所谓的“现代主义”建筑空间，造成了聚居生活质量的下降。

第四，主张摒弃在整个塞纳河盆地[①]布局的可能性，采取集中式发展，将巴黎经济圈的规划范围局限在巴黎周边。这种战略发展路径选择，造成了今天法国的产业布局较为集中，而不是像德国一样工业布局更分散、均衡。

第五，对巴黎地区人口增长的前景，当时权威人口学者预测巴黎人口会在1970年达到900万峰值，随后将长期稳定下来，始终围绕这个水平。而“巴黎大区规划设计研究院”则计算出了另一个不同结果：2000年巴黎经济圈的人口将达到1600万~1800万人。他们对外公布了这一数据，以及使用的科学、严谨的论证方法，引起了社会各界的普遍关注、讨论和参与。

“巴黎大区规划设计研究院”的这项研究，特别是对于40年后巴黎城市人口增长的严谨推算，决定性地推动了法国各界对于“新城建设”的认知和接受。1965年巴黎制定了“大巴黎地区规划和整顿指导方案”，以“有机疏散”理论为指导的大巴黎规划，估计2000年大巴黎地区的人口为1400万人，因此提出以下措施：

第一，在更大范围内考虑工业和城市的分布，以防止工业和人口继续向巴黎集中；

第二，改变原有聚焦式向心发展的城市平面结构，城市将沿塞纳河向上下游方向发展，形成带状城市。在市区南北两边20公里范围内建设一批新城；

第三，改变原单中心城市格局，在近郊发展拉德方思等9个副中心，各有其产业侧重；

第四，保护和发展巴黎周边的现有农业和森林工地，作为新城新区之间的绿化隔离带。

至此，通过理论辩论，法国确定了以建设新城的方式，吸收部分新增城市

---

① 塞纳河盆地为塞纳河流域，总面积约为7.8万平方公里，目前约30%的法国人口居住在这一盆地。

化人口，并大致确定了在巴黎近郊发展的空间战略。下图（图 4.2 法国新城选址的四种可能方案）表明了法国新城空间分布的决策过程：决策者在四种可行方案中，最终选择了在城市近郊布点新城，新城新区之间由绿化带隔离。

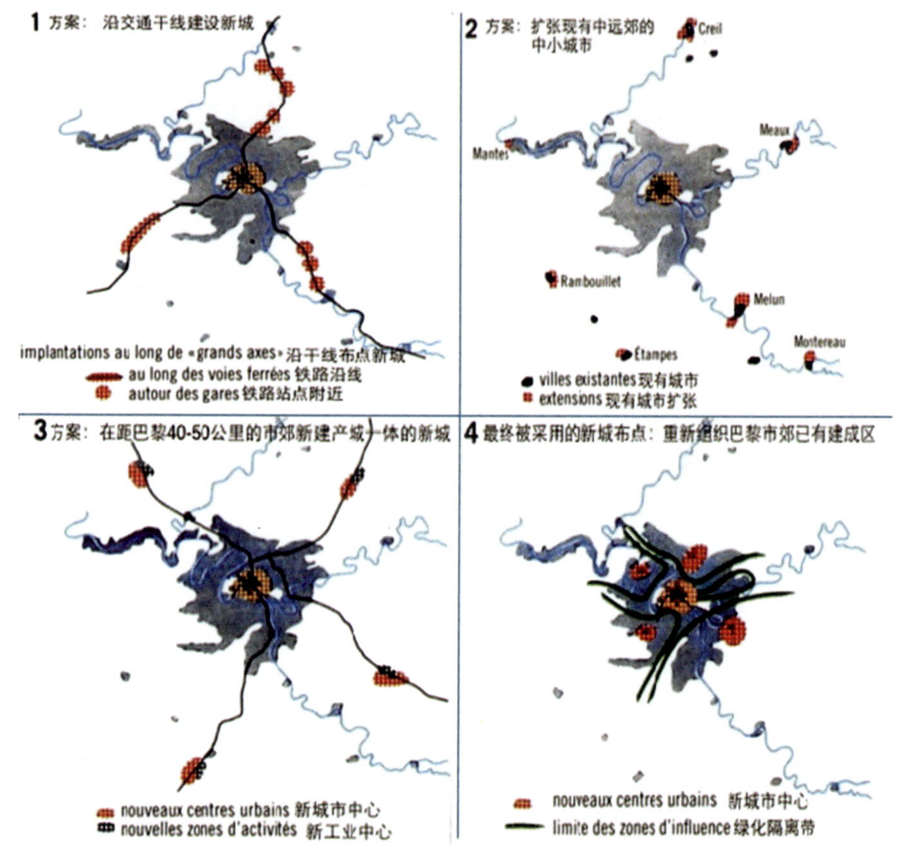

图 4.2　法国新城选址的四种可能方案

资料来源：法国规划部门，译者：刘璇。

理论探讨的同时，法国政府也一直在为可能的新城项目作准备。为避免土地金融投机，在 1961 ~ 1963 年间，法国政府委任了几位高级行政人员组成的任务组，秘密探访了可能的选址地。被选拔加入任务组的高级行政人员，都非常熟悉地方发展事务。1964 年，法国政府公布新城的战略规划，主要有以下几个要素：

第一，考虑到新迁居人口的就业问题，法国决定在距离巴黎城市中心点

30公里处修建新城，而不是如英国一样，将新城选址放在距离市中心50公里开外的远郊。

第二，在城市规划和建筑设计上，与巴黎和整个地区保持协调、连贯，并确定了两条东西方向的新建城区发展主线：一条位于巴黎北部，另外一条位于南部并与塞纳和流向平行。

第三，所有新城的选址，都放在已有的和已规划的交通轴线上，以确保新城居民享有与巴黎之间的顺畅交通。

第四，为避免“睡城”的出现，新城不建设功能单一的住宅区。从一开始，新城就以建设一个拥有齐全功能的城市为目标，配置必需的软硬件公共设施，如市政府、从幼儿园到高中的公立学校、剧场、电影院、便利超市等。

第五，以“产城一体”为指导思想，保持新城就业机会与住宅量基本持平。

这样，1960年代的上半期，“巴黎大区规划设计研究院”在巴黎周边，画下这五座新城的蓝图①。新城潮流开始仅5年后，1969年随着戴高乐的离任，反对新城项目的势力占了上风，德鲁耶夫的团队被解散。但1964～1969的五年间，他的团队领导下的五座巴黎郊区新城已经积累了足够生存下去的必需的经验。

同英国一样，法国也在其首都经济圈之外，进行了新城项目实验。1960年代，法国国土规划委员会②也在其他城市画下了一些新城的蓝图。在马赛附近的河岸③，为吸纳在附近作业的冶金集团人员，建立了一座新城。在里尔，为吸引创新型企业和大学，新建了阿斯克新城④。在鲁昂东边的沃德尔新城⑤，本打算建成塞纳河谷下游、巴黎与大西洋海岸之间的一座节点城市，但很快陷

---

① 这五座巴黎周边的新城分别是Cergy－Pontoise，Évry，Marne－la－Vallée，Melun－Sénart和Saint－Quentin－en－Yvelines。

② 法国国土规划委员”DATAR（Délégation interministérielle à l'aménagement du territoire et à l'attractivité régionale）。

③ 靠近étang de berre。

④ 阿斯克新城villeneuve d' Ascq。

⑤ 沃德尔新城le Vaudreuil。

入困境，十几年后即被废止。

今天，巴黎五座新城中规模最大、最有活力的一座，是始建于 1967 年，占地约 100 平方公里，规划容量为 50 万人口的马恩河谷新城[①]。马恩河谷成带状分布，围绕九个线性分布的快轨站逐步建成。马恩河谷新城开发历时近 20 年，分成四个区，按照离巴黎的距离由近到远，逐步推进新城建设。最近的经验表明，1960 年代着手开发、最靠近巴黎的马恩河谷 1 区和 2 区，人口出现了明显的缩减；远离巴黎，80 年代才开始围绕新兴的旅游业（欧洲迪士尼乐园）、可持续的城市科学技术（笛卡尔城大学科研城[②]）则发展势头强劲。目前，马恩河谷新城已经成为具有一定独立性、产城一体的新城。

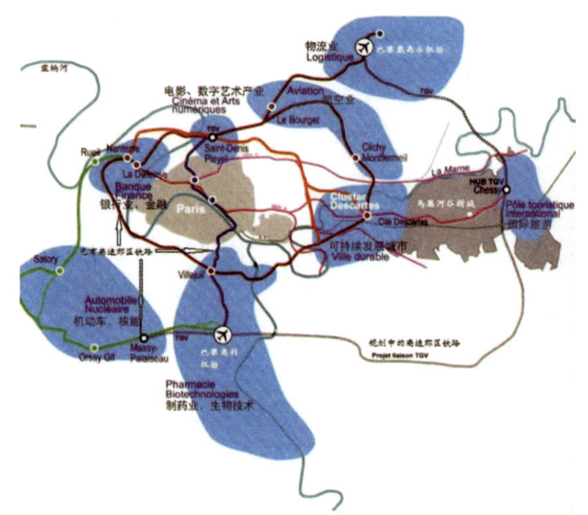

图 4.3　巴黎周边的产业集群和马恩河谷新城项目

资料来源：法国规划部门，译者：刘璇。

2001 ~2005 年间，法国负责管理新城项目的装备部，组织了一次对法国新城发展的研究和反思，主要集中在新城建设的城市规划方面。法国新城发展的主要经验有以下几点。

---

① 马恩河谷新城 Marne – la – Vallée。

② 马恩河谷新城官方网站上关于笛卡尔大学城（La Cité Descartes）的介绍：http：//projets. epa – marnelavallee. fr/Le – Cluster – Descartes/La – cite – Descartes。

第一，在法国，不同社会阶层之间互动是民主理念的关键。在新城中，规划者通过公共设施，如协会之家、社会活动中心、多媒体图书馆等，鼓励人群互动，从而消除了社会隔膜，促进了新城社会的融合。

第二，新城项目的发展，开创了城市项目团队的多学科融合的研究、工作方式，从而在规划中考虑未来居民日常生活的诸多元素，包括未来城市居民与建筑环境之间的互动。

第三，马恩河谷新城一期的项目受“现代主义”潮流的影响，大量采用架空地面、分割各个功能的设计，实际的使用效果表明了这种设计方法的缺陷。因此在随后的新城设计中，建筑规划师修正了经典的“现代主义”，开始更多地考虑交通混合和控制。

第四，在新城项目中，人们改变了先消除农田绿地，再建设城市的概念，而是从一开始就精心设计，保护原有的自然景观和生态系统，并让建成空间和原有自然环境尽可能完美地结合。

法国新城发展的主要教训是以下三点。

第一，目前新城的主体社会阶层还是中低收入的雇员阶层。而且由于大量主要容纳低收入移民社会住宅的集中，新城的社会安全隐患日益加强。2005年，法国郊区发生了暴动。主要暴动点几乎都集中在社会住房的新城市化地区，随后，很多法国学者都从社会政策的角度反思了法国的新城政策。

第二，新城成为建筑和城市设计的实验室，缺乏法国传统城市建筑风格的统一与和谐。

第三，城市规划者没有充分预见城市使用者的年龄、家庭结构等的变化。1960～1980年代的新城建设时期，规划针对人群主要是拥有孩子的年轻夫妇，因此配套建设了少年儿童需要的公共基础设施，如游乐场等。然而半个世纪后的今天，新城人口趋于稳定，年轻夫妇人口比例下降，加之现代家庭结构的变化，从而造成这些设施的使用率下降。

③英法两国新城建设经验的可比之处。

英法两国的新城建设，无论其过程，还是结构，都有一些相似可比之处。

第一，从决策过程来看，两国都采用了立项前充分论证、立项后集中攻破的决策方式。

从上述简单的历史回顾可以看到，英法两国采纳“新城建设”吸收新增城市化人口，是一种深入研究之后的战略选择：由中央政府直属的专门委员会或特定机构完成的前期调研，及战略选择“推荐”。同时，英法两国的新城建设都采取了“集中式攻破”，在短短的15～20年中，在整个国家境内布点，同时建设多个新城项目。

第二，从执行过程来看，两国都是在中央政府的推动下，由国家直属的公共公司执行的。

新城建设，必须得有一个能长期监管新城建设发展的实体。而在英国和法国，因为是民主选举，因此地方治理单元相对较小，而且所有地方官员都尽力维护本地利益。新城项目选址的很多地方领导者都因担心对当地发展的冲击，对新城项目抱着怀疑甚至抵触的情绪。要执行新城项目，必须得有一个能够超越地方行政利益、直属于中央的治理机构。

在法国，在戴高乐总统的信任和支持下，德鲁耶夫的团队有策略地说服了相关的行政部门，设计了新的政策工具。法国公共规划机构（EPA）由此诞生，它是国家直属机构，在新城项目开发中既做甲方，又做规划方。第一批的公共规划机构平均约有80～150名员工，并与诸多的建筑师、设计师团队有合作关系。新城项目在公共规划机构的监管下，独立于地方政治，类似于“特区”。这些新城“特区”在法国地方治理中的角色，跟中国的条类机构（军队、大型国企等中央直属机构）在地方政治中的角色很像。

英国也创造了类似的实体，英国“新市镇发展公司”① 拥有新城发展的权利：购买、管理土地，建设、运营基础设施和商住地产。发展公司之间彼此成竞争关系，但公司负责人始终有定期交流，1970年，“新市镇协会”② 成立，开始规范化“新市镇”发展公司负责人之间的交流，定期组织各“新市镇”发展公司项目负责人集体考察、交流发展经验。

英国的中央政府是这些“新市镇发展公司”的最有利的伙伴，其中联系

---

① 英国“新市镇发展公司”的英文名字是 development corporation。

② 英国新市镇协会的英文名字是 New Town Association。

最密切的中央部门是规划部。遗憾的是，中央政府的“新市镇指挥中心”（New Town directorate）没有包含一些必不可少的、对新市镇发展至关重要的职权部门，特别是关键的三个职权部门：财政部（Treasury），负责均衡国家工业政策的贸易委员会（Board of Trade），以及负责发展地方教育的教育部（Education Ministry）。

地方政府也是“新市镇发展公司”的重要伙伴，是“新市镇”相关的社会政策的主要执行者。首先，在“新市镇”发展区域内，地方政府“顶半边天”：基础设施建设、规划设计、社会住房的修建等，由发展公司负责；但负责学校、图书馆和防御、紧急救护设施等社会服务，由项目所在地地方政府负责。在“新市镇”发展初期，建设提前于人口流入，导致政府先提供社会服务（建设学校、图书馆等），而后才能随着人口迁入定居，通过收缴房产税，补偿开支。这种支出与收入的时间差，给地方政府带来了相当大的财政压力，制造了一定的政治阻力。其次，“新市镇”发展周边的地方政府，特别是人口有向外迁移倾向的地方政府，其住房部在宣传、推广“新市镇”上，起到了重要作用。有的地方，地方政府住房部门甚至采取补贴“搬家费”的方式，鼓励人口向“新市镇”迁居。

在英国和法国，新城项目到达成熟阶段后，法国的“公共规划机构”和英国的“新市镇公司”，都将新城项目过渡到了地方政府的管理框架下。比如说，2000～2002 年间，巴黎五座新城中的三座从“特区”地位转入地方治理体系，由此全部的开发、发展和治理责任都移交给当地的地方政府联合。另外两座新城，塞纳尔①和马恩河谷，至今仍保持着“特区”的地位，但也已经开始准备未来自立的计划。

第三，从新城项目结果来看，英法新城实际吸收的人口数量都低于建设初期的设想。

新城发展速度没有达到之前的设想，即 2000 年让大巴黎地区人口达到 1600 万（2004 年大巴黎地区人口为 1130 万人），原因之一就是法国 1980 年代

---

① 纳塞尔新城的法语名字 Melun－Sénart。

的职权下放，使得地方市镇政府的势力上升，规划设计的职能也从中央转移到地方，造成了城市建成区没有沿着原来的设计方向集中发展，从而出现了一定程度的无序蔓延。

90 年代初伦敦附近的新市镇人口达到了设计容量的 90%。1991 年，32 个英国新市镇拥有 140 万人口。此后，没有关于这 32 个新市镇人口的公开统计数据。一个公开数据表明，在今天，整个英国约有 200 万人生活在这些 1945～1960 年间建立的新市镇中。但这 200 万人，不光包含 32 个中央政府有系统开发的"新市镇"中的人口，也包含部分地方政府和私人开发商合作发展的成规模居住区①的人口。

第四，今天英法新城都面临"城市身份"和"城市的精神中心"的困扰。

历史建筑遗产，是欧洲城市的特色和魅力所在。尽管英国新城建设中考虑并照顾到了城市的品牌和身份，但卫报建筑与设计专业记者葛兰西（Jonathan Glancey）认为，哪怕是最成功的新城，比如说 Stevenage、Crawley 和 Milton Keynes，都缺乏自然形成的城市中心的精神凝聚力和建筑中心（教堂、市政厅、歌剧院等历史建筑）。

法国新城吸引居民的一大短腿之一，也是城市的文化底蕴的缺失。在法国，人们对城市空间的艺术氛围感受尤其敏锐。人口的不均匀构成和地区性的社会行为，使法国的建筑空间，呈现出各地区文化特点明显、拥有丰富的地方多样性的特色，而新城往往缺乏这些文化元素。法国的城市建筑底蕴源于以下四个方面的历史积淀，而所有这些历史积淀都不是可以人工短时期复制的。

第一，法国上千年的天主教传统，遗留下遍布历史城市和乡村的教堂、修道院等。

第二，上千年来法国的权利建筑，如行政办公楼、营地、围墙、城堡、碉堡等公共设施。

第三，诞生于 18 世纪末的法国大革命的法兰西共和国，并没有对传统建

① 比如 Cramlington 和 Northumberland 就是这种地方政府和私人开发商合作发展的成规模居住区。

筑破旧立新，而是通过巧妙的建筑改造艺术，将原有的皇室或天主教建筑，改造成共和国的公共建筑，从而巩固自己作为法国精神文化遗产继承人的地位①。

第四，法国文化始终注重保护、展现历史，从国家行为到个人行为，比如说法国的中产阶级几个世纪来都喜爱定期修整祖上的古屋，并收集老家具、文物等来装饰自己的房屋。

图 4.4　马恩河谷新城俯视图（低人口密度，自然景观与建成区融合）

资料来源：马恩河谷规划机构。

④哥本哈根的“手指型”规划。

丹麦是北欧人口密度最高的国家之一。丹麦政府虽没有像英国与法国一样，大举进行新城的规划与建设，但确实提前规划了其未来新增城市建成区的

① 比如说，巴黎中心的万神殿，相当于北京的八宝山，是埋葬共和国认可的对法国和人类发展做出贡献的伟人和烈士，其实是改造的始建于中世纪的巴黎守护女神的神庙。

空间结构。

哥本哈根人口 170 万，占丹麦总人口的 1/3 左右（丹麦拥有约 500 万人口）。为防止其首都形成“摊大饼”似的边界扩张，1948 年始，丹麦设计了著名的手指城市规划（EGNSPLAN），通过规划、公共交通、沿线新城规划等引导城市形态的发展，保证了城市新建成区围绕公共交通线路，呈葡萄串形的线状分布。

沿着哥本哈根的手指，一个个新的居民定居点逐渐建成，最后一个新城市是 Ørestad。哥本哈根使用土地价值税①，保证了城市土地的充分利用和集约型的城市发展。早期，哥本哈根曾经有意效仿伦敦 Docklands 的新城发展模式，盖商业区，但后来实践证明，这种功能分区并不有益于经济发展。

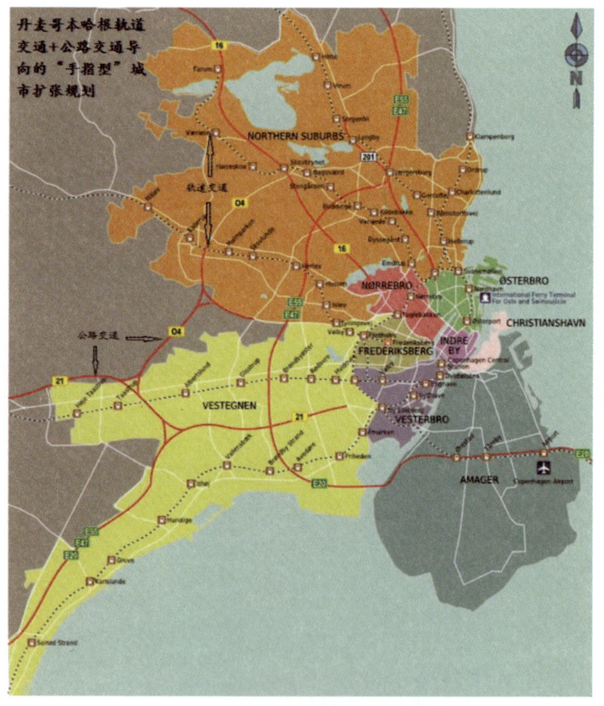

图 4.5 丹麦哥本哈根的手指型规划

资料来源：丹麦规划部门，译者：刘璇。

① 这种税的英文名字是 land value taxation。

2. 第二类型的新城

（1）随着服务业兴起、经济驱动的新城：拉德方思的成功经验

经济驱动型形成的杰出代表是巴黎的拉德方思商务区。今天拉德方思是欧洲最大的商业区，也是整个巴黎的国际企业总部。该商务区兴建于 1960 年代，选址在距巴黎市中心约 10 公里的卢浮宫—凯旋门西北方向延长线上。拉德方思的规划设计有很多可借鉴之处，比如从一开始就考虑了多种交通方式的相容，将整个商业建筑群在一个巨大的高台上（图 4. 6 为这一高台）。

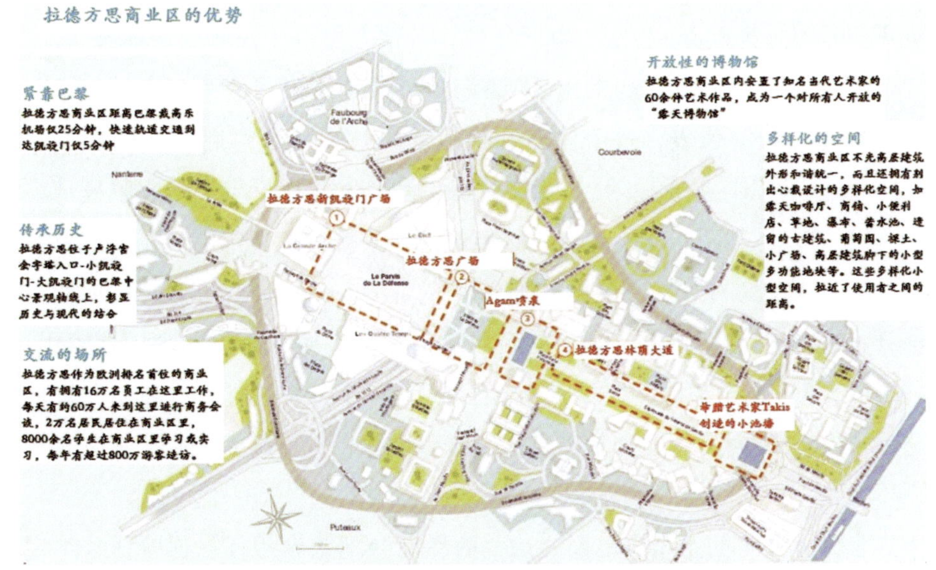

图 4. 6　拉德方思商业区规划图及其主要优势汇总

资料来源：拉德方思商业区治理机构，译者：刘璇。

拉德方思特别注重城市景观的设计，在林立的高楼中，创造出放松、惬意的休闲空间。首先，拉德方思在选址和建筑设计上，完美地考虑了整个城市建筑风格的统一与协调，其标志性建筑——新凯旋门，位于卢浮宫金字塔入口—卢浮宫小凯旋门—香榭丽舍大街大凯旋门的一条线上，给人开阔的视野和美的感受。其次，拉德方思建设伊始，对高层建筑有严格的限高和外形限制，尽管这个限制后来有所放松，但仍然很大程度上保持了高层建筑群的视觉协调性。

最后，拉德方思商业区通过一个高台，连接成了一个外观协调、功能齐全的大型综合体。这个高台表面为步行商业街、水面景观带和绿化带等，而这个高台内部则是错综复杂的多层公共交通网络，包括地铁、快轨、公交车、私家车网络等。

本文作者认为，拉德方思商业区的治理结构，对国内的新城发展也有一定的借鉴意义。而恰恰这一点鲜有人关注。拉德方思商业区建设之初，也是由一家公共规划机构（EPA）来管理该项目的。最近几年，随着拉德方思项目的成熟，拉德方思商业区由以下两家机构联合治理。

一家是“商业区管理公共公司”（DEFACTO，établissement Public de Gestion du Quartier daiffaires）：自2007年后，拉德方思由“商业区管理公共公司”管理。商业区管理公共公司的15人咨询委员会是该公司的董事会，其中包括4名“业主协会”代表，及个体户和街道居民代表等。“商业区管理公共公司”下属以下三个业务部门：公共空间和基础设施业务部，企业服务部，安全保安部门，另外两个支持部门：宣传部门和战略和发展部门。

另外一家是“拉德芳斯业主协会”（association des utilisateur de La Defense）。“业主协会”由在当地拥有企业所属办公大楼的企业的高层代表组成，共有约25人。“业主协会”下属五个任务组，分别负责监测对商业区发展至关重要的五个方面：交通和基础设施、城市设计、可持续的地产、街区宜居水平和社会治安等。

“业主协会”的主席由巴黎-法兰西岛商会副主席担任。这些任务组定期和协会主席、巴黎—法兰西岛商会副主席沟通情况，由后者负责向相关政府部门反映情况、寻求快速的上层解决方案。“业主协会”的主席直接沟通的政府部门包括法国总统府、总理府、各部委、拉德芳斯所在的三个省的省长、与拉德芳斯比邻的五个市的市长、国有铁路和快轨公司等。

自2010年来，拉德芳斯—塞纳轴整理公共公司（EPADESA），负责拉德芳斯以西的片区的整理和重新开发。

这种以商业区使用者为关键决策者，由专门的商业管理公司负责商业区的日常发展，保证了商业区的发展可以及时、有效地回应使用者的需求，从而增强商业区自身的竞争力和价值。

3. 第三种类型的新城

（1）为振兴衰落的城市工业区的城市新区：瑞典和德国经验

进入 1980 年后，随着全球化的深入和欧盟统一市场的建立，欧洲一些重要的地区节点城市发展面临的外部环境发生了巨大的变化，原有城市支柱产业（港口服务、造船业等）因外部环境的巨变而衰落。

部分新城市的决策者将此看作“破旧立新”的重要机会，他们通过对地区发展的战略规划，积极出击，通过引导建立了新型多元化合作伙伴“生态系统”（往往包括市政服、企业、大学、创业基地等），获得发展城市新区项目所需的资金和能力。在原有的市中心附近衰落的工业地块上，这个市政府领导的“生态系统”全面行动，迅速建立了产业链完整的新经济示范区，由此完成了城市经济的转型升级。瑞典城市马尔默正是这样一个成功的例子，而乘奥运之风的东伦敦和正在建设中的汉堡港口新城，也属于这种“破旧立新”的新城发展例子。

①马尔默依靠大学和大桥的转型。

图 4.7　瑞典马尔默的发展与依托新交通基础设施形成的跨国大都市区（公路交通）

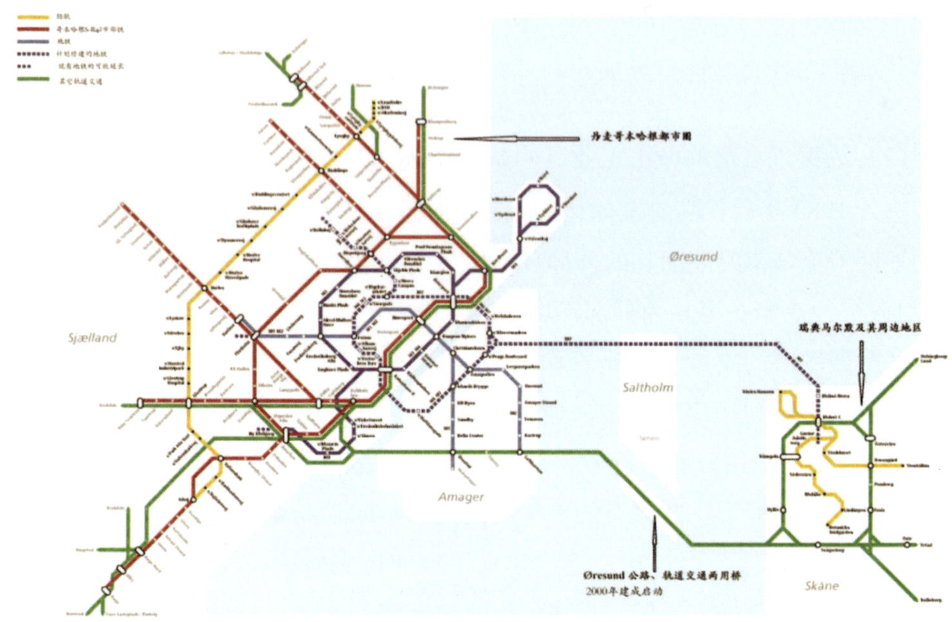

图 4.8　瑞典马尔默的发展与新世纪欧洲依托新交通基础设施形成的新跨国大都市区的形成（轨道交通）

马尔默是瑞典第三大城市，市区中心有大约 28 万人口，但其所在的马尔默—哥本哈根大都市区有超过 370 万人口。自 1970 年代末，马尔默的传统行业——造船业进入严重危机，导致失业率剧增。1990 年代，由于来自那斯拉夫和索马里的大量难民被安置在马尔默，该地区的治安情况恶化。自 1990 年代末，马尔默开始努力改善自身的状况：马尔默将自身重新定位为可持续发展和知识型经济的模型，而且正在寻求成为社会和自然和谐发展的模型。在马尔默转型的过程中，有两个转折点。

第一个转折点是 1998 年马尔默大学[①]的成立。今天，这所大学拥有约 1600 名雇员、24000 名学生，其中超过 1/3 为外国留学生。马尔默大学的课程和科研设计主题鲜明，其主要的研究方向为移民问题、可持续发展问题、城市

① Malmö University.

发展问题、新媒体和新科技。马尔默大学国际交往活跃、已经跟 240 余个科研、教学机构达成了伙伴协议。马尔默大学注重产学结合，通过实习、实验室—产业界合作等，形成了一张智力网。马尔默大学为马尔默提供从传统行业到知识性经济所需的智力资源。

第二个转折点是2000 年 Øresund 桥的建成。2000 年前后，丹麦加入欧盟5 年后，修建了连接丹麦和瑞典的长约 11 英里的 Øresund 桥，将两岸的城市带形成了一个约有 360 万人口的城市（图 4.7、图 4.8）。如今，哥本哈根和马尔默之间的火车不到半小时，桥上也有机动车道。通过该桥，每天有约 2.5 万瑞典人来哥本哈根工作，很多哥本哈根人也移居生活成本更低、税率也更低的马尔默。这一关键基础设施的建成，改变了马尔默所在的城市网络和经济圈。

②借奥运东风的东伦敦发展。

从筹备 2012 年伦敦申奥之初，伦敦政府就考虑将奥运会作为振兴、重建衰落的东伦敦的重要契机①，并为此做了相应的机构设置安排。2010 年，伦敦邀请有世界经济合作组织（OECD）的专家顾问团，提供咨询。OECD 专家认为，东伦敦借助奥运的振兴战略创意很好，上层机构设置很健全、充分考虑到了可能的各个层面，但也有需要加强的地方，主要包括：

首先，其执行过程受到“本地治理”的影响，在东伦敦包括的各个地方行政区中，有太多的机构从事性质类似的工作，而且缺乏彼此之间的配合和规模效应。

其次，在东伦敦与大伦敦的关系上，没有明确的定位，因此没能充分考虑环境因素，把新区发展与大伦敦的发展战略结合。

最后，东伦敦的“后奥运”发展不清晰，对“奥运”可以带来的直接积极影响过于乐观。地方对“后奥运”时期发展需要持续投入做的准备不足，过分乐观的估计奥运会的积极影响可以自然持续到 2030 年。

③多功能混合的汉堡港口新城。

今日欧洲最大的城市中心新区建设项目是德国汉堡的港口城项目②。汉堡

---

① 这些欲借奥运东风，振兴地方经济的一系列措施，统称为 Legacy of the 2012 Summer Olympics。

② 此处指 Hafencity。

是德国最大的城市，也是一座古老的航运中心。港口城原是已衰落的港口地带，现在正在由私营公司运作，将其建成文化产业和高端住宅一体的城市新区。汉堡港口城的设计理念特别注重街区的多功能混合，包含歌剧院、商铺和住宅等。其设计理念同时强调，考虑建筑设计的社会和文化功能，以及使用者与建筑空间的互动。

图 4.9 汉堡港口城

图片来源：项目网站。

三、总结

西欧新城的发展经验表明，快速城市化时期，为缓解大城市人口聚集压力，为“分流”而建设的第一类新城（如英国的32座新市镇，法国巴黎周边的5座新城等），需要把握好规模和选址。如果规模太小、离既有城市中心太远，很难做到实现经济的自给自足[①]。相比英国新市镇，法国的新城选址更靠近城市中心、规模更大，而且从一开始就注重了产城结合，马恩河谷的成功证明了这种新城的活力。但在借鉴这一规划经验的时候，国内新城决策者需要注意的是，英法两国发展的均为低密度、低层住宅的新城[②]，可能不符合国内新城的发展情况。

除了新城选址和规划之外，新城的项目的治理结构也很重要。法国和英国都不约而同地“发明”了专事新城建设的项目运营公司（英国是“新市镇发展公司”，法国采用的是公共规划机构）。在新城建设过程中，项目运营公司跟地方政府紧密合作。前者负责新城项目的基础设施和产业经济发展，而后者负责新城项目相关的社会政策，如鼓励人口迁入、提供社会服务机构。新城建设基本完成后，项目运营公司退出，将新城项目交还于所在地地方政府。

第二类新城是在原有城市中心另外新建的服务业集中发展区。我们对拉德方思的分析，诠释了两个要素对这种新城项目的重要性：首先，这种新城项目承载的功能不仅多，而且密集。因此既要有高超的规划设计，可以综合组织各种功能空间；又要有高超的城市景观设计，创造惬意的休闲气息。其次，这类新城的治理结构，可采用业主＋新城发展公司的混合治理结构，使新城发展与其产业发展息息相关。

21 世纪以来，随着欧洲一体化进程和经济全球化，城市面临着淘汰落后产业，原有城市空间“破旧立新”，第三类欧洲新城新区随之诞生。马尔默、东伦敦和汉堡港口的经验表明，要首先找准城市发展的定位，用前瞻性的分析方法，分析在变幻的形势下，自身的核心竞争力和必须利用的机遇。这种机遇，可以是一个战略基础设施的修建，可以是一次国际盛事等等。发现机遇后，还需要有合适的机构设置，或者合作伙伴关系。这样，城市领导者才能抓住并放大机遇、从而帮助城市完成“破旧立新”。

纵观三类新城，其共同的经验教训是：在发展新城新区项目时，必须考虑社会学因素。在新城项目之前，城市是在漫长的历史演进中，自然形成的，由

---

① 英国《经济学人报》2013 年 8 月份关于英国新城回顾中的观点。

② 比如巴黎东部的马恩河谷新城，总人口约 30 万人，人口密度每平方公里 1723 人。

人口聚居驱动形成对建筑空间的需求，因此城市规划设计只是建筑师和城市规划师的天下。新城项目将这个过程倒过来，在政府的引导下，在选定的地址发展城市空间，试图导向城市化过程中的人口集中。西欧半个多世纪的新城新区发展经验表明，新城项目仅有建筑师和城市规划师远远不够的，必须还有社会学家。比如说，法国新城发展最大的教训之一就是社会政策，部分 1960 ~ 1970 年代建设的新城中，社会住宅过度集中，造成了低收入的移民群体的过度集中，从而引发了新城经济发展的困难和社会问题。再比如说，目前管理德国汉堡港口城项目的私营公司，将了解社会需求作为指导自身工作的原则，并雇用了社会学家，用科学方法了解居民的需求。

经过半个世纪的发展，欧洲的新城新区项目呈现出多样化的特点，但其共同点是所有新城/新区项目都注重公共交通先导、市政服务支撑。优良的基础设施，特别是公共交通，是欧洲大中小城市活力的秘诀。德国和北欧城市的公共交通设计合理、维护到位、特别考虑了多种交通方式的切换，是欧洲城市中最突出的。欧洲城市中基础设施最好的是我们前文讨论过的哥本哈根。

1990 年代以来，世界上其他地区都市化或城市化速度加快。在这个背景下，欧洲的城市发展速度相对比较缓慢①。欧洲城市感到新兴国家城市发展对自身带来的压力，有一些欧洲城市也开始积极行动，与新兴国家城市合作。如布里斯托—中国论坛，德国汉堡商会牵头的中国经济技术合作论坛。这些合作推动了新兴国家新城新区发展，同时也有助于本国新城新区的发展。同时，随着欧洲发展中国家，如俄国和土耳其经济的发展，欧洲新城新区建设由西欧向其他欧洲地区转移。比如，俄土两国都在首都附近正在开展新城建设项目。但这些项目处于起步初期，还不能对其经验教训进行有效分析。

---

① 2007 年以来发展最快的欧洲城市是莫斯科和伊斯坦布尔。

第五章
美国新城新区：历程、经验与启示

一、早期新城建设

1. 工业革命时期新城建设面临的挑战

19世纪后半叶，美国内战结束，工业革命起步。这一时期的美国经济迅速发展，成为世界上最富有的工业国家。工业化也带来了城市化，大量人口和劳动力从农村转向城市，从耕地转向工厂和服务业。一方面受交通工具的限制城市人口越来越集中，另一方面当时的城市普遍缺乏规划，自然资源无法承载城市发展，引发了环境污染、工人住房紧缺、生存条件恶劣和犯罪率高等诸多城市问题。为了缓解日益激化的社会矛盾，少数企业家尝试通过建设新城镇的方式在扩展生产规模的基础上，也借此机会改善工人生活条件以提高生产力。

企业家办社会的早期尝试为20世纪20年代美国第一次新城运动奠定了基础。城镇运动的指导思想主要受英国的田园城市理论影响。田园城市的最终发展目标是社会城市，这与当时美国新城建设为解决社会问题的根本目标一致。以田园城市为蓝本，美国规划前驱建立美国区域规划协会（Regional Planning Association of America），并结合当地实际，在街区尺度、道路设计、绿地布置和城市管理等方面有新的发展。

作者：方元、王若牛，美国城市规划学会注册规划师。

工业革命也带来了经济的周期性发展。1929 年开始的大萧条严重打击了美国的经济，震撼了美国资本主义制度的根基，深刻地影响了美国人民生活和意识形态。由罗斯福总统实施的新政为美国城镇建设带来了新的契机，城市建设在联邦政府的主导和干预之下，继承并发展了美国早期新城运动的规划思想。

2. “企业办社会”的工业新城

美国工业革命时期严酷的生活及工作环境加剧了劳资双方阶级对立，很大程度上影响了资产阶级的利益。面对日益恶化的阶级矛盾，少数企业家希望通过改善工人生活状况实现劳资双赢。其中，客运火车车厢制造厂厂长乔治・普曼（George Pullman）在芝加哥以南 12 英里投资建立的工业新城普曼（Pullman）最具代表意义。1880 年始建的普曼是美国工业革命以来第一座具有一定规模和相对完整社会功能的工业新城。

依照传统的建城模式，普曼新城的设计由投资人牵头，并雇佣一名建筑师和一名景观设计师具体开展设计。该城临湖而建，依托便捷的铁路及水路交通，规划面积 300 英亩，修建 10 年后可容纳约 1800 住户。用地方面，其工业厂房作为功能主体位于城镇中心，南北分置住宅区。靠铁路的城南另建有社区服务建筑群，包括酒店、商业、教堂、学校等。街区道路在沿袭美国城镇传统网格模式的基础上，通过对住宅建筑单体多样化设计来打破单调感，同时满足各个收入人群和不同家庭结构的需求。位于工厂和火车站之间的大片公园和公共广场突破了当时开敞空间主流设计。而位于四条主街交汇点的交易市场更成为后期美国城市广场设计的典范。

城市的产生和发展离不开经济支撑，普曼新城的经济支柱是火车制造业。在建城初期，与城市建设相关的产业也应运而生。这包括砖厂、木材加工厂、污水厂等。最终，污水厂和邻近的奶制品厂等工业随着城市发展保留下来。它们与城市的第三产业一起成为该新城经济生活的重要组成部分。

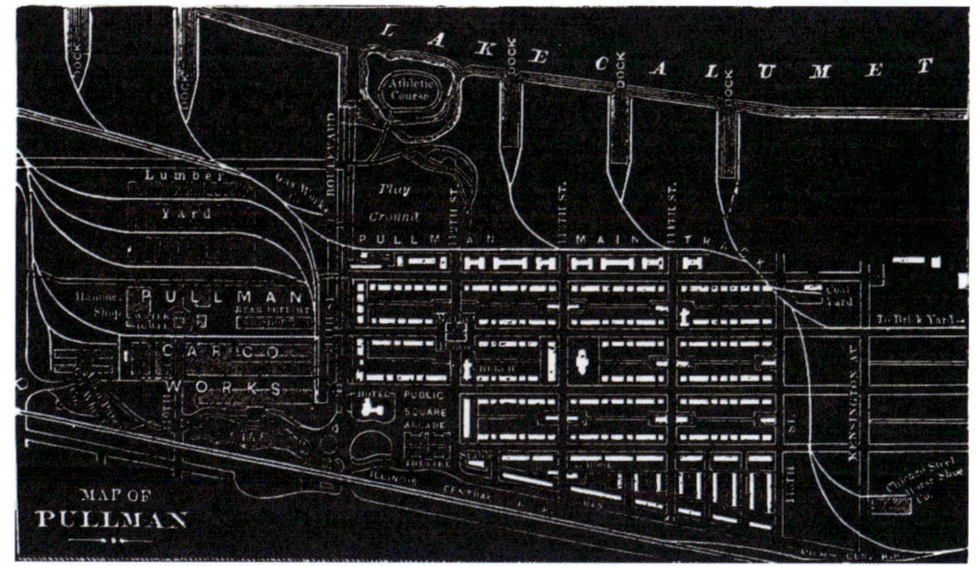

图 5.1　普曼新城平面图

普曼新城工人的居住水平有了很大改善。每户住宅配有厕所和自来水，生活垃圾每日由投资企业统一清理。这样的生活标准对于当时绝大多数美国工人来说望尘莫及，体现了当时社会的进步。然而，普曼建城模式未能从根本上解决劳资双方的矛盾。其以工业生产为主、居民生活为辅的本质没有改变。同时，企业对城市的管制大大约束了工人阶级对社会生活的诉求。这些弊病导致在短短 27 年后，普曼企业破产并被迫转让城市所有权。尽管从投资角度来看普曼模式是失败的，但是其通过合理规划整合城市各个要素的实践无疑对当时社会经济产生了积极的影响。

3. “花园城市”在美国的实践

美国现代城市规划实践已有 200 多年的历史，而第一次大规模的新城规划运动却始于 20 世纪初期。随着汽车时代的到来，规划师着手对城市规划这一新专业进行定位。在 1927 年美国城市规划年会上，专家学者们基本确定了本专业的发展目标：解决交通拥堵、维护街道安全、改善居住工作环境、控制城市规模、追求城市美观和提高城市效率。位于新泽西州的雷德朋（Radburn）

新城即在此背景下规划建设。该新城由一家有限公司投资建设，在规划师克莱伦斯·斯坦（Clarence Stein）和亨利·怀特（Henry Wright）以及景观建筑师马乔·考特利（Marjorie Cautley）合作下完成。雷德朋新城规划运用当时英美流行的规划理念，包括由埃比尼泽·霍华德（Ebenezer Howard）提出的田园城市，帕特里克·盖迪斯爵士（Sir Patrick Geddes）提出的城市群和克莱伦斯·佩里（Clarence Perry）提出的邻里单元规则，并充分考虑美国特有的法律框架和社会习俗。

雷德朋新城规划的一大进步是其严格遵循一套科学的规划程序。首先，社会学家在新城规划初期发挥了重要的作用。他们着重关注创造高品质城市环境与缓解社会矛盾的关系。在规划研讨会上社会学家积极参与，对社区教育、健康、管治和种族等各方面问题提出意见。这种跨学科信息交叉和专家复议相结合的统筹规划方法突破了以建筑设计为纲的传统思路。得益于科学严谨的规划方法，雷德朋新城规划初期提出的规划原则成为美国首次城市规划运动中规划理论的重要组成部分。这些原则包括建设分散、自主的城镇，合理组织和保护公共空间、协调控制汽车交通与提升社区生活水平等，以实现改善城市综合环境的最终目的。

图 5.2　雷德朋新城某路口交通及景观设计

图 5.3 雷德朋新城邻里设计

在突破以设计为纲的范畴后，一套完整的规划程序得以体现：首先由规划师建立规划目标，再收集数据分析城市现状问题，提出并选择规划方案，方案实施，最后是规划成果评估。这套程序也逐渐演化成当今美国城市规划行业的一套标准体系。

雷德朋新城从 1928 年始建到完成，其建设面积仅为 149 英亩，其中包括 430 套独立住宅、90 套联排住宅、54 套半独立式住宅和 92 套公寓。受随之而来的美国经济大萧条的影响，投资公司倒闭导致实际建设规模远小于规划面积。然而，作为美国第一次新城运动的产物，其对社区生活的关注、对先进规划理念的实践和对规划程序的尊重，使得雷德朋新城对后期美国乃至世界很多新城建设都有着深远的影响。

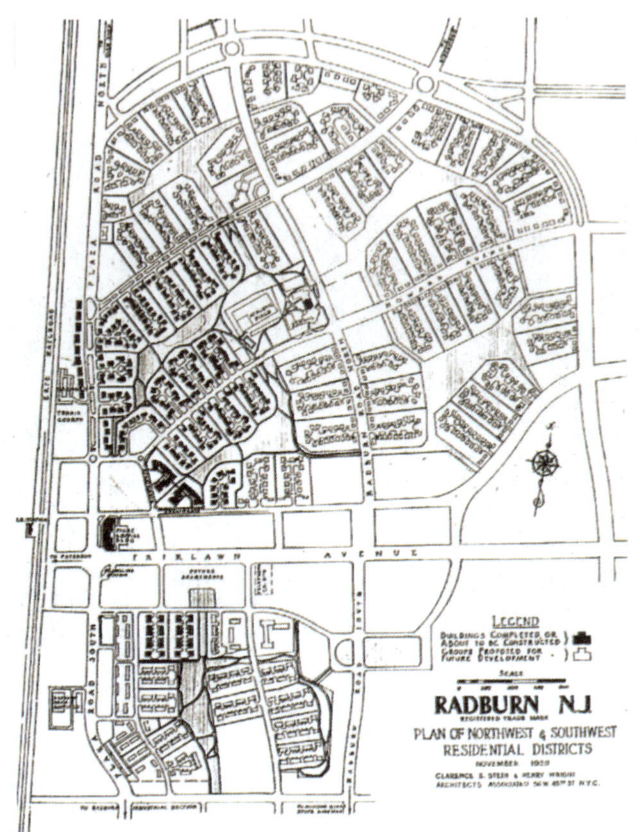

图 5.4　雷德朋新城平面图

4. “新政时期”的联邦政府干预

与美国经济大萧条密切相关的另一座新城是格林贝特（Greenbelt）。该城市位于距雷德朋新城仅 350 公里之遥的马里兰州，占地 15.6 平方公里，从 1935 年起短短 3 年时间内兴建了 885 套住宅单元，其中包括 574 座联排住宅、306 座四层公寓和 5 座预制独立住宅。同雷德朋新城规划理念类似，格林贝特的规划、景观和建筑师们秉承了田园城市的城市形态要素，包括中心绿地、人车分流、地下人行道和住宅建筑朝向公共绿地等，并且结合社会学家克莱伦斯·佩里（Clarence Perry）邻里单元的理念，在新城中心建立小学和社区中心，辅以教堂、小型商业和图书馆等公共建筑，营造社区认同感。

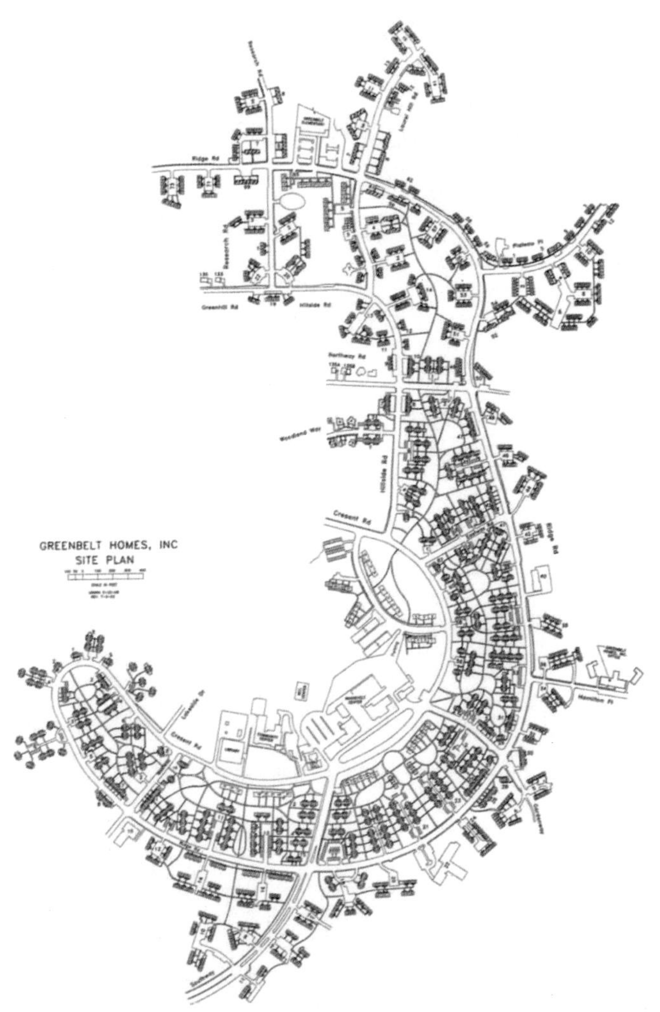

图 5.5　格林贝特新城平面图

在“雷德朋构想”基础上，格林贝特的整体规划在整合社会经济方面又有了新的发展。通过对城市形态的控制实现了社会单元的分级。首先是由住宅建筑围合而成的庭院成为规模最小的社会单元，而构成城市的 5 个大街区成为了中级的社会单元。最高一级社会单元为整座新城，它由位于新城中心的小学得以实现。社会单元的建立推动了居民协会和合作社的形成，增加了居民的社区认同感，有利于城市健康发展。

图 5.6　格林贝特新城鸟瞰图

格林贝特新城一大特点是其由联邦政府全程投资、规划、建设和管理，这与当时历史背景是分不开的。1932 年罗斯福总统上台，实施新政，着手解决因经济大萧条产生的各项紧迫的民生问题。三年后，罗斯福总统设立再安置管理局（Resettlement Administration），任命哥伦比亚大学经济学教授、总统智囊顾问之一洛克斯福德·泰格威尔（Rexford Tugwell）为局长，其中一个重要项目就是三座城镇的建设。格林贝特新城是联邦政府新建的三座城镇中最早、也是最著名的一座。

作为政府兴建实验项目，格林贝特在新城修建过程中挺过包括邻近城镇居民反对和主管部门调换等层层阻力，并顺利实现预期规划。格林贝特住宅均归属国家所有。面对 7∶1 的申请入住比例，为解决低收入工人阶层住房困难，项目主管部门农业安全管理局（Farm Security Administration）制定了一套严格的居民筛选细则，包括确定收入上限、家庭人口数、年龄结构，审核信用记录和收入稳定程度等。在行政管理方面，格林贝尔建立议员管理员并存的制度，一方面主管部门直接任命城市行政官员，由其牵头创建新城规章制度和治安、消防局；另一方面由新城居民选举产生五位议员组成议会，并由议员选举市长，负责城市各项事务。然而，由于项目成本和维护经费过高，再加上美国国内 50 年代反共产主义浪潮涌起，联邦政府痛下决心在格林尔特建成仅 10 年后逐步将其地产出售给私人地产公司。

5. 经验教训和长期价值

解决因工业化而产生的社会和经济矛盾是美国早期新城建设的核心目标。无论是因企业扩迁而建的郊区工业镇普曼还是依据田园城市理论建设的雷德朋和格林贝特，其遵循的基本原则均是城市自治。因此，这些新城都具备整体规划、功能完备和设施齐全的特征，并成为了美国新城建设的一大特点。在规划上，以雷德朋新城为范例，强调规划程序和相关利益群体的参与，使得引进的田园城市理论能够融入美国社会。在城市功能上，突破了简单的就业和居住，注重休闲和服务的功能。在公共设施方面，强调公共设施与公共空间的关系，并试图凝聚社区氛围。

另外，从美国早期新城案例中不难看出市场时机是影响新城建设和发展的一大决定因素。普曼在建城初期的成功正是迎合了工人阶级对生活及工作环境的需求。尽管雷德朋有科学合理的城市规划，开工仅一年后的美国经济大萧条阻止了城市的进一步发展。格林贝特在经济危机中低收入人群的巨大需求下也发展迅速，然而后期社会对政府资助建城的反感代表了市场需求的变化，导致该模式的失败。

影响新城建设和发展的第二大决定因素是政府。政府的干预程度贯穿新城选址、方案确定、规划审批以及新城建成后的管治。管理结构设置不合理是普曼企业办城模式失败的根本原因。如果政府能够在雷德朋建设阶段，特别是遭遇经济危机时提供适宜的政策和经济援助，则雷德朋的规模和发展情况会有不同的结局。格林贝特的经验体现了政府过度干预新城建设造成的结果，即成本过高、市民和政府的对立。这些失败的经验为后期美国新城建设奠定了基础。

二、战后新城建设高潮

1. 战后城市化面临的挑战

第二次世界大战以后，美国郊区化发展飞速，与战后美国国情有很大关系。首先，士兵返乡、“婴儿潮”的兴起，以及美国政府对借贷政策的开放，直接导致了房屋供不应求的局面。其次，战后美国政府大力推行基础设施郊区化，特别是城际高速公路的建设为城郊通行提供便利，再加上政府放宽郊区土地开发政策，为郊区大规模居住区建设提供了条件。再者，愈演愈烈的美苏冷战一方面由于制度竞赛的原因加大了国家对住房质量的重视，另一方面也出于国家安全考虑战略性的将居住区建设向郊区转移，加之广大美国人心目中对宽敞、独立、舒适的西部牧场主式住宅的向往，为郊区化建城模式提供了温床。

然而，郊区化造就一种破坏性的发展态势，使得种族隔离加剧、收入阶层分布不均衡、城市无序蔓延。这一时期的新城建设着力解决郊区化带来的问题，在城市规划方法、新城特征、政府在新城建设中的作用等方面都有了新的发展。

2. “美国梦”的实现——战后郊区建城解决房荒问题

美国的莱维顿（Levittown）是指由房地产开发商莱维特（Levitt）父子投资建造的郊区城镇。第一座莱维顿居住区建于纽约郊区长岛。1947 年，莱维特公司在此处购买了 4000 英亩土地，并宣布建立 2000 套廉价出租住房。这些住宅体量小、造价低、结构简单，配备有家具和厨卫设施。为了加快建设进度、降低建设成本，莱维特父子将住宅建造流程化，推动了房屋建造业工业化的进程。运用预先制造的房屋半成品，工人最快能在 16 分钟内将半成品组装成房屋。建造速度的大大提高和市场的强大需求让莱维特父子尝到了甜头，很快他们宣布增建 4000 套住房廉价出售。这样的独立住宅售价仅为 7990 美元，对当时美国家庭平均年收入 5000 美金来说具有很大的诱惑力。到 1951 年，位于长岛的莱维顿规模已达到超过 17000 套住宅，容纳接近 10 万人居住。居住配套设施如购物中心、娱乐场地和社区中心也相继建成。

“莱维顿”模式的成功源于充分迎合战后的美国国情。作为美国第一个较大规模的大众化郊区型居住社区，“莱维顿”模式很快成为战后郊区新城建设的标杆，也改变了美国城市化的格局。尽管很多居民热衷于这种由廉价住宅组成的社区生活，该社区模式在后期美国城市规划发展中广遭诟病。其建筑单调乏味、规划粗放，尽端式道路（指道路的一端尽头不与其他道路相连或相交，或称“死胡同”）降低交通可达性并增加了人们对汽车的依赖，同时城市功能配备不完善增加人们城际间的交通通勤。由于莱维顿社区限制黑人居住，其快速发展的同时却加剧美国种族隔离问题，激化了社会矛盾。郊区化大规模发展还导致城市无序蔓延、中心城市衰败、环境恶化、滥用资源等问题，因此“莱维顿”模式在短期风光后受到美国学术界主流的批判和摒弃。

图 5.7 莱维顿新城航拍图

3. 由卧城向综合功能新区的转变

到了 20 世纪 60 年代，美国郊区的兴盛引发严重的社会问题，却为美国第二次大规模新城运动提供了难得的机遇。来自纽约的开发商罗伯特·西蒙（Robert Simon）嗅到商机，决定在弗吉尼亚州菲尔凡克斯（Fairfax）郡的莱斯顿（Reston）投资建城。他明智地将解决郊区社会问题作为新城建设的目标，并以之作为盈利的手段。在他看来，新城建设是一个完整的项目，而非一个简单的规划方案。因此，新城规划的核心应是规划程序和群众参与，而非局限于对城市的消费。在规划初期，西蒙邀请了包括规划师、建筑师、经济学家、社会学家、心理学家和娱乐、宗教界人士共同出谋划策，并充分结合当时社会情况，提出了在郊区重塑大城市生活的规划理想。

来自社会各界不同声音的融合让这座崭新的城市成为社会、民生和文化的熔炉。在这里，开发商、规划师和居民积极参与，这一过程贯穿新城规划、修建和建成后的各个阶段。开发商负责搭建跨学科信息交流的平台，邀请社会各阶层、种族的人群前来居住，设立管治机构，并出资修建文化公共设施。规划和建筑师们通过对形态的把握来划分社会单元，建立社区中心，并保护自然资源和公共空间。居民成立市民组织，维护和完善娱乐和社区公共设施，改善跨种族的关系，保护当地历史文化，开展各种社区活动等。

图 5.8　莱斯顿新城中心街景

正是在这样一种全新的思维模式下，莱斯顿从规划初期就奠定了其在美国新城规划历史中的重要地位。西蒙于 1961 年在弗吉尼亚州郊区购得 6800 英亩土地建立该城。根据规划共设立 7 座组团，每座组团拟容纳 10000 ~ 12000 人。新城中 42% 的土地作为社区公共用地，包括公共空间、道路、公园、高尔夫球场、漫道、学校和教堂。新城中心 1000 英亩作为工业中心，为当地居民提供必要的就业岗位。为了满足不同年龄结构和阶层人群的需求，并保障他们在新城中长期居住下去，新城一方面提供各种样式和规模的房屋，另一方面通过精心设计公共空间为市民营造良好的休憩场所。对市民休闲娱乐的重视成为莱斯顿新城的一大特点。作为开发商和投资人，西蒙在整个新城规划建设过程中担任了重要的角色。他对建筑设计严格把关，甚至到了苛刻的地步，以致在新城投入市场初期较高的建设成本使得房价过高，房屋销售缓慢，并最终导致投资失败。

图 5.9 莱斯顿新城航拍图

4. 政府立法援助鼓励开发商建城

位于美国南部德克萨斯州休士顿市北郊 30 英里的伍德兰兹（Woodlands）在第二次新城运动中扮演了重要角色。作为全美唯一一座没有区划法规的城市，休斯敦为大规模综合社区的建立提供了条件。伍德兰兹占地近 17000 英亩，其中绿地面积 3900 英亩、居住用地 6300 英亩、工业用地 2000 英亩。规划建设 47000 余户住宅，可容纳 15 万居民。其中独立住宅 12500 户、联排住宅 14800 户、公寓户型 20000 户。13000 户住宅为中低收入人群修建。伍德兰兹于 1969 年完成规划，1974 年起投入使用。

图 5.10 伍德兰兹新城航拍图

该城的开发商是美国石油和天然气大亨乔治·米切尔（George Mitchell）。即便实力雄厚，面对如此大规模的新城建设资金上也非一人能够承担。一方面是新城建设者融资建城的需求，另一方面美国政坛越发关注郊区化引发的经济、社会问题，并决心提供经济援助。在过去联邦政府全权投资建城却招致失败的经验教训影响下，产生了私人与联邦合作建城新模式。1970 年，联邦政府颁布城市增长和新社区发展法（The Urban Growth and New Community Development Act）。该法案为私人的新城计划的债券进行长期低息担保，并免费向开发项目派出顾问，提供规划设计和管理意见。伍德兰兹作为该法案资助的 16 个建设项目之一，获得最高 5000 万美金的债券担保。

伍德兰兹的规划充分体现了这一时期新城运动的特点。在社会层面，划分更加明确、分级的社会单元：由建筑围合道路形成组团，由 2 ~8 座组团形成区片，由 2 ~20 个区片形成邻里，由 2 ~6 个邻里形成居住村。同时公共设施配备更加完备，包括商业、文化、休闲、教育等设施。在经济层面，2000 英亩工业用地提供多样化的就业机会，并建立完善的基础设施联系生活区和工作区。城市管治方面也更加完善，包括区域、郡级、市级、区级等各级政府，社区成立的服务公司，以及由业主、居民成立的各种委员会。

图 5.11　伍德兰兹新城滨水空间

图 5.12　伍德兰兹新城社区活动

伍德兰兹对生态环境的重视与保护得益于科学、前沿的景观规划。作为生态主义园林规划先驱伊安·麦克哈格（Ian McHarg）里程碑式的作品，伍德兰兹的景观成就不仅在于通过包括土壤、坡度、水文、动植物资源等数据叠加分析合理确定休闲娱乐和绿地空间，更在于其倡导的一套科学的规划方法，即通过数据整合、解析和评估实现综合设计、规划导则和方案的完成。

5. 经验教训和长期价值

这一时期新城的一大进步是城市异质性逐渐提升。异质性主要反映在经济收入异质性和种族异质性两方面。从战后莱维顿专门针对白人中低收入阶级和老兵的郊区建城模式到莱斯顿和伍德兰兹强调各经济收入阶层相互交流、和谐共处，不失为进步之举。与郊区相比，美国新城的种族异质性也很强。莱斯顿的案例证明在各个群体意见统一的前提下，种族融合城市郊区新城发展中是可以实现的。

无论采取“公”或“私”的投资模式，新城建设的根本实质是一种投资行为。从这一点出发，衡量新城建设的一条重要标准就是收益率。既然是投资，也必然有相应的风险。从二战后的新城镇建设案例中不难看出，收益率和风险的高低很大程度上取决于新城功能的完整程度。新城功能越完备、设施越齐全，就意味着更多公共设施的造价和维护费用必须均摊到住宅成本上，而新城还要为中低收入阶层建筑住宅，因此投资成本越高，风险也越大。因此，功能相对单一的郊区卧城莱维顿尽管备受诟病，却成为成功投资的经典案例，而带有综合功能的莱斯顿和伍德兰兹不同程度地受到财政捉襟见肘的影响。

面对这一矛盾，美国新城开发者为尽量减少支出，降低投资成本，采用了各种办法。一方面他们使用了一套成功高效的经济核算系统，另一方面采用阶段建设法，先建主干住宅及商业办公项目，吸引住户和就业，再建辅助建筑和设施。同时，政府也适当介入提供财力支援。这种支援表现在两方面，一是对个人，二是针对新城开发项目。由此可见，解决新城建设资金问题的入手点是协调政府、开发商和居住者三边关系。

不仅对项目投资的精打细算，投资商在整个建城过程中有着举足轻重的作用。作为新城开发的发起人和实施者，投资商的建城理念和经验在很大程度上左右新城成败。莱维顿的成功源自莱维特父子对市场需求的正确认识。莱斯顿的破产源自开发商西蒙没有谨慎开展投资回报分析，并且对于建筑样式过分苛求导致建造成本过高。而伍德兰兹在规划和景观方面的前沿性归结于开发商对城市生活品质的重视。

三、世纪之交的美国新城

1. 修复美国的城市病

受全球经济一体化的影响，美国经济结构在战后到20世纪80年代之间有明显的转变。制造业就业人数从32%下降到24%，而服务业就业人数从49%飙升到66%。加之20世纪70年代开始的信息化革命给美国新城建设带来了新的发展，以办公为主要功能的郊区城市在全美特别是南部和西海岸沿线如雨后春笋般涌现。这些新城镇集中大量以服务业和信息产业为基础的公司和高科技产业。如何在美国郊区化、城市蔓延进一步加剧的大背景下协调新城发展带来的新变化成为这一时期的主要挑战。美国规划师们在区域发展、规划引导、城市综合配备等方面开展了新的尝试。

几乎在同一时期，一次新的城镇运动正蓄势待发。针对城市郊区无序蔓延的问题，并总结过去城市建设中的实践和理论，一种新的城市规划指导思想提倡创造和重建丰富多样的、适于步行的、紧凑的、混合使用的社区，对建筑环境进行重新整合，形成完善的社会单元。

2. 办公郊区化——高科技产业园区的兴起

比夏产业园（Bishop Ranch）是美国加利福尼亚州北部规模最大的多元化、复合型产业园区。它地处旧金山湾区东部的康特拉科斯塔郡的圣拉蒙市（San Ramon，Contra Costa County，California）。该工业园占地585英亩，建于

1980 年，由一家名叫夕阳发展（Sunset Development）的房地产开发公司投资开发、建设和管理。如今有超过 550 家公司在此落户，其中不仅有众多全球 500 强企业，还是世界能源巨头雪佛龙公司和美国三大电信公司之一 AT&T 的总部所在地。

图 5.13　比夏产业园雪佛龙公司总部

图 5.14　比夏产业园 AT&T 公司总部鸟瞰

作为美国产业园区的标杆，比夏产业园对企业的吸引力首先得益于其领先的综合交通服务项目。为了减轻对私有汽车的过度依赖，降低对环境和交通的压力，同时让出行更加便利、经济和高效，该产业园不仅提供一套完善的公交服务设施，满足各级行政管辖区的不同交通需求，还配以各种鼓励性措施，倡导多样化通勤方式。产业园服务配套设施完善，包括商业、餐馆、酒店、市场和高校等。园区内高质量的网络服务保证企业运作和沟通。园区定期举办各种社区休闲、娱乐和体育活动，增加企业间的联系为拓展商机创造条件。开发商致力于高质量工作环境空间的营造，通过引入绿色生态理念和可持续发展理念，确保园区内每一栋建筑都达到美国绿色建筑理事会的绿色评估标准。

图 5.15　比夏产业园区节日活动

毫无疑问，比夏产业园从商业投资的角度来说是成功的。它的成功与当地政府规划部门在城市建设中对规划愿景的坚持与对地产市场的积极引导密不可分。圣拉蒙市城市规划始于20世纪50年代，因此比夏工业园的建设是在近30年规划演化基础上，包含了对区域经济结构变化的深刻阅读和对城市发展的精确定位。在夕阳发展公司开发初期，康特拉科斯塔郡规划局打破传统的被动角色，积极参与规划进程，并通过一种全新的方式与开发商密切合作，以非正式会议的形式，将城市发展方向、土地使用和建筑形态等方面用提建议的方式向开发商灌输。这种新的方式有别于传统的政府在规划初期的“过度控制”或“无为而治”，一方面确保城市发展与规划目标一致，另一方面又避免过度的政治干预可能引发的矛盾。然而，有学者担心规划师突破单纯管理者的角色而与开发商建立这种非正式合作的关系会造成规划程序的懈怠。

类似于比夏产业园这种在大都市边缘地区形成的新的且相对独立的人口经济集聚区代表了美国二战后郊区化后期的成熟形态，被学术界称为边缘城市。可见，除了传统意义上的由市场自发形成，边缘城市可以是在一个成熟的规划框架下，有组织、有系统的建城模式。从当地政府的角度和城市建设与规划关系上来看，比夏产业园无疑是边缘城市中一个非常成功的案例。然而，从区域长远发展的角度来看，这样的案例也存在一些问题。一系列边缘城市的产生大大增加了城际间的交通出行次数，加剧了交通拥堵和空气污染。随着人口向大城市边缘迁移，城市蔓延的现象也更加严重。另外，边缘城市多在当地规划层面建设开发，缺乏区域间的统筹规划。地区间的竞争关系和对区域经济可持续发展的忽略使得区域资源分配不合理，滋生经济、环境与社会问题。

3. 新城市主义典范

新城市主义是20世纪80年代针对美国出现的“郊区化”城市发展进程而产生的新建筑和规划流派，其核心观念是在世界大战前的传统城市中找寻元素并重新组合到当代新城中，解决战后城市蔓延现象产生的各种问题，并实现社区生活质量的提升。新城市主义最具里程碑式的城市当属地处佛罗里达州沃尔顿郡的滨海市（Seaside，Walton County，Florida）。这个海边商业住宅小镇建成于1980年，面积仅为80英亩。与美国传统城镇人口规模相仿，滨海市的居民仅有2000人。整个住宅区包括350栋独立住宅和300户其他类型的住宅，包括旅店和公寓等。该镇以居住功能为主，配备有学校、市政府、露天市场、网球场、露天剧院、邮政局和商店等公共设施。

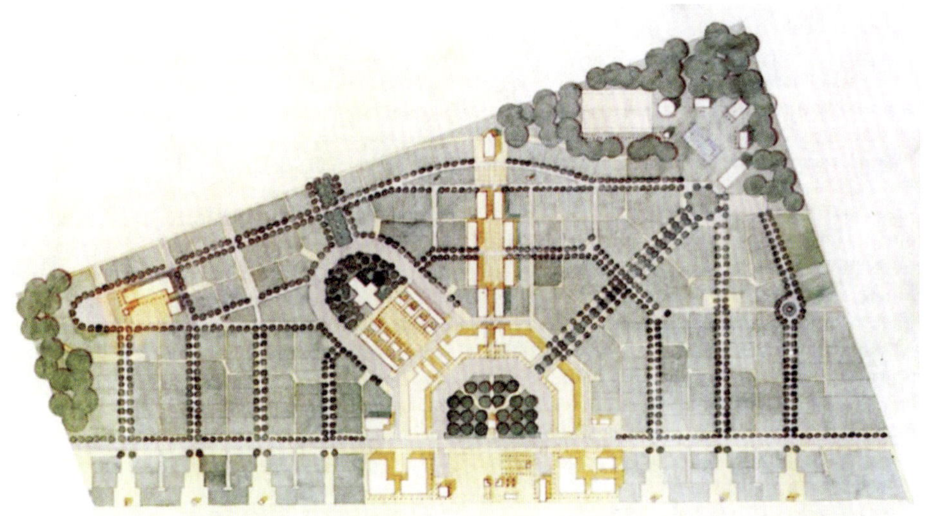

图 5.16　滨海市规划平面图

图 5.17　滨海市航拍图

滨海市由来自迈阿密（Miami）的开发商罗伯特·戴维斯组织开发，主要设计师是安德烈·段尼（Andres Dauny）和伊丽莎白·普莱特—扎伯克（Elizabeth Plater - Zyberk）。他们在规划初期的设计目标是探索和创造一种新社区文化，以实现复兴逐步衰亡的社区。通过对美国东南部地区传统精品小镇的细致观察和梳理，以及通过召开专家会议的方式让学术专家、政府官员、规划设计人员、未来住户和周边社区居民广泛交流意见，他们认为现代主义规划重视私人空间、忽视公共空间的态度是错误的。因此在规划设计上借鉴了传统小镇的设计手法，刻意创造镇中心的公共广场、步行街道、林荫大道、人行道和小巷，并通过这些道路串联郊区的自然景观，实现了公共空间的系统化。其次，他们设立“五分钟步行标准”，通过将住宅和主要公共空间的步行时间控制在五分钟以内实现社区以步行为主，进而促进社区内居民的交往并回复传统社区的邻里关系。在建筑户型设计方面，设计师通过采用混合、折中的后现代主义做法，实现建筑形态的多样化。

图 5.18　滨海市中心广场活动日鸟瞰

设计上的创新和独特带来了房地产市场的成功，原本定位中低端的滨海市在建成后 20 年内房屋价格上涨 10 ~ 15 倍，并成为佛罗里达州比较上层的居住区。相比于设计上的成功，海滨市更重要的意义在于它所传达的新城市主义理念对于美国城市规划理论的促进和对后续住宅小区建设的启发。而由建设海滨市总结出来的一套理论原则，包括提倡混合功能使用、控制城市紧凑发展、保持小规模商业、创建步行为主的社区、组建道路网络系统和加强建筑与街道的关系以成为业界共同遵循的程序和规定，称为“传统邻里发展规划守则”（The Traditional Neighborhood Development，TND）。

新城市主义作为当代规划设计界产生的一个重要的思潮引起了广泛的关注和讨论。在学术界，对于新城市主义观念的评价褒贬不一。总的来讲，建筑师大多持肯定态度，规划师和建造师观点较为混杂，而地理学家和社会学家多数持怀疑甚至否定的态度。新城市主义的出发点是新颖且务实的，尽管有人批评其华而不实的怀旧设计，但它的确通过在形态上对传统社区的追溯带动了规划设计对“人本位”的回归。

4. 经验教训和长期价值

世纪之交的美国新城的一大特征是更加注重与周围环境的关系。而这一关系的建立离不开多途径交通的发展。多途径交通方式相互配合的交通体系源自田园城市的理论传统，设计中考虑建立人车分离的交通系统，并修建尽端路和分级交通。而在这一时期有了新的发展，尽端路由于通达性低不再推崇，而更加强调步行、自行车和公共交通的使用，以及交通和土地利用的协同规划。设计上更加注重坡度、尺度和场地的自然特征，并综合环形道路和方格网式道路各自的优点。

新城与区域发展的关系在这一阶段有了新的意义，进而新城的选址需要考虑到其在区域发展中的战略地位。从比夏工业园的案例可以总结出新城选址要考虑三个主要因素：与区域中心的距离，区域发展的情况，与主要交通节点通达性。如果新城与区域中心较近，可充分利用已建好的城市基础设施，减少开支。区域中心充足的人力资源和就业基础也是新城成功发展的必要保障。因此，新城的发展依赖于区域的发展，在新城选址时应该考虑区域经济的健康性和稳定性。主要交通节点对于以信息服务产业为主导的现代高科技产业园区十分重要。

新城建设的目的是为了给人们提供生活居住的场所。而新城发展则需考虑在居住的基础上，通过合理创建就业岗位实现居民生活的多样化和城市的自治。从本章案例可以看出，城市就业岗位种类和数量的配置与城市定位密切相关。作为工业园区的比夏工业园，主要以吸引龙头企业为手段提供大量的管理、技术和服务等就业岗位。而以建立社区居住生活为目标的滨海市则以发展配套商业、教育、休闲为重点。无论城市定位如何，合理平衡就业和居住的比例尤其重要。

四、当代美国新城开发趋势

1. 解决新挑战

进入 21 世纪，美国郊区化的趋势进一步发展，并带有明显的种族特征。受移民潮和白人向郊区扩散的影响，在美国人口规模前一百名的大城市中，美国白人数在历史上第一次少于其他种族人口总数。这一变化使得郊区人口、就业和财富更加聚集。与此同时，人们对社区的需求也发生了变化。根据调查研究，当代美国市民更加崇尚新传统主义规划、主题性的社区环境和多功能的基础服务设施，并且更加强调紧凑的生活空间和社区认同感。

面对全球气候变化和经济危机，美国在能源开发、土地治理和城市建设这三个经济发展关键领域统筹思考，相互扶持。因此，政府、企业和开发商有责任积极思考新的策略将高科技基础设施研发、提升资源使用效率并通过新的规划设计方法提升社区感受这三个驱动因素协同发展，推动经济变革。

2. 城市发展管理工具——建立弹性指标和发展边界

位于加利福尼亚州湾区以东的山屋市（Mountain House）由房地产有限公司 Trimark Communities 投资开发。根据规划，建成后的山屋市将成为一座集居住、工作、服务、休闲和商业为一体的多功能自治型社区城市。其规划占地 4784 英亩，包括 12 个邻里单元，其中 10 个面向家庭住户，另两个是老年社区。每个村包括数个居住组团，配有公园、幼儿园、小学和一个小型的商业区。山屋市始建于 2001 年，规划修建时间为 20 ~ 40 年，建成后总共可容纳 16000 个住户，约 44000 人，并提供约 21000 个就业岗位。到 2012 年末，已有 3 座村庄完成建设，包括 3500 套住宅。

图 5.19　山屋市街景

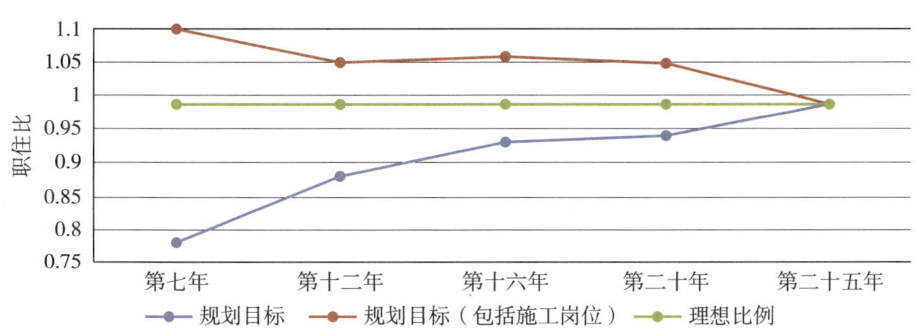

图 5.20　山屋市就业岗位与居民数比例规划

为了处理好城市用地和周边农牧用地的关系，山屋市规划中专门设置了“社区发展边界”。该边界一方面清楚地划分了城市与农牧用地的界限，还依据不同邻里单元所处地段的自然环境进行特殊设计处理，在功能和视觉美观两方面起到重要作用。不仅如此，山屋市规划根据就业岗位与住户的比例来控制城市发展规模。这是美国新城规划中首次通过量化指标的手段建立弹性城市边界。建成后拟达到的职住比为 0.99，也就是说每 100 个住户需要在当地提供 99 个工作岗位。这个比例仅仅是一个参照，主要由市场情况引导，并根据建设阶段和居住人口结构的变化而变化。规划中还提出了包括建立吸引和发展就业项目、设立经济发展顾问和开展就业居住评审等各项具体措施以达到就业居住平衡。

一座健康的城市应该满足不同收入水平家庭的需要。为了实现这一目标，山屋市在规划中强调建立经济住宅项目。除了在规划设计中保证住宅种类和尺度多样性这一传统手段，该项目一方面通过设立住房信托基金将在住宅建设、管理中筹集到的资金用于廉价住宅建设，以保证社区内至少有13%的住宅单元提供给低收入人群居住。另一方面规划建议政府出台鼓励政策，让开发商在城市各个住宅组团内均衡开发低收入住宅，并且让社区内雇主为雇员购房提供经济资助。

然而，规划设计上的充分考虑和创新手段不一定是城市开发建设成功的保障。由于山屋市的房地产市场完全由市场操控，受到2001～2006年房地产泡沫的影响，规划师设想的价格与房屋开盘价有很大的出入。而拟建的就业中心也在城市建设初期因不被重视被推迟建设。而2007年美国的经济危机让山屋市房价大跌，该城市有近9成的房屋贷款余额高于住宅本身的价格，成为经济危机中全美房地产业影响最惨重的城市。总结原因，这与开发商重视眼前利益，无视规划与长期的可持续发展密不可分。

令人欣慰的是，在经济危机中当地社区居民自发组织维护管理城市公共空间和被遗弃的私人绿地。他们希望通过此举降低经济危机带来的损失。在媒体报道以后，社区居民在困境中体现出来的合作、坚强的精神感动开发商，后者决定继续投资开发该项目。自2012年春季开始，该城市的房地产业终于有了复苏的迹象。

3. “老新城”再开发

与美国首都华盛顿特区隔河相望，有一座名叫罗斯林（Rosslyn）的商务新区。因出于历史保护的考虑，华盛顿特区对城市开发建设采取了极为严格的限制，因此1960年代罗斯林新区的建设吸纳了华盛顿都市圈内压抑了许久的开发和投资需求。于是，该新区在规划阶段便吸引了当时美国东海岸大量企业的目光。极为活跃的商业地产开发也为罗斯林带来了更多的交通压力。当地政府为迎接不断增加的城市开发和交通流量，不断加宽罗斯林的主要道路，还修建了分离人流与车流的高架人行道系统，甚至在高架人行道系统中规划了零售空间。但出乎人们意料的是，只有很少的零售空间被利用起来，花费大价钱修建的高架人行道系统更是行人寥寥。

图 5.20　罗斯林新区（下）与华盛顿特区（上）隔河相望

如今遍布现代办公大楼的罗斯林新区与河对岸传统风貌的华盛顿特区形成鲜明对比，在风格与功能上和上海的浦东与浦西有着些许类似。与上海的情况类似，在华盛顿当地人眼中，特区与罗斯林新区两个地区最大的不同就是现代的罗斯林新区在宜居性上远逊于传统的华盛顿特区。最大的原因便在于 50 年前的新区建设已无法满足现代人群对城市环境的需求。曾经流行一时的以野兽派建筑、宽马路、大街区为标志的现代主义城市空间已经被抛弃，今天人们更感兴趣的城市关键词变成了步行友好程度、交通可达性、街道活力、社区认同感、文化多样性等。随着城市对人才吸引力的下降，很多大规模企业甚至已逐渐搬出罗斯林。为了振兴罗斯林新城曾经的辉煌，对“老新区”的改造和再开发迫在眉睫。

于是，在罗斯林的人性化改造中，规划师重点突出了以下几个方面的工作：首先，在交通规划重点体现多元性的重要，为步行、自行车和公共交通的出行方式提供充分的便利和舒适环境，减少区域过境交通对城市的影响；其次，将过去以交通运输为首要目的的城市道路改变为服务行人的生活空间，鼓励城市在改建中创造出更多活跃多变且连续的绿色空间；再次，在城市设计导则中强调以人为先的人行道环境设计，并突出罗斯林与华盛顿特区的景观联系；最后在可持续发展政策层面强制要求新建开发需要满足一切绿色建筑与绿色基础设施的管理标准。

罗斯林“老新区”的再开发在美国城市中随处可见。这种不断发展的“新城更新”行为在近十年甚至成为美国新城开发的新趋势。这背后的主要驱动力便是人们对城市需求的变化。从20世纪中叶由汽车文化带来的郊区卧城，到如今由新科技推动的回归城市，新城的开发模式始终追随着市场需求。市场需求不断发生改变，新城的开发也必须为日后的持续更新预留出弹性空间，才能使自身立于不败之地。

图5.21　罗斯林新区某街道现状

图 5.22　罗斯林新区某街道改造效果

图 5.23　罗斯林新区某路口现状

图 5.24　罗斯林新区某路口改造效果

4. 精明增长——在哪儿开发？如何开发？

位于佛罗里达州西南部柯里尔郡（Collier）的万福玛丽亚城（Ave Maria）是一座正在建设中的大学城。它于2005年开始建设，总占地面积超过5000英亩，其中城市用地4000英亩，公共用地约1000英亩，包括学校和公园用地。根据规划，城市拟建设11500个住宅单元，包括约7000栋独立住宅、4000套公寓单元及500套廉价房。城市功能完整且独立，主要土地使用包括居住、商业、工作、旅游、文化休闲、医疗和宗教活动等。万福玛丽亚城由美国第二大比萨连锁店达美乐比萨（Domino' s Pizza）的创始人汤姆·莫纳根（Tom Monaghen）投资开发。作为投资和开发商的莫纳根很快找到了巴伦柯里尔公司（Barron Collier Company），后者在柯里尔郡拥有并管理大片农牧用地。美国大部分土地为私人拥有，而佛罗里达州很多私有且未开发的土地是当地生态环境的重要组成部分。因此，在农牧和未开发的大片土地上建设新城必然会引起部分当地居民和环境保护者的强烈反对。为了解决这样的矛盾，并减小城市建设对周围环境带来的负面影响，佛罗里达州各级政府提出了不同的解决方案。

图5.25　万福玛利亚城中心礼拜堂

图 5.26 万福玛利亚城教会大学遥望礼拜堂

首先，州政府的第一步工作是通过“综合土地适应性分析（Land Suitability Analysis）”对开发可能涉及的区域进行生态敏感度识别，用以回答“在哪儿开发”的问题。其原理是对组成城市的各种环境因素进行综合的空间分析，重点研究洪泛区、湿地、高渗水图昂、含水层补给区、陡坡、高产农田、生态走廊等因素的敏感程度，从而将土地划分为“适宜开发用地”和“限制开发区域”两种类型。最终建议选择的开发地点应当作为当地政府在进行城市开发建设选址的依据，因为这些地区应当是对环境影响最小的、生态敏感性最低的区域。

其次，立法部门通过法规设立“农村用地管理计划”（Rural Land Stewardship Program），该计划授权郡政府建立“农村用地管理区”（Rural Land Stewardship Areas），区内土地享有一些创新和弹性的规划发展特权。例如，该区域可进行开发权置换（Transfer of Development Rights），即政府对拥有生态价值土地的土地拥有者发放信用点，开发商则需从这些土地拥有者手中购买足够的信用点在非生态敏感区进行开发建设。该方式确保了开发商、土地拥有者和纳税人三方的利益。

再次，郡政府通过设立监管委员会监督土地发展条例的产生过程。该委员会由郡内企业带头人和社区居民代表共同组成，代表了与城市开发建设相关的各个人群。监督机构的设立确保了城市发展方向符合各个利益相关群体的期望。

最后，因需要改变土地利用性质，万福玛丽亚城市建设前还需要经过一套专门的审批程序。开发商需向佛罗里达州西南区域规划局提交一份区域发展影响报告，并通过区域规划局牵头组织相关部门对该项目提出问题。开发商在通过两轮提问并对项目做出相应调整以后，才有资格正式动工建设。

城市管治方面，城市发展、土地利用、消防和治安均由郡政府负责管理。万福玛丽亚城市设立万福玛丽亚社区管理委员会（Ave Maria Stewardship Community District），其委员由市民选举产生。该委员会主要负责在新城建设过程中与社区基础设施建设和维护相关的决策事宜。通过向每户居民每年收取1000 美金的运营费，委员会将这笔资金分配到道路维护、灌溉系统修建、雨污水处理和湿地保护等工程项目中。委员会的职能会随着新城建设进度的变化而调整。

5. 公私合营城市开发新模式

位于佛罗里达州西南部的巴布考克兰奇（Babcock Ranch）是一座正在建设中的新城。它占地约 17000 英亩，建成后将成为一座容纳 19500 个住户、超过 50000 居民和 20000 个就业岗位的综合型高科技环保城市。开发商将与能源公司合作在该城市建立世界上规模最大的太阳能发电站，进而使巴布考克兰奇成为世界上第一座由太阳能供电的城市。城市通信由一条超高容量的数字电缆支撑，实现城市无线网络全覆盖。结合城市周围 73000 英亩的自然保护区，开发商承诺将城市超过一半的生态绿地和公共空间得到永久保护。

开发商对巴布考克兰奇的规划雄心勃勃，他们计划建造一座全面创新的、可持续发展的 21 世纪新城。他们提出该城市将成为一座动态的智慧城市，即随着城市发展其智慧程度不断提升。通过光纤电缆作为基本的城市支撑框架，将可再生能源生产、传输、调控和终端用户体验串联形成智能网络体系，实现智能交通、智能住宅和智能服务，并最终实现建设智能社区的目标。教育方面，拟建立一个世界领先的教育系统，通过引入新的教育理念为学生创造一个量身定制的、富有个性的、互动的教学环境。交通方面，通过交通工具共享、环保能源交通和城市统筹安排交通等方式为居民提供一个崭新的出行体验。保健方面，拟建设顶级的运动健身设施和通过信息科技实现人体机能24小时监控，并建设社区有机花园等措施为居民提供健康食物。

图5.27　巴布考克兰奇智能城市效果图

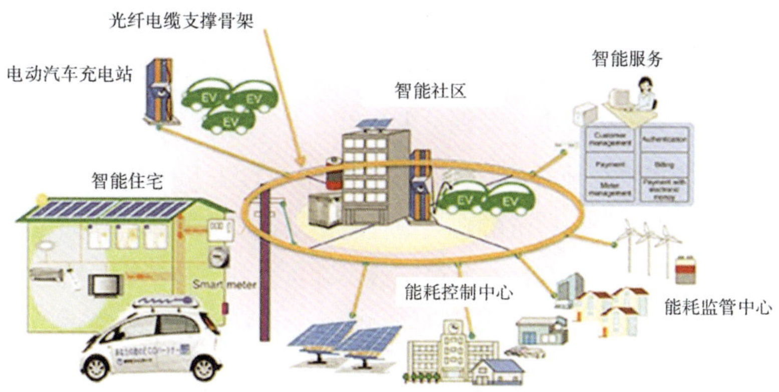

图5.28　巴布考克兰奇智能城市概念图

巴布考克兰奇的发展目标无疑是诱人的，但在实际操作过程中遇到了重大的阻力。首先是资金，在当下的美国经济大环境下要斥资建立一座完全依靠可再生能源的新型城市挑战重重。其次是政策支持，至今佛罗里达州政府拒绝承诺要求能源公司部分电力必须来自可再生能源。公私合营的模式为城市可持续发展带来了希望，但是双方各自的需求也增加了项目的不确定性。

6. 经验教训和长期价值

美国新城发展经过了百余年的风雨历程，它既是社会经济变革的承载体，也是历史车轮的推动者。尽管新城的定义在不同的时期有所差异，近年来逐渐趋于统一全面。目前被广泛采用的新城开发标准来自美国规划协会（American Planning Association，简称 APA）提出的“精明增长原理”（Smart Growth），这些特质被归纳为 6 个方面。

①以集约式的开发模式抑制城市盲目的无序扩张；

②提高城市的发展弹性来应对不断出现的循环再开发需求；

③在规划之初便有效地保护生态敏感空间；

④在区域和街区的多种尺度内坚决贯彻土地功能的综合利用；

⑤严控私家汽车使用，为非机动车出行创造便利和舒适的环境；

⑥缩小社会阶层差异，鼓励不同收入阶层的人们在同一社区内居住。

不难看出，这些特质既是对早期田园城市理想的传承和发展，也是对机动车依赖、城市无序蔓延等城市病的批判和否定。在这个百余年的转型过程中，我们看到今天的美国新城建设和改造有三大显著的观念变化。

重要转变之一：从自由开发到量入为出

由于毫无限制的土地开发，美国很多城市在过去几十年中经历了疯狂扩张，不少官员和规划者也曾沉醉在大规模新城新区开发带来的繁荣之中。然而这种开发量的代价就是高昂的基础设施成本和巨大的自然压力。近年来，许多研究机构以“可持续发展”标准为城市排队，进入前十名的城市中，没有一个频繁开拓新区的城市。因此，美国越来越多的城市推行了“城市发展红线”的法规，即根据城市的生态承载力为城市划定“可开发区”、“不可开发区”，以及“最大发展边界”。同时，通过实施“建设投资规划”，在基础设施投资与效益之间建立平衡。其要点在于对每项资金投入和开发回报加以分析，使城市真正从基础设施投资中受益。

重要转变之二：服务主体从车转到人

随着汽车大规模走进美国寻常百姓家，美国在二战后的很多城市政策均以汽车的需求为核心，无论是道路修建、城市设计，还是对汽车产业的扶持，都严重地忽视了城市的主体——人。其实，这是一种对城市性质的误读。现代美国城市规划的出发点是：如何为市民提供更好的服务。因此，美国城市颁布了一系列《行人空间设计导则》，把城市空间还给行人，保障城市的人性化、实用化、便捷化。本着这个要求，重新优化各种资源的运用，才能建设一个符合“以人为本”理念的新城。

重要转变之三：采取功能混合的土地利用

基于一些陈旧的设计规范的限制，美国过去很多城市都采取了“三集中”的空间规划方式，即工业向园区集中，居住向住宅小区集中，农业向规模集中的“大块切”方式。功能分区将人民的生活与工作隔离开来，给城市带来严重的交通和环境问题。美国现代新城规划则主张土地功能的混合利用，更高效地利用基础设施，提高土地价值，创造更多的“24 小时街区”，以增强城市活力。

五、美国新城发展的未来趋势

从美国新城建设的发展历史可以看出，新城发展要素包括了六个方面：市场时机、区位、融资、开发商、企业、管治。这六个方面将左右当代美国新城发展的方向。山屋市的优势在于区位和融资手段，而市场时机和开发商的短视是新城建设初期遭遇挫折的主要因素。万福玛丽亚城在区位和管治方面很有前瞻性，而市场时机和开发商对新城的定位却为新城发展增加了不确定性。巴布考克兰奇市的前沿规划得益于拥有远大志向开发商和与建城理念相匹配的区位，但是资金和市场时机是城市开发的最大障碍。在如此大尺度的开发中兼备六个要素难度可想而知，这是美国各时期新城镇建设总是难称完美的原因。

继往开来，美国新城在新世纪初期迎来了新的机遇和挑战。人口变化、环境压力、经济危机和科技发展等问题左右着新城的发展方向。21 世纪是信息科学的世纪，在人文、环境、经济、地理等各方面信息更加精确、及时、全面的大环境下，借助更加前沿的分析方法和手段，新城建设更加科学合理。以前模糊的规划理念可以进行指标量化，在规划分析、决策和评估过程中实现规划目标的精确调控。万福玛丽亚城在规划中建立居住就业比例的弹性指标就十分鲜明地体现了指标量化的优势。

其次，可持续发展仍将是这个时代新城建设的重要目标。可持续发展体现在经济、社会和环境三大方面。在经济方面主要通过公私合营的模式提高投资回报率。在社会方面通过规划理念创新、形态设计提升和技术改革实现社区感受的精细营造。在环境方面，新能源和新技术的结合将推动城市高效率低影响的发展模式。

智慧城市是美国乃至全世界城市发展的方向。而新城开发为实现智慧城市的宏大理想提供了机遇和温床。智慧城市以信息技术为支撑，在对自然资源进行科学管理和合理分配的基础上实现城市各方面的创新，包括经济、通勤、环境、居住、生活、服务和管理。

第六章
新加坡城镇化发展经验

一、引言

新加坡国土面积仅718.3平方公里，人口逾540万，是一个人口稠密的城市国家。在过去几年的宜居城市调查（包括美世2014年“生活质素调查”）中，新加坡是为数不多被评为高度宜居的高密度城市。

如今，许多被认为是高度宜居的城市都具有空间开阔、人口稀疏、低层建筑居多和行业污染较低的特征。悉尼、温哥华等城市均属此类。然而，新加坡却是一个特例——城市密度高，却具有高质量的生活。

新加坡的经验提供给许多城市一种可持续的发展方式，因为高密度的城市并不意味着生活质量的下降。

然而，在20世纪60年代，新加坡却是一个落后的发展中国家。当时新加坡人口约170万，尚不足现今540万人口的1/3，却面对失业率高，贫民窟多，基础设施落后，卫生条件恶劣，整体劳动力水平低下等问题。那时很难想象新加坡仅用40年时间便完成从发展中国家到发达国家的飞跃，更不用说还被评

作者：邱鼎财，新加坡国家发展部宜居城市中心执行总监。曾担任新加坡公用事业局局长，新加坡市区重建局局长兼总规划师。分别于1987年和1996年被新加坡政府授予公共管理银勋章和公共管理金勋章。2008年，因其对新加坡劳工运动有非凡贡献，新加坡职工总会授予他卓越服务奖。

为全球最宜居的城市之一。新加坡能够取得今天的成就，并非是偶然的。新加坡城市均衡发展、善政廉政及长期规划的模式为其他国家在高密度居住环境下打造宜居城市提供了重要的参考价值。

未来的新兴城市可能主要位于亚洲、拉丁美洲和非洲等地区，且它们很可能面对资源紧缺和人口稠密所带来的挑战。许多国家认为新加坡的城市发展经验值得借鉴。他们试图了解新加坡是如何完成蜕变的，以及如何在本国复制新加坡经验。

二、新加坡经验

新加坡宜居城市中心（CLC）成立于2008年，旨在撷取新加坡独特城市发展经验的显性和隐性知识，提炼一些指导新加坡城市规划者和决策者的普遍原则。CLC的研究包括150多次对前任和现任内阁部长及高级官员的采访，本文引用了其中几位的采访内容。通过研究，宜居城市中心认为新加坡在追求成为宜居城市的发展过程中，始终把握着三个关键成果：

①具有竞争力的经济，旨在吸引投资和提供就业机会；

②可持续发展的环境，因为城市要用有限的天然资源实现生存，尤其是土地和水资源；

③高质量的生活，包括人民的社会福利和心理健康。

除了以上三种成果之外，另有两大因素对新加坡城镇化的成功也至关重要。第一，建立综合规划与发展系统，长期持续地关注宜居城市的发展成果，这是极为关键的。第二，采取动态城市治理方式，帮助维持宜居城市蓬勃发展所需的条件。

以上这些因素共同构成了宜居城市中心的“宜居度框架”①（图6.1）。

---

① 《宜居度框架》的简述首次出版于《城市解决方案》创刊号（2012年7月）。

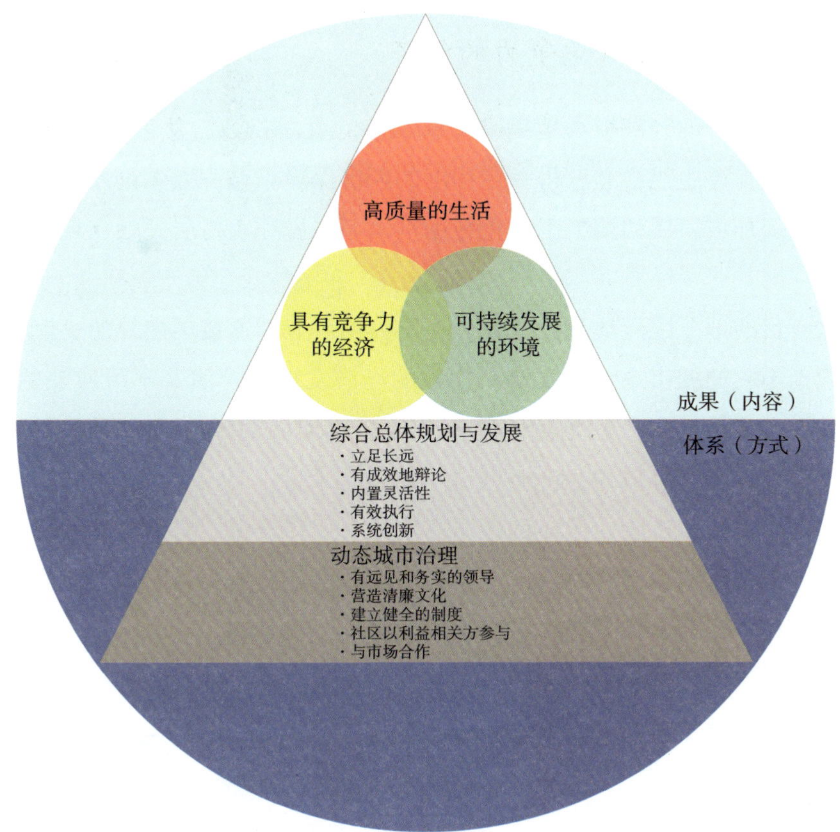

图 6.1 新加坡宜居城市框架图

三、宜居城市的理想成果

1992 年联合国环境与发展大会（UNCED）提出，一个国家的社会、环境与经济需求必须同时满足并相互平衡。需要指出的是，宜居并没有绝对的标准。在每个发展阶段都寻求最佳效益才是真正的挑战。因此，城市在规划发展时必须充分考虑自身的需求、资源与环境。

宜居城市中心的“框架”提出的宜居城市成果背后的理念和原则在新加坡 40 多年的城镇化进程中始终保持不变。

1. 成果一：具有竞争力的经济

高度竞争力的经济极大地提高了新加坡的宜居指数。从最基本的层面看，居民需要获得谋生机会并获得一定程度的经济保障。这一点无论今昔，都同样适用。在新加坡发展初期，工业化帮助贫民窟居民和农村居民融入现代化的城市经济。

从有目的地分配土地和设施，到提供公用事业和连接国内外的一流交通基础设施，不同的城市系统在支持新加坡的经济发展中扮演着不可或缺的角色。尤其是在发展初期，它们是重中之重。这让新加坡的经济比邻国多了竞争优势。反过来，有竞争力的经济协助这个城市国家产生收入以支持和发展自己，并创造更多的增长机会，形成良性循环。

在未来，运行良好的经济与宜居的环境显得愈发重要，因为当前全世界各个城市都在争夺资金和人才：

“如果人们扎根于某处，那么你便可以确保此处具有一定的稳定性——即使是对那些外国人而言……宜居性和活力很重要……从这个意义上，我们可以通过集合知识与人群，集中开展志同道合的活动，使他们进一步扎根。”

新加坡经济发展局前局长马宣仁

2. 成果二：可持续发展的环境

为了保护及充分利用紧缺的自然资源，新加坡早期便致力于可持续发展。有关清洁空气、清洁饮水与绿化用地等规定从一开始就是城市规划不可或缺的组成部分。在规划新加坡西部的工业园区具体地点时，CLC 审慎研究风向，以免污染物进入市区。70 年代中期，日本住友公司意图建立一座石化工厂，但是污染控制的要求预示着成本的增加，限制着项目的落地。

“环境部提出，‘不，我们不能让步，这会污染新加坡。’内阁听取了这一提法，并赞同环境部的做法，坚决要求住友公司采取必要的污染防范措施。’最后住友公司同意这样做，并进行了必要的投资。”

新加坡前内阁部长苏皮亚·丹那巴南

新加坡政府并没有将环境因素与经济发展对立起来。相反，我们将环境因素列入城市规划中，并嵌入更大的社会经济结构中。早年新加坡以干净、绿色的城市形象向外国投资者展示新加坡是一个治理有方的国家，因而也是一处温馨舒适的投资创业宝地。

3. 成果三：高质量的生活

高质量生活的概念涵括了城市生活的诸多方面，包括经济、社会、环境和社会心理等。今天的魅力新加坡关键在于其舒适宜人、精心规划的环境——这与早年脏乱的贫民窟和犯罪天堂大相径庭。的确，在建设新加坡新型城镇的过程中，除了提供便利设施以外，创造个人的安全感也是一个重要方面：

> “（我们要）创造安全感……如果你时时刻刻提心吊胆，那么再好的环境也没用……我们设有社区警务，警察对社区居民很熟悉，所以一旦有陌生人出入，警察便会知道。”
>
> 新加坡前总理李光耀

由此，保持一种身处其境的主人翁意识已经成为让新加坡人觉得自己与国家血脉相连的一种方式。自 80 年代中期以来，新加坡的城市规划也试图对这个包含着文化、身份和美学的城市国家的性格和灵魂给予更多的重视。

4. 平衡三个宜居性成果

这三个宜居城市成果与新加坡国家层面的成果指标直接挂钩。财政部每个财政年度的“收入与支出预算”都发布这三个成果，确保所有政府机构都了解城市发展的整体状态。这同时也向公众表明了，将新加坡打造成宜居城市不仅是政府的口头承诺，也是实际行动。

建设宜居的新加坡需要平衡这三个相互依存（通常还互相重叠）的结果。过度强调一种成果而牺牲其他成果很容易导致不良后果。其实这些成果也不总是那么相互独立：实现一项成果的方案可能会为实现另一项成果创造机会。

例如，新加坡追求水资源自给自足，催生了一个新兴行业，许多公司专门提供污水利用和海水淡化服务。随着政府加大投资，这一新兴的水利行业有望创造11000个工作岗位，截至2015年底，该行业的经济贡献有望达到17亿美元。

综上所述，这三个成果体现了新加坡的规划与发展机制。

四、综合总体规划：内在原则

新加坡通过综合总体规划体系，政府得以创建并完善一套城市系统，平衡长短期不同的先导性重大项目，以适应不断变化的政治、经济和社会环境。与其他国家和地区不同，新加坡的规划并非一纸空文，而是由具备专业知识技能和资源的专门机构进行执行和落实。新加坡的这种综合总体规划基于五条内在原则。

原则一：立足长远

新加坡综合总体规划的核心在于其总领性的“概念规划”，明确了新加坡长达50年的土地使用规划。这个规划是跨机构合作的成果，确保城市所有关键土地使用都合乎要求，交通、供水和公共住房等各项城市系统彼此协调运转。

立足长远的重要性还体现在另外两个方面。第一，有助于政府官员从规划和执行两个层面平衡好三个宜居度成果。第二，有助于政府预见未来可能出现的问题并提早制定规划、采取措施防止问题的出现。在新加坡经济高速增长的头几十年，需要制定为期更长的规划框架：

“（我们做出了）决定，这个决定关乎的计划为期100年，一直到未来某个未知的年份。这是为什么？因为我不断告诉自己，如果我们不这样做，我们未来就没有可使用的土地了。如果我们仅局限于短期规划，人口密度预计过低，到时候我们就没有空间了。”

新加坡建屋发展局、重建局前局长，宜居城市中心主席刘太格

原则二：有成效地辩论

政府的每个部门都有自己的工作职责，因此它们会致力于实现自己的目标而非整个政府的目标。为了促进多规融合，就需要有跨部门架构，鼓励这些部门理解各自的不同关切和目标。在新加坡，跨部门架构营造了一种独特的环境氛围，官员学者进行富有成效的辩论和批判性思考。在新加坡地铁（MRT）系统项目被批准之前，新加坡前副总理吴庆瑞鼓励人们讨论其他交通方式，这一讨论过程严谨，长达十年之久。

“（吴庆瑞）反对建造新加坡地铁，是因为建造地铁源于“你没有其他选择”……并不是说他反对建造地铁本身，而是反对这种逻辑，这不容小觑。他不赞成那些没经过深入思考和辩论就得出结论的人。这就是他一心追求的。”

新加坡前公务员首长林祥源

这些活跃的讨论，虽然有时候甚为激烈，最终却能够催生在规划和落实方面进行更好的集体决策。这样各方都能够更充分理解并有效平衡三个宜居度成果。政府内部这种高效辩论离不开内阁，内阁具有高度的协作性，在处理不同部门的分歧上经验丰富，担当统领全局、协调各方的重任。

原则三：内置灵活性

新加坡的城市规划者承认，未来总是难以预计，因此规划不可能完美无缺。因此，“概念规划”会随着经济和社会等环境的改变而定期修改：

“我们不能固执认为已有规划无需调整必须执行起来。我们不能这样认为，否则（可能）就没有商务园的存在了。如果这样做，就没有‘纬壹科技城’了。”

新加坡经济发展局前常务董事陈振南

政府也可以改变总体规划中某些发展项目的时间表或形式。例如，双溪布洛湿地保护区按照原计划应是一个农业技术园，而鉴于该地区并没有开发的迫切需求，便于1989年将其变为湿地保护区。

还有其他一些地块也留备以后使用，并在规划的时候给开发商在土地综合利用上有一定的灵活空间，这个概念被称为“白色地段”：滨海湾地区就是一个突出例子。

原则四：有效执行

规划得到成功执行才有意义。在新加坡，设立不同执行部门之间的协调机制落实政策起到关键作用。

政策得到有效执行，一个重要因素就是在实施前细心准备，包括对当下形势进行广泛调查研究。新加坡首次引入“新城镇”理念的时候便是如此：

> “我用了半年多的时间来定义什么样的城镇算是新城镇……我们想让新城镇高度自给自足，在条件允许的情况下，自给自足的程度越高越好。所以我与很多人进行了面谈……来自各行各业的人。……问题基本上就是你需要多少人支撑起一个百货商场、一个超市、一个综合医院等等。这个数字就是25万人。”
>
> 新加坡建屋发展局、重建局前局长，宜居城市中心主席刘太格

实施规划不只是完成项目，同时也要仔细考虑如何进行后期维护。例如，事实证明，维护和改良新加坡污水管道系统比挖掘和替换旧管道更划算。

原则五：系统创新

城市发展总会遇到资源上的瓶颈，无论是自然资源、物质资源还是资金来源。然而，创新可以缓解这些局限，在某些情形下，长期而言，创新甚至可以突破这些瓶颈。解决新加坡城市问题要求官员们能够突破传统思维看到不同的可能性；在某些情况下，他们不得不大胆设想：典型例子就是新加坡深层隧道排污系统，实马高垃圾填埋场（它现在已经变成自然爱好者的好去处）。

创新也可以体现在政策形式上。1998年，新加坡成为第一个引进电子道路收费系统来治理交通堵塞的国家；2000年，新加坡实行了水资源边际成本

定价体系。这些大胆的政策归功于政府“高度的行政创新”。

五、动态城市治理

如果一个城市，其治理体系不适宜制定和实施各种良好规划，甚至缺乏治理体系，那么即使规划的出发点再好，也等于做无用功。成熟的城市治理才能为宜居城市的实现创造良好条件。

新加坡城市治理的特征体现在能为公民提供高效的基础服务和成立了称职的发展和协调部门。它的地理尺度和政府结构使得政策的形成和实施得以高效执行，使得国家能够取得经济发展和制度进步。但与此同时，长久以来，新加坡的规模和资源的匮乏却又使其易受外部政治和经济环境变化的影响。

在此背景下，新加坡被迫发展出一种动态的城市治理方式：允许其领导人在不可预知、复杂和不断变化的环境下做出最优决策和选择，同时帮助社会培养处理各种挑战的能力。

在新加坡动态城市治理方法的诸多组成因素中，存在五条隐性原则。

原则一：有远见并务实的领导

如何同时在政治和官僚两个层级进行领导，对规划和实施有着重要的影响。一个在实现政府治理方面颇具远见和政治意愿的领导层对新加坡的发展至关重要。当某些政策或项目当时看来不受欢迎或政治上有难度，但却符合国家和人民的长远利益，这时推动该政策或项目通过的政治意愿就尤为重要。例如，政府从20世纪60年代后期开始的一连串土地征用虽被认为颇为严苛，但却对新加坡的后续发展十分必要：

“如果你回顾曾做过的一些事情……过去征用土地的方式在今天是行不通的。但在过去，也只能这么做……（所需要的就是）强烈的政治意愿以及人民意识到只能这么做。”

新加坡前内阁部长马宝山

原则二：营造清廉文化

自新加坡独立以来，国家的治理体系就推崇清廉文化，强调问责制、透明度和清廉的重要性。这种诚信文化影响了新加坡政府官员甚至政治家履行职责的方式，从而为他们赢得了高度的公信力和合法性：

“你必须得有治理权。一旦你受人情、偏好或贿赂影响，有手不干净、办事糟糕或朝令夕改这些问题的话，那你就遇到麻烦了。”

新加坡前总理李光耀

新加坡政府不厌其烦地向政府官员灌输责任感。城市规划者对打造城市形象的大型基础设施项目负责，也对市民日常生活负责，上至头顶房屋，下至脚下道路。政府必须确保成熟的融资机制落实到位，以维持财政偿付能力和项目的可持续性：

“让我们感到自豪的是，我们没有外债；即使为了发展项目也从未这样做。因此我们的预算规定非常严苛。不过这也好。你可以说这对预算纪律有利……在新加坡，我们赚多少才花多少，并且付清一切开支。”

新加坡公务员首长林祥源

原则三：建立健全的制度

强有力的制度，加上深思熟虑的体系和流程，有助于更好地决策，有助于更有效地规划和发展。新加坡的方法是运用一系列规划框架（正式或非正式）并可以根据不同情况进行调整。除正式制度外，非正式的治理准则也很重要，例如：理性决策、尊重专业和任人唯贤。

专业是新加坡政府部门的一个重要特征。许多专业的官员是技术类专家，更是战略家，所以必要时他们可以捍卫自己的观点。

新加坡各部门政治和专业服务的分离，是另一个重要准则。政治家们关注的是战略和政策，专业和技术问题则交给专业部门，各有侧重，最终促进了问责制的落实，提升了效能。同时，政治领导层和行政官员阶层之间的相互尊重有利于更好地决策，有利于行为与责任的明晰。例如，在始于1977年长达十年之久对新加坡河的清理上，这一点体现得淋漓尽致：

“关于工程技术问题，我们自己来解决，国会议员或政治家们不会干涉我们，说‘这个你们为什么不做呢？‘这样的话。他们不会告诉我们如何清理。这是我们的工作。但作为民选政府，[拥有]几乎所有的议会席位，他们有政治意愿和政治实力来处理所有治河带来的社会和政治问题。”

新加坡前公务员首长李一添

不管是正式还是非正式的部门规章准则，都使得政府各部门能摒弃不同甚至相冲突的部门利益或专业观点，共同高效工作。

原则四：社区以利益相关方参与

建设宜居城市是一项巨大和复杂的事业，要使项目和政策取得成功并可持续发展，城市规划者就需要赢取该城市居民的支持。任何政府都不可能拥有所有答案或拥有无穷无尽的资源。让社会参与到城市建设中来，将为公共、民众和私人部门的通力合作提供诸多机遇，这将符合城市的长期利益。

在保护国家共享资源上，以及在决策的形成过程中，新加坡政府都让社会越来越多地参与进来。虽然政策和决策从根本上都是政府作出的，但公众的参与提升了政策和决策结果的合法性。当仄爪哇湾这个生物多样性丰富的地区被确定为开发区时，（新加坡）自然学会游说政府来保护这片区域。游说结果是2002年确定对该地区暂缓开发：

“我感觉因为我们关系的改善，新加坡国家公园局和自然学会合作十分愉快……我们确实同意在关于仄爪哇湾的问题上，不与政府对立……真正重要的事是公众对它持支持态度，其他团体也开始自发对它表示支持。”

前（新加坡）自然学会主席倪敏

当政府和社会关键利益攸关方为了更大的公共利益而携手合作，其结果将是整个国家获益。

原则五：与市场合作

一个关键的治理原则及审慎的财政政策是，利用市场的力量来提升效能。

当政府无法独力提供某些公共服务，或在政府想将公共资金转投其他更优先方面而放弃提供一些公共服务时，私营部门就开始发挥作用。政府还成功地将发电和部分公共交通私营化。这种方法使得政府能更有效地实施一系列方案。

但是，私营部门在提供公共服务方面也存在一些限制。政府必须清楚，考虑到政府的整体角色和责任，哪些服务是不能被外包或私有化的。盛邦新业集团，其前身是新加坡建屋发展局的建筑与发展司，现在是一家国际建筑咨询公司，同时保持政府对其的控制权：

> “盛邦就是一个好的例子；它将我们在新加坡建组屋方面获得的专业经验推广到世界其他地方。我们能够对外提供这些服务，但我们仍然应该清楚，盛邦应该始终在我们（淡马锡控股公司，新加坡的政府投资公司）的控制下，因为这些服务在新加坡起着重要作用。”
>
> 新加坡前内阁部长苏皮亚·丹那巴南

六、宜居城市中心“宜居度框架”实践：榜鹅镇

新加坡的城市景观仍在持续改变着。城市发展的需求不断变化，各种新型城镇或地区层出不穷。榜鹅镇就是一个很好的例子。榜鹅曾经是一个散落着生猪家禽养殖场的渔村，位于新加坡东北部，总面积 9.57 公里，其中 155 公顷的土地为填海所得。1996 年，时任新加坡总理吴作栋在国庆群众大会上宣布政府将把榜鹅打造成 21 世纪示范市镇，简称“榜鹅 21”。

榜鹅镇是新加坡过往经验的结晶，在新加坡继续进行开发和实验的过程中，榜鹅将被用作城市生活的一块试验田。榜鹅的愿景是打造“热带地区的

可持续发展滨海小镇”，目标是优化榜鹅住宅区的居住环境①。

综合整体规划：综合规划对榜鹅的发展至关重要。新加坡建屋发展局、市区重建局、国家公园局、公用事业局、陆路交通管理局及其他机构携手合作，共同筹划并执行“榜鹅 21”愿景。榜鹅水道的建造就是这种长期综合规划方法的有力佐证。榜鹅水道最初要建成连接两头的榜鹅蓄水池和实龙岗蓄水池的管道，为居民供水的同时平衡两座蓄水池的水流量。时任国家发展部部长马宝山（Mah Bow Tan）得知该计划后，否定了建立管道的想法。相反，他建议建造一条风光秀丽的水道，配备吸引人的便利设施和绿化区，可供娱乐，并沿道建造海滨住宅，坐镇而建，濒水而居。这条水道现在是人们口中的“新加坡的威尼斯”②。

图 6.2 榜鹅规划图

资料来源：新加坡建屋发展局。（照片不可用于其他用途）

---

① HDB（2008）. HDB Annual Report. Housing and Development Board. Singapore.

② Lee（2011）. Speech by Prime Minister Lee Hsien Loong at the Opening of Punggol Waterway, 23 October 2011 at Punggol Waterway. http：//www. pmo. gov. sg/content/pmosite/mediacentre/speechesninterviews/primeminister/2011/October/Speech_ by_ Prime_ Minister_ Lee_ Hsien_ Loong_ at_ the_ Opening_ of_ Punggol_ Waterway. html.

图 6.3 榜鹅水道水上运动

资料来源：新加坡建屋发展局。（照片不可用于其他用途）

内置灵活性："榜鹅 21" 愿景 90 年代就提出，但由于受亚洲金融危机影响，该计划的实施推迟了几年。在那之后，这一计划被重新审视并进行改善，"榜鹅 21" 也升级为 "优质榜鹅 21"。"优质榜鹅 21" 的关键特色就是上面所提到的水道。由于政府原计划建立一条管道，这片地就被提前预留出来，使得水道工程的实施成为可能。

图 6.4 榜鹅水道

资料来源：新加坡建屋发展局。（照片不可用于其他用途）

务实领导：由于土地资源短缺，新加坡不得不采用务实的方式进行发展。将榜鹅打造成滨海小镇的愿景绝非偶然。90 年代初期，林厝港垃圾填埋场被废弃，哈鲁士垃圾填埋场也预计在2000年关闭，那时榜鹅被定为下一个垃圾填埋场来为新加坡服务。然而，由于新加坡的住房需求日渐高涨，政府随之意识到榜鹅可以作为新的住宅区进行开发。这就为榜鹅的未来发展打开了一扇新的机会之窗，开启了一个新的篇章①。

社区以利益相关方参与：当地的社区参与了榜鹅新镇的建设。建屋发展局、公共服务署、国家环境局及人民协会——一个提供社区服务、促进政府和人民间交流的法定机构，与榜鹅居民携手从事一个合作项目，共同打造榜鹅生活体验。这一项目名为“Project Love Punggol”（爱榜鹅项目），其目标是提出新的理念，增强榜鹅居民在邻里、社区和环境中的社区主人翁意识。居民们非常热情地参与并且展示了他们在创建独特社区中的强烈主人翁意识②。例如，为了帮助榜鹅居民拥有更直观的社区移动应用程序和网站，政府官员制造了智能手机和笔记本电脑的纸板模型。纸张代表应用程序和网站的功能，附在模型上。由此，居民可以很方便地当场“修改”这些功能。如此不断重复原型设计和测试过程，直到产生最终的方案。另外一个让公众参与的例子是邀请居民为榜鹅水道命名。“My Waterway@ Punggol”（我的榜鹅水道）就是居民选出的名称③。

与市场合作：榜鹅大多数的住宅都是政府组屋。然而，私人开发商在榜鹅的建设中也发挥着关键的作用。私人开发商受邀通过市区重建局的土地出售去开发私人住宅和共管公寓，由此优化榜鹅的住房结构。

今天，当你来到榜鹅时，你将看到一个充满活力的新镇，这里提供各种各样优质高密度的住房类型。榜鹅不仅镇内交通便利，通往新加坡其他市镇也极为便捷。榜鹅居民享受着多种公园、商业中心、社区活动区和滨水步道，且骑

---

① Tan et al.（2009）. Clean, Green and Blue: Singapore's journey towards environmental and water sustainability. ISEAS Publishing, Singapore.

② Lee（2013）. Budget Debate 2013: better town for all ages. Ministry of National Development. http://www.mnd.gov.sg/budgetdebate2013/speech_lys.htm.

③ Lee（2011）. Speech by Prime Minister Lee Hsien Loong at the Opening of Punggol Waterway, 23 October 2011 at Punggol Waterway. http://www.pmo.gov.sg/content/pmosite/mediacentre/speechesninterviews/primeminister/2011/October/Speech_by_Prime_Minister_Lee_Hsien_Loong_at_the_Opening_of_Punggol_Waterway.html.

自行车或步行即可到达这些场所。榜鹅也保留了社会记忆，正在形成自己的特色，这种特色让榜鹅居民可以将之称为自己的家。榜鹅现已成为最受热捧的住宅区之一，也已跻身新加坡最大的组屋新镇行列。

图 6.5　滨水步道

资料来源：新加坡建屋发展局。（照片不可用于其他用途）

图 6.6　榜鹅北岸

资料来源：新加坡建屋发展局。（照片不可用于其他用途）

七、结论

新加坡的城市化之旅已经走过一段漫长的路。在约一个半世纪的时间里，新加坡从一座小渔村发展成一个城市化社会，而其主要的发展是在 1965 年国家独立后取得的。

宜居城市中心的“宜居度框架”提供了新加坡独特城市发展经验的一个概述。该框架力图概括支撑有效的城市规划和治理的一般原则，从战略、管理和政治视角考虑城市化问题，而不仅仅从纯技术的角度看。

假如其他城市有意提高并维持其宜居度标准，且认为新加坡模式适用于其特定的环境，那么我们希望这个“框架”可以为他们提供一些有益的见解。

“我们通过观察其他城市来了解何为不可为，也通过观察善治的城市来了解何为可为。你所能想到的一切早已被其他成千上万的城市尝试过了。”

新加坡前总理李光耀

第七章 韩国新城的评价及存在问题

一、韩国新城开发的演变过程

韩国的新城政策是与20世纪60年代的近代化和经济的发展同步开始的。当然1960年前，也就是韩国战争爆发前后，在修复城市的过程中也出现过类似于镇海、议政府、论山、大田等未经过规划就发展起来的城市。但因这些城市未经过规划，所以不能看作是新城规划。

60年代的新城是政府通过树立一系列政策建设起来的工业园区腹地。我们根据1962年开始的蔚山工业园区建设规划，把拥有15万人的蔚山新市区视为韩国最早的新城。因当时该项目的正式名称不是新城，所以很难把他明确地定义为是新城的开始，但可以把当时建设起来的新市区划分为初期新城。

60年代以蔚山新市区为开始，浦项、马山、广州大团地①、永东地区②、汝矣岛等地区也陆续建设起来。

之后到70年代，昌原成为韩国最早的新城规划区。大德研究学园城市、丽川工业城市、龟尾工业园区城市腹地、首尔（Seoul）市江南新市区、京畿道果川等城市也是70年代建设的。这一时期的新城是根据“第一次国土综合开发计划”，在国家的计划指导下展开的，是人口分散政策和区域均衡发展新

作者：윤상복（尹祥福），东義大学工科学院城市工程系教授，翻译朴爱春。

① 现在的城南（城南）。

② 现在的首尔特别市江南一带。

城政策同时实施时期。

80 年代之前的初期新城以近代化和经济发展为目的，并且以工业腹地园区和新市区等形式构成。因此，可以说当时的新城建设和如今的新城政策不存在紧密关系。

进入 80 年代，根据“第二次国土综合开发计划”，新城开始快速发展。当时城市开发成为区域发展的重要手段，其目的是要分散大城市的人口。以大邱、光州、大田等地区为开端，把 12 个核心城市作为第二次城市化发展的据点。还通过首尔（Seoul）市内的大规模宅基地开发，建设了城市内的新城，如开浦、高德、木洞和上溪。

20 世纪 80 年代后期，为解决首尔（Seoul）缺乏开发用地问题，树立了 200 万户住宅建设规划。这一时期建设的新城被称作首都圈第一期新城，如盆唐、一山、坪村、山本和中洞。初期目标是要建立商业、工作、住房、政府办公大楼、体育设施以及生活便利设施等较完善的城市体系，但实际上是大规模住宅区，作用只局限在分担首尔（Seoul）的住宅问题。

分散首尔（Seoul）人口的初期建设目的，反而加剧了首都圈人口的集中。这不仅没能保障该地区在雇佣层面上的自足性，反而还增加了不必要的交通量。

表 7.1　韩国首都圈第一期新城建设概要

分类	用地面积（km^2）	住宅建设（1000 户）	可容纳人口（1000 人）	人口密度（人/ha）	绿化率（%）	容积率（%）	开发期间
合计	50.16	292	1168	233	18.3	198	1989～1996
一山	15.7	69	276	175	22.5	169	1990～1995
中洞	5.5	41.4	166	304	10.6	226	1990～1996
坪村	5.1	42	168	329	12.8	204	1989～1995
盆唐	19.6	97.6	390	199	19.4	184	1989～1996
山本	4.3	42	168	399	14.1	205	1989～1995

资料来源：第一期新城计划再生方案研究，土地住宅研究院，2013。

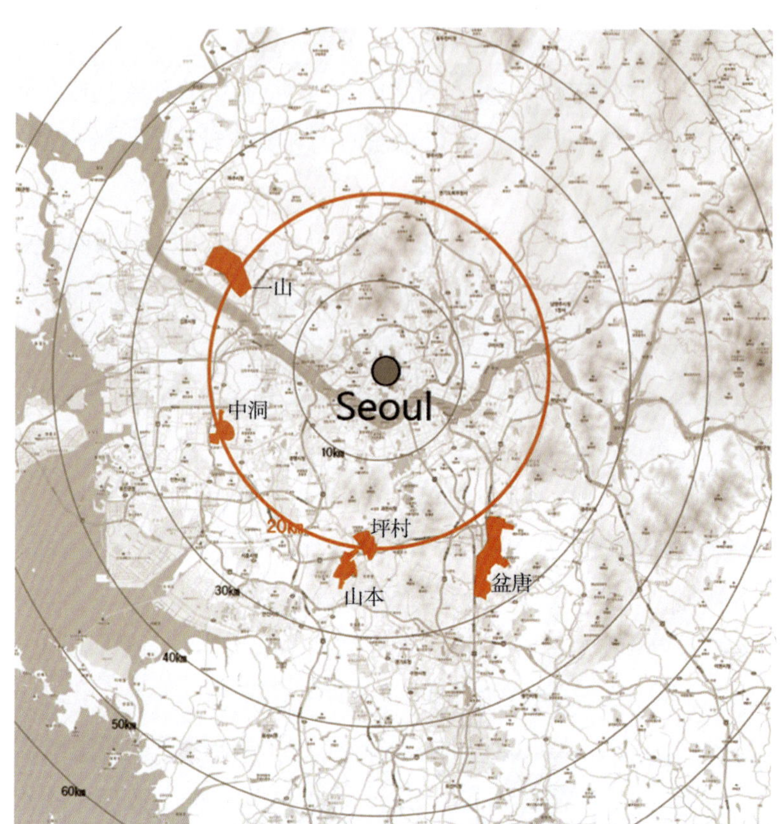

图 7.1 韩国首都圈第一期新城位置图

2000 年以后开始建设华城、东滩地区，目前一部分已竣工或是在建设中。通过比较规划内容，得知其规模、建设地点、计划指标和技术、开发方式等都与首都圈第一期新城存在差异。特别是其目标为构建连接新城与首尔（Seoul）、新城与周边地区的交通体系，并且要营造舒适的居住环境，具有自足能力的新城。

表 7.2 韩国首都圈第二期新城建设概要

分类	用地面积（km^2）	住宅建设（1000 户）	可容纳人口（1000 人）	人口密度（人/ha）	绿化率（%）	容积率（%）	开发期间
合计	146.1	653.6	1727	118	31	181	2001 ~ 2016
杨州	11.4	59	165	144	25.6	183	2007 ~ 2013
坡州	16.5	78.5	205	124	30.3	184	2003 ~ 2014

续表

分类	用地面积（km^2）	住宅建设（1000户）	可容纳人口（1000人）	人口密度（人/ha）	绿化率（%）	容积率（%）	开发期间
金浦	11.7	59.9	166	142	31.1	197	2002～2012
黔丹	18.1	92	230	127	31.8	181	2009～2016
违礼	6.8	42.9	107	158	27.5	199	2008～2015
板桥	8.9	29.3	88	98	37.6	159	2003～2011
光教	11.3	31	78	69	41.9	173	2005～2011
东滩1	9	40.9	124	138	24.4	173	2001～2012
东滩2	24	111.4	278	116	32.2	169	2008～2015
高德	13.5	54.3	136	100	29	180	2008～2016
牙山	21.3	30.1	82	93	29.7	180	2004～2016
道安	6.1	24.3	68	112	27.7	190	2003～2012

资料来源：第一期新城计划再生方案研究，土地住宅研究院，2013。

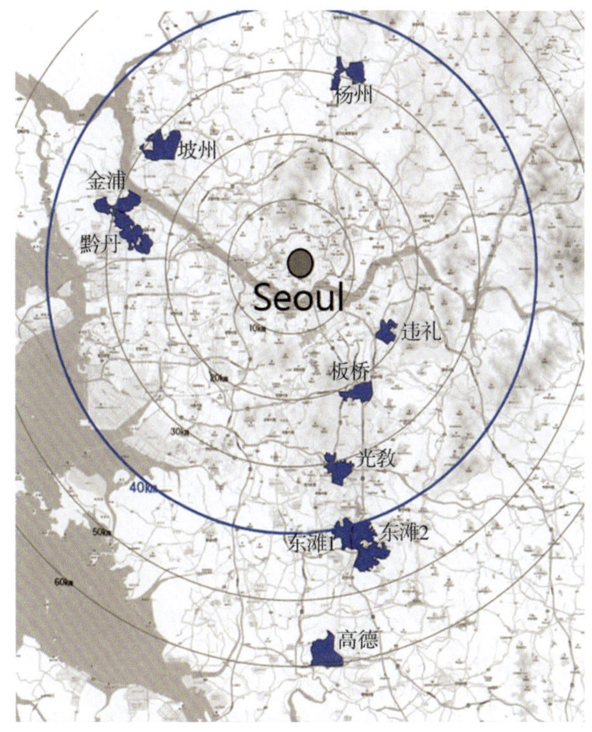

图7.2　韩国首都圈第二期新城位置图

2000年以后，除了首都圈新城以外，地方也开始了新城建设。地方的新城建设主要是以韩国土地住宅公社和地方都市公社为主体，这一期间建设起来的新城也包括在首都圈第二期新城建设地区，如大田的道安新城和京尚南道的梁山新城等。

还有一些地区是地方自治团体（中央政府划分的一定区域下，允许在法律指定的范围之内支配该区域居民的团体）自发建设起来的新城，最具有代表性的就是釜山的鼎冠新城。

釜山鼎冠新城与首都圈新城建设的目标是一致的，一是为了消除釜山市中心人口和经济力量过度集中的现象，二是要建设绿色住宅地、有生产能力的城市。

2003 年政府制定《新行政首都特别法》后，开始实施了世宗市的建设。世宗市的建设目的与其他新城有较大差别，目的不在解决住宅供给问题和大城市过度密集问题，而是为了国家均衡发展的更广泛层面，分担政府的行政业务。

但在 2004 年 10 月 21 日，宪法法院裁定《新行政首都特别法》违反宪法，因此 2004 年 11 月政府成立了后续对策委员会和国家特别委员会，决定把世宗市建设成为复合型“行政中心城市”，并且划分了需要迁移的政府部门。2005 年制定并公布《建设行政中心复合型都市特别法》后，同年公布了要开发的地区和周边地区。2006 年正式命名为“世宗市”，目的是要分散中央的行政业务，并缓解首都圈的人口与产业力量过度密集问题，进而拉动地方的发展。

世宗市建设共分为三个阶段，2007 ~ 2030 年建设成为 50 万人口的城市。目前第一阶段已在进行中，新政府大楼已经竣工。计划财政部、国土交通部、保健福祉部、产业通商资源部、文化体育观光部等主要政府机构以及公共机构已经迁移到了世宗市，展开正常的业务。

此外为把世宗市发展成地区发展据点，将世宗市建设、迁移政府主要部门与产学研紧密连接在一起，正在努力推进创新型城市的建设。

创新型城市的讨论是从 2003 年政府为了国家均衡发展，公布公共机构迁移到地方开始的，2007 年选出 10 个创新型城市后，正式开始了建设。

目前创新型城市在釜山市、大邱市、全罗南道光州市、蔚山市、江原道、忠清南道、全罗北道、庆尚北道、庆尚南道、济州道等 10 个城市进行，这充分符合公共机构迁移到地方的根本目的。

创新型城市对象除了首都圈，还包括大田的大田市政厅和大德研究园区。在 12 个广域市和道，以公平的原则按照等级进行了划分。为了让公共机构到地方发挥其最大效用，迁移的对象是执行类似业务的有关机构。

表 7.3　韩国创新型城市现状

对象	项目执行机构	地区	项目作用
釜山	釜山都市公社	东三地区（海洋水产集群）	世界级的港湾物流及水产流通的据点
		门岘地区（金融·其他集群）	作为广域经济圈的中心，成为国际性的金融·贸易中心
		Centum 地区（电影·摄影集群）	像釜山国际电影节，成为电影和摄影等电影产业的基础
		大渊地区 共同住宅区	共同住宅地区
大邱	韩国土地住宅公社	—	内陆产业集群 教育及学术
光州·全罗南道	韩国土地住宅公社， 光州都市公社， 全罗南道开发公社	—	知识创造城市，环境生态城市，教育文化城市 通过文化和尖端技术，成为 U-biquitous 城市
蔚山	韩国土地住宅公社， 光州都市公社， 全罗南道开发公社	—	绿色尖端能源工业城市
江原道	韩国土地住宅公社， 原州市	—	旅游·文化产业城市
忠清北道	韩国土地住宅公社	—	融合技术城市 教育·文化·人才开发城市 蓝色生态环境城市
全罗北道	韩国土地住宅公社， 全罗北道开发公社	—	生物健康·生命产业集群城市
庆尚北道	韩国土地住宅公社， 庆尚北道开发公社	—	农畜产业特化城市
庆尚南道	韩国土地住宅公社， 庆尚南道开发公社， 晋州市	—	作为知识基础产业的航空·宇宙特化产业
济州道	—	—	作为济州国际自由城市，成为国际交流和进行各领域研究的城市

资料来源：国土交通部创新型城市网站（www. innocity. mltm. go. kr）。

表 7.4 韩国新城开发的时代演变过程

发展阶段	主要内容	特征
第一期（20 世纪 60 年代之前）	①行政业务的分配，为了重新部署及确立体制而制定的法令，制度上的改变促进了新城的发展 ②战争爆发前后在修复的过程中出现了非计划型市区开发 ③根据土地区划整顿事业，换地方式为主 镇海、议政府、论山、大田等	非计划型新城
第二期（20 世纪 60 年代）	①近代化政策的产物 ②随着工业化及经济开发正的正式启动，最初建设了有着现代意义的新城 工业开发发展基地：蔚山、浦项 出口发展基地：马山 解决棚户村：城南	虽然没有国家级的计划，但却出现了计划城市
第三期（20 世纪 70 年代）	①第一期国土综合开发计划，计划新城开发时期 ②20 世纪 60 年代新城案例、人口分散为目的的新城开发、为了区域间均衡发展树立的新城政策同时进行时期 大德、丽川工业城市、龟尾工业腹地城市，首尔（Seoul）江南新市区、果川、安山等地区	存在国家级的计划，但未建设起来计划城市
第四期（20 世纪 80 年代）	①第二期郭汝综合开发计划，积极开发新城时期 ②以地区开发为手段，试图通过新城开发分散大城市的人口 ③3 个城市为重点 大邱、光州、大田 12 个地区生活中心城市作为第二期城市化据点 ④通过首尔（Seoul）市内大规模宅基地开发，促进城市内的新城开发 开浦、高德、木洞、上溪	据点城市化时代 广域市开发
第五期（20 世纪 90 年代）	①扩大首都圈住宅供给，控制对于不动产的投资 ②分散首尔（Seoul）人口为目的的新城开发 一山、中洞、坪村、盆唐、山本：首都圈第一期新城 ③因大规模新城开发受到批判，政府把政策方向调整为允许开发小规模宅基地开发及农林地开发 ④因趁机开发土地的人急剧增多，导致基础设施不足，造成了严重的盲目开发	国土均衡发展及控制对于不动产的投资
第六期（21 世纪）	①为了改变过去对于建设新城的否定意识，开始建设可以代替小规模分散型开发的计划新城 ②可以自足的计划型城市建设 华城东滩、板桥、金浦、坡州	加强自足能力

续表

发展阶段	主要内容	特征
第七期（21 世纪）	①在国家均衡发展层面上，建设分担政府工作的新城 ②其目的不是解决住宅供给问题，而是迁移政府机构，通过迁移公共机构试图分担中央政府的工作	为国家均衡发展的业务分担

资料来源：韩国土地住宅公社网站，部分内容修改或补充（www. lh. or. kr）。

二、韩国新城建设案例

2014 年 9 月 1 日韩国政府通过发表政策有关不动产，正式公布废止《宅基地开发促进法》。《宅基地开发促进法》是 1980 年为解决城市区域的住宅问题而制定的法律，分配了 100000m^2 以上规模的土地作为宅基地开发用地。其目的是供给大规模的住宅，前面所介绍的绝大多数新城都是参照《宅基地开发促进法》建设的。

目前正在进行《宅基地开发促进法》的废止，这一法律废止后大规模的新城建设项目也会随之结束。因此，目前韩国的最新新城建设可看作是首都圈第二期新城，即进入 21 世纪后开始建设的新城。在更广的层面上也可视为世宗市和创新型城市的建设。

韩国新城建设案例可分为首都圈第二期新城和地方新城。首都圈第二期新城包括建设速度最快的华城、东滩 1 新城和城南市板桥新城，地方新城包括釜山的鼎冠新城和世宗市。

1. 城南板桥新城

（1）开发概要

城南板桥新城建设用地在 1976 年指定为南端绿地①，是禁止开发区域，也是特别管理区。

---

① 20 世纪 90 年代前的人口控制政策，限制建立建筑物和开发的区域。

但到20世纪80年代后期，韩国政府为了解决首都圈缺乏住房问题，开始在其区域的一部分建设了盆唐新城。之后随着政府放宽土地利用管控政策，在龙仁、水原、金浦、九里等一代出现了民间盲目开发现象。因此城南市决定到2001年12月31日，一定期间限制批准建筑许可。2002年法律失效后，为防止该地区的盲目开发，开始提出有必要建设基础设施较健全的政府城市开发。

围绕着城南市，负责开发土地的机构以及政界产生了矛盾。但1976年后，在财产权上受到制约的当地居民，对当地的开发有着很大的期待。并且建设交通部（现国土交通部）为了解决首都圈的宅基地开发问题和住宅问题，也采取了积极的立场。

项目实施主体是土地住宅公社、城南市和京畿道。用地面积为8.92km^2，可容纳人口为87789人。以2014年末竣工为目标，目前大部分的居民已完成入住。

表7.5　城南市城南新城项目概要

分类	内容
目的及特征	营造中·低密度绿色城市环境，解决首都圈的用地压力，扩大产业自足基础，建立城市支援设施
位置	京畿道城南市
面积	8.92km^2
可容纳人口	87789人
可容纳住户	29263户
项目实施主体	韩国土地住宅公社，京畿道城南市

资料来源：韩国土地住宅公社网站（www.lh.or.kr）。

（2）道路及空间结构

城南市板桥新城街路网，通过5个干线公路连接了区域之间的街道。不仅形成了连接生活圈和中心地区的内部干线公路网，还构筑了提供日常生活便利的步行以及自行车街路网络。并且在小学周边构建了9个较小的生活圈，适当地建立了学校、公园以及公共设施。为了与临近的盆唐新城协调发展，东侧建设中·高密度的住宅园区，西侧则是中·低密度的住宅园区。

板桥地铁站是南北方向新盆唐线与东西方向城南—骊州线的换乘站。为了提高周边地区的自足能力，把城市公共服务设施的用地，配置在了主要干线道路的旁边。

（3）公园绿地

规划方向是最大限度地保护好城内的山地、公园等绿地，河川位于绿地的旁边，使景观更加美丽，并且还可以给居民提供休闲空间。河川的交汇处包括周边的绿地公园，不仅可以保护生物栖息地，还可以营造居民娱乐空间。这种自然环境的各种要素，可以通过公园和绿地有机联系在一起，构建生态网络。

各个生活圈都有公园和儿童公园，并且都与步行专用道路连接在一起。主要道路旁边还设置了缓冲绿地，可以消除噪音和大气污染，营造舒适的居住环境。

（4）住宅

城南市板桥新城，规划建设约 29263 户住宅，它占整个住宅建设总量的 76%。并且共同住宅用地的 35% 计划建设廉租房。高速公路西侧是中 · 低密度住宅，与盆唐临近的东侧是中 · 高密度住宅。景观较好的丘陵地区建设模块式独立住宅，制造生态住宅园区。计划中充分考虑了楼房、底层小区住宅、独立住宅与周边自然景观之间的协调与空中轮廓。

（5）广域交通计划

城南板桥新城周边城市之间交通网，南北方向是京釜高速公路、6 个区域间道路和 2 个铁路。连接全国的京釜高速公路，贯通北侧的外廓循环高速公路，把龙仁 · 城南连接到首尔（Seoul）的盆唐—水西、盆唐—内谷、龙仁—首尔（Seoul）高速公路，国家支援地方道路（简称国支道）23 号，连接东西方向的义王 · 安养国支道 57 号负责广域交通量。连接首尔（Seoul）和江南的新盆唐线和连接京畿道东部地区的城南—骊州线，构建南北 · 东西间交通网。

新城建设所带来的交通问题，通过主要干线公路的新设和增设、地铁开通等方式得到解决。为了扩大公共交通的利用，建设了板桥站换乘停车场，并且还运行着直达广域大巴和区间公共汽车。

图 7.3 城南板桥新城土地利用规划图

表 7.6 城南板桥新城土地利用计划表

分类		面积（1000m²）				构成比（%）			
		计	第一阶段	第二阶段	第三阶段	计	第一阶段	第二阶段	第三阶段
合计		8923	8393	339	191	100.0	94.1	3.8	2.1
住宅建设用地	小计	2371	2346	24	—	26.6	26.3	0.3	—
	独立住宅	549	525	24	—	6.2	5.9	0.3	—
	共同住宅（底层小区住宅）	255	255	—	—	2.9	2.9	—	—
	共同住宅（楼房）	1539	1539	—	—	17.2	17.2	—	—
	居民区生活设施用地	27	27	—	—	0.3	0.3	—	—

续表

分类		面积（1000m²）				构成比（%）			
		计	第一阶段	第二阶段	第三阶段	计	第一阶段	第二阶段	第三阶段
公共设施用地	小计	6552	6047	315	191	73.4	67.8	3.6	2.1
	商业・办公用地	276	141	—	135	3.1	1.6	—	1.5
	商业中心用地	98	25	—	74	1.1	0.3	—	0.8
	商业区用地	35	35	—	—	0.4	0.4	—	—
	商住楼用地	88	26	—	62	1.0	0.3	—	0.7
	一般办公设施	23	23	—	—	0.3	0.3	—	—
	公共设施	32	32	—	—	0.4	0.4	—	—
	城市公共服务设施用地	433	433	—	—	4.9	4.9	—	—
	公园・绿地	3348	3165	160	26	37.6	35.5	1.9	0.3
	公园	2321	2278	20	24	26.0	25.5	0.2	0.3
	绿地	352	219	133	—	4.0	2.5	1.5	—
	河川	360	353	7	—	4.0	4.0	0.1	—
	雨水处理设施	64	64	—	—	0.7	0.7	—	—
	公共空地	251	251	—	2	2.8	2.8	—	0.0
	上水道，水库及加压站	217	203	14	—	2.4	2.3	0.2	—
	下水道设施	37	37	—	—	0.4	0.4	—	—
	煤气供给设备	10	10	—	—	0.1	0.1	—	—
	电力供给设备	4	4	—	—	0.0	0.0	—	—
	全面供给能源设施	40	40	—	—	0.5	0.5	—	—
	废物处理设施	24	14	10	—	0.3	0.2	0.1	—
	输油设备	1	1	—	—	0.0	0.0	—	—
	学校	285	285	—	—	3.2	3.2	—	—
	政府办公楼	26	26	—	—	0.3	0.3	—	—
	宗教用地	46	46	—	—	0.5	0.5	—	—
	供奉设施及坟墓用地	16	—	16	—	0.2	—	0.2	—
	福祉设施	13	13	—	—	0.2	0.2	—	—
	广场	135	56	70	8	1.5	0.6	0.8	0.1
	停车场	59	53	—	5	0.7	0.6	—	0.1
	铁路设施	1	1	—	—	0.0	0.0	—	—
	危险物储藏及处理设施	5	5	—	—	0.1	0.1	—	—
	道路系统	1569	1512	43	16	17.6	16.9	0.5	0.2
	道路	1498	1450	41	9	16.8	16.2	0.4	0.1
	步行者专用道路	71	62	2	7	0.8	0.7	—	0.1

资料来源：韩国土地住宅公社网站（www. lh. or. kr）。

2. 华城东滩1新城

（1）建设概要

华城东滩1新城离首尔（Seoul）有40公里，东滩1新城也同样是为了消除首都圈人口与产业过度密集的现象而建设的核心据点城市。目的是让首尔从集中式空间结构中摆脱出来，促进首都圈均衡发展，预防无秩序的区域开发。

华城东滩1新城的建设于2000年12月正式启动，2001年4月公布宅基地开发区域后，同年12月批准了开发计划及实施计划，进行速度非常快。这就充分说明了当时首都圈的住房短缺问题极为严重，当时政界又提出了有关解决住房问题的竞选承诺，因此新城建设的目标变得更加明确。

2007年开始入住，2008年竣工，华城东滩1新城是首都圈第二期新城建设规划中完成最快的新城。

表7.7　　华城东滩1新城项目概要

分类	内容
目的及特征	构建中·低密度生态城市环境，防止首都圈盲目开发以及促进有计划的开发，通过吸引尖端产业营造可以自立的新住宅园区
位置	京畿道华城市石隅洞、盘松洞、陵洞一带
面积	9.03km^2
可容纳人口	124326人
可容纳户数	40921户
项目实施主体	韩国土地住宅公社

资料来源：韩国土地住宅公社网站（www.lh.or.kr）。

（2）道路及空间构造

华城东滩1新城街路网认为需要改善与首尔之间的连接，但更重要的是作为地区中心城市与周边城市的交流。因此为了改善地区间的街路网，构建了饼店、乌山、水原等周边地区的干线街路网体系，省略了不必要的过境交通，建设了既安全又舒适的街路网体系。

城市的干线道路是扇形的环状放射型道路网，可以拉近区域间的联系。并且规划把城市中心放在地区内部，在其中心部位建立大规模的公园和商业设施。地区外部则是舒适的独立住宅，尖端产业用地也从外部迁移到城市中心地区附近。

共同住宅计划由塔状形和板状形楼房构成，形成多变的空中轮廓。并且公园和住宅园区相融合在一起，环境变得更加舒适。

（3）公园绿地

华城东滩 1 新城的景观主要以山地为中心，保留了原先的丘陵地形，形成了十字形的公园绿地。以中央公园为中心，各个公园都融入了历史和文化，强调了当地的特殊性。

中央公园的长度约 2.1 公里，不仅如此，还有可以学习自然的生态公园、有体育设施的休闲公园、展现华城未来和尖端产业的新概念多媒体公园。根据各自的含义和主题树立了多种空间规划，给居民们提供舒适而多样的露天场地。并且还提供了可以连接全区域步行者专用道路和自行车道路的步行网络。

（4）住宅

华城东滩 1 新城住宅约有 40000 户，其中共同住宅占 86%，共同住宅的 30% 出让方式是廉租房。

以中央公园为中心，两侧是塔状形共同住宅，其他区域是中·高层住宅。景观好的地区外部和中央公园南侧，则是绿色生态模块式独立住宅。独立住宅为了能看到周边的景观，通过测量周边地区密度，营造了社区内既便利又舒适的环境。

（5）广域交通规划

华城东滩 1 新城和周边城市之间共有 12 个道路，2 个铁路，4 个高速公路交通网 8 个连接水原，龙仁和安山的国土、国支道、地方道。地方道的 2 个路线、1 个国道、1 个国支道连接至首尔和水原。西侧的台安地区和安山地区，分别连接到 1 个国土和 1 个地方道。

按原先的计划，以 62 号线和放射形路线为中心，分别连接到各个生活圈。以环状形街路网为中心，外廓的国支道 84 号线连接新城和周边地区。通过这样改善广域交通，不仅是华城东滩 1 新城，还使各个地区之间的交通变得更加活跃，期待会给首都圈西南部地区带来更大的发展。

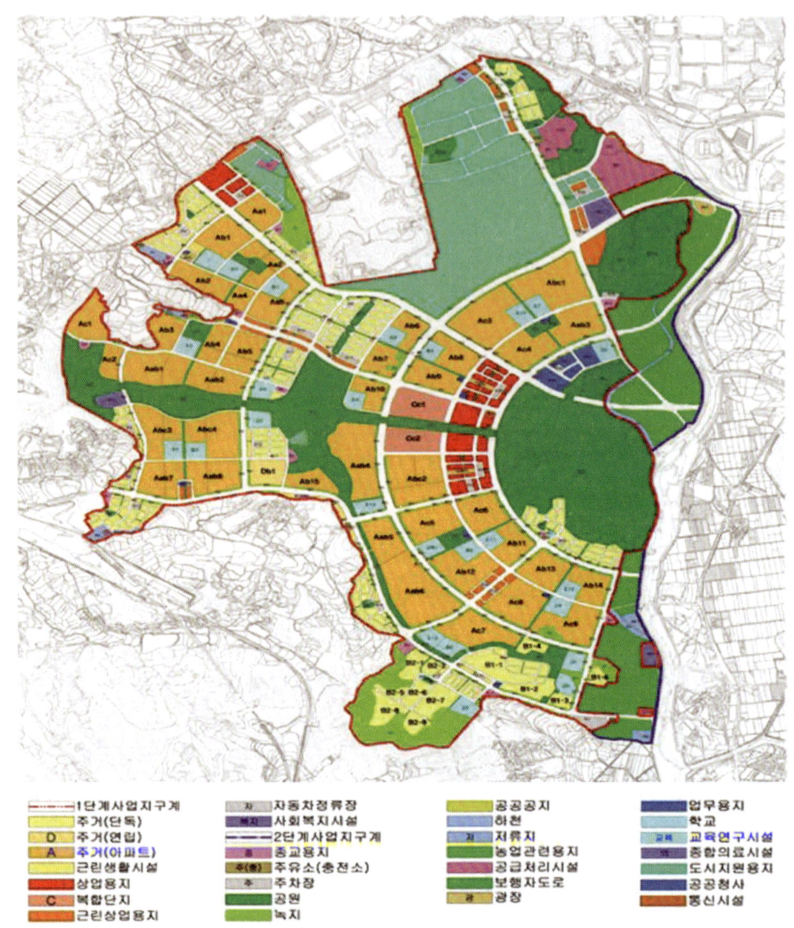

图 7.4　华城东滩 1 新城土地利用规划图

表 7.8　　华城东滩 1 新城土地利用规划表

分类		面积（1000m²）			构成比（%）			备注
		计	第一阶段	第二阶段	计	第一阶段	第二阶段	
总计		9035	8223	812	100.00	100.00	100.00	
住宅建设用地	小计	2686	2686	—	29.72	32.66	—	
	独立住宅	600	600	—	6.64	7.30	—	
	共同住宅	2041	2041	—	22.60	24.83	—	
	底层小区住宅	30	30	—	0.34	0.37	—	
	楼房	2011	2011	—	22.26	24.46	—	
	居民区生活设施用地	44	44	—	0.48	0.53	—	

续表

分类		面积（1000m²）			构成比（%）			备注
		计	第一阶段	第二阶段	计	第一阶段	第二阶段	
商业用地	小计	384	384	—	4.25	4.67	—	
	一般商业用地	148	148	—	1.64	1.80	—	
	商业区用地	95	95	—	1.05	1.16	—	
	商住楼用地	95	95	—	1.06	1.16	—	
	办公用地	45	45	—	0.50	0.55	—	
城市公共服务设施用地		876	876	—	9.69	10.65	—	
农业用地		621	—	621	6.87	—	76.48	
公共设施用地	小计	4469	4278	191	49.47	52.02	23.52	
	道路	1488	1383	105	16.47	16.82	12.92	
	停车场	65	65	—	0.72	0.79	—	
	公营停车场	10	10	—	0.11	0.13	—	
	广场	40	34	6	0.45	0.42	0.80	
	公园	1698	1698	—	18.80	20.65	—	
	绿地	505	489	16	5.59	5.95	1.95	
	公共空地	15	15	—	0.16	0.18	—	
	水库	12	12	—	0.14	0.15	—	
	送水设施	12	10	2	0.13	0.12	0.23	
	通信设施	2	2	—	0.02	0.03	—	
	电力供给设备	35	35	—	0.39	0.43	—	
	煤气供给设备	16	16	—	0.18	0.20	—	
	供热设备	65	65	—	0.72	0.79	—	
	学校	305	305	—	3.38	3.71	—	
	教育研究设施	12	12	—	0.14	0.15	—	
	政府办公楼	8	8	—	0.08	0.09	—	
	河川	51	5	46	0.57	0.06	5.69	
	雨水处理设施	83	67	16	0.92	0.82	1.93	
	污水抽水机	5	5	—	0.05	0.06	—	
	废物处理设施	10	10	—	0.11	0.12	—	
	加油站	10	10	—	0.11	0.12	—	
	社会福祉设施	29	29	—	0.32	0.35	—	
	宗教设施	35	35	—	0.38	0.42	—	
	医疗设施	22	22	—	0.24	0.27	—	
	文化会馆，公共图书馆，室外音乐厅	40	40	—	0.45	0.49	—	
	儿童图书馆，市立敬老院	1	1	—	0.01	0.01	—	

资料来源：韩国土地公社网站（www.lh.or.kr）。

3. 釜山鼎冠新城

(1) 建设概要

鼎冠新城的建设目的也在于解决釜山广域市市中心过度集中问题，也是为了开发大规模的绿色环境新城而建设的地区。这同时满足釜山东北部地区建立独立住宅和提高生产能力的要求。

希望把釜山建设成为可以分担城市生产能力的大规模“自足”型城市，作为国际旅游城市的中心，拉动梁山、蔚山、马山等周边城市的发展。

表 7.9　釜山鼎冠新城项目概要

分类	内容
目的及特征	解决市中心过度集中问题、正确对应住宅需求、釜山广域市东北部生活圈的中心、为实现国际化而建立的据点城市、是具有生态城市框架的特色田园新城
位置	釜山广域市机张郡鼎冠一带
面积	4.16km^2
可容纳人口	85791 人
可容纳户数	28597 户
项目实施主体	釜山都是公社

资料来源：釜山都市公社网站（www.bmc.busan.kr）。

(2) 住宅

鼎冠新城市是由楼房、底层小区住宅、独立住宅构成的低密度田园式城市。为了保障独立住宅居民的阳光权，选用了与楼房区相分离的结构。楼房和独立住宅等建设总面积约 1883000m^2，共同住宅为 1715000m^2，独立住宅为 168000m^2。共同住宅中楼房分低层、高层和超高层三类，其面积分别是 162000m^2、1038000m^2 和 293000m^2。低层小区住宅面积为 221000m^2，城市人口密度为 458 人/ha，并且人口密度最高的超高层楼房是 583 人/ha。总户数为 28747 户，可容纳人口为 86000 人。独立住宅（730 户）共有 2190 人居住，且 28000 多户共同住宅中共有 84000 多人居住。城市建设目标是楼房和底层小区住宅用地，呈现出整个城市的景观和各住宅区的特色，并且还要求空中轮廓的协调。步行者和车辆的路线相分离，配套福利设施等基础设施进行合理的配置。住宅建筑有低层、高层和超高层，展现出住宅区的各种不同形象。为了实现舒适的居住环境、田园式城市，独立住宅用地设计为低密度建设。在树立计划的过程中，考虑到了原先住在当地的居民以及要转让宅基地的居民，因此新城开发规划的方向是要尽量符合政府的有关管控政策。

为了保障舒适的居住环境，维持适当的密度是最重要的。不仅如此，为了空中轮廓，对建筑物的高度和容积率等要素都进行了分类。楼房的建筑物占地面积比例为50%以下，底层小区住宅和独立住宅的建筑物占地面积比例为60%。小平方楼房的容积率为200%，中型的容积率是210%，中大型是239%。建筑的高度限制在20层，楼房用地按照地区特征、周边条件、自然环境、道路、儿童公园、游乐场、居住区内建立商业楼的必要性等因素进行布置。

住房建设的用地面积以30000m^{2}以上为原则，并且按地区、房子平方面积、家庭人数树立不同的计划。鼎冠新城的住房建设面积是可以容纳500户以上的规模，也是目前韩国建设新城时最广泛使用的规模。此外还有可以建立近邻公园、学校、政府办公楼等公共设施用地。

（3）城市间交通网

鼎冠新城的建设目的是要成为釜山东北部的中心城市，构建可以连接釜山、蔚山、梁山的交通网。通过建立连接釜山、蔚山和梁山的广域道路网，成为新城开发的据点城市。通过鼎冠—石坮间道路，增强了鼎冠新城与釜山市区内主要城市之间的接近性。并且梁山—长安道路（60号地方道路）可以连接7号国道和14号国道，这增强了与梁山和蔚山之间的接近性。此外，目前不仅计划建设干线道路网，还在建设连接釜山和蔚山的东海南部线（65km）复线电铁化（在原有的铁道上运行电力机车和电动车的方式叫作电铁化）。

表7.10　　釜山鼎冠新城土地利用规划表

分类		面积		构成比
		m^2	坪	（%）
合计		4158636	1257987	100.0
住宅建设用地	小计	1900672	574953	45.7
	独立住宅	168154	50867	4.0
	共同住宅	1715641	518981	41.3
	居民区生活设施用地	16877	5105	0.4

续表

分类		面积		构成比
		m^2	坪	(%)
准居住地域		38406	11618	0.9
商业用地		114993	34785	2.8
公共设施用地	小计	2104565	636631	50.6
	道路	729895	220793	17.6
	公园	532147	160974	12.8
	缓冲绿地	251726	76147	6.1
	公共空地	80574	24374	1.9
	学校	242001	73205	5.8
	停车场	24965	7552	0.6
	医疗设施	9905	2998	0.2
	政府办公楼	16956	5129	0.4
	电力供给设备	1080	327	0.0
	宗教设施	3995	1208	0.1
	河川	182172	55107	4.4
	水库	10129	3064	0.3
	广场	18256	5522	0.4
	污水抽水厂	704	213	0.0
	煤气供给设备	60	18	0.0

注：按照城市计划法，主要功能是居住，但却缺乏商业功能的地区叫作准居住地域。
资料来源：釜山都市公社网站（www. bmc. busan. kr）。

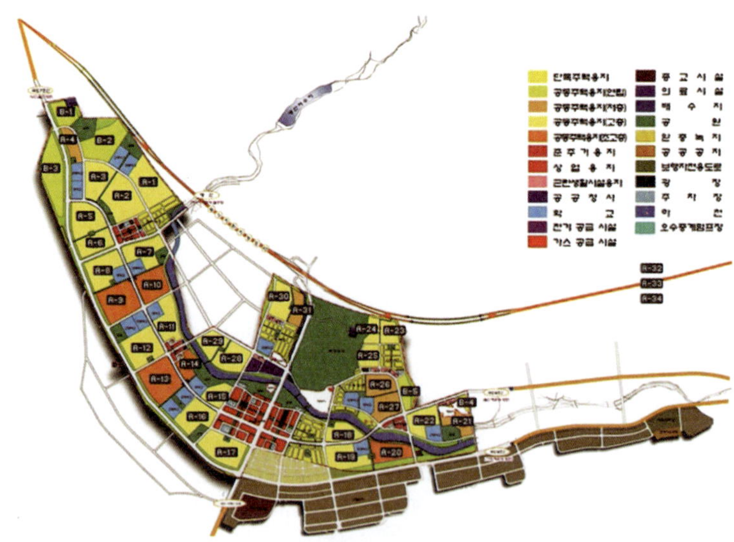

图 7.5　釜山鼎冠新城土地利用规划图

4. 世宗市（幸福中心复合型城市）

（1）开发概要

世宗市的建设是韩国最早参与政府（卢武铉总统）时期，为实现国家均衡发展，由中央政府提出的。

2003 年根据《新行政首都特别法》的制定，树立了一系列的立法、司法、行政部等首都迁移计划及建设基本计划，地点在燕岐郡与公州市交界处。但是 2004 年 10 月 21 日《新行政首都特别法》被判决为违宪，2004 年 11 月组织了政府的后续对策委员会和国会特别委员会，决定把世宗市建设成为以办理行政为主的复合型城市，并且划分了需要迁移的政府部门。2005 年制定并公布《为建设行政中心符合都市的特别法》后，同年决定了要开发的地区和周边地区。“世宗市”从 2006 年开始成为正式名称，目的是要分散中央的行政业务，并缓解首都圈的过度密集问题，拉动地方的发展。

目标是成为中央行政业务中心，教育、文化、福利等业务中心，发展成为有自足能力的复合型城市。按照《为了让新行政首都后续对策燕岐·公州地区建设成为行政中心复合型城市的特别法》第 20 条和实施令 12 条，树立了开发计划，目前在建设当中。

表 7.11　　世宗市开发情况

分类	内容
2005. 05. 18	为建设行政中心复合型城市的特别法制定及公布
2005. 05. 24	开发地区及周边地区的制定和宣布
2006. 07. 01	确定行政城市建设基本计划
2006. 11. 29	确定及宣布开发计划
2006. 12. 01	确定了行政城市“世宗市”名称
2010. 06. 29	世宗市修正案在国会上被否决
2010. 08. 20	宣布改变中央行政机构等迁移计划
2010. 12. 08	《对于世宗市建设的有关特别法》国会通过
2010. 12. 27	《对于世宗市建设的有关特别法》公布（法律第 10419 号）

（2）道路及空间规划

为了提高开发效率，共分成三个阶段。第一阶段是迁移行政机构，通过建立较完善的基础设施及大众交通体系，谋求发挥城市活力。

幸福城市世宗市的建设计划是按照征集的方案进行的，自 2005 年 6 月开始进行的“城市概念国际征集”活动中共有 121 个组（国内 57 个组，国外 64 个组）参加，西班牙建筑家 Andres Perea Ortega 的“The City of the Thousand Cities”最终入选。

“The City of the Thousand Cities”计划中主要强调的部分就是保护市中心的绿地，把目前作为水田使用的绿地保护起来，作为城市的公共空间，并沿着山脊建设城市。城市的公共空间配置在城市的中心，发挥城市作用的设施建立在城市周边地区。按照入选作品计划，把城市的中心绿地部分保护起来，发挥城市作用的设施分散的建立在城市周边。

图 7.6　世宗市国际征集入选作品

世宗市的建设时间较长、规模较大，因此为了有效率性的进行共分成三个阶段。

表 7.12　　世宗市各阶段开发计划

阶段	第一阶段（2007～2015）	第二阶段（2016～2020）	第三阶段（2021～2030）
作用	中央行政·城市管理，政府出资研究机构，国际交流及文化	大学，医疗·福利，以知识为基础的尖端产业	吸引外部引入
人口规模	150000 名	300000 名	500000 名
开发方向	促进初期建设	扩大自足能力为核心的开发	扩大居住地，完善城市基础设施

资料来源：行政中心复合都市建设厅（www. macc. go. kr）。

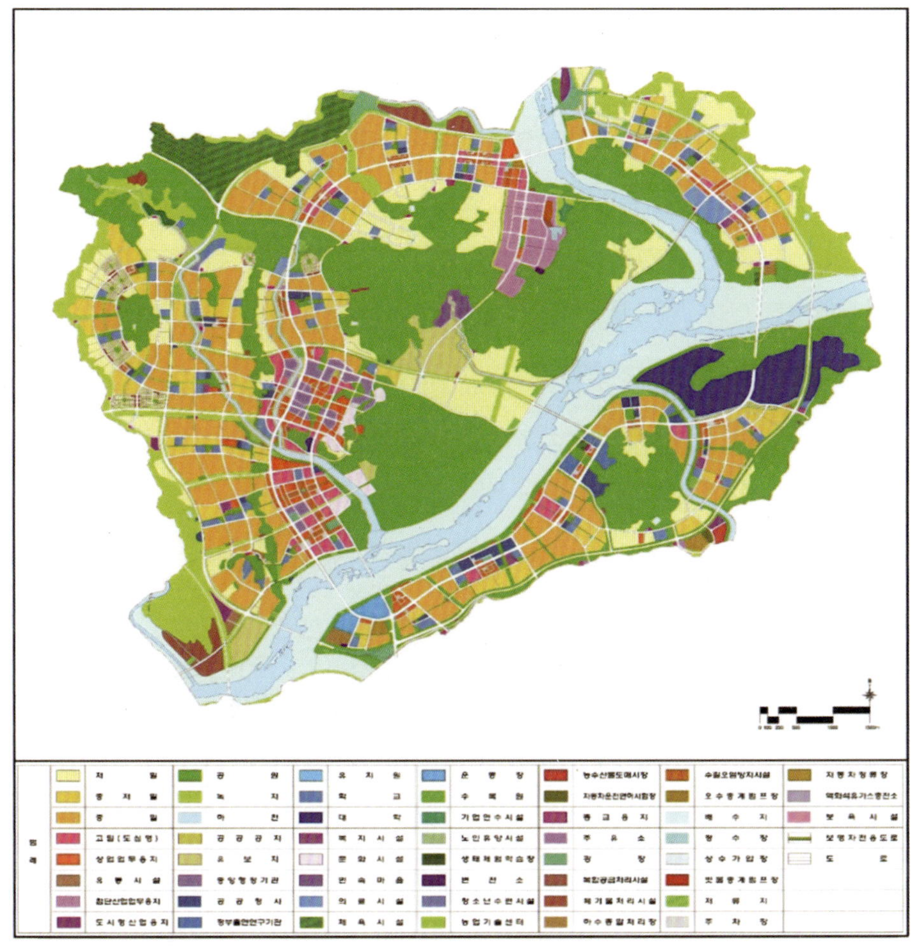

图 7.7　世宗市土地利用规划图

表 7.13　　世宗市土地利用规划表

分类	面积（m^2）	比率（%）	备注
总计	72908221	100.0	—
住宅用地	15451590	21.2	—
低密度	4310615	5.9	—
中低密度	2574885	3.6	—
中密度	7744186	10.6	—
高密度（城市中心）	821904	1.1	—
商业区用地	1479087	2.0	—
产业区用地	855513	1.2	—
公园绿地	38264732	52.5	市中央绿地空间，包括河川
保留地	752282	1.0	—
设施用地	16105017	22.1	—
中央行政机构	407348	0.6	9部2处2厅
政府大楼	458119	0.6	—
政府出资研究机构	140357	0.2	—
教育设施	2925712	4.0	—
福祉设施	119935	0.2	包括保育设施
文化设施	192614	0.3	—
医疗设施	214571	0.3	—
体育设施	1259462	1.7	复合体育设施，综合体育设施
其他设施	246434	0.3	企业进修设施，老养设施，青少年修炼设施，民俗村，图书馆，农业技术中心
公共基础设施	10140465	13.9	—
道路	8263330	11.3	包括步行道路
停车场	437449	0.6	包括换乘停车场
汽车停车站	118430	0.2	客运站，公营停车场
农产物批发市场	41848	0.1	—
驾照考场	22292	0.0	—
宗教用地	101499	0.1	—
加油站	40081	0.1	—
交通广场	302549	0.4	—
基础设施	812987	1.1	复合型城市基础设施，下水处理场，水库，变电站，废弃物填埋场等

资料来源：行政中心复合都市建设厅（www.macc.go.kr）。

三、对于韩国新城开发的评价

对过去政策的探索和改善方案的研究，使今后在树立政策时不仅会避免犯下同样的错误，并且向更好的方向发展，因此意义深远。

目前在国家的主导下进行的首都圈第二期新城建设，为了避免第一期新城建设中犯的错误，正在积极地讨论且评价第一期新城建设。为了今后新城的建设，有必要对过去的案例进行分析和评价。

笔者将综合韩国国内对于新城建设进行评价的有关研究，总结成果并向未来的新城建设提供意见。

1. 对首都圈第一期新城的评价及存在问题

（1）住宅及不动产的价格稳定

首都圈第一期新城开发稳定了住宅及不动产价格。1989 年新城建设时期一些专家预测住宅的价格会上涨，但从 1991 年 4 月开始出售以后反而住宅的价格出现下跌现象。当时住宅价格的变化虽然一部分受到宏观经济环境的影响，但另一部分是因为住宅供给量的增多，导致房价下跌。1993 年下滑到了最低点，之后到 1997 年维持了稳定态势，扩大了居住地点的选择范围。

（2）首尔的人口分散及扩建基础设施

首都圈第一期新城一定程度上实现了人口的分散和基础设施扩充的目标，解决了首都圈的各种混乱问题。新城入住的 1990 ~ 1998 年间，首尔人口的净外流量约有 1500000 名，这说明通过新城内的基础设施扩充，改变了首都圈的空间结构。特别是通过一山①、盆唐②地区的干线道路投资，提供了与首尔的接近性。

---

① 高阳—坡州干线道路设施。

② 城南—龙仁干线道路设施。

(3) 首都圈第一期新城存在的问题

①缺乏自给自足型的城市开发。

首都圈第一期新城为了解决严重的住房短缺问题，把供给大量的住房作为最根本的政策目标。这种目标虽然解决了住宅供给、稳定了住宅价格、改善了居住环境、分散了人口，但是在商业用地未出售、公共设施未入驻、缺乏干线交通和大众交通之间的联系、交通问题等层面上却没有采取充分的对策。

此外新城的开发应按照《宅基地开发促进法》来进行，除了楼房型工厂以外未包括工业地区，因此没有带来制造业创出工作岗位的效果。这证明城市缺乏可以自力更生的经济基础，从事于服务业的居民阶层较多，因此在发挥多种城市作用层面存在很多限制。不仅如此，新城建设基地一般在首都圈周围，所以未能确保城市可以自足的经济基础。经济活动人口中个体户从业人数是京畿道0.55%，与此相比新城是0.24%～0.32%。并且对工业的土地用地也没包括在计划范围之内。

②未能树立好新城与首尔之间的交通规划。

入住新城的大部分都是从京城移居过来的居民，因此他们的生活基础都在首尔。这导致首尔市的交通变得更加集中，出现很多交通问题。新城是短期间完成建设的，因此在未完成广域交通、大众交通等基础设施建设的情况下开始入住，产生了很多社会成本。当初的自足性城市建设目标没能得到实现，反而形成了首尔附近的城郊住宅区。为解决交通需求，开始计划建设连接两地的新干线。但因首尔与该地区之间的干线道路网建设未包括在新城建设规划范围内，交通问题未能得到解决，从而增加了该区域间的通行量。

③短期间建设带来的副作用。

短期间完成的首都圈第一期新城建设，因居民的快速入住，未能建设城市的基础设施，导致了豆腐渣工程的城市建设副作用。除此之外，当时对周边未开发地区未能树立完善的计划，并且还对开发地区进行了现金赔偿，导致周边地区的地价攀升。

2. 对首都圈第二期新城的评价及存在问题

（1）对首都圈第二期新城的评价

进入2000年之后，首都圈第二期新城建设以东滩新城为开端。其规模、选择地点和开发方式等方面都与首都圈第一期新城建设有很大区别。第二期新城建设在土地利用方面提倡低密度规划，还构建了绿色系统给居民提供露天场所。除此之外，缩小了商业和办公设施的用地比率。并且通过扩大城市服务基础设施建设用地，树立了绿地的保护及绿色系统的概念。不仅如此，目前还正在引进快速公交系统、有轨电车等新的交通工具。还构建了步行者优先道路网体系，积极地引进交通稳静化系统。首先笔者把首都圈第二期新城建设与首都圈第一期新城建设做了比较，通过对比的方式来评价第二期新城的性质、交通及公共设施。

表7.14　　首都圈1·2期新城计划方案对比

分类	第一期新城	第二期新城
城市性质	追求构建完美住宅城市	强调各城市特色 板桥—Venture，华城—尖端·城乡复合型城市，金浦—绿色·大众交通等
交通	家用汽车 （道路·地铁，与首尔的连接性）	提倡大众交通 （新交通工具，换乘体系，强调与周边地区的连接性）
公园绿地	保障面积，“平面型”公园	绿色网络，生态·“立体型”公园
景观	协调空中轮廓	树立景观计划，树立建筑物景观计划
公共设施	以必备的便利设施为主	提倡居民自治·文化设施
解决供给	以基础环境设施为主	垃圾输送管道，环境处理设施的综合利用
自足性	一部分存在城郊住宅区性质	构建自足设施用地，确保开发保留地，努力确保自足性
社会一体化	供给廉租房	社会融合，加强连接性

资料来源：Kim Hyeonsu（김현수），新城建设的中期评价及未来促进方案，土地研究，第82号24卷，PP. 57－7。

（2）首都圈第二期新城存在的问题

首都圈第二期新城建设为了不重复第一期新城建设当中所犯的错误，投入充分的时间树立了建设计划，但仍然出现了多种问题。

①文化生活空间不足。

首都圈第二期新城的平均绿地率超过城市面积的30%，大部分的绿地是由需要保护的绿地和缓冲绿地所构成，因此缺乏可以实质性利用的生活用地。此外商业和办公用地比率非常低，所以可以进行经济基础活动和文化活动的用地资源短缺，从而成为阻碍城市长期性活力的消极因素。

②扩充广域交通网导致建设成本上升。

首都圈第二期新城从树立计划的阶段开始，为了构筑大众交通为中心的交通体系，使用了很多的不同方法。希望通过扩充广域交通网解决首尔的交通集中问题。但是要探索差别化的广域交通网方案需要更多的成本，住宅建设的费用上升也增加了入住居民的负担。不仅如此，到目前中长期广域交通设施还没有得到完善，因此给当地居民带来了很多不便。此外，因投资资源短缺，在建设城市基础设施时不仅加重了建设主体的负担，还缺乏可以吸引民间投资的条件，所以在资金筹资方面也存在困难。

③费用较高的成本结构导致城市缺乏竞争力。

首都圈新城因政府工厂总量制（为了控制制造业过度集中建立在首都圈，政府每年规定可以在首都圈里建设工厂的土地面积）、管理大企业用地范围、限制大规模建筑等首都圈有关管控制度，在建立工厂以及教育设施时受到限制。这不仅很难维持独立性的经济基础，还阻碍新城成为复合型城市。2000年以后比起在地方已经开始建设了复合型城市，比如企业城市、创新型城市、世宗市等城市，首都圈里的唯一一个包含复合型城市概念的地区就是经济自由区域。

此外，首都圈第二期新城建设过程中出现了增加赔偿金、对树立广域交通改善对策的费用负担、容积率减少、扩大公园及绿地等现象。便利设施的扩充计划和费用较高的成本结构，导致住宅销售价格相对其他地区比较高，因此缺乏城市竞争力，阻碍向复合型城市发展。

④以住宅区为主的开发导致城市缺乏自足性。

首都圈第二期新城建设中，扩大城市发展轴战略是为了最大限度地利用已有的城市势力范围，这一战略不符合原先的城市规划。可以说不是以空间为单位的发展，而是以新市区为单位的大规模扩张。首都圈第二期新城以市中心为准，半径 30km ~ 50km 范围因地区条件急需可以保障该地区自足性的设施建设。首都圈第一期新城也因为缺乏城市自足性，出现了依赖于首尔或原有市中心的现象。因此如果首都圈第二期新城也过度依赖首尔或原有市中心的话，就会很难得到发展，从而需要以住宅区为中心提高城市自足能力。

四、韩国新城建设启示

1. 长期性的规划与管理

大部分新城提倡的是要发展成为有自足能力的城市，并且对新城进行评价时把自足性看作最重要的要素。新城的自足性一般指的就是经济基础，但是不能所有的城市都以经济层面的自足性来进行规划。要按照城市规模、土地条件、性质、目标等不同的自足性指标来建立符合当地特色的经济基础。

除此之外，城市的自足性评价不能在短期间内进行。因为城市建设后会根据人口流入、周边环境变化等要素出现差异，因此要在长期的观点下进行持续性的规划及管理。

2. “复合型城市”概念的引入

韩国过去的新城都是以居住为中心建设的城市，因此有缺乏自足性的评价。今后需要引入复合型城市这种新概念，增强城市的自足能力，给城市注入新的活力。建设新城时不仅是住宅区，还要注重经济、社会等复杂的条件，并且产业结构要转换成服务业和尖端产业为主的新型城市。为达成这一系列目标，必须扩大并加强土地利用的灵活性，与此同时，为了保护好原有的城市功能，需要创造可以综合利用的区域。

3. 需放宽首都圈有关规定

目前因政府对首都圈的尖端产业实行工厂总量限制，并且不仅禁止大企业工厂的新设及增设，还对工业区的工厂建设用地进行分配。这种以居住为中心的新城很难发展成为复合型城市，因此需要按照各区域实施情况一定程度对制度放宽。

放宽首都圈制度可以加强城市的竞争力，创新是城市竞争力的重要因素。这里所说的创新指的不是产业技术上的创新，而是为可持续发展的创新。需要通过政府的积极支持，扩大新城建设的范围。

附录　城市名字

1. 特别市 & 广域地方自治团体

京城，（特别市）
釜山，Busan，（广域市）
大邱，Daegu，（广域市）
光州，Gwangju，（广域市）
大田，Daejeon，（广域市）
蔚山，Ulsan，（广域市）
世宗，Sejong，（特别自治市）
京畿道，Gyeonggi – Do
江原道，Gangwon – Do
忠清北道，Chungcheongbuk – Do
忠清南道，Chungcheongnam – Do
全罗北道，Jeollabuk – Do
全罗南道，Jeollanam – Do
庆尚北道，Gyeongsangbuk – Do
庆尚南道，Gyeongsangnam – Do

济州道，Jeju－Do，（特别自治道）

2. 普通城市

议政府，Uijeongbu
论山，Nonsan
浦项，Pohang
昌原，Changwon
丽川，Yeocheon
龟尾，Gumi
果川，Gwacheon
梁山，Yangsan
龙仁，Yongin
水原，Suwon
金浦，Gimpo
九里，Guri
城南，Seongnam
义王，Uiwang
安养，Anyang
华城，Hwaseong
乌山，Osan
公州，Gongju

3. 首都圈第一期新城

盆唐，Bundang
一山，Ilsan
坪村，Pyeongchon
山本，Sanbon
中洞，Jungdong

4. 首都圈第二期新城

杨州，Yangju

坡州，Paju

金浦，Gimpo

黔丹，Geomdan

违礼，Wirye

板桥，Pangyo

光教，Gwanggyo

东滩，Dongtan

高德，Godeok

牙山，Asan

道安，Doan

5. 其他

创新型城市，Innovation city

江南，Gangnam

鼎冠，Jeonggwan

大德，Daedeok

燕岐，Yeongi

开浦，Gaepo

木洞，Mokdong

上溪，Sanggye

汝矣岛，Yeouido

饼店，Byeongjeom

台安，Taean

石抬，Seokdae

长安，Jangan

第八章
产业新城演进与开发模式

一、产业新城的基本内涵、重要作用及演进规律

1. 产业新城的基本内涵

目前对于产业新城这一概念学术界尚没有明确的定义，也尚未有公认的标准出台。

产业新城最开始是由于中心城市地价的高昂使得工厂原地扩张成本巨大，而功能布局的混杂和人口密度的加大，导致了生活环境恶化，重工业首先迁出城市，随后轻工业也逐渐外迁。但为避免重蹈布局混乱和土地资源的浪费，政府在城市边缘条件适宜的地方划出一片区域进行引导，由此形成了产业新城的雏形。由于产业的外迁，职住分离造成的钟摆式交通等另类城市问题随之产生。于是，在产业新城布局适当的住宅、商业和公建配套，使之达到一定的工作和生活的平衡，成为后来产业新城发展规划的共识。

从国内外实践及世界城镇化发展趋势综合来看，产业新城被认为是一种或多种产业为驱动力从而带动整个城市发展的新型发展模式，它一般需具备产城融合、职居平衡、规模适度、功能复合、布局合理、资源集约、环境友好、助力城镇化等重要特征。典型代表为日本筑波科学城、美国加州尔湾、英国米尔

作者：顾强，华夏幸福基业集团顾问、中国科学院科技政策与管理科学研究所博士后。

顿·凯恩斯等。

产业新城建设是一项复杂系统工程。产业新城建设以区域特有产业资源或可嫁接资源为开发依托，在综合开发利用产业资源的基础上，建设相应的产业园区、城镇居民点体系、城市生活配套及相关基础设施，以调整或协调区域的人口、资源、经济和环境的相应关系为目标，对区域产业结构进行扩大、重整、嫁接或颠覆，从而建设一个独立性和系统性较强的、具备生产生活能力及经济创收能力的新城区。

因此，一般认为，产业新城是指在大城市主城区之外，以产业为先导、以城市为依托，建设产业高度聚集、城市功能完善、生态环境优美的新城区。通过在新城实现居住与就业的平衡，形成对大城市主城区的反磁力体系，推动产业转型升级、城乡区域经济协调发展。

2. 产业新城是推动全球城镇化的重要载体

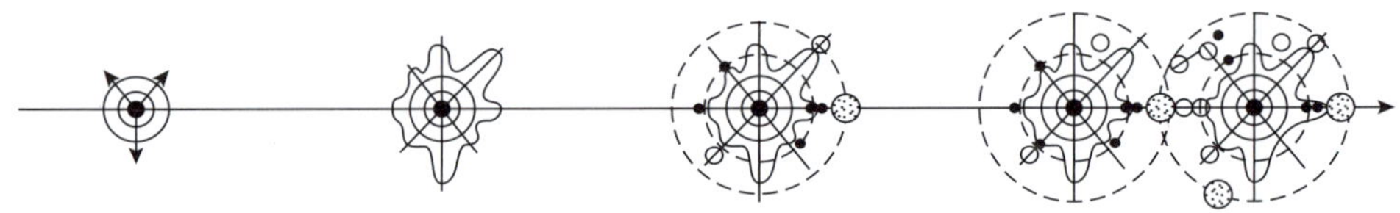

图 8.1　世界都市圈发展不同阶段

从世界各国实践来看，推进工业化与城镇化协调发展，很重要的路径就是特大城市人口和产业要从主城区向周边和其他城镇疏散转移。世界上大都市的发展虽然功能各有不同，但通常随着城市规模由中心向外围扩张，形成了较为规律性的空间结构。这种空间结构自内向外和自小向大可以分为四个圈层，代表了大都市发展过程的四个阶段：中心城市的面积一般在 100km^2 ~ 600km^2，半径 5 ~ 10km，人口密度在 1 ~ 2（万/km^2）之间；大都市区由中心城市和郊区城市地区组成，面积一般在 1500km^2 ~ 2000km^2，半径 30 ~ 50km，人口密度在 5000 ~ 1（万/km^2）之间；大都市圈由一个以上的大都市区组成，面积一般在 10000km^2 ~ 20000km^2，半径 100km 左右，人口密度在 1000 ~ 2500（人/km^2）

之间，其中周边大都市区的人口可以大于中心大都市区。大都市带由一个以上的大都市圈组成，面积一般在 30000km^2 以上，半径 200～300km，人口密度在 300～1000（人/km^2）之间。发达国家著名的大都市，例如欧洲的伦敦大都市、巴黎大都市；美国的纽约大都市、洛杉矶大都市；日本的东京大都市等，一般都经历了完整的发展阶段，形成了较为齐全的四个圈层。例如，伦敦大都市为内伦敦中心城市、大伦敦（包括市区及附近的 29 个城镇）、伦敦大都市圈、伦敦—伯明翰大都市带；纽约大都市为纽约中心城市（包括曼哈顿等 5 个区）、纽约大都市、纽约大都市圈（包括周边 33 个县）、纽约—波士顿—华盛顿大都市带；东京大都市为东京中心城市（包括市区的 23 个区）、东京都大城市区（包括市区的 23 个区和郊区的 27 个县）、东京圈（包括东京都和神奈川、琦玉、千叶 3 个县）、首都圈大都市带；巴黎大都市为巴黎中心城市（环行大道内的 20 个区）、巴黎大都市、大巴黎大都市圈（巴黎市加上周边 7 个省，即伊尔—法兰西地区）。

从当前世界城镇化实践看，城市群和都市圈是在工业化和城镇化进程中出现的一种新型城市组织形态。从 20 世纪初起，城市群逐渐成为发达国家城市化进程中的主体形态。通过发展城市群和都市圈，统筹空间规划，推动中心城市与周边中小城市的联合发展，产生集聚效应，实现区域内资源的合理配置，促进整个区域的经济一体化进程，是全球各国的普遍做法。由伦敦、巴黎、米兰、慕尼黑和汉堡组成的欧洲五边形大都市区，集中了欧盟 40% 的人口和 50% 的国内生产总值。美国 67% 的国内生产总值集中在大纽约区、大洛杉矶区和五大湖区三大城市群地区。日本的东京、阪神、名古屋三大城市群，集中了全国 65% 的人口和 70% 的国内生产总值。城市群和都市圈以一个或几个中心城市为核心，拥有与核心城市形成一体化社会经济联系和合理产业分工的中小城市，通过成熟立体的交通系统与发达的通信系统实现整个区域范围内的紧密联系，有效促进整个区域的经济一体化进程。

都市圈内拥有不同规模、不同性质的城市单元，它们承担着不同的功能。西方学者在研究都市圈内不同城市类型时，提出了大城市—小城市、中心城市—边缘城市、核心城市—依附型城市、枢纽型城市—节点型城市—外围型城市等不同的概念。都市圈内的中心城市，是指在都市圈中的各项社会经济活动中占据重要地位、具有多种综合功能，并且土地开发程度及密度高，主要作为金融、商贸、服务中心，在都市圈经济活动、交通系统以枢纽形态呈现的大城市。中心城市具有极强的综合竞争力，在经济、科技、文化等方面对都市圈内周围城市产生聚集效应，并带来扩散效应。都市圈中的中小城市是一种比农村或者乡村高一层次的社会实体，具有一定的市政设施和服务设施；其工作人口并不是主要从事农业，而是从事第二和第三产业；通过都市圈的综合交通网络如轻轨、城市高速道路与中心城市紧密联系，具有大量通勤人口；能与中心城市形成城市基础设施的共享、环境资源的共同利用，是沟通城乡区域经济的桥梁与纽带。

承担特定功能的产业新城是城市群体系中的重要组成部分。产业新城作为促进工业化和城镇化同步发展的重要载体，是推动城镇化的有效途径。都市圈中的中心城市作为世界城市体系重要节点的中央商务区，渐次向外是 35 公里副中心圈层，主要是均匀分布的以疏散中心城市综合职能（行政、居住、交通、科教、商业、商务和工业）的大型副中心城市，以疏散居住、商业和交通功能为主的居住型中小城市（卫星城）；55 公里产业圈层，主要是以疏散中心城市人口，承接科教、工业的转移和发展为主的综合产业型卫星城；80 公里边缘圈层，这是中心城市的辐射边缘，主要是在交通轴线布局单一产业型卫星城、外围交通/物流节点的边缘型卫星城。以东京都市圈为例，35 公里圈层分布了 3 个大城、1 个中等城、5 个小城，主要承担首都综合功能；55 公里圈层分布了 5 个中等城和 2 个小城，主要是综合产业型卫星城；80 公里圈层，在主要交通轴线上分布了 6 个小城市，其中 3 个是单一产业型卫星城，3 个以交通物流为主的边缘型卫星城。具有“产城融合”特征产业新城，是城市群和都市圈不可或缺的重要节点。

具体而言，产业新城的主要功能有三：一是使原有城市中心区完成功能置换和更新。产业新城给旧的城市中心区带来空间结构上的变化。在旧中心或其附近主要是行政办公为主，城市中心区突出了行政功能，而限制了商业特别是商务用地的发展。采取“腾笼换业”的置换方式，可以使地价昂贵的中心区腾出很大一部分城市用地，用来发展 CBD 和 CRD，以及解决紧张的城市交通用地，给城市中心区的用地和功能优化组合提供了支持。二是产业新城能带动区域的城市化进程和房地产业的发展。当产业新城的发展具备一定的积聚效应，区域就成为新的经济活跃地带，产业“移民”和城市“移民”规模逐渐扩大，房地产因此而繁荣，城市化进程被间接提速，土地价格逐年上升。三是产业新城提高区域整体地位和辐射作用。随着城市经济水平的提高和人口规模的发展，单核心城市中心区已不堪重负。产业中心的转移，使城市的辐射和带动功能进行合理分工，优化组合。

3. 产业新城发展演进规律

产业新城建设最早起源于英国。“田园城市”思想是新城建设的源头。以美国、英国、法国等发达国家为代表的世界范围内的新城建设运动，在二战后的三四十年间蓬勃发展。新加坡作为“花园城市”的典范，在城市规划及构建理想家园方面积累了丰富的经验；亚洲的日韩两国在应对大城市过度拥挤和住房短缺、新城镇的圈域一体化发展等方面进行了诸多有益的实践。

西方发达国家大都市区域内的新城建设大都呈现共同的发展趋势：从单纯的卧城，到提供就业机会的半独立卫星城市，到居住就业相对平衡、功能相对独立完善的节点新城，再到综合考虑区域整体发展的创新型新城等多个阶段，如表 8.1 所示。

表 8.1　　产业新城建设发展趋势分析

	第一阶段（战后初期）	第二阶段（20 世纪 50 年代中期至 60 年代中期）	第三阶段（20 世纪 60 年代至 80 年代末）	第四阶段（20 世纪 90 年代至今）
经济发展特征	快速工业化，大都市空间向外扩张	经济迅速增长，大都市内部饱和	经济持续增长	经济发展达到中等发达水平
城市发展政策	控制大都市人口过度密集	实施大规模产业基地的重点开发	区域多核心发展战略	抑制大都市圈的过度集中
都市空间结构				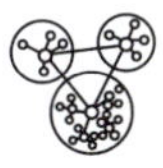

续表

	第一阶段 （战后初期）	第二阶段 （20 世纪 50 年代中期至 60 年代中期）	第三阶段 （20 世纪 60 年代至 80 年代末）	第四阶段 （20 世纪 90 年代至今）
新城建设目的	解决大城市病问题，促进经济不发达地区经济发展	通过项目带动地区发展，把新城作为地区经济的增长点	构建与中心城区的反磁力系统	重视新城在区域发展战略中的作用
存在问题	功能单一、发展动力不足，对中心城区过于依赖	缺乏生机、反磁力吸引力不足，新城整合力不足	发展弹性有限	
代表新城	英国的史蒂文乃奇新城	法国赛尔基－蓬杜瓦新城	英国伦康新城	美国威灵顿新城
发展趋势	限制大都市区域发展→促进区域平衡发展			

卧城是在城市近郊建设的、以居住为主导职能的居住型新城，与中心城具有紧密的依附关系。半独立卫星城是在原有居住型新城的基础上，进行了大量工商业服务设施（超级市场或购物中心）的配套建设，致使新城功能开始向综合化方向转变，逐渐成为中产阶级工作、生活和居住的重要场所，但与中心城区仍具有紧密的联系和依赖。

卧城和半独立卫星城的建设是产业新城发展的先驱，但还不能称之为产业新城。节点型新城是产业新城 1.0 版。节点型新城主要是随着交通通信和网络技术超速发展，高级住宅和办公楼郊区化进程加快，原来半独立性的郊区卫星城镇产业高度化、城市功能多元化趋势明显增强，逐步演变成具有相对独立性的“节点城市”，成为城市扩散进程中新的集聚中心和边缘经济增长极。

创新型产业新城是产业新城升级版，它更强调科技创新对产业升级的重要作用，通过打造高科技产业化的城市，以产业研发孵化区为主体功能，辅之以商务功能区和生态住宅区，实现城市功能与产业功能的深度融合，使区域从业人员享受到职、住、娱一体化的综合服务，提升创业人员的生活品质，提升城市的综合竞争实力。

产业新城建设是一项复杂系统工程。首先产业新城建设需有制度的保障和政策的引导。为了保障产业新城建设能够顺利有效地进行，各国政府都推出了相应的政策和措施，制定了专门的法律条文。有的国家通过立法保证新城政策的实施，如英国的《1946 年新城法》和《1976 年新城法》，法国则制定了《1960 年新城法》和《1983 年新城法》，美国 1968 年的《新城开发法》和 1970 年的《住房和城市发展法》，日本有《新住宅街市地开发法》和《土地区画整理法》，中国香港则有具法律效力的《分区计划大纲图》。新城立法一般包括一系列特殊政策，如机构设置、土地政策、环境保护、资金筹措、住宅标准等多个方面，还涉及给予参与新城建设的团体或私人以一定的优惠政策的规定。同时，多方面的政策指引也是提高新城开发质量的强劲推动力。有的国家或地区成立中央直接领导的机构组织和领导新城建设，有的国家聚集各方面专家成立研究机构对建设中的问题进行研究、指导决策。新城开发机制的设计上一方面要充分发挥企业的能动性，另一方面要强化政府的调控作用，政府在土地供给、公共设施配套等方面要把好关。

其次，产业新城建设需实现“产城融合”，提高新城吸引力和综合竞争力。产业新城要定位于集居住、就业、教育、休闲、卫生、娱乐、商业、福利等于一体的功能齐全的新城市，才能真正具备相对于中心城市的“反磁力”效应。一是基础设施适度先行。根据发达国家的成功经验，政府直接统筹规划或负责指挥新城大型基础设施的建设，并给予新城的基础设施经营以财政补贴，或其他政策性优惠，以确保新城能有良好的基础设施条件。新城开发在道路水电等基础设施都建设完成之后，才进入居住宅、社区设施等地面物业的开发阶段。二是做好住宅与社区建设。建设新城的最初目的是吸纳从中心城区疏解出来的人口，因此提供住宅是首要任务。为了最大限度满足居民对居住环境的需求，发达国家不仅从建筑角度对住房进行了深入研究和实践，而且在新城建设过程中都遵循了居住多样化、居民能负担得起、打造良好生态环境、建立充足服务设施、丰富社区文化生活、创造便捷交通条件等原则来提升新城的吸引力。高标准高起点规划建设新城居住环境，不断提高居住环境的水平和质量，使新城不仅对周围乡镇的居民形成吸引力，而且吸引更多中心城区的居民。三是提供充足多样的就业机会。英美实践证明新城应积极发展符合自身特色的产业，通过自身人口与就业的平衡，从而达到疏解、截流中心城人口和部分功能的作用。四是便捷的道路交通组织。大容量快速轨道交通服务是既环保又高效的公共运输工具，是新城建设和运营不可或缺的支撑条件，也是提高新城吸引力的重要影响因子。流动的城市才具有活力，而便捷的交通组织是实现人口顺利流动的最基本保障，是全面有效地优化大都市区域的人口和产业布局的重要手段。

再次，产业新城需有明确健全的产业功能。国际经验表明，一个产业新城要想发展为独立性新型城市，就必须具有多元化的产业结构体系及相应的就业体系。在新城建设过程中要突出其产业功能，并兼顾新城综合功能的培育。一是注重特色产业支撑，且布局于交通轴上。根据发达国家的经验，产业新城产业定位须在分析宏观环境与中心城市的关系及新城自身的产业发展实际的基础上，立足现有资源优势、区位条件和发展基础，做出有利于自身长期发展并符合产业发展规律的战略定位。以主导产业和龙头企业为支撑，努力培育特色产业，提高产业效率，增强产业竞争力。产业布局宜选在交通轴上，以利于缩短区域间的时空距离和经济距离，提高产业效益。二是形成新城之间主导产业的分工及协调型竞争优势。各个产业新城的主导产业发展需要专业化与多元化相结合，积极培育和发展群落化、多元化、配套协作的产业集群，形成产业链接，放大投资乘数效应，增强空间聚合及产业黏性。

最后，产业新城需确定新城合理的开发规模。国外新城发展经验证明，在大城市周边建设产业新城规模要适度，要正确评估自身实际条件和需求，综合平衡考虑市政公用设施、公共服务设施、交通设施、生态绿化等配套的个体经济效益最佳和整体经济效益最佳。国外新城规模的确定一般有三种确定方法：一是根据开发商投资能力进行预测；二是根据适用土地大小和市中心疏散人口计划进行预测。从国外新城建设的经验来看，能够自我平衡的产业新城规模都30万人左右，以20万~25万人作为最优化人口规模；三是根据三次产业就业人口比重而推测总人口。

4. 产业新城主要开发模式

新区开发建设模式及其所蕴含的体制和机制因素直接关系到开发建设的速度和质量。纵观各国新区建设历程，比较各种模式的优劣利弊，一些新区之所以迅速崛起，而又有一些新区却一度滞后的原因固然很多，但只有开发建设模式才是根本，才是基础。

国外大城市郊区新城开发综合起来可分为三种主要模式，即政府主导型、市场主导型和政府—市场协作型三种模式，分别以英国、日本和中国香港为代表型案例。

表 8.2　　按开发主体分类的三种新城（区）开发模式优劣势对比

模式		优势	劣势
市场主导模式	市场自发形成	符合市场规律 能够充分满足市场需求 能够形成良好的产业体系	存在自发性和无序性 缺乏统一规划 缺乏统一的开发机制 开发建设较为分散
	政府规划 + 市场融资	降低政府的开发成本 企业可以分担政府风险 提高了社会资本的参与度	市场风险可能影响规划意图 新城（区）空间可能的无序发展、规模存在的不确定性 开发目标过于短期化和盈利化
政府主导模式	政府规划与开发	布局合理 环境完善 招商目标明确 利于形成优势集群	行政力量过于强大会阻碍新城（区）发展 需要注重发挥市场机制的作用 政府可能产生开发资金不足的问题
	政府规划 + 企业化运作	政府规划开发模式的优势 建设进度的可控性、建筑风格的协调性 共基础设施建设比例的合理性 实现了政府、居民和投资者三者的多赢	需要政府提供充足的资源 需要资金、政策等方面的强力支持
政府与市场协作模式	自发形成 + 后期政府规划	发展方向明确，发展风险小 整体结构和布局合理 配套和服务设施完善 发展环境良好	原有自发模式存在的各种不足 环境变化导致产业存在外迁风险
	政府规划 + 多主体参与开发	避免区域内部的竞争与牵制以及不同利益主体的冲突 能够有效整合区域各种资源 实现区域总体规划与各个子区域规划的有效衔接	参与主体较多，管理难度较大

政府主导型。政府在开发建设中充当“主角”，企业充当“配角”易实现政府的规划意图；能形成较大的规模，更多地考虑社会因素可能会导致新城开发的供给与需求不相匹配，造成社会资源的浪费；给政府造成沉重的财政负担。

市场主导型。以私人开发商为主体，政府提供政策倾斜，即企业唱“主角”，政府当“配角”降低政府的开发成本，分担了开发的风险；提高了社会资本的参与度，政府的规划意图得不到完全实现；容易导致城市空间的无序发展和城市规模的不确定性；开发目标过于短期化和营利性，开发规模一般较小。

政府—市场协作型。政府拥有全部或部分股权由法人财团以商业形式经营自负盈亏可以避免无序竞争；可以比较充分地反映政府的规划示意图；可以充分发挥企业的自主经营能力，有利于新城有序开发，政府和市场谋求合作的谈判过程可能较长，在博弈的过程中易演变为部门利益。

政府主导建设的新区一般能形成较大的规模，更多地考虑社会因素，尤其是弱势群体的需求。但政府大量投资的公共事业，在短期内难以收回投资，会给政府造成沉重的财政负担，因而对新城建设的数量和速度需要统筹考虑而市场化操作的新区建设往往对新区社会发展的整体需求考虑不全面，片面追求经济利益而带来更多的隐患问题，而且新区的开发规模一般也较小。

市场化操作的新城建设往往对新区社会发展的整体需求考虑不全面，片面追求经济利益而带来更多的隐患问题，而且新区的开发规模一般也较小。市场主导型开发建设模式削弱了政府对城市建设的主动权和控制权，容易导致城市空间的无序发展和城市规模的不确定性，并且商业资本可能导致开发目标过于短期化和盈利化，增加后来者的商务和生活成本，由市场主导型开发建设模式开发建设的新区规模一般较小。市场主导型城市新区开发建设模式适合于在工商业比较发达的资本主义国家。

政府—市场协作型城市新区开发建设模式兼有政府主导型城市新区开发建设模式和市场主导型城市新区开发建设模式的所有优点。在此种模式中，政府拥有全部或部分股权，由法人团体以商业形式经营，自负盈亏，但经营公司的董事会成员均由政府委任。其资金来源主要是由政府财政拨款，其出口信贷、银团贷款或发行债券，因此其经营能够得到政府提供的特别优惠的条件与保证，可以享受一般公司无法享有的经营特权。

其优点主要有以下三条：一是可以避免市场的无序竞争；二是可以比较充分地反映政府的规划意图，发挥政府的宏观调控手段；三是可以充分发挥企业的自主经营能力，有利于城市新区的高水平开发。政府—市场协作型城市新区开发建设模式适合于国情比较复杂的国家，比如中国，我国大多数城市新区的开发建设模式采用的就是政府—市场协作型模式。

产业新城建设开发模式的选择。选择新城的建设开发模式时，无论是国内还是国外城市，由于要综合考虑城市新区的各种宏观及微观因素，因此没有绝对通用的模式，但针对每个具体的新城，亦有其最适合的模式。这就要求遵循科学的选择依据来为城市新区设定建设开发模式。城市新区的开发建设，总体上主要包括城市新区的土地开发、基础设施建设和公共设施建设。这些建设项目对于一个新区的资金投入提出了极高的要求，因此在实际开发建设过程中，作为政府应合理制定相应的财政政策，选择合适的城市新区运营机制，控制资金流向，捕捉资金缺口，盘活资金运转。

城市新区开发建设初期。城市的核心内容包括规划制定、基础设施建设、融资政策等，作为政府其核心任务就是协调各个城市参与方的合作关系，包括处理新区管理委员会与市政府、所在行政区政府有关职能部门之间的关系。因此在这一阶段，城市新区在建设开发模式上应注重强化新区管理机构的协调管理能力。

城市新区开发建设成熟期。城市应是按照初期设定的规划要求，进行着有效的建设与运营阶段，此时政府的核心内容应是充分发挥市场机制，减少政府职能越位，增强宏观政策导向作用，创造良好社会投资环境，强化基础设施和公共服务。因此，该阶段城市新区在建设开发模式的选择上应偏向于发挥市场效率，完善政府机构，充分发挥二者的优势，使新区在平稳发展中既有效率亦不乏公平。一方面，完善政府投入和市场参与相结合的投融资模式，为社会资金投资新城建设创造良好的外部环境，采取股份制、股份合作制等多种形式，打破行业、地区和所有制的界限，鼓励社会资金投入新城建设；另一方面，要建立健全信息化服务体系，及时收集、发布新城的经济、社会信息及城市建设和土地开发政策，增加政府办公的透明度，引导私人开发商参与具体的开发活动。

二、我国产业新城的发展历程与成就

1. 我国产业新城的发展历程

20 世纪 50 年代到 70 年代：我国城镇化停滞时期的卧城建设的尝试。在我国，20 世纪 50 年代就开展了一些建立卫星城的实验工作，北京市规划了昌平、顺义、通县等卫星城镇，接着提出了“分散组团式”的城市布局原则。由于各种原因，这些卫星城只能形成一些小而全的社区，但是这些卫星城镇居民的生活在很大程度上仍需要依赖于中心城市，这一时期新城规划工作缺少系统理论和创新依据，但仍为后来的新城规划和建设奠定了一定的基础。

20 世纪八九十年代：我国城镇化加速时期政府主导的半独立卫星城镇建设的探索。自 20 世纪 90 年代以来，随着我国社会经济的快速稳定发展，新城的规划和建设也不断升温，北京、上海等大城市纷纷通过发展“新城镇”来拓展原有的城市空间，向外转移产业和人口。因此，此时的新城镇建设就有别于过去的卫星城，其规模更大、功能更综合，也更加独立，对疏解中心城人口能起到更大的作用。概括来讲，当时国内产业新城（半独立卫星城）发展主要有以下五种模式。

模式一：以大城市为中心的郊区化新城。我国以北京、广州等为代表的超大城市地区从 20 世纪 80 年代就出现了一系列称之为“郊区化”的扩散现象。郊区化是城市在经历了中心区绝对集中、相对集中和相对分散后的一个绝对分散阶段，主要表现为人口、工业、商业先后从城市中心向郊区迁移的过程。住宅郊区化是人口郊区化的主要方面，其先导是在郊区进行住宅用地项目的开发与建设，形成有规划的大范围、大规模的住宅郊区。

模式二：内城改造和用地功能置换联动形成的新城。在市场经济条件下，原来的城市各街区就发展为不同的功能区域，主要是通过调整这些区域的土地功能，以逐步疏散人口；通过政策导向和实施优惠条件，鼓励老龄人口搬迁至新区；通过内城用地置换方式来充分发挥土地的经济效益，使内城更新改造引起不同的用地功能置换。目前全国比较多的情况就是旧城更新和老城保护性改造。

模式三：城市结构改变生成的组团级新城。在城市化进程中，伴随着城市功能从单一到多样化、综合化，再到职能化分工，城市的空间结构与用地结构也由封闭式向开放式演变，呈现出从单中心变为多中心及复合组团式结构。尤其是那些在中心区有大面积老街区的大城市，为了避免或减弱单中心聚集带来的恶果，在总体规划中都不再局限于单一中心的城市形态，而是向“开敞、多核”或“组合城市”的方向发展。这一类“新城镇”作为多中心、组团模式发展的大城市的新组团之一，可以极大地增强规划建设用地的选择性。

模式四：以特定大型项目为中心的新城。城市发展过程中，一些大型项目由于占地多、投资大、建设周期长、配套项目多，一般选在城郊，而且这些项目建成后，能提供大量就业岗位，因而以大型项目为中心的特定“新城镇”随之崛起，常见的有各类工业新城、科教新城、海港新城等。

模式五：由有一定位置优势的小城镇为基础发展而成的新城。在大城市不断膨胀的同时，一些自然条件优越、经济基础好、交通便利且位于大城市近距离辐射范围内的传统小城镇，凭借自身优势，吸收来自大城市的人口疏散和产业扩散，同时也吸纳由农村流向大城市的部分劳动力。这既减缓了大城市的人口和就业压力，又发展了自己的规模。

21 世纪初至今：我国城镇化高速发展时期政府主导、市场推动新城、新区（节点新城）发展的实践。自 20 世纪 90 年代经国务院陆续批准设立上海浦东新区（张江高科、陆家嘴、金桥和外高桥开发区为四个重点开发区域）、苏州工业园区。1994 年 3 月，天津市决定在天津经济技术开发区、天津港保税区的基础上建成滨海新区。经过 10 余年自主发展后，滨海新区在 2005 年开始被写入“十一五”规划并纳入国家发展战略，成为国家重点支持开发开放的国家级新区。

随着新城、新区建设成为推动城镇化发展的有力手段，各地地方政府对新城、新区建设的热情不断高涨。很多省会城市、地级市，包括县城都加速建新城、建开发区。据2013年国家发展改革委城市和小城镇改革发展中心课题组对12个省区的调查显示，12个省会城市，平均一个城市要建4.6个新城新区；144个地级城市，平均每个规划建设约1.5个新城、新区。截至2013年底，我国已有各类国家级产业园区469个，其中经济技术开发区215个、高新区115个、综保区13个、边境经济合作区15个、出口加工区63个、旅游度假区等其他类园区48个，各类省级产业园区1170个，各类市县级产业园区数以万计。

这一阶段大规模兴建新城、新区在政府主导下有更多市场主体也参与其中，多方利益开始交织、推动产业新城快速发展。根据新城的功能不同，可以分为以下几种类型：居住型新区主要是为了解决大城市住宅问题而在大城市边缘区或近郊区开发建设的设施比较齐全的大型住宅区，例如北京天通苑。行政中心新区是地方政府为了带动新区发展，将行政中心迁移新址，以达到吸引产业、聚集人口、带动商业发展的目的。工业开发新区，为了吸引外资和先进技术、发展地方经济而建设的以工业开发区为先导的新区，如许多城市中发展较为成熟、功能较为齐全的经济开发区。科研教育园区，为发展高科技，提升地方经济竞争力而在大城市边缘区或近郊依托一定的大学、科研机构开发建设的新城，如高科技园区、大学城等。物流园区和临港临水（江、湖）型新区，利用交通区位优势而规划建设的以物流运输为主要目的新区。会展型新区，如为体育运动会、国际大型会议等大型活动兴建的新区。旅游休闲新区，在近郊风景区为了开发旅游、休闲功能而建设的新区。如杭州良渚文化村主要以良渚文化为主题，以良渚文化博物馆和良渚圣地公园为基础，配以所需的公共服务设施，以文化旅游、休闲居住为主要功能建设起来的。

对于产业新城发展而言，开发区无疑是极佳的城市新增长点。首先，开发区一般已经具备了一定的产业支撑；其次，开发区一般都投入了更为密集的建设资金，拥有更为优越的基础设施条件。经过20年的发展，开发区在投资环境、管理体制、产业聚集、人才等方面，已经形成不可替代的优势。

专栏8.1　日本由工业园区发展产业新城的基本情况

日本在20世纪60年代就走出了一条以工业园区促进城市化的道路。

当时日本工业园区的现状是：工业园区过度集中，导致交通堵塞，城市污染；另一方面，广大农村企业布局分散，缺乏富有活力的城市带动，发展显得软弱无力。

为此，日本政府提出以工业园区为基础来构筑富有活力的区域性都市的设想，并确定由政府有关部门专门成立“产业集聚室”来推进这项工作。其思路是以工业园区来集聚产业、以产业来集聚人口、以人口的集中来繁荣城市，同时要求城市的商业设施、道路等都要围绕工业园区来建设。

经过多年建设，日本的产业新城由此崛起。目前，在我国东部发达地区，各类开发区更加具备产业优势，具备解决就业问题的基础，适当引入城市功能，改变开发区功能单一、生活不便的现实，完全有条件发展成为独立或与母城相关联的新城镇，需要研究的不仅仅是产业政策问题，还应关注与居住功能相关的政策问题。

从上述我国产业新城发展的历史轨迹来看，我国具有“产城融合”特征的节点新城（产业新城1.0版）脱胎于一种或多种产业为主导的新区或产业园而建立起来的相对独立的新城镇。它一般距离中心城市比较远，它既不同于原来的开发区、工业园区，又不同于大都市周边出现的“卧城”，它能够脱离中心城市的配套环境而独立运转，在新的地理空间上实现“产城融合”，是工业化和城镇化相结合的一种新型城市（镇）发展方式。

2. 我国产业新城发展取得的主要成就

近年来，兼备产业基地和城市功能的产业新城逐渐成为我国城镇化的重要载体之一，通过“以产兴城、以城带产、产城融合”，实现了产业和城镇的融合发展。其中主要代表，一类是政府主导的苏州工业园区、上海张江高科技园区、武汉东湖高新区等，另一类是以华夏幸福基业为代表的民营资本推动市场化运作的固安产业新城建设。

（1）政府主导的产业新城建设成就

苏州工业园区于1994年2月经国务院批准设立。其中，中新合作区80平方公里。2013年实现地区生产总值1900亿元。目前，园区以占苏州市3.4%的土地、5.2%的人口创造了15%左右的经济总量，并连续多年名列“中国城市最具竞争力开发区”排序榜首，综合发展指数位居国家级开发区第二位，在国家级高新区排名居全省第一位。推进产业优化升级方面，大力开展择商选资，提升发展质效。在电子信息、机械制造等方面形成了具有一定竞争力的产业集群。壮大新兴产业规模，实施生物医药、纳米技术应用、云计算等战略性新兴产业发展计划，成为全国唯一的“国家纳米高新技术产业化基地”。注重生态环境保护和资源有效利用，生态环保指标连续4年位列全国开发区首位，成为全国首批“国家生态工业示范园区”。聚焦科技自主创新，以独墅湖科教创新区为主阵地，大力推进“科技跨越计划”和“科技领军人才创业工程”，加快建设创新型园区。发展科技金融，国内首个“千人计划”创投中心暨东沙湖股权投资中心加快建设，管理资金规模超430亿元，国内规模最大的股权投资和创业投资母基金（国创母基金）运作顺利，一批科技支行、科技保险机构、小贷公司、科技金融超市、融资租赁公司落户，科技金融服务体系更加完善。加快建设综合商务城。坚持以高起点规划引领高水平开发，金融商贸区、科教创新区、国际商务区、旅游度假区等重点板块加快建设，环金鸡湖区域正在成为苏州新的商业商务和文化中心，园区成为全国首个“国家商务旅游示范区”。不断提升信息化水平，启动实施了数字城管、智能公交、智慧环保、智慧医疗等一批重点信息化项目，政务信息化、社会信息化、公众信息化、企业信息化水平显著提升。不断优化城市环境，积极实施美化亮化绿化工程，建成白塘植物园等一批开放式生态公园，绿地覆盖率达45%，加强对阳澄湖等生态功能区的保护。构筑人才高地，引进美国加州伯克利大学、乔治华盛顿大学、加拿大滑铁卢大学、澳大利亚莫纳什大学、新加坡国立大学等一批世界名校资源，24 所高等院校和职业院校入驻，在校学生规模超 7.5 万人，其中硕士研究生以上近 2 万人，成为全国唯一的“国家高等教育国际化示范区”。不断优化人才环境，创新设立了中小企业服务中心和培训管理中心，重点加强对创新创业型企业和人才的服务。持续改善社会民生。加快发展社会事业，教育均衡发展；积极推进医药卫生体制改革，新建了一批学校、医院、保障房等民生工程；建立以邻里中心和社区工作站为依托的新型社区服务管理体系。

上海张江高科技园区 2011 年开始提升园区产城融合水平，主要围绕发展新经济、完善民生服务体系、创新环境等方面进行。发展新经济方面，发展大企业总部、开展微型总部试点、着力培育平台经济，集聚龙头型平台企业，积极培育新兴平台企业。促进集成电路产业转型升级，在吸引世界著名半导体企业，尤其是世界级设计公司入驻的同时，促进园区设计企业并购重组，推进企业做大做强，打造国际知名品牌。抢占创新经济新的增长点，加快园区 3D 打印、大数据、机器人等新兴产业的培育和发展。完善民生服务体系方面，加快一批产城融合项目的建设。体育休闲设施方面，完成 4 万平方米诺贝尔湖公园改造、5 万平方米曙光绿地、张江体育休闲中心改建项目即将完工，康桥体育休闲中心项目加紧推进；商业配套方面，2 号线金科路站周边、康桥永乐广场、振龙商业中心三个城市综合体项目建设有序推进，国际医学园区加大市政及商业配套建设力度；生活配套方面，启动园区静态交通规划和新一轮公交线路调整规划；加大生态园区建设力度，打造宜居宜业的园区环境；创新环境建设方面，加快国内外知名高校、研发机构及公共服务平台集聚，继续加强与高研院、同济、交大、711 所等国内知名高校、科研机构的广泛深入合作，吸引其科研成果和科研人员入驻，提升园区国内外高端科研成果转化及产业化能力。强化张江孵化器创新功能，形成“苗圃 + 孵化器 + 加速器”的孵化产业链。有效发挥园区公共服务平台作用，通过资源共享，为企业特别是中小企业创新提供优质服务；加快园区产学研合作，支持研究生联合培养、院士工作站等人才培养模式，构建以市场需求和技术应用为导向、企业为主体的新体制。

推进“智慧园区”建设。启动以 wifi + 4G 技术为核心、覆盖园区重点区域的信息高速网建设。

（2）市场化主导的产业新城建设成就

浦东新区：专门化机构 + 土地运作。浦东新区的开发从一开始就摒弃了由政府投资开发、统包统揽的计划经济模式，以浦东新区总体规划确定的区域为载体，创造了组建公司进行产业性开发，并由政府进行宏观调控的新模式。同时通过建设开发几大重点开发区域来带动整个新区的开发，以达到“以点带面、以面成片、最终形成整体”的开发战略。商业性开发公司已成为浦东新区土地开发的主体。政府和开发公司两级开发管理机制，形成土地开发两级循环的基本模式。浦东土地开发的一级模式：新区政府融资进行基础设施建设（变“生地”为“毛地”）提高土地级差、进行土地一级市场出让回收初始地价及增值税还贷。浦东土地开发二级循环：产业开发公司以“土地空转”方式从一级市场获得土地（即在取得土地使用权过程中，缓交土地出让金），借贷资金开发土地，变“毛地”为“热地”，通过土地二级市场转让、回收转让金上缴初始地价及增值税并还贷。两级开发模式承担了整个浦东新区土地开发总量的 90%，形成中外投资者、经营者和居住者多元聚集的良好环境。

华夏幸福以市场化机制探索产业新城建设。华夏幸福以“取之于区域、用之于区域”为宗旨，以“建设智慧生态、宜居宜业的幸福城市”为基本理念，坚持提升经济发展、城市发展和民生保障三大能力，在“以人为本”的新型城镇化模式指引下，积极创新升级“政府主导、企业运作、合作共赢”的市场化运作模式，促进区域与公司共成长，实现产业新城经济发展、社会和谐和人民幸福。目前，公司投资运营的项目主要布局于京津冀、长三角和环沈阳区域，事业版图遍布北京、河北、天津、辽宁、江苏、浙江等地，辐射全国 20 余个区域。

华夏幸福基业以市场化机制开发建设产业新城，其核心是合理界定政府与市场的关系，统筹把握好“两只手”的作用。一方面，充分发挥政府“有形之手”的作用。政府主要履行政府职能，即主导重大决策、组织制定规划、确定标准规范、提供政策支持。另一方面，充分发挥市场这只“无形之手”

的积极作用。华夏幸福作为投资及开发主体，全权负责产业新城开发建设业务，主要包括筹措资金投入、建设基础设施、配套公共服务、城市运营管理、产业招商、专业咨询服务及打造区域品牌等。主要成就如下。

坚持以市场化运作机制破解园区建设资金筹措难题。固安工业区采用了“政府主导、企业运作、合作共赢”的市场化运作 PPP 模式，市场化运作机制使政府和企业相互促进，共赢发展。2013 年，固安县从财政小县跻身全省第 7 位，从吃饭财政转变为零负债，财政账户还有大量盈余。当地 3 万多原住民也分享了与城市居民同等公共服务、同等生活环境、同等生活质量的新型城市化的红利。华夏幸福在园区建设和城市服务中，自身业务也取得了长足进步，目前在全国园区运营商中排名第五位，2013 年全年纳税 25.76 亿元，累计纳税 91.22 亿元。

坚持以专业化招商破解区域经济发展难题。传统工业区招商是由政府组建招商团队，负责招商引资工作。华夏幸福通过北京设立的“全球招商中心”，全权负责园区的招商引资工作，目前专业招商人员已达到 800 人。截至 2014 年 6 月底，华夏幸福产业新城累计引进签约项目 600 余个，招商引资额突破 1200 亿元，创造新增就业岗位 3 万余个，成功引入京东方、奥钢联、航天科技等龙头企业。同时，为推动产业转型升级，华夏幸福在固安工业区着力打造了高技术孵化平台——肽谷，并在美国硅谷设立了孵化器，打造“全球孵化、华夏加速、中国创造”的产业格局。

坚持以软硬环境打造破解工业区发展环境优化难题。在固安工业区建设过程中，华夏幸福通过市场机制引入优质资源，在规划范围内实现了“十通一平”，成就了固安工业区整体环境的一流水准。华夏幸福独创了具有产业新城特色的“幸福 12 +4 +1”标准城市配套体系。同时，华夏幸福积极探索市场化机制以优化工业园区软环境，搭建了投资服务、人力保障、金融支撑等一系列服务平台，健全了为企业提供保姆式个性化的服务体系。

坚持以“产城互动”全新理念破解工业化和城镇化协调发展难题。华夏幸福以“产业高度聚集、城市功能完善、生态环境优美”作为产业新城发展的目标，“产城一体”提升了整个园区的竞争力，对重大项目产生了较强的吸附力，如中国航天科技集团在对北京周边投资环境考察对比后，果断选择将航天科技城项目落户固安。华夏幸福遵循城市发展规律，深入研究城市发展需求，通过“产业＋城市＋城市运营”模式成功解决了产城割裂问题，兼备产业基地和城市功能的产业新城成为新型城镇化的重要载体和平台。

专栏 8.2　固安产业新城实践

2002 年 6 月 28 日，固安工业园区奠基，引入了华夏幸福这一市场力量，拉开了固安快速发展的序幕。华夏幸福集聚全球智慧，通过产业升级促进固安城市跃进，带动高端产业入驻，推动经济总量实现几何级增长。十余年间，华夏幸福将固安这个曾经的传统农业县，打造成为智慧生态、宜居宜业的产业新城。截至 2013 年 12 月底，全县地区生产总值突破 100 亿元，财政收入完成近 30 亿元，主要经济指标增幅居全省前列。

国际视野，融入全球产业升级

2002 年，在固安工业园区建设之初，华夏幸福集聚全球智慧，邀请来自 9 个国家和地区，40 余位城市战略、产业研究及空间规划方面的大师，以“建设产业新城”为目标，将国际成功经验和区域实际情况相结合，勾勒园区未来发展图景。

在“产城融合”发展的格局下，固安产业新城以国际化的视野，以国家新一轮经济结构调整和产业升级为契机，致力推动城市一、二、三产协同发展，以国家产业规划政策为指导，战略发展“航空航天、生物医药、电子信息、汽车零部件、高端装备制造”五大产业集群，同步推进现代农业及现代服务业发展，推动区域经济全面腾飞。

固安产业新城以资本干预为手段，以大数据战略为保障，引进龙头企业落地，同步搭建金融平台、人力平台、创新创业平台、企业服务平台四大产业促进平台；布局固安肽谷生物医药产业园、固安航天产业园、固安卫星导航产业园、电子商务产业园、新材料产业园、清华中试孵化园、电气装备产业园、移动通信设备产业园、汽车零部件产业园等，促进产业集群发展。

截至2014年6月底，华夏幸福已为固安产业新城累计引入企业370多家，包括北京大学分子医学研究所、博雅干细胞科技有限公司等生物医药类科技研发机构与企业，以航天科技集团、航天科工集团为核心的航天企业，以京东方为主导的新一代信息技术企业，实现项目签约投资额突破700亿元。

高端功能，全面对接北京世界城市

固安产业新城在关注产业升级的同时，更关注城市生活品质的升级。按照规划，固安将打造百万人口中等城市功能发展格局，建设功能聚集、层次健全、服务齐备、品质高尚的城市核心，实现现代服务业高端发展，引领县域经济转型升级。截至2013年12月底，华夏幸福为固安累计投资超200亿元，实现基础设施全覆盖：园区累计厂站完工15座；道路完工98条，长度170余公里，面积385.1万平方米；景观完工43个，面积231.3万平方米；还包括排水、供水、供热、供气、供电、通信管网等配套设施建设，在规划范围内实现了“十通一平”。

目前，固安产业新城已经完成或建设中的主要城市功能设施包括：以中央大道金融街区、锦绣大道SOHO办公街区和迎宾大道高端总部商务办公街区为载体，建设百万平方米商务楼宇，形成集金融服务、商贸服务、总部办公为一体的楼宇经济示范区。

以中央公园为核心，建设现代中等规模城市核心区，集中布局国际品牌星级酒店、创业大厦、幸福学校、幸福港湾、规划展馆、体育公园、幸福医院等高品质城市配套，与北京世界级城市全面对接。

用智慧的方式思考城市管理和城市运营，建设智慧城市运营中心和产业新城智慧平台及智慧基础设施运营平台，实现城市资源优化配置和高效利用，促进信息技术在城市交通、城市管理、灾害预警等领域中的广泛应用，让固安经济社会发展的“智慧环境”优化升级。

为实现生态环境的持续提升，固安产业新城已建设完成14万平方米的中央公园、200万平方米的城市环线绿廊、13万平方米孔雀大湖、50万平方米大广带状公园、100 万平方米永定河运动公园等八大公园，形成“一核一环两廊多片”的城市景观体系，园区绿化面积约 500 万平方米，助力“产城融合”可持续发展。

三、我国产业新城发展存在的主要问题、发展趋势

1. 我国产业新城发展存在的主要问题

我国是一个发展中大国，新城新区的开发建设存在自身的特殊性，新城新区开发建设的功能开发失衡、产业支撑不强、土地资源占用过多、人口导入不足、特色个性缺失、债务风险凸显等问题必须引起足够的重视，以免后患无穷。

功能开发失衡，新城变空城与鬼城。康巴什新城就是这样一个典型案例。主要有四大失败原因，一是脱离城市发展需求，选址偏远，过分关注建设的速度。在地方财政收入连年暴增的背景下，政府忘乎所以，违背新城开发规律，在非大都市的远郊另建新城，距市区太远，先天不足。康巴什新城用了短短 5 年时间就在荒漠中拔地而起，其规模之大、速度之快令人咋舌。但是他们却没有考虑到市场需求，从规划人口和实际居住人口的缺口就可见一斑。二是过分依赖房地产开发，忽视配套设施建设。新城在制定开发模式时序的时候，一味大规模开发住宅和具有形象工程意味的城市地标性建筑，导致这里缺医院、缺学校、缺商业，生活配套和公共服务设施的缺失致使新城人气不足。三是房地产投资投机成风，买得多住得少。康巴什新城一个非常奇特的现象就是大部分住宅已经售出却无人居住，炒房投机者成为新城住宅的主要买家，房地产投资投机氛围浓厚，购房自住者数量较少。四是政府急功近利，舍本逐末追政绩。观其表，究其因，不难发现，政府在建立新城之初就将经济发展提到了首位。以此为旨，才有了政府对房地产开发的过度依赖、对建设进程的过度追求、对

投机炒房行为的置若罔闻。因此，在指导思想偏离的情况下，新城发展也脱离了常规跑道，最终导致了新城变鬼城的尴尬。

产业支撑不强。在规划中，不少新城新区都有雄伟的发展目标，如力争几年内实现老城的再造和 GDP 的翻番，但依靠发展什么产业来实现翻番却缺少论证。有些新城新区规划要重点发展的产业与其他新城新区的高度雷同，有些甚至已经出现产能过剩的行业，如何发挥自身比较优势、实现与其他新城新区错位发展则面临着严峻挑战。还有些新城新区过于强调制造业而忽视服务业的发展、过于重视生产功能而忽视生活功能，这些问题的存在都对新城新区的持续健康稳定发展产生不利影响。

土地资源占用严重。目前，大部分开发建设的新城新区面积动辄几百上千平方公里，并且大都是占用自然条件较好的可利用平地，其中不少耕地甚至是基本农田，这不可避免地存在土地资源的浪费和低效利用等问题。尤其是对耕地和基本农田的占用，将会引发农业用地和粮食产量的减少，进而直接影响到 18 亿亩耕地红线和 13 亿人口的粮食安全问题。同时，大量征地存在农民补偿标准较低、失地失业人口上升、上访闹事等群体性事件增加的隐患不容忽视，对社会稳定和管理带来较大压力。

新城人口导入不足。很多新城新区在规划中都提出要建设成为人口超过 20 万、50 万甚至 100 万以上的大中城市，而忽视了自身人口总量偏小、人口外流、人从哪里来等基本现实。我国现已存在的“鬼城”、“睡城”现象充分说明新城新区人气的重要性，如果缺少足够规模人口生产和生活的新城新区，将会陷入人口规模小—消费规模小—配套服务少—人口增长慢的恶性循环。

特色个性缺失。一个城市应该具有自己鲜明的个性和特色，我国城市发展在历经数次革命性运动后，原有的城市风貌和特色正在丧失殆尽，更令人担忧的是正在兴起的新城新区由于存在规划、开发和建设的急功近利行为，出现了千城一面、相似雷同的现象。缺少特色和个性的新城新区，一方面不利于新城新区的功能配套完善和错位差异化发展，另外一方面也很难塑造流传千古的城镇风情风貌和历史文化景观。

债务压力风险突出。我国的新城新区开发建设是政府主导的，巨额的资金主要来源于有政府背景的财政、信贷、借债等各类方式。近些年愈演愈烈的地方融资平台的负债规模日渐增加，一届政府接着一届政府扩大地方融资和负债规模，出现了“新官不理旧财”、“借钱没想还钱”的可笑潜规则。未来几年我国地方政府债务进入还债高峰期，新一轮新城新区开发建设巨额资金需求所引发的地方债务风险问题值得高度关注。

2. 我国产业新城的发展趋势

（1）产业新城发展面临的“新常态”

城市群和都市圈是我国走新型城镇化道路的必然选择。改革开放以来，我国用30多年的时间完成了西方发达国家经历上百年时间才走过的城镇化历程，成就显著。但也存在不少需要着力解决的突出问题。如部分特大城市人口无序增长，交通拥堵，环境恶化，患上了严重的“大城市病”；部分中小城市缺乏产业支撑，可持续发展能力羸弱。目前除少数地区（长三角、珠三角、京津冀三大核心城市群）外，我国特大城市总体上还处于资源吸纳而非溢出阶段，人口和资源向特大城市汇聚的趋势短期内还难以改变。发展城市群和都市圈，是妥善解决特大城市、中小城市、小城镇、乡村合理布局和融合、尽最大可能实现生态、集约发展的必然选择。2013年底，我国城镇化率已突破53%，东部发达地区城市率已达60%以上。这预示着城市空间形态的演变进入了一个新的发展阶段，以往单一的大城市发展、中小城镇遍地开花的传统路径，应被以都市圈的近圆形城市区域为空间载体、以大城市为核心、以中小城市为支撑的新路径所取代。

从政策层面来看，促进城市群和都市圈发展已成为我国新型城镇化政策的核心平台。改革开放以来，我国政府主导的城镇化的政策导向基本是“以重点发展小城镇、控制大城市为主”。《中共中央关于制定“十一五”规划的建议》首次提出“以特大城市和大城市为龙头，通过统筹规划，形成若干用地少、就业多、要素集聚能力强、人口分布合理的新城市群”。《全国主体功能区规划》提出了未来城市群和都市圈“两横三纵”的大格局。《规划》提出，在《全国主体功能区规划》确定的城镇化地区，按照统筹规划、合理布局、分工协作、以大带小的原则，发展集聚效率高、辐射作用大、城镇体系优、功能互补强的城市群，使之成为支撑全国经济增长、促进区域协调发展、参与国际竞争合作的重要平台。《国家新型城镇化规划》进一步指出，特大城市要适当疏散经济功能和其他功能，推进劳动密集型加工业向外转移，加强与周边城镇基础设施连接和公共服务共享，推进中心城区功能向 1 小时交通圈地区扩散，培育形成通勤高效、一体发展的都市圈。完善城市群和都市圈体系为产业新城发展提供了重大机遇和发展空间。实际上，政策取向调整正是城镇化发展规律的客观反映，促进城市群健康发展更成为今后一段时期推进城镇化战略的政策平台。

承担特定功能的产业新城是我国城市群体系中的重要组成部分，是新型城镇化体系的重要单元和节点。目前我国城市化率每年提高一个百分点左右，这意味着每年有 1400 万人口要进城。就业问题是最大的民生问题，而解决好就业问题的根本出路在于产业发展。与此同时，按每人平均建设用地 130 平方米计算，我国每年就需新增建设用地 272 万亩，再走粗放式发展老路已难以为继。从我国大城市和中心城市看，空间布局和产业转型问题十分突出；从中小城市和中心城镇看，不少市（镇）缺乏必要的产业支撑，土地利用效率有待提高；从开发区看，产城分割问题较为严重。传统城市化主要依靠大城市和中心城市带动，新型城镇化更应该强调都市圈、城市群、中小城市（镇）以及产业新城的协调互补发展。产业新城不应只看作是工业区的升级版，更是区域经济发展的新平台，新型城镇化体系的重要单元和节点，应成为新型城市化建设的重要切入点和载体。

发展产业新城是未来完善我国城市群和都市圈体系新的突破口。我国京津冀、长三角和珠三角等大型都市圈，都市圈与周边中小城市的发展在形态上也已显现出连绵成片、跨界发展等特征。如在珠三角 9 个城市中，各种建制镇 404 个，专业镇超过了 100 个，与中心城市、区域中心城市共同构成了都市圈体系。但是，由于我国城镇空间形态明显表现为行政化体系在空间上的映射特征、城乡二元化土地制度导致市场割裂等体制机制的因素，导致中心城市与外围区域布局和结构不合理、经济一体化水平低；都市圈内各城市功能定位不明确，产业结构严重趋同；中小城镇数量过多过散，产业聚集不够强、城市功能尚不完善，城市群和都市圈的整体效益难以发挥。中央已经明确了以城市群为主要形态来推进新型城市化，当前必须着力研究解决城市群和都市圈发展中的瓶颈障碍。从国际经验以及我国城市化进程中的实践看，高起点发展产业新城是推动新型城市化的有效途径。

（2）产业新城发展的趋势

《国家新型城镇化规划》是今后一个时期指导全国城镇化健康发展的宏观性、战略性、基础性规划。《国家新型城镇化规划》实施对于未来我国产业新城建设发展无疑也具有重要指导意义。

一是高起点促进产城融合是完善城市群格局、推进新型城镇化的优先选项。《国家新型城镇化规划》明确提出，严格新城新区设立条件，防止城市边界无序蔓延。对确需规划建设的新城新区，必须以人口密度、产出强度和资源环境承载力为基准，与行政区划相协调。统筹生产区、办公区、生活区、商业区等功能区规划建设，推进功能混合和产城融合，在集聚产业的同时集聚人口，防止新城新区空心化。加强现有开发区城市功能改造，推动单一生产功能向城市综合功能转型，为促进人口集聚、发展服务经济拓展空间。从上述表述中可以看到，《国家新型城镇化规划》反对的是无序扩张的新城新区，推崇的是产城融合的新城新区。让大量就业人口直接进入城市群的中心城区，只能使现有的“大城市病”更为恶化；让现有的小城镇来吸纳大量就业人口，其缺乏应有的承载能力，发展缺乏可持续性。围绕都市圈中的中心城市，依托现有中小城镇和工业区，建设单一型或综合性产业新城，是优化城市空间格局、促进城市群良性发展的重要途径。在这方面，上海、广州、深圳都有较为成功的案例。华夏幸福利用PPP合作模式建设的产业新城，是可复制和推广的产城融合标杆，必将进一步引起各级政府和成为全社会关注的焦点，对于提升公司形象、改善公司估值、拓展目标区域具有现实意义。

二是启动城市群规划将为产业新城布局和发展提供更为有力的支撑。过去国家有关部门已启动部分城市群规划，如中原经济区、北部湾经济区、武汉城市群、长株潭城市群等规划，但都是以经济社会发展或以经济区发展为主体内容，对其城市化布局和形态涉及较少，对于特大型城市内部区域结构优化也较少涉及。《国家新型城镇化规划》提出，中央政府负责跨省级行政区的城市群规划编制和组织实施。2014 年启动的《首都经济圈规划》将涉及京津冀三地城市布局和空间结构问题。对于城市群规划而言，产业布局、城市功能区布局等都与产业新城开发建设有关。

三是体制机制创新将为产业新城开发建设提供新的动力。现阶段产业新城发展也面临不少障碍。一是城乡二元户籍制度使大量进城务工的农业转移人口以及原住民难以在城镇落户，无法顺利实现身份转变。与城乡二元户籍制度相关的是，城市居民异地购置住房和就业时，公共服务和社会保障制度不衔接。二是多层级垂直管理的城镇行政体制，行政级别高的城市往往掌握更多的行政资源，产业新城则难以获得充足的公共资源和享有充分的公共管理职能，正常发展受到比较大的制约。三是跨区域城市群协调机制缺乏，不同区域间构筑自我封闭、自我配套的经济结构体系，大多使得相邻区域间的横向合作受到严重阻碍，制约了公平有序、自由竞争统一市场的形成，更制约了城市群的发展壮大。从固安产业新城看，尽管经过十余年建设，已具备了中等城市的框架，但没有在更高层面上的顶层规划和推动，进一步发展受到一定制约。《国家新型城镇化规划》在改革完善城镇化发展体制机制、建立城市群发展协调机制、强化政策统筹，特别是创新城镇化资金保障机制等方面都做出了具体部署，有利于消除相关制度性障碍，为产业新城建设发展提供全新动力。

四、推动我国产业新城发展的主要建议

1. 充分发挥政府引导、市场主导作用，科学统筹产业新城全流程开发

产业新城建设是一个系统工程，至少需要 20 年及至更长的时间，其过程涉及基础设施、公用配套、产业地产等多个领域。由此，我们建议，综合协调政府引导、市场主导作用，从横、纵两个维度，对产业新城开发的每一个环节

进行科学的策划，执行具有可操作性的运作模式。

所谓“纵”，就是对新城开发的全过程进行把控，分析清楚每一个阶段新城开发涉及的内容。传统的城市开发分为两个阶段（规划设计—城市建设）。由于缺少开发策划和资金统筹等环节，容易导致城市规划科学性不足、规划设计与工程建设脱节等问题。因此，在时间维度，需统筹好四阶段（开发策划—规划设计—资金统筹—工程建设），形成系统开发模式。开发策划面对市场需求和竞争进行选择和平衡，为区域开发提供准确的功能定位，提出区域发展策略和项目建议，对项目的综合利益进行分析和评估。开发策划是规划设计的核心，规划设计的可行性由策划来保证。资金统筹的任务是明确资金需求和投资主体，选择融资方式，分析资金平衡条件等，为落实前期的开发策划和规划设计奠定物质基础。

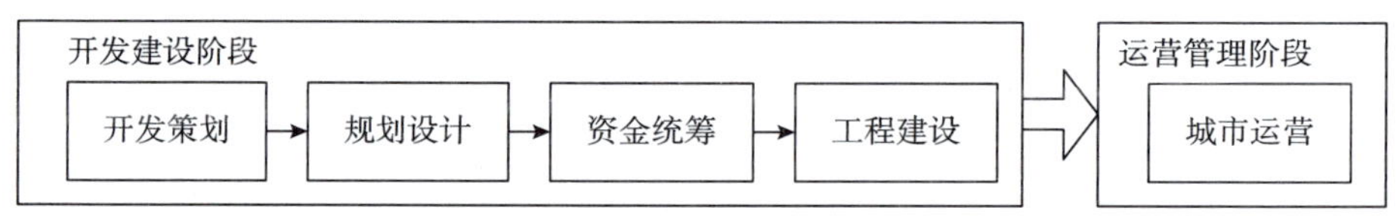

图 8.2　产业新城开发的四个阶段

新城开发中工程建设阶段的实际操作相对复杂，包括土地一级开发和功能组团二级开发（参见图 8.2）。由于政府部门不能作为融资主体和损益主体，一、二级开发都由企业来完成，在具体操作过程中根据政府与企业、政府投融资平台与市场企业之间的运作方式包括土地授权开发模式（政府与国有企业）、市场采购模式（通常在政府或国有投融资平台与市场企业之间，包括 BT、PPP 等）。根据企业在一、二级开发过程中的衔接关系可以分为一、二级独立开发和一、二级联动开发等。

所谓“横”，就是对产业新城开发中的每一块土地进行详尽的策划，根据不同的项目属性给出相应的开发策略。在市场与政府边界模糊的转轨阶段，城市建设环节容易发生政府角色错位、缺位的情况，根据公共物品的性质和特点，投融资规划首先要明确市场边界，把可以由市场操作的项目和必须由政府操作的项目进行区分，如表 8.2 所示。

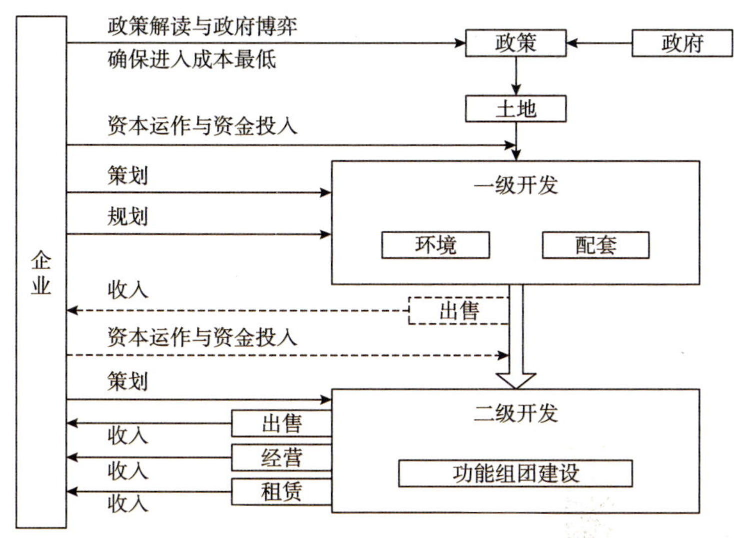

图 8.3 区域或项目开发的操作流程

表 8.3 产业新城开发中各类建设项目分类（示例）

分类	性质	举例	投资主体	说明
新城统筹类	通用性公共物品	中小学、医院、文体体育设施、福利院等	新城政府	公益性社会事业
	城区性公共物品	城区主次干道、市政管网、绿地公园、污水处理厂、水厂、变电站、垃圾处理等设施	新城政府	形成土地一级开发的基本条件，能明显改善区域发展环境
	其他公共物品	跨区城市道路等	新城政府	受益空间已经远超出本城区，对本城区开发有很大的影响
城市统筹类	通用性公共物品	泄洪区控制，河道治理、水库防护、林地控制等	城市政府	全市范围内通盘考虑
市场投资类	一般市场商品	住宅、商业、办公地产，工业地产等	开发企业	在市政基础设施配套较为完善之后的各类地产开发
	社区性公共物品	小区幼儿园、小区绿地、社区服务中心等	开发企业	服务范围和受益空间有限，开发配套性项目

表 8.3 中的三类项目根据各自的不同属性，可以选择不同的投融资模式。市场投资类完全交给市场，由市场来配置资源，这一过程中政府部门通过土地

批租最大程度地兑现区域土地价值。新城统筹类项目中，中小学、医院、文体设施、福利院等公益性项目可以由政府财政预算投入，由国有企业或地方政府融资平台进行运营管理。污水处理、市政管网、水厂、垃圾处理厂等准经营性项目可以从财政补贴、市政债券、企业债、政策性贷款、商业银行贷款等渠道获得资金，采用公私合作的模式运营管理。在当前财政资金偏紧和信贷规模受限的情况下，新城开发财务平衡常见的方式是负债进行土地开发和基础设施建设，然后通过土地批租来获得出让收入（如图 8.4 所示）和通过未来的税收来平衡。

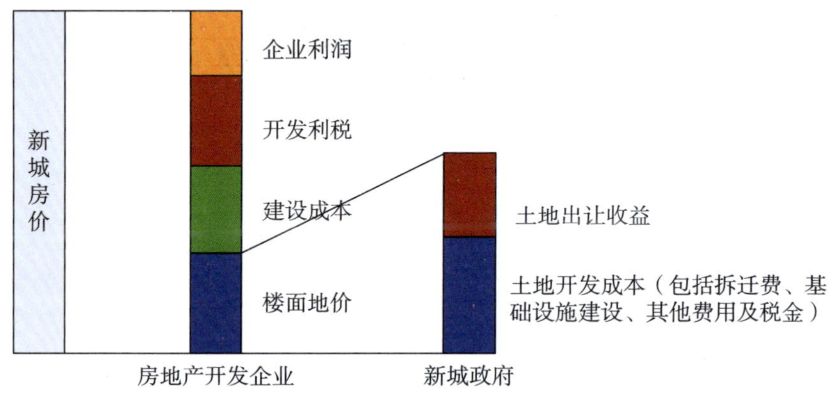

图 8.4　产业新城开发中的土地出让收益

在纵横两个维度形成的坐标系内，政府、开发企业都需要根据当地、企业自身的实际情况选择适合的项目开发时序、开发布局和开发模式，实现在较高土地成熟度的基础上获得理想的土地或物业供应收入，达到开发过程资金平衡的目的。如香港瑞安公司在上海太平桥地区的改造中，一期先建成新天地、人工湖绿地，使该地区环境大大改善，同时将棚户区的形象提升为高档消费地带的形象，带动周边土地升值，树立品牌形象；二期再开发高档办公楼和高档住宅。新城政府在进行各年度土地取得与供应的时序安排时，力求出让用地比例平衡，避免某一时期取得的土地中可出让用地过少而导致开发资金断链。

2. 进一步推广公私合作（PPP）模式，采取市场化运作建设产业新城

产业新城是集基础设施、公用事业和公共服务建设为一体的系统工程，具有准公共物品的性质，无论单独由政府财政收入还是民间资本提供，都存在明显缺陷。

《国家新型城镇化规划（2014－2020）》（以下简称《规划》）指出，要加快财税体制和投融资机制改革，创新金融服务，放开市场准入，逐步建立多元化、可持续的城镇化资金保障机制。《规划》强调，要理顺市政公用产品和服务价格形成机制，放宽准入，完善监管，制定非公有制企业进入特许经营领域的办法，鼓励社会资本参与城市公用设施投资运营。上述政策导向意蕴深刻、要义明确，与去年底中央城镇化工作会议提出的建立多元可持续的资金保障机制一脉相承，所谓“多元化”，实质上就是要进一步推进社会资本、民间资本在新型城镇化建设中发挥更大作用。这为激发民间投资活力、引导民间资本参与城镇化建设奠定了政策基调。在十八届三中全会的文件中，可以清晰地看到本届政府为民间资本松绑的思路越来越明朗，鼓励民间资本进入的领域有农村建设、教育、医疗、文化等。《规划》进一步指出，要放宽准入，完善监管，制定非公有制企业进入特许经营领域的办法，鼓励社会资本参与城市公用设施投资运营。广义来看，我国政府未来极有可能考虑把城市化的主体任务—产业导入、城市基础设施建设和运营、商业服务发展、居住和保障型住房建设等外包给独立的市场主体来操刀，从而实现从“政府包揽一切”向“市场在资源配置中起决定性作用”的转变。通过政府引导、市场主导我国产业新城建设，能够破解一系列依靠行政手段无法解决的难题，既可保障所需基础设施、公用事业和公共服务的刚性资金支出，又可避免政府债务过度扩张的两难困局。

实践证明，我国新型城镇化建设较为现实的市场模式是公私合作（PPP）模式。PPP 是在城市公共基础设施建设中发展起来的，以各参与方的“双赢”或“多赢”为理念，由特殊目的公司负责政府特许项目的筹资、建设及经营的一种公私合作模式。可以说，PPP 模式为我国加快引入民间资本、推进新型

城镇化建设提供了新的路径和方向。

多年来，华夏幸福把产业新城作为新型城镇化建设的重要单元，成功运用PPP模式，与相关地方政府建立了伙伴关系、风险分担和利益共享机制，在产业导入、城市基础设施建设和运营等方面取得了显著成效。固安工业园区是华夏幸福着力打造的PPP模式标杆。事实上，PPP合作机制使固安县政府和华夏幸福优势互补，最终实现了1+1>2：政府为企业创造了更加优越的环境、更加宽广的发展空间；企业运用市场手段帮助政府破解了一系列依靠行政手段无法解决的难题。

当前，随着我国民间资本参与新型城镇化建设热情的日益高涨，政府“有形之手”必须要提供公平竞争机会，创造良好市场环境，最大化地激活民间资本活力，并发挥“四两拨千斤”的作用，有力地带动全社会各方面力量共同推进新型城镇化建设。但要真正发挥好民间资本的作用，还需重点关注以下两个方面。

第一，进一步完善公私合作（PPP）模式。一是营造公私合作良好的运作环境。目前我国“BOT”、“BT”的法律和政策还不完善，导致实践中一些操作很不规范，急需由中央政府有关部门抓紧建立相关制度，出台法规和政策，地方政府强化对制度和政策的落实，明确政府和项目投融资主体的职责分工，主要包括：科学制定特许经营方案、合理设计费用补贴方式和金额、严格制定服务标准、定期对运营情况进行评估、引入公众监督等。二是尽快公布PPP合作领域清单。进一步推动民间资本通过特许经营、股权投资、公私合营等方式，进入城市公共设施、健康医疗、养老产业等领域。三是研究制定相关扶持政策。积极发挥财政投入的引导作用和金融支持的孵化作用，鼓励和支持民间资本以PPP合作模式参与中小城市、产业新城建设。通过财政补贴、信贷扶持以及政府购买公共服务等方式，达到以较少的财政资金和银行贷款撬动更大规模社会资金投入的杠杆效应。此外，政府作为PPP模式下的利润的调节者，应调节好所进入民间资本的盈利空间，从而实现政府资产运营方式从重资产向轻资产模式的渐变，改善政府负债。同时，应尽快探索建立财政投入作为引导资金和杠杆资金、民间资本作为重要资金力量的城镇化投融资模式。

第二，逐步建立激发民间资本活力的长效机制。新型城镇化融资创新是一个系统工程，涉及市政债、资产证券化、股权融资、金融租赁等多种形式，需要加强顶层设计使各种市场主体深度参与其中。一是深化投融资体制改革。进一步减少行政审批、简化办事程序、提高审批效率，卸掉“弹簧门”、打碎“玻璃门”，破除阻碍民间资本自由流通的障碍，通过市场化改革让民间资本充分流动起来，将改革的红利与新型城镇化建设充分对接。二是建立规范、透明的市政债发行与监控机制。进一步完善和健全政府债务管理制度，尤其要在债务预算约束、信息披露、政府信用评级、偿债机制建设等方面进行规范和完善。同时，支持 PPP 合营公司作为市政债发债主体。三是扩大信贷资产证券化试点，有效盘活存量资产。通过资产证券化等金融工具的创新，有效盘活存量资产。优先考虑将国家重大基础设施建设贷款、涉农贷款、中小企业贷款、合规的地方政府融资平台贷款等进行打包盘活，提高新型城镇化建设相关资产的流动性和现金流的价值，缓解新型城镇化建设资金瓶颈。

第三，落实创新产业新城资金保障机制的相关政策。《规划》指出，在完善法律法规和健全地方政府债务管理制度基础上，建立健全地方债券发行管理制度和评级制度，允许地方政府发行市政债券，拓宽城市建设融资渠道；创新金融服务和产品，多渠道推动股权融资，提高直接融资比重；研究制定政策性金融专项支持政策，为城市基础设施和保障性安居工程建设提供规范透明、成本合理、期限匹配的融资服务；鼓励公共基金、保险资金等参与项目自身具有稳定收益的城市基础设施项目建设和运营等。我国民间资本参与新型城镇化建设在政策层面上还存在一些问题，公平透明原则的建立以及如何营造良好的市场氛围以利于民间资本释放其潜力等，都需要政府进一步去研究和探索。只有相关政策逐步到位，民间资本才能真正发挥其内在优势，才能有力支撑新型城镇化建设发展。

3. 我国产业新城发展中需重点解决的几个重要问题

注重产业新城的规划和土地的集约利用。全面考虑新城与中心城区之间内在关系，从整个大都市区的角度出发，制定具有区域指导作用的大都市区域规划。在这种区域规划中，按照整体性、有序性原则，将新城作为整个大都市区的有机组成部分，明确各自职能，分担城市中心区部分功能，以实现大都市区经济的空间平衡与协调发展。这一点在东京、新加坡、巴黎等城市的新城建设中都表现得较为典型，而一些发展中国家的新城，由于缺少合理的整体性规划而不能实现其最初的目标。如伊朗的德黑兰大都市区新城，没有充分考虑新城位置和城市体系功能的联系，致使部分新城镇离大都市太近以至于有被吞并的危险；另有一些新城离大都市太远，因缺乏基础设施和城市服务，不能吸引居民。伊朗政府对于哪些收入群体和社会群体将会在新城镇安居并不十分明确，对于他们的社会经济特征、需求和发展趋向都未作恰当的评价，故而政策或土地以及住房供应就不可能是合理的。我国当前的产业新城开发与建设，用地规划应特别注重提倡节约和集约使用土地，以合理布局、优化用地结构和可持续思想为依据，控制城市用地规模，提高土地利用效率，实现土地的集约利用。也可利用技术手段评价新城镇的土地集约利用水平和潜力。

培养产业集群和优化产业布局。国外的许多新城都是新兴产业的聚集地和创新地。新城的开发要迅速产生城市综合性社区的功能，核心是促进城市的产业成长。以日本较为成功的多摩连环城市圈建设为例，新城的建设与产业的发展相结合，使城市布局与产业布局相协调，有利于区域经济的增长，更促进了人口布局与城市发展的和谐匹配。因此，应通过重点培养第三产业集群、大力发展高新技术产业、吸引科研机构及高等学校入驻等措施培育新城镇的产业集群、优化区域产业布局，从而产生集群效应，构筑起新城镇发展的核心区域。

基础设施建设必须先行，注重交通与就业的整合。产业新城的发展史充分证明，交通、通信、医疗卫生等城市基础设施的建设对于新城镇吸纳人口及后期的发展都具有至关重要的作用。区域规划要加强各居住点的空间联系，提高交通系统的通勤效率，减少因缺乏规划导致城市蔓延而产生的令人无法忍受的交通超负荷。如伦敦密尔顿凯恩斯在布局上改变了传统的邻里单位的概念，将商业服务设施、学校等设置在街区边缘和交通干道附近，为各街区居民提供多个选择的机会，同时还将无污染的小工业设于街区内，形成“环境区”，极大地方便了居民。

我国的产业新城开发也应以基础设施建设为“先锋队”，努力营造使自然、经济、社会、文化四个要素在空间和时间上达到高效、和谐、统一的理想人居环境。同时，新城的就业岗位与交通设施的平衡应符合区域发展的总要求。虽然生活在新城不意味着都在那里工作，但新城应该在寻求更大的就业机会的同时减少通勤需求，而同时尽量保护这种机会。新城的居民应该拥有大量的就业机会和社会设施，但应能在一定的区域内满足专业化分工的需要。

第九章
中国高铁新城发展研究

一、高铁新城发展历程与总体状况

1. 高铁新城概况

（1）背景

根据国际铁路联盟（UIC）的定义，高速铁路是指新建铁路运营速率达到每小时250km以上的铁路系统。各国根据不同的国情对高速铁路采用不同的标准，我国的高速铁路是指时速200～350km/h的铁路系统。2004年颁布的《中长期铁路网规划》，规划了超过1.2万公里“四纵四横”快速客运专线网，2008年根据需求对《规划》作出调整，规划到2020年客运专线将达到1.6万公里，进一步扩大客运专线覆盖率。标志着中国的高速铁路建设真正开始的是2008年建成的京津城际铁路，经过10多年的高速铁路建设和对既有铁路的高速化改造，中国目前已经拥有全世界最大规模以及最高运营速度的高速铁路网。目前，我国正处于高速铁路大规模建设时期，国内运营时速200km以上的高速铁路运营里程已经超过1万公里，已经建成32条客运专线和9条城际快速客运系统（如图9.1）。

作者：闫学东，北京交通大学交通运输学院副院长、教授、博导；李传成，武汉理工大学副教授。

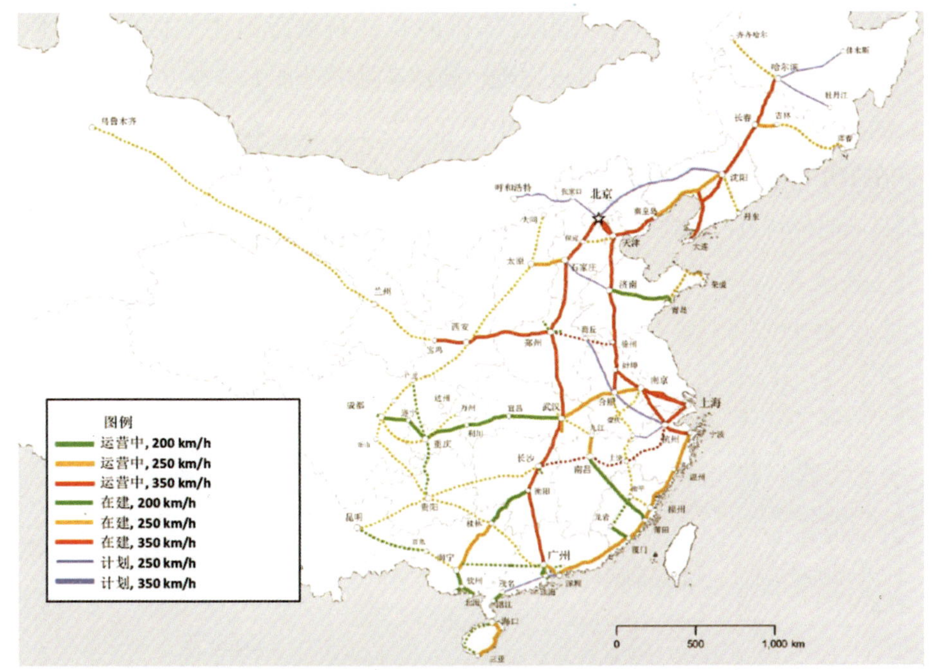

图 9.1　中国高速铁路及时速 200 公里新线网络示意图

与此同时，中国城市化进程仍将持续相当长时间，预计未来 10 ~ 15 年仍是中国城市化进程的快速发展期，目前，在许多城市，尤其是大城市的公共设施已经严重超载。为了应对长期的城市化进程的要求，这些城市急需拓展新的发展空间。此外，随着国家区域发展战略规划已经基本确定，例如西部大开发、振兴东北老工业基地、中部崛起以及东部率先发展等，在国家战略的指导下，各地也制定相应的目标，为了实现这些目标，也需要大量的土地资源作为承载。在这样的政治背景下，高铁新城成为新城建设中不可或缺的一部分。

随着新型城市化的推进、城市带的形成，中国铁路网建设的日益推进，城际铁路和市郊铁路的完善，以及城市轨道交通、城市新型快轨等的建设，共同促进了“新城”、“新区”的迅速发展，在各城市结合高铁站建设高铁新城，是城市化不可回避的模式。

（2）高铁新城的概念

据统计发现，中国高铁车站选址特点为大型城市大多位于中心区边缘，中小型城市多位于城市郊区。位于大型城市中心区边缘的高铁新城距离中心区距离的平均值为 12km，位于中小城市近郊区的高铁新城距离中心区的平均值为 10.5km、9.6km（如图 9.2）。可以发现，高铁车站的选址大多数位于城市的边缘区，属于城市的尚未开发地带。随着中国高铁客运专线、城际铁路网络的日益完善，在 TOD 模式作为发展中国家城市发展重要领导类型的情况下，中国高铁新城选址具有时代特点；铁路经过城市外围，高铁站普遍选址在城市中心区外围。

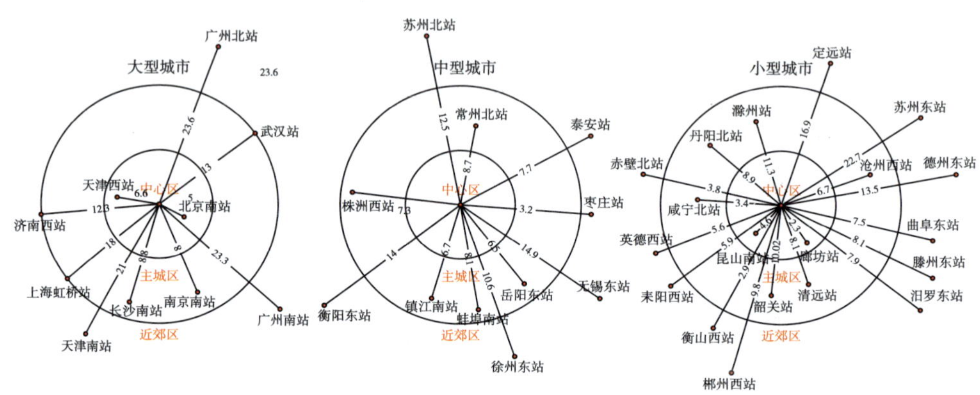

图 9.2　京沪武广高铁沿线站点与主城区区位关系统计

现以高铁车站为核心，沿铁路两侧进行发展，面积 3～10 平方公里，1～5 公里范围内，以自然边界、在建或规划的主干道为边界，围合的相对独立的组团，定义为“高铁新城”（如图 9.3）。

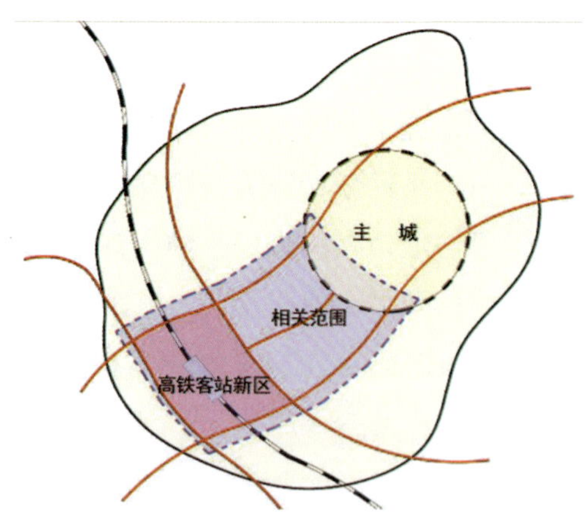

图 9.3　高铁新城示意图

（3）高铁新城的特征

①相对独立组团。

高铁新城结合高铁站选址，大多位于城市周边地区，与城市主城区保持一定距离且相对独立。高铁新城基础设施完善，配套齐全，环境优良，是配备一定的居住与产业、自身相对独立发展的城市新区。

②服务区域是自身和周边区域。

一方面，高铁新城一般位于中心城区边缘，服务半径触及不到中心城区，其主要服务对象是新城自身及周边区域。另一方面，高铁新城与周边乡、镇等密切联系，服务于和吸引周边客流，周边区域也会提供相应服务。

③以客运为主的枢纽新城。

高铁新城依托于高铁站发展，以客运为出发点，以旅客集散、居住、逗留为主，以高铁站为核心进行较大规模的片区规划，依托于客运发展的新城。高铁站聚集了大量人流，具有庞大的交通疏散功能，利用高铁综合交通枢纽便利的交通区位，发展商务、商业、居住等产业，形成产业会聚，功能业态齐全的新城，所以高铁新城的形成离不开高铁站客运这一功能。

④分为不同的层次和等级。

因为铁路主干线、次干线的等级不同，以及所在城市等级的不同，高铁新城层次、等级划分比较明显。不同城市等级的高铁新城从高铁站中获得的地理上的可达性增量和经济上的生产要素的流动不同，影响着其客流量和潜在客流的需求，从而导致对交通设施需求的不同。高铁客运站客流量越大，需要周边区域开发的人气支撑力越大，高铁站点周边区域开发定位的等级也就越高。不同等级的站点城市的影响力越大，导致站点周边片区的辐射和服务范围越大，意味着更多的客流往来、商机和吸引力，这些因素直接影响高铁客运站周边区域开发的定位层级。不同层次和等级的高铁新城根据其城市特点有不同的定位、发展规模等，了解这点，更有助于分析高铁新城。

2. 高铁新城的发展历程

2004 年，高铁网规划颁布，规划了超过 1.2 万公里的“四纵四横”快速客运专线网，许多沿线城市开始对接高铁客运站发展新区，进行了高铁新城规划。

伴随着铁路系统的改制，铁路运营模式的市场化，其更加注重产业发展，高铁新城的发展经历了从政策主导到市场主导的趋势，逐渐与城乡规划融为一体。

（1）车站先选址，新城后规划

目前，中国高速铁路网建设如火如荼地进行，由于高铁网和高铁站建设步伐过快，伴随而来的是相对应的高铁新城规划与建设来不及与高速铁路的建设形成良好对接。武广线是我国开通运营较早的线路，大部分站点属于新建范畴，其高铁新城是在高铁站点选址确定甚至站点建设开工后，沿线城市才根据确定的站点调整或重新规划了高铁新城，如武汉站、广州南站，都是这种情况。

（2）铁路规划与城乡规划相协调

随着高铁网络的进一步推进，我国区域经济跨越发展进入加速跑道，我国已进入高铁时代。高铁所带来的巨大价值日渐引起地方政府的高度重视，期望依托高铁“拉动城市经济”，考虑铁路规划选址与高铁新城规划相协调，高铁站与新城建设协调选址，统一对高铁新城进行规划，制定发展战略。以哈尔滨西站为例，2003 年，哈尔滨市南岗区就提出了“集中改造哈西老工业区，开发建设哈西新区”的设想，哈西地区被确立为未来的城市副中心。2007 年，高铁站定址哈西，城市抓住了哈大高铁修建的机遇，与城乡规划相结合，统一部署高铁新城建设。

（3）铁路规划与区域规划相统一

铁道部改制、铁路运营市场化以后，取得的效益受到了人们广泛的认同，进一步带动城市经济，《国务院关于改革铁路投融资体制加快推进铁路建设的意见》（国发〔2013〕33 号）应运而生。为更好地落实 33 号文件，国务院于 2014 年 8 月发布了《国务院办公厅关于支持铁路建设实施土地综合开发的意见》（国办发〔2014〕37 号），提出铁路用地及站场毗邻区域土地综合开发利用政策，高铁新城发展进入崭新的阶段。

高铁规划发展至今，突破了工程的局限，充分考虑了对区域经济的巨大影响，在铁路规划立项之初就考虑城市开发，考虑高铁新城规划，地方政府希望铁路建设与城市发展取得双赢。

3. 高铁新城规划与建设总体概况

2014 年统计出中国沿线已规划或在建高铁新城约 120 多个，已建设较为完备的高铁新城 49 个，在东部沿海区域与南部发达地区分布尤为密集。其中主干线上已规划的高铁新城有 38 个，城际快速铁路线上分布有 11 个。

现参考城市等级分类，选取目前发展有一定规模的高铁新城案例，按照特大型城市、大型城市和中小型城市分类，初步介绍有代表性的高铁新城的信息。（表 9. 1a、9. 1b、9. 1c）

表 9. 1a　　特大型城市高铁新城要素统计表

序号	已建或在建高铁新城	所在城市人口规模（万人）	车站规模（万 m^2）	站区规模（km^2）
1	广州南站	1275	61. 5	36. 2
2	天津西站	1472. 2	18	10
3	武汉站	768. 10	11. 5	11
4	长沙南站	722. 14	13. 7	8. 6

表 9. 1b　　大型城市高铁新城要素统计表

序号	已建或在建高铁新城	所在城市人口规模（万人）	车站规模（m^2）	站区规模（km^2）
1	郴州西站	458. 18	12142. 24	5. 7
2	衡阳东	714. 15	22128	16. 7（远期 64）
3	滁州站	398. 8	0. 4	0. 8
4	耒阳站	140		

表 9. 1c　　高铁新城用地统计概况表

	大城市以及特大各项用地比例平均值（%）	中小城市各项用地比例平均值（%）	用地功能定位
交通用地	40. 61	31. 31	主要为新区对外的联系通道以及内部路网
商业用地	21. 97	21. 09	主要为枢纽周边的配套商业

续表

	大城市以及特大各项用地比例平均值（%）	中小城市各项用地比例平均值（%）	用地功能定位
居住用地	20.20	30.28	高强度低密度居住小区
景观用地	17.41	17.31	站前广场以及道路绿化景观
工业用地	无	无	
物流用地	无	无	

此外，高铁车站周边的用地性质主要包括商务办公、住宅、酒店、商业娱乐、会展等。一般来说，在高铁新城适宜布局的产业用地类型主要有以下几种，不同性质的用地与新城空间布局有一定的关系（如表9.2）。

表9.2　　新城不同功能及用地布局关联性分析

用地功能	用地类型	功能空间布局		
		第一圈层	第二圈层	第三圈层
高铁枢纽站配套商业	商业	◆◆	◆	◇
高铁枢纽站宾馆餐饮	商业	◆◆	◆	◇
信息服务	商业	◆◆	◆◆	◆
商务金融	商业	◆◆	◆◆	◆
广场、停车	道路广场	◆◆	◆◆	◆◆
公共绿地	城市绿地	◆◆	◆◆	◆◆
枢纽站	交通设施	◆◆	◇	◎
旅游服务	商业	◆	◆◆	◆◆
餐饮娱乐休闲	商业	◆	◆◆	◆
办公管理	行政办公	◇	◆◆	◆
广告服务	商业	◇	◆◆	◆
文化会展	文化	◇	◆◆	◆
酒店公寓	商业	◆◆	◆◆	◆
配套住宅	居住	◎	◆◆	◆◆
教育研发	教育科研	◎	◆◆	◆◆
医疗服务	医疗卫生	◎	◇	◆◆

注：表中◆◆表示此用地功能在此圈层区域关联性很强；◆表示关联性一般；◇表示关联性较弱；◎表示基本没有关联。

二、案例分析

高铁新城规划建设的迅猛发展，在高铁站周边片区规划开发的过程中，各城市规划部门编制高铁新城规划和确定用地指标。现根据特大型城市、大型城市、中小型城市分类，分别选取有代表性的高铁新城，如广州南站、武汉站、郴州西站高铁新城（如表9.3），具体针对其周边用地开发利用等方面进行案例分析。

表9.3　高铁站点周边总体指标统计

城市类型	典型车站	2013城市GDP（亿元）	站房规模（万 m^2）	站点商业范围（m）	站点商业用地面积（ha）	规划面积（ha）	布局模式
特大型城市	广州南站	15200	61.5	1396	333.91	3620	放射组团
大型城市	武汉站	9250.68	11.5	1236	80.02	1100	单向组团
中小型城市	郴州西站	1685.5	1.2	787	78.33	570	单侧组团

1. 大城市高铁新城案例分析

（1）广州南站高铁新城

①选址与区位概况。

广州南站高铁新城基地位于广州市番禺区钟村镇石壁村，距离广州市中心17公里。站区位于广佛都市圈的中心地带，东北方向是广州市老城区，西北方向是佛山市区，东南方向是广州新城以及番禺区，西南方向是佛山市顺德区，地理位置优越。广州市城市发展规划主流是向南发展，广州南站高铁新城正好位于城市南部。它服务于广佛都市圈，辐射珠江三角洲。

②土地利用规划与用地指标。

广州南站以高铁的辐射半径1000米为依据，形成2个圈层的功能区；南京南站站区以南站及地铁站为中心的TOD开发模式，逐层布置，形成圈层布局（如图9.4）。

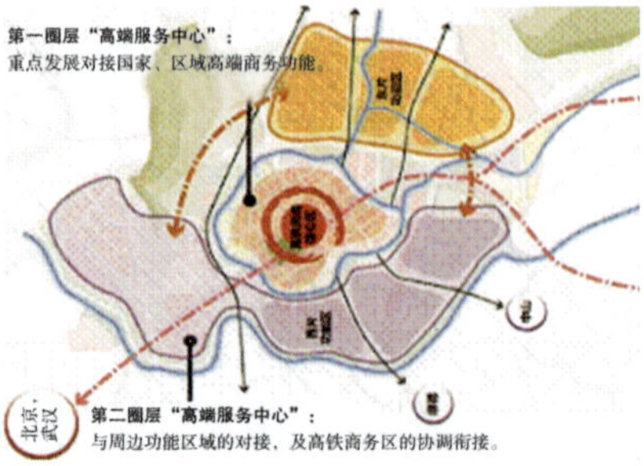

图 9.4　广州南站高铁新城用地规划结构图

广州南站是我国较为典型的新城式高铁片区，其总体建筑开发量及人均建筑面积较为接近，其平均值接近我国 2020 年人均住房面积设定的 35m²，更加类似于一个城市的普通新区。广州南站由于其中央商务区的特殊性定位，商业开发量相对偏高（表 9.4）。

表 9.4　　广州南站高铁新城用地指标及影响因素

影响因素	城市 GDP	15200 亿元（2013 年）
	城市人口	1275 万（2012 年）
	区域等级	广佛都市圈核心城市，珠三角都市圈核心城市
	产业结构	一、二、三产比：1.9%∶37.2%∶60.9%（2012 年）
	城市空间发展战略	"一个都会区、两个新城区、三个副中心"，"南拓、北优、东进、西联、中调"空间组织策略，形成多中心组团式网络型新型城市空间结构
	车站数量	广州火车站，广州东站，广州南站，广州北站
	内外部可达性	外部可达性 0.38，内部可达性 0.023，北距广州珠江新城 18km，西到佛山禅城区 18km，距离番禺市桥 10.8km
	站点辐射能力	2012 年旅客发送量达到 55360 人次，是广州市南部地区的综合交通枢纽，同时站点西邻佛山，辐射于广佛城市圈
	站点片区用地现状	片区位于城市边缘地带，村镇建设用地与城市用地相互交叉，城乡接合部特征。开发建设量较少，以新客站和工业用地为主
用地指标	规划定位	中国南部的枢纽门户区；面向珠三角地区集商务、商贸、休闲旅游为一体的现代化综合新城；广州都会区南部岭南特色活动中心
	用地规模	整体范围：站区周边规划总面积约 36 平方公里 核心区范围：核心区规划总面积约 4.5 平方公里
	用地配比	核心区用地配比：公共设施：19.03%，居住：9.52%，交通广场：51.63%，绿地：19.81% 整体片区用地配比：公共设施：16.92%，居住：11.45%，交通广场：39.04%，绿地：23.71%
	建筑开发量	核心区开发强度：1.43 整体开发强度：0.85 核心区建筑面积 商业服务设施为 423.94 万 m²， 行政办公设施为 11.76 万 m²， 居住建筑面积为 194.15 万 m²， 公共服务设施面积为 10.34 万 m² 交通设施为 40.19 万 m²

（2）郑州东站高铁新城

郑州东站是武广沿线上规划以及建设较为完整的高铁新城，郑州新城的规划主要结合城市的发展方向，建设大约有三年的时间基本的配套设施已经建设完全。

①郑东新城总体规划布局。

规划设计以郑州东站站房为核心，东西向规划结构，形成“一核、一轴、三区”，一核为郑州东站站房，一轴为东西向布局的景观轴，三区为核心区、商务区、商业区。西侧为商住物流区，主要发展居住、商业等功能，东侧为科技物流园区，主要发展科教、物流等功能。站房西广场附近主要为商业金融用地和行政办公用地。东广场附近为教育科研用地、居住用地和行政办公用地（如图9.5）。

图9.5 郑州东站周边区域规划图

②周边建设现状。

郑州东站已建设完成，这里以高速铁路为核心，集城市地铁、城际铁路、公路客运、公交和出租等多种交通方式为一体的大型现代化综合交通枢纽，多种交通方式在这里实现“零换乘”，站前广场面积较大，绿化建设较为完整（如图9.6）。

图9.6 郑州东站站前广场图

郑州东站周边大部分商业建筑与写字楼均已建成，部分写字楼仍在施工，相比武汉站，郑州东站周边的建设情况相对较好。

根据考察的情况，站区道路建设已很完善，郑州东站西侧目前商业开发建设量很大，部分居民已搬迁至周边居住区，大部分是写字楼和商场（如图9.7）。

图9.7 郑州东站周边建设情况图

（3）武汉站高铁新城

①选址与定位。

长江、汉水将武汉分割成“三镇鼎立”的城市形态，形成“多中心组团式”的布局结构，拥有3个城市副中心：鲁巷、杨春湖、四新。其中杨春湖片区是依托高铁武汉站形成的城市的一个新门户。武汉站选址于三环边，与城市其他组团的联系呈单面辐射，交通出行距离较远。武广高铁的设站将给杨春湖地区带来新的增长点，而未来的杨春湖城市副中心将改变武昌、汉口、汉阳三足鼎立的传统格局，使得武汉整体发展格局更加均衡（图9.8）。

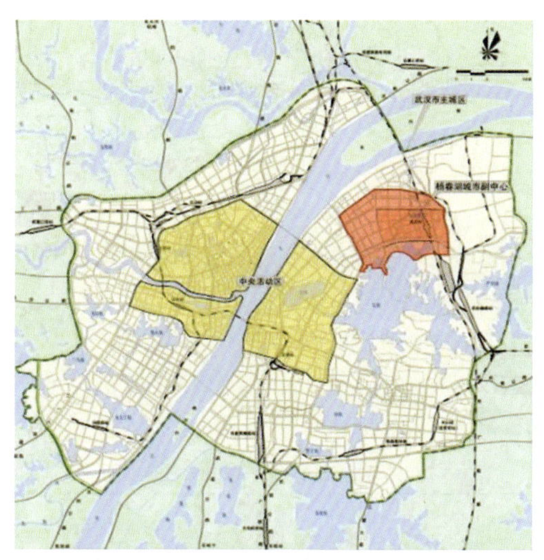

图9.8　武汉站高铁新城区位分析图

基于交通站点的带动角度、综合资源优势的角度以及动态发展视角的角度，武汉站站点片区最终确定为华中的枢纽、城市的门户，武汉的城市副中心，由启动区、支撑区和机遇区组成。由该定位可以明显看出，武汉站站点片区其实是依托武汉市发展，以疏散中心城区人口而发展的城市功能新区。

②土地规划利用。

武汉站高铁新城是以高铁站点为中心，被铁轨分为东西两个区域。西侧靠近城市主城区且用地相对富裕，站点核心区面积控制在0.8平方公里左右，兼顾城市与交通功能，布局呈“一个中心、两个节点”，利用800米最强经济辐射范围进行商业开发；东侧则相对独立，其功能同武钢及城市环线的关系更加重要，作为普通工业发展的预留地，也可以兼容仓储、仓储式超市等相关功能。武汉站站点片区位于城市边缘的未建设用地上，自然生态要素较好，为了达到疏散主城区人口的目的，必须通过打造优良的生态环境、宜人的街区和能产生归属感的空间构成与城市中心形成鲜明对比的差异化发展要素（图 9.9）。

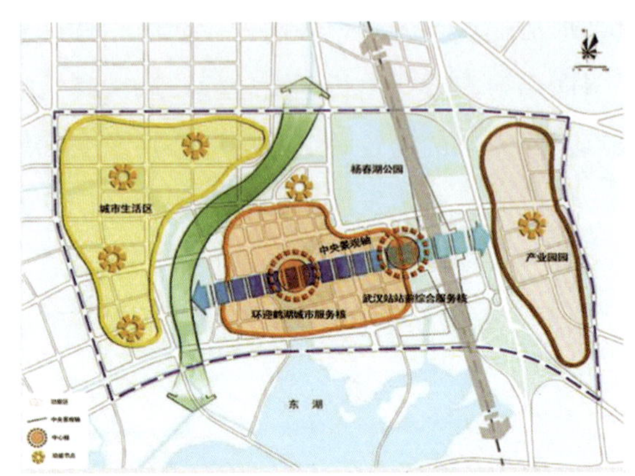

图 9.9 武汉站高铁新城土地利用规划图

（4）小结

综上所述，大城市的高铁新城特点如表 9.5 所示。

表 9.5 大型城市高铁新城统计情况

典型车站	城市类型	布局模式	建设年限	建设情况	功能定位
广州南站	终端核心城市	放射组团	10 年	综合交通枢纽的立体交通组织以及配套设施已建设完善 新城内快速路和主干道已建设完成，高密度路网正在建设中	综合交通枢纽与城市商务于一体的城市副中心
武汉站	区域中心城市	单向组团	8 年	综合交通枢纽的立体交通组织以及配套设施已建设完善 快速路和主干道已建设完善 周边已建设完成部分居住小区	交通、商务、景观于一体城市新的发展组团
郑州东站	区域中心城市	双向轴线	5 年	综合交通枢纽中西广场、站前景观广场、交通广场及其他车站配套设施已建设完善 西侧主干道、次干路以及支路基本建设完善 站前双子摩天楼即将竣工	商务、商业、文化为主导的城市副中心；城市的“窗口”和“门户”

2. 中型城市高铁新城分析

（1）郴州西站高铁新城

根据《郴州市城市总体规划（2009－2030）》郴州市中心城区布局结构总体上形成“一城两区五组团”的空间形态，郴州西站站点片区位于的城前岭组团，位于城市一隅（如图9.10），用地现状有大量山地，总用地面积864公顷，规划容纳城市人口8万，片区主要职能为客运服务、站前服务、旅游中转、温泉度假、商业金融、高新产业和高级住宅区，可见该片区受中心城区的经济辐射较弱，高铁的设站是其唯一的增长点。站点片区规划用地面积570.69公顷，人口规模7万人，现状片区内村落人口3314人，城市总规对于郴州西站这一日发送旅客6000人的中等站的人流聚集力预期偏高（如表9.6）。

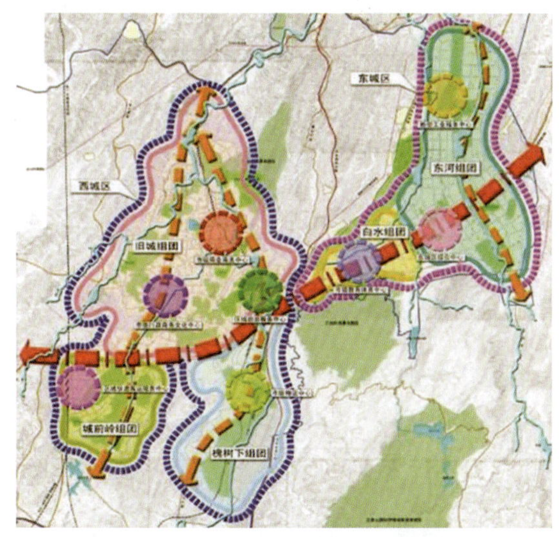

图9.10　郴州市城市总体布局图

表9.6　郴州西站高铁新城用地指标

	城市建设用地（公顷）	商业开发量（万m²）	居住开发量（万m²）	规划居住人口（万人）	人均可支配收入（2013年）	人均商业面积	人均居住面积
郴州西站	1000.00	167.10	1233.60	10	9692	16.71	123.36

郴州西站高铁新城除了交通用地之外，居住用地的占比突出。这一现象主要由于在我国城镇化进程不断加快，房地产行业迅猛发展的大背景下，居住功能仍然是高铁时期铁路客站站区开发的主要功能，在郴州西站高铁新城用地规划中尤为突出。郴州西站站点片区居住用地所占比例 51.4%，用地面积 234.9 公顷，分为三个居住片区。其中，兴城居住片区居住人口 3.5 万人，塘尾居住片区居住人口 2.5 万人，城岭居住片区居住人口 1 万人，是较为典型的居住功能主导案例，借助房地产的开发可以拉动城市经济的发展（如图 9.11）。

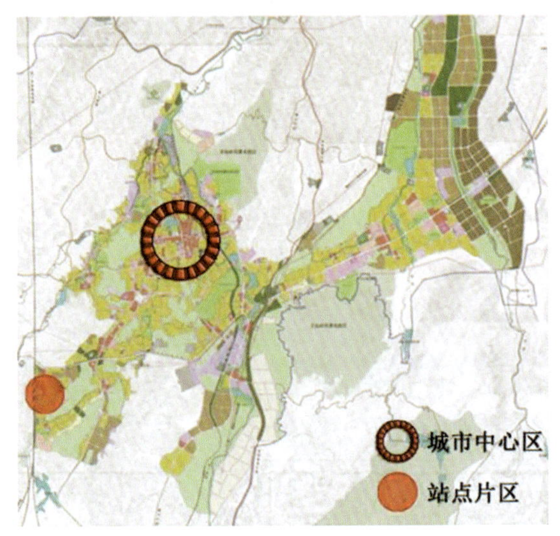

图 9.11　郴州市高铁新城区位分析图

（2）蚌埠南站高铁新城规划

蚌埠南站位于安徽省蚌埠市龙子湖区东海大道以南。新城位于老城区东南方向，距离市中心约 4.3 公里，高铁新城规划范围北至东海大道，南至学苑路，西至财大路，东至李楼路，总面积 288.1 公顷，核心区用地 8 平方公里。

①规划定位。

地方政府考虑高铁带来发展机遇，规划围绕蚌埠高铁站建设功能完备的现代化城区，以推进城市发展。将蚌埠南站高铁新城的发展目标定位为：借助高速铁路的开发契机，通过商贸先行起步，推动区域的综合环境建设，从而带动整个区域居住、商务办公、体育文化、休闲娱乐等综合设施的全面开发，通过

5～10 年左右时间的建设，使高铁站及其周边地段成为蚌埠城市重要的门户地区及展现蚌埠城市新风貌的窗口地区；蚌埠市最为活跃的繁华商贸中心之一；交通换乘便捷、通畅的高效集散枢纽（如图 9.12）。

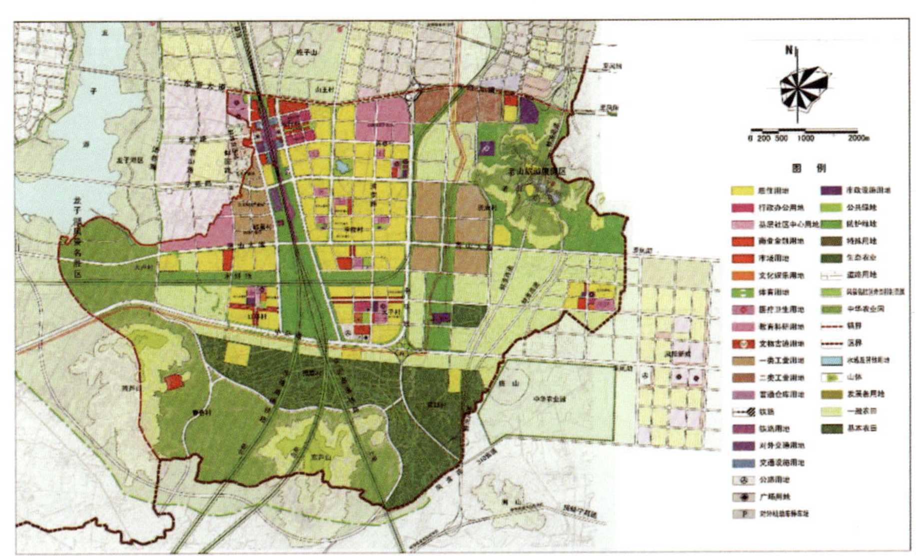

图 9.12　蚌埠高铁新城用地规划图

图片来源：蚌埠市城乡规划局。

②空间布局与用地规划。

蚌埠高铁新城依据功能用地、土地增值规律、道路结构体系和地形变化特征，其空间结构布局可概括为："一核、两轴、三区"。"一核"是指以高铁站东侧的公共绿地为中心，形成圈层式的核心滨水商业带，分别布置酒店旅馆、商业金融、物流贸易、行政办公及居住等用地。其中，绿地周边将建设大型商贸区，繁华热闹的商业综合用地将呈半环状围合。"两轴"分别为城市沿高铁两侧向南延伸的纵向城市生长轴，穿越高铁干道两侧向东延伸的横向城市生长轴。"三区"即高铁站两侧的综合交通功能区、高铁沿线及核心绿地周边的综合功能发展区、东海大道和学苑路之间的绿色宜居发展区。

（3）小结

综上所述，中型城市的高铁新城特点如表 9.7 所示。

表 9.7 中型城市高铁新城统计情况

典型车站	布局模式	建设年限	建设情况	功能定位
郴州西站	单侧组团	6 年	高铁站房、站前广场以交通广场及其他配套设施已建设完善 主干道正在建设完善中，部分支路在施工建设 站区建成部分居住小区，商务区正在实施中	交通、商贸、文化、居住为一体的城市综合新区
蚌埠南站	单侧组团	5 年	高铁站房、站前广场以交通广场已建设完善 站前快速路已建设完善，部分主干道、支路正在建设中，新城周边道路完成度较好 周边 4 所大学城基本建设完成，部分居住小区已建设完善，商业、商务等配套设施正在建设中	是蚌埠发展新的亮点，是打造宜居城市的一个重要板块，主要功能为金融、科教、贸易、居住等。

3. 小型城市高铁新城规划研究

（1）余姚站高铁新城规划研究

余姚站高铁新城位于余姚城区北部，东至余慈大道和余姚行政界线，南至纬四路，西至中江，北至姚慈璐，规划总用地面积为 593.72 公顷。新城规划人口 4.5 万人，规划城市建设用地 573.72 公顷（不包含水域面积 20 公顷），人均城市建设用地约 127 平方米。

①规划结构。

本区规划结构可以概括为“一核、两轴、五区”（如图 9.13）。一核，指余姚高铁交通枢纽核心区；两轴，指贯通高铁核心区南北的生态公园轴和连接东西向的铁路防护绿地轴线；五区，自北向南依次指高铁西北面的综合商业商务区、高铁站周边的配套服务区、高铁南侧的新城特色商业街区、舜宇路南侧的商务办公研发和会展区块、城东路两侧的居住区。

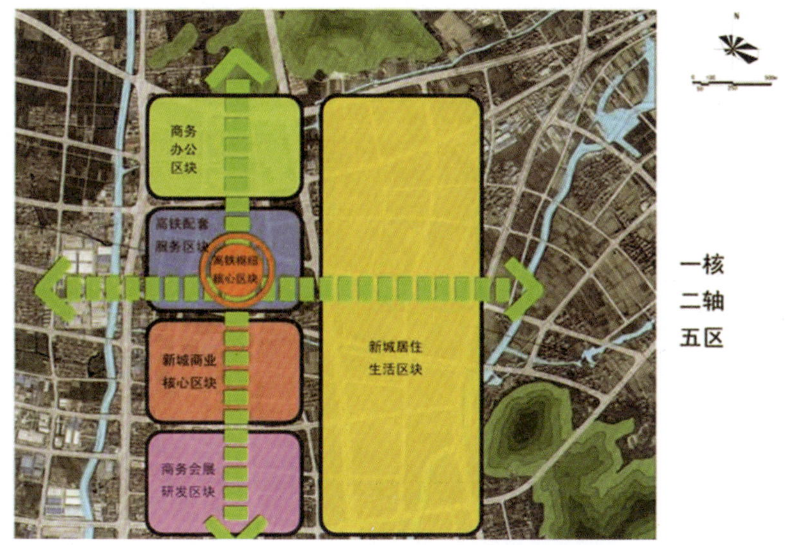

图 9.13 余姚高铁新城规划功能结构图

②用地规划。

规划将高铁新城划分为 9 个控制单元，控制单元内的居住人口规模、总建设容量、公园绿地面积、配套设施控制要求等，新城内总建设容量为 773.73 万平方米（如图 9.14）。余姚高铁新城内规划居住用地 159.11 公顷，占规划建设用地的 27.73%，人均居住用地 35.36 平方米；公共设施用地 159.1 公顷，占规划建设用地的 27.73%，人均公共设施用地 35.36 平方米；规划绿地 90.54 公顷，占规划建设用地的 15.78%；人均绿地面积 20 平方米，为创建生态型人居环境奠定基础；水域规划面积 20 公顷，水域率达到 3%（如图 9.14）。

（2）赤壁北站高铁新城规划研究

赤壁北站选址在城市西侧约 9 公里，东距中伙铺镇仅 3 公里。赤壁生态新城区总面积约 16 平方公里，重点建设区 7.5 平方公里。赤壁市高铁新城的定位为：规划定位为“生态宜居新城，城乡服务核心”。具体含义为：新城区重视生态建设，倡导低碳生活，打造高效便捷的公交系统。注重产业发展和公共配套设施建设，打造环境优美、生态休闲的城乡宜居新居。

赤壁高铁新城采用的是单侧式发展模式，主要发展文化、体育、医疗、商务等功能，并开发一定量的中档住宅。整个新区将按照中心聚合的发展策略，点轴结合，逐次推进，将城市文化、体育、医疗、商务等功能齐聚，形成公共中心，以此引领新区发展。核心区综合开发强度相对一般，空间形态上为包含放射型与网格型特征的综合空间形态，道路交通方面，主要通过平面上通过流线分离组织各种交通（如图 9. 15）。

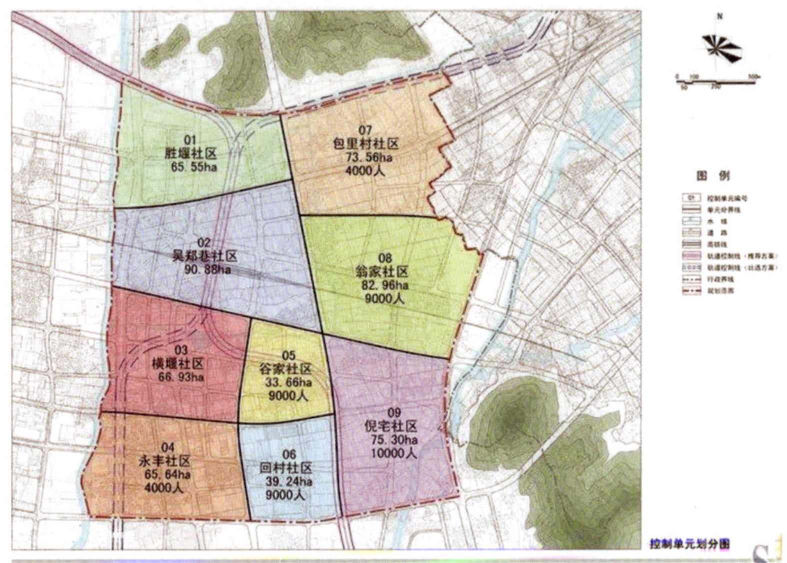

图 9. 14　余姚高铁新城控制单元划分图

图 9. 15　赤壁高铁新城功能分区图

(3) 小结

综上所述，小型城市的高铁新城特点如下表 9.8 所示。

表 9.8 小型城市高铁新城统计情况

典型车站	布局模式	建设年限	建设情况	功能定位
余姚北站	双向组团	4 年	高铁站房及配套站前交通广场已建设完善，长途客运站正在建设施工中 核心区主干道已建设完成，周边道路正在建设中 核心区配套商业正在建设实施中	交通、商贸、文化、居住为一体的综合城市新区
赤壁北站	双向组团	6 年	高铁站站房及配套交通衔接广场已建设完善 新城内道路正在逐步建设施工中 周边 2 个住宅小区楼盘正在开工建设，配套商业中心正在施工建设中	城市综合服务区，交通、商贸、文化、居住为一体的城市新区

三、高铁新城取得的成就与带来的影响

1. 高铁新城在规划与建设方面取得的成就

(1) 高铁新城规划在区域层面带来的成就

①高铁新城规划促进区域城市群形成。

高铁对中国区域经济版图、格局带来的影响主要有以下几个方面：联通东西南北的新交通十字已经形成；节点城市的发展优势凸显，中部的武汉和长沙将是参与交通枢纽竞争的两大城市，山西太原市成为高铁东西双向运行中的节点城市；沿长江和沿海城市带即将重构空间新格局；中部和西部省市快速融入东部发达区域，具有先发优势的包括江西省（开通高铁的城市有 7 个）、陕西省（开通高铁的城市有 5 个）和广西壮族自治区（开通高铁的城市有 9 个）。其中东部沿海以及南部高铁新城分布较为密集，随着高铁节点城市的发展，以

节点城市为中心，结合周边城镇形成城市群，依托节点城市的纽带作用，为城市群之间城市的交流提供了保障，同时也为城市群与区域城市之间的交流提供了有利条件。

②高铁新城规划促进乡村的就地城镇化。

随着高铁新城发展建设的进程加快，高铁新城规模和密度逐渐增大，城际之间各种交通、通信等基础设施渐趋完善，区域市场壁垒逐渐破除，各种资源的流动更为顺畅，并且基于高铁新城的选址大部分位于城市郊区的特点，高铁新城的规划间接促进了农村的发展建设。

便捷高效的高铁沿线区域现代化交通体系，是促进经济联动发展和城乡统筹的必不可少的基础和前提条件，高铁新城依托高速铁路交通的优势，并且大部分高铁新城的选址位于城市的郊区并且规划有较完整的交通网络，基于这两点，高铁新城承载着城乡资源的流动，可以认为："高铁新城将是城乡统筹一体化的重要载体"，主要体现在：一方面，高铁新城规划有交通网络与周边城镇相联系，可以促进城乡人口的频繁流动，把城市生活方式扩散到农村，促使其生活方式的城市化；另一方面，高铁新城新建道路与主城区现有道路相衔接，逐渐形成完整的道路交通体系，使得高铁新城与主城区之间、高铁新城与周边区域形成相应的联系，提高了农村与城市之间的纽带，实现高铁新城与城区，农村之间的协同互动。同时，城市和乡村之间的交通网络、信息网络的逐一对接，使得农村的劳动力、土地、资源与城市中的技术、人才资金被结合起来，作用于高铁新城的发展，为高铁新城的建设提供了大量的人力、物力和财力。

（2）高铁新城规划取得的成就

近几年，高铁新城的规划项目随着高铁车站的建设越来越多，目前已经有规划的高铁新城大约有 120 多个，其中大部分高铁新城的规划做得较全面，高铁新城规划取得的成就主要体现在以下几个方面。

①高铁城市带的形成。

随着高速铁路相关设施的不断建设完善，依靠高铁线路正在形成的大都市带，将加速形成区域内各城市功能互补和相互整合的发展态势，促进和深化城市产业结构的调整与优化，全面提速各省市沿线地区经济协调发展进程，实现高铁沿线区域经济一体化。2009 年，武广高铁开通。三年以来，高铁对沿线城市经济、社会发展的大促进、大融合已显出效果。武广高铁大幅度拉近湖南、湖北与珠三角的经济距离，使武汉都市圈、长株潭城市群和珠三角城市群有机连为一体。有数据显示，武广高铁开通迄今，湘南地区共承接产业转移项目 3000 多个，占湖南全省总量的近四成；湖北咸宁经济开发区 70% 以上的投资项目中来自珠三角的投资者占了“大头”。高铁新城利用高铁带来的优势，一条沿铁路沿线的新城产业带正在逐渐形成。

②城市门户和内部交通走廊空间形成。

高铁新区作为城市扩展的重要区域，是政府对外展示的门户窗口形象，对于文化宣传、彰显城市魅力、提升城市竞争力有重要意义。随着高铁新城的建设，为保证高铁城市内部交通的通行效率，城市内部需建立一条具有强大运载能力的快速疏散通道，作为城市交通网络的骨干线路，即城市内部的“交通走廊”，将高效地把人流、物流发散到城市各个地区，提升整个城市的交通能力。这种强大的空间引导作用，使得城市内部的可达性提高，同时也便于城市多中心结构的形成。

③催生新的空间增长极，促进城市空间融合。

高铁新城的规划催生了新的城市空间增长极。以东莞为例，在高速铁路没有提上日程之前，凭借原有的经济基础以及行政、交通中心区位优势，东莞市区的莞城区、南城区、东城区和万江区是东莞重点打造的中心区域。然而，随着高铁虎门站、石龙镇新东莞站综合交通枢纽、常平站综合交通枢纽的建设，高铁新城的建设逐渐改变了城市原有的快速交通格局，城市各项资源，特别是城市的交通资源和布局发生了重大变化，城市的发展方向需要重新定位及评估。

④帮助城市开发三产新区，摆脱边缘化状态。

随着快速交通网络的普及，巨大的客流量能给城市带来一批中高端的商务人才，中高端就业人口有机会更多地选择离开中心城市，往周边城市集聚。这将有利于周边城市产业转移，通过高铁新城对应第三产业功能的建设，带来就业人口置换，凭借目前高铁沿线部分欠发达城市尚且存在的成本优势与价格优势，承接中心城市的转移产业，能帮助一批周边城市因此而摆脱边缘化状况。

（3）高铁新城建设取得的成就

目前大部分高铁车站已经建设完全，主要的进站以及出站设施，站房内部的各项工程已经实施并投入使用，管网与电力设施均已经建设完全。根据我国《中长期铁路网规划（2008 年调整）》，预计到 2015 年，高速铁路营业里程将达到 1. 5 万 km。在未来很长一段时间里，高铁及高铁枢纽站区的建设将成为设站城市发展的重点，除了少数大城市外，高铁沿线设站城市以中小城市居多。未来，在全国将建成六大枢纽性的客运中心和十大区域性客运中心。全国六大高铁枢纽站为北京南站、上海虹桥站、广州南站、武汉站、成都东站、西安北站。铁道部规划的十大区域性客运中心的城市为郑州、哈尔滨、济南、昆明、南昌、福州、沈阳、南宁、乌鲁木齐和兰州。

①交通建设。

目前连接高铁新城与区域及主城区的快速路及主干道基本正在积极建设之中，随着高铁枢纽周边设施的日益完善，多数快速路及主干道将随之优先建成，到站人流均通过公交车、出租车、私家车从快速路及主干道汇入城市的各级道路。随着大城市的轨道交通基本已经建设完全，高铁新城的轨道交通站点基本已经建设完全。

②土地开发。

开发时序：高铁新城主要先开发建设站房核心区用地，以长沙市武广新城为例，在片区建设时序的安排上，高铁新城采取了站场核心区基础设施建设、形成熟地再出售的模式。2008 年以来，新城的基础设施建设已完成投资 85 亿元，目前已经建成花侯路、劳动路、香樟路、曲塘路、黎托路、支路二、支路三、12 号路、13 号路等纵横片区的主要道路，今年计划新建红旗路、杜花路、京港澳高速改造等项目。完善的交通配套不仅给出入高铁新城的市民和乘客带来方便，也使片区更具吸引力。

建筑开发量：站点片区内规划的居住人口规模没有一定的规律。广州南站统计的是其核心区范围内的人口和建筑面积，用地范围较小且主要为核心商务中心，居住用地设置在外围，因此其商业建筑总量相对不高，但其人均商业建筑面积最高 105. 99，是按照高端商务区的定位进行配置；中小型城市站点片区的商业开发量均不高，郴州西站片区规划居住人口为 10 万人，人均商业建筑面积为 16. 71，主要为站点和居住区的配套型商业。

以上分析的为高铁新区及高铁新城的核心区的建筑开发量，更多的是受高铁站点的影响。济南西站、无锡东站及广州南站是我国较为典型的新城式高铁片区，其总体建筑开发量及人均建筑面积较为接近，更加类似于一个城市的普通新区，其中广州南站由于其中央商务区的特殊性定位，商业开发量相对偏高。

③景观建设。

目前，高铁新城的两侧广场随着高铁站的建成基本上建设完毕，包括大部分小型城市的广场均已经建成。广场的绿化以及道路的绿化设施基本已经完善。

2. 高铁新城的社会影响

高铁新城的建设对相应城市文化、城镇化以及人们的居住生活条件有着积极的影响，使得中心城市的影响力和竞争力、口岸功能、枢纽中转功能、人才集聚功能和管理创新功能得到强化。

（1）提升文化价值和人居环境

高铁新城的独特城市交通优势，使其成为开展城市商务活动、文化交流的独特窗口。通过提高基础设施水平，提升城市商务环境和品质，大力推进文化和公共服务设施建设，促进现代服务业的集聚和发展，高铁新城能够加强城市的辐射力，推进整体产业升级和城市更新，全面提升高铁新城的城市功能和人居环境。打造具有当地特色的城市文化门户形象。例如，京津城际高铁枢纽引入滨海新区于家堡金融商务区、京沪高铁枢纽和津秦高铁枢纽进入天津西站城市副中心，于家堡中心商务区和天津西站地区城市副中心作为天津新的增长极核，是展示天津城市门户新形象的有力途径。

（2）打造高铁同城生活圈

高铁的到来缩小了区域内的时空距离，而相对应新城的建立为消除区际障碍，实现人才、资金、技术、信息等要素在都市经济圈内流动的畅通无阻，推动人口居住和城镇在空间上的结构性调整提供了最便捷的场所支撑。高铁拉近了城市间的距离，打破了城市间的隔阂，扩大了百姓的生活范围，促进了城市生活、文化的深度融合。人们的同城生活圈正在逐步交融扩展，区域将不再是城市的界限。

（3）高铁新城拓宽城市布局

大量人力物力资源的涌入造成城市中心区的空间压力和交通拥堵压力日益严重。高铁新城的建设，很好地缓解了此类问题。以新城为引领，构筑中心突出、序列分明的整体城市空间布局，强化国际社区、品牌商贸、文化休闲等现代城市配套功能，打造成为创新、可持续、充满活力的现代新城。这不但有效地控制了新城规划结构向圈层结构的演变，遏制了城市的无序蔓延现象，合理拓展了城市范围，分担了城市功能，也为拓宽城市布局，引导和支撑分散组团，促进大城市分散组团结构的形成与维系提供了有效途径。

（4）促进城市基础设施和相关制度的全面跟进

随着高铁新城的逐步建设与完善，中心城区与高铁新城的联系日益紧密。这种联系依赖于新城与旧城区的交通组织，也促进着两者之间的道路建设逐步完善，公共交通发车频次密集程度提高，相关市政配套设置的建设跟进以及对应社会管理、社会保障制度的提升。使得高铁新城和所依托城市之间形成良好互动，相互促进，协同发展的局面。

3. 高铁新城的经济影响

我国将步入高铁时代。高铁缩短了人流、物流、信息流的时空距离，开启了一个新经济时代。高铁新城的建立将加速和放大都市经济圈同城效应，改变人们的生产、生活方式，加快中心城市引领的大区域板块的融合和共促共赢，促进房地产等沿线产业的升级，推进沿线城市规划的重新布局。

（1）经济同城效应加速产业融合

从区域角度来看，高铁有利于要素的自由流动与区域的合理分工，从而实现区域经济一体化发展。在考察高铁对区域经济的影响时，从短期、中期、长期三个时间尺度上考察了高铁走廊内的城市转变成扩展功能区或经济一体化的程度。研究认为高铁影响走廊内的市场结构与市场组织，促进交通走廊经济整合，使各城市通过专业分工和贸易，充分发挥其比较优势，提高生产效率，并促进收入平等。高铁建设将产生通勤就业、产业布局的同城化与区域一体化效应，有利于整体经济市场的形成。

（2）推动片区整体价值提升

关于站点周边的土地价值提高，一方面，高铁新城的开发投资运作多数是由当地政府发起和主导的。通过政府的参与、支持和引导，高铁新城项目的开发时机、开发动力等都会得到相对稳定的把握。另一方面，TOD 交通引导城市的思想也为站点周边新城开发模式提供了相对应的理论支持，为站点周边的土地价值提供依据。以深圳为例，大龙华片区以 TOD 模式推动建设“高铁 + 跨国企业总部”为核心的国际化高铁新城，以跨国企业为主导，孵化和吸引中小型产业聚集，提升了新城核心竞争力，提升了整个片区的价值。

（3）对人口和产业的吸引力增强

高铁新城对外交通系统有利于对人口和产业的吸引。高铁新城在整合交通枢纽、城市服务功能以及社区发展功能的同时，为大批周边市镇居民提供了相应的就业岗位和良好的居住环境。基于通勤时间、生活成本、交通便利度等方面的优势，新城对中低收入阶层的吸引力将逐步提高。

四、高铁新城存在的问题

1. 根本问题

（1）高铁新城距离主城区过远

在国内一个常见的问题是新建的高铁车站通常位于市外。决策受线形、成本、施工能力等各方面考虑的影响，也受制于政府和相关领导的相关决策。国内许多城市主动在城市外围新建高铁车站，将它作为刺激新区开发的催化剂。致使高铁新城距离主城区距离往往过远，短期内将因交通不便，市内交通耗费时间长，与常规列车和长途客运班车的换乘困难，拖累高铁新城发展。高铁新城发展与主城区建设开发严重脱节，发展滞后。

（2）高铁新城现状呈现“空地化”、“空城化”

一哄而上的高铁新城建设正面临着复杂的困局。在高铁规划的编制完成后，高铁新城并没有依照规划如期建设，反而出现了大规模用地的空置现象，致使大部分高铁新城缺乏城市活力，正如同中国不少地方出现的“鬼城”一样，高铁新城已表露出类似的隐忧。在全国“四纵四横”主要高铁网上，密度最大的属京沪线和哈大线（哈尔滨至大连）。京沪线上，24 个站点共有 15 座高铁新城；哈大线上，23 个站点已查到有 9 座。然而，这其中很多高铁新城几乎都面临着同样的问题。规划先行的高铁新城，在建设过程中，资金、招商、客流量等相关问题，全都成为绕不过去的坎，挡住其发展的脚步。

2. 前期定位的问题

铁路具有集聚生产要素的典型特征，能够将城市连点成线，带动各城市的人员流、资源流和信息流，从而促使区域经济发展。然而“高铁效应”是一把“双刃剑”，它能促使更多的生产要素向高速铁路沿线集中，为中小城市的发展带来新的契机，同时借助高铁通车带动城市多区域更均衡地发展。若不结合城市的自身情况盲目定位，就会带来一系列负面影响。

（1）高铁新城策划定位同质化严重

京沪高铁平均不到 30 公里就一个站点，以时速 300 公里计算，12 分钟就要停靠一个站点。如果所有的高铁新区都发展工业园区、物流园区，显然会遭遇到同质化和重复性建设的问题。十分不幸的是，在多数高铁新城规划中，绝大多数瞄准的都是高端商务区、商贸流通区等，翻看这些规划几乎看不到差异化的发展思路。有明确城市定位的 29 座高铁新城中，有 20 座都提出要发展商务中心、高端服务业。明确提出要建设新的城市中心的则有 11 座。台湾沿着高铁做了很多有特色的规划，比如某地农产品好而丰富，它就会做农产品交易会、批发市场，周边地区一起做整合发展，于是就发展起来了。

（2）前期规划过于粗放

高铁新区中最具竞争力的范围是距离车站步行约 5～10 分钟的 500～800 米范围内，应采取高强度开发。我国高铁站点一般为功能比较单一的车站，没有像日本欧洲的高铁站点一样把商务、展览、旅馆等功能与高铁车站综合化设计，即便是在类似于京沪高铁的北京南、南京南、上海虹桥等总建筑面积达到 24 万平方米（含雨棚）和武广客运的总建筑面积达 37 万平方米的新武汉站和广州南站这些规模如此之大的车站也都是以交通功能为主的单一功能车站。这一现象主要是由于我国高铁站点和周边开发是分别由铁路部门和政府分开主导建设，导致站区的交通功能和城市功能出现了泾渭分明的现象，土地的开发利用属于典型的粗放型发展，不符合精明增长的理念。

（3）土地利用不集约

我国高铁新区的核心区无论大中小型城市开发强度均不高，总体在0.97～2.3 范围内，主要是由于高铁站房占用的大量用地并没有进行综合开发，同时郊区化选址导致用地的限制性小造成了粗放式发展模式。这类新城式用地模式存在的普遍问题是：站点片区用地规模较大导致整体毛容积率不高。存在这种现象，一方面是由于我国各城市对高铁站点周边地区发展的认识偏差，过度注重宏伟气派的片区形象，对城市商业商务中心的规模和强度也了解不够。另一方面与国内城市发展过程中严重依赖土地财政有很大的关系。总的来说目前国内用地范围大、开发强度不高的高铁站点周边地区开发方式是一种误区，既不利于土地的节约，也不利于高铁站周边地区的形成。

（4）经济未动，地产先行

在京沪高铁通过的绝大多数城市，高铁新区的房价均出现了不同程度的涨势。这在地方政府看来，都是前景一片大好的势头，但是并不能盲目乐观。高铁新城成功的标志，不在于房子建得多高、多漂亮，而在于产业承接和发展得如何。如果产业不稳，只盲目发展房地产，就会激发房地产炒作和投机，造成房价畸高，导致房地产市场有价无市，或有人买无人住的情况，还有可能带来大片“空城”的急忧。

3. 规模问题

我国高铁站点的选址大部分位于城市郊区，且中小城市这类现象更为突出，站点位于城镇行政交界处，属于非独立的行政区域，发展面临多重机遇但却存在很多不确定因素，人口、经济、社会、产业等相关指标统计均不完整，这类地区的发展模式不会走“常规”的路径，各类层次规划对站区规模的判断没有依据可循。外加片区现状建设量不大，基本为农业用地和少量村庄，大规模用地及建设量需要较长的培育周期，如果依靠城市的自然发展来带动本地区发展，那么发展速度会大大低于设置高铁站场后的速度。然而，高铁站场的出现到底会在多大程度上加速本地区的发展，这实际是一个受多种因素制约难以很确切预断的问题。但是，目前国内高铁新城的规模主要集中在10～20平方公里，甚至有达到60平方公里的高铁新城，新城的规模普遍偏大，主要是因为我国高铁新区确立用地范围与边界时，往往是依据片区现状交通设施、生态因素、水体因素等客观用地限制来确定，与站点的辐射能力、城市的等级没有直接的关系，导致片区规模的蔓延性。

4. 交通问题

（1）配套路网不足以及建设完成度不高

基本以点到点的中短距离出行为主，联系频度较高。对于高铁新城内部道路交通，要处理好城市空间拓展和高速公路、国道的关系以及与周边区域道路的衔接，高铁新城道路交通体系和对外交通的轨道、高速公路、国道需要有机衔接，特别是新城道路系统环线的建设时序。目前高铁新城的道路发展方面，偏重于主干道建设，忽视支路网的完善以及与其他城区部分的连通。而且，对外区域交通只能汇集在几条主干道上，增加了这些主干道的交通压力，由此限制了城市交通在周边区域的服务水平。

（2）公交车线路与轨道交通规划不足

高铁站点连接城市中心区的出行结构分为公共交通和私人交通两种方式，

二者有较大的可达性差异，大型城市的站点距离市中心比中小城市相对更远，但仍具有较高的内部可达性，主要是由于不同等级城市的空间形态及城市内部交通现状的不同。对武广沿线站点旅客出行结构调查结果显示，武汉站和广州南站均有轨道交通与主城区相连。2012 年统计数据显示，其地铁出行比例分别为 12% 和 36%，主要由于广州的城市轨道交通网络完善度高、覆盖面广，而武汉的轨道交通的建设比其他特大城市的轨道交通建设低了一倍左右。相较于没有轨道交通的中小城市，大城市普遍路网形态完善、等级配比高，公共交通覆盖面广、设站多、换乘便捷，因而旅客大部分采用公共交通出行。中小城市人均 GDP 较低，旅客对出行成本相对较为敏感，但沿线小站公交站点少，与主城区相连道路单一，公共交通网络不健全，反而大部分依赖于私家车与出租车（如图 9. 16）。

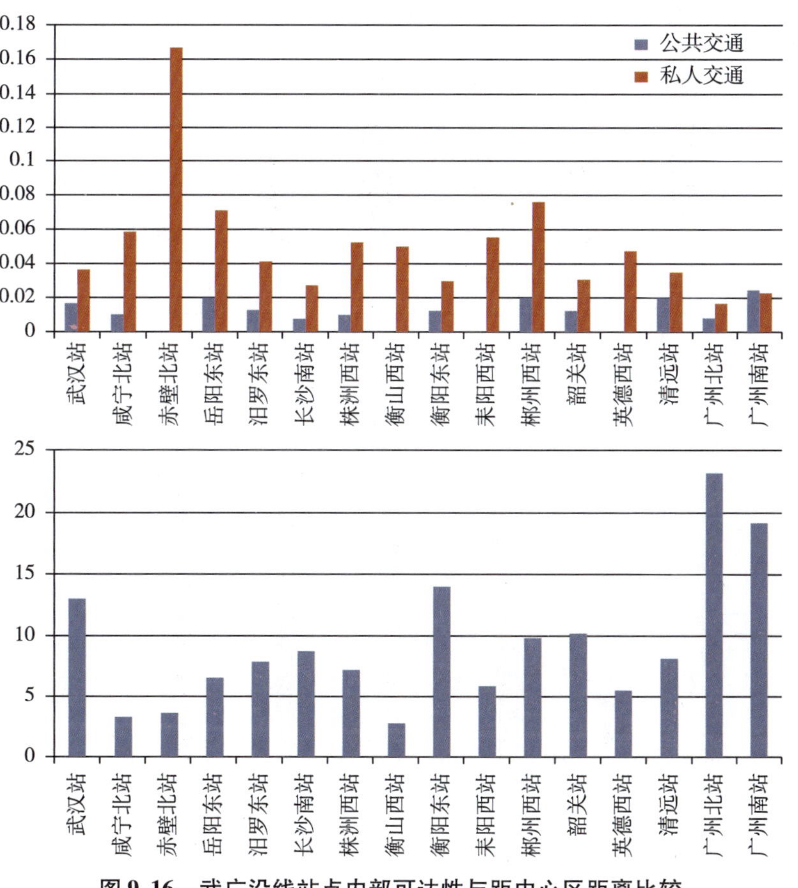

图 9. 16　武广沿线站点内部可达性与距中心区距离比较

（3）高铁与其他交通方式的换乘便利度不高

高铁新城的选址大多数位于城市的郊区，但是其他对外交通枢纽大多数位于中心城区，高铁新城到中心城区花费的途外附加时间甚至远远大于高铁到达其他城市的时间，尤其是高铁新城到长途汽车站的距离较远，结合之前的公共交通存在的问题，在中小型城市中尤为突出（如图 9. 17）。

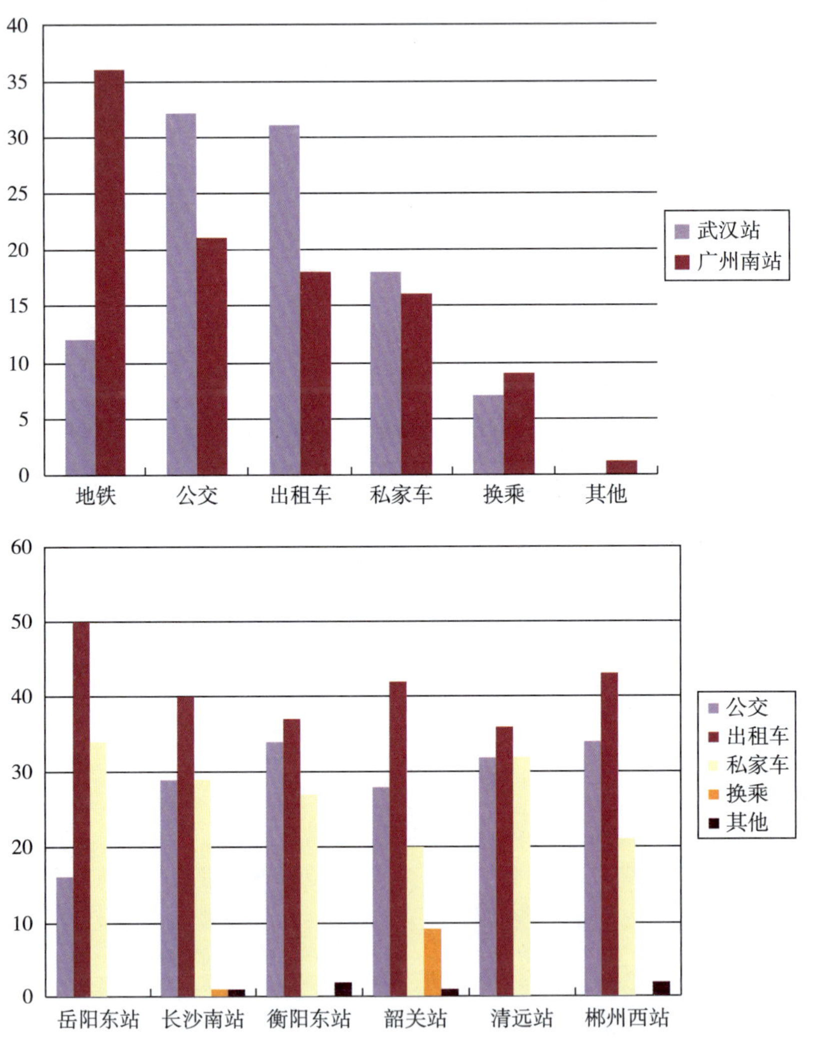

图 9. 17　武广沿线站点出行交通结构比例统计

5. 开发资金短缺的问题

京沪高铁的通车，为高铁经停站的地方，尤其是经济欠发达的安徽、苏北等地区，提供了一个难得的发展机遇，各地政府纷纷出台详细的建设规划，以期利用高铁招商引资、盘活区域经济。然而，高铁新区作为交通枢纽地区，同时也是城市的一个功能板块，片区内各类功能“对偶”互补是经济正常运行的前提。地方政府没能正确地把握机遇，为了扩大城市规模，前期过多的投入资金，导致后期预期项目不能正常施工。很多高铁新城的基础设施等不能跟随前期项目同步跟进也大大影响了新城的发展潜力。

五、高铁新城未来发展战略与措施

1. 高铁新城未来发展战略

（1）高铁新城发展战略与新型城镇化战略相协调

2013 年党的十八届三中全会全面深化改革体制的战略部署，为高铁新城的规划建设注入了新鲜的活力；国务院《关于印发〈国家新型城镇化规划（2014—2020 年）〉的通知》（中发〔2014〕4 号）提出，以城市群为主体形态，推动大中小城市和小城镇协调发展。落实这些要求，高铁和其他交通运输网络对优化城镇化格局具有不可替代的支撑和引导作用，高铁新城土地综合开发有机衔接了交通建设区域和城镇发展的内在关系，既是建立城市群一体化、优化城市建设布局，加快发展中小城市、小城镇的关键环节，也是解决交通拥堵、环境污染、人口过度集聚、房价上涨及城市规模无序扩张等“大城市病”问题的有效措施，完全符合新型城镇化的发展目标、指导思想和基本原则。

（2）完善高铁建设合理获得新城土地增值收益的机制

因此，在市场经济条件下，建立铁路建设投资产生的土地增值收益在国家与投资主体之间的合理分配机制，使投资主体可以回收、分享因铁路建设带来的部分土地增值收益，应是支撑铁路持续发展的重要条件。长期以来，我国铁路建设一直采取中央政府投资为主的模式，在铁路建设上更多考虑的是社会效益和宏观综合经济效益，建设产生的土地增值收益主要由各地政府和社会取得。随着铁路建设发展需求的日益增加，如果仍沿用原有的发展铁路建设模式，铁路建设投资仍难以实现资金平衡，很难吸引社会投资。推动铁路投融资体制改革，全面开放铁路建设市场，实现投资主体多元化，政府投资转为企业投资的改革就难以推进。因此，允许铁路投资建设主体利用土地进行综合开发，分享土地增值收益，是促进铁路建设持续发展的关键环节之一。

（3）促进交通导向型高铁新城土地综合开发

高铁新城特定范围内土地实施综合开发是以高铁站场为依托，与毗邻地区土地进行整体规划、一体设计、统一联建、立体开发的建设和用地模式。在当前新型城镇化和铁路建设发展的背景下，通过在高铁新城上实施包括铁路、公交、轻轨地铁、商服、办公、居住等多用途、多功能、一体化的高密度综合开发，形成用地布局协调、交通设施无缝对接、地上地下空间充分利用的城镇综合体，应该是交通导向型土地综合开发模式在我国的有效实现形式。研究表明，鉴于高铁对经济社会发展的重大意义及投入产出特点，多个国家及我国香港地区政府通过运用规划和用地政策，支持铁路建设企业对客运车站及周边地区进行整体规划、开发，形成了交通导向型土地综合开发模式，由于这一模式构建了“以铁路交通提升土地价值、以多元经营回收外溢收益、以人口集聚增加主营收入、以产业集中促进城镇发展、以交通走廊优化城市布局”的运行机制，在支持铁路建设的同时，对推动经济、社会、城市发展也取得了良好的效果。

（4）更好发挥市场与政府的作用

土地综合开发是政府支持市场主体投资铁路建设的专项政策，充分体现了十八届三中全会“使市场在资源配置中起决定性作用和更好发挥政府作用”的要求。按照国办发〔2014〕37 号文要求，政府在推动实施土地综合开发中，主要体现在按照“多式衔接、立体开发、功能融合、节约集约”的原则，协调、编制与土地综合开发相关的各类规划，实现多规合一；促进铁路投资主管部门、机构与沿线地方加强合作，协调铁路建设与土地综合开发事宜；在严格控制综合开发用地规模的前提下，采用市场化方式供应土地；充分发挥市场机制的作用，营造良好的土地市场环境，按照“谁修路、谁开发”的原则，允许不同的市场主体参与土地综合开发、投资铁路建设；市场主体依法取得国有建设用地，进行铁路建设投资和土地综合开发，合理分享铁路投资产生的土地增值收益，用于铁路发展。

2. 高铁新城发展措施

（1）推进形成展示城市风貌的城市门户区域

处于高铁沿线的高铁新城，既是一个城市的形象门户，也将会成为区域的核心区域。从这一点而言，高铁新城将会在区域协调发展中起到重要作用。同时，高铁的大规模建设对于打造城市门户也是一大机遇。高铁新城应该利用高铁带来的核心客流量，提升自身的核心竞争力，依托城市特色打造鲜明的城市门户地区，以高铁新城为窗口，对外展示城市的新面貌，城市功能才能得到提升，不仅仅是目前的单一功能，应该加强以城市特色为主的多样性功能发展，才能在区域协调发展上扮演重要角色。

（2）区域空间一体化与交通节点的设置

迅速的经济增长和城市化过程中，许多高度密集的城市区域都逐渐出现了一体化的趋势。区域交通结构的网络化对区域内的城市发展产生了重要影响。高铁车站作为一种新型的交通节点，如何确定其合理的位置、数量，使其催化作用得到充分发挥，有赖于科学的区域规划。应该看到，我国目前的区域规划，多数已经无法起到引导高度网络化的区域交通发展的目的。这主要是由于受到行政体系和规划技术手段的双重制约。当前，我国行政体系中，区域层面并没有有效的政治主体，这种现状导致目前区域内各种地方利益的严重分化。因此，有必要制定方法和法规，对现有行政区划进行统筹，联合进行城市规划。在这方面，仅有常规的协调是不够的，必须在各行政区划涉及的城市规划职能部门之间建立有关联合规划和管理的运作机制。

（3）推广大城市的高铁新城试点

大面积推广大城市的高铁新城之前，应从高铁新城试点开始，通过选取目前发展速度相对较快的高铁新城，或者选择一条线路上的所有新城作为高铁新城研究的第一批试点，试点的选择决定着后续高铁新城发展的好坏成败。因此必须在充分了解高铁新城发展现状的基础上谨慎把握，推广区域的试点以及独立的试点，通过试点的方式探究高铁新城的发展模式并且得出高铁新城发展后的评价，为以后的高铁新城发展提供理论以及实践经验的指导。

（4）发挥政府的推进作用

高铁新城发展应该重视政府的作用，积极倡导公私合营。首先，明确投资主体。对于经营性的项目，政府允许企业进入，鼓励企业通过市场融资，并根据项目的重要性，合理分配各级政府责任，使得各级地方政府和企业承担相应的投资责任。

其次，面对我国当前投融资改革的迫切要求，应立足国情，高度重视政府在此过程中的作用。第一，政府应建立良好的投融资机制。对于高速铁路等公共设施建设，从投融资政策引导、相关法律法规的制定到项目投资主体的确定、项目投融资程序的管理等，都应形成完善的机制。第二，政府应积极提倡融资模式多样化，引导新型融资方式，减少政府财政压力，满足社会对公用事业的需求。

（5）以人为本，统筹兼顾，构建繁荣和谐新城

高铁新城建设是一项系统工程，要坚持以人为本，统筹兼顾，科学推进，和谐稳定。要建设立新型的社会救助体系，完善城乡最低生活保障制度，完善“五种”社会强制性保险，实行适度补贴政策，保护拆迁农民利益。着力推进城乡一体化建设，实现城乡统筹发展。大力发展社会事业，要突出抓好医疗、卫生、公共性服务文化设施建设，不断满足人民群众的文化需要，为新城建设打下坚实的基础。

第十章 区域一体化推动下的新城新区开发

在经济全球化的形势下，在区域经济一体化的大背景下，如何重新勾画区域治理框架，创新区域合作和互补模式，重整区划空间联系和结构版图，做好“结构内、体制外”的发展工作，提升跨区域的制度化合作和产业合作就显得尤为重要。

本文分别选取了我们应邀承担的四川达州亭子新城、四川眉山岷东新区这两个新城新区策划的典型案例，着重探讨了省际一体化发展背景下和城际一体化发展背景下新城新区开发战略。

一、引言

经济全球化与区域一体化是当今世界公认的两种发展趋势，区域一体化在全球化的浪潮中高歌猛进，在这一浪潮的推动下，长三角一体化、珠三角一体化、京津冀都市圈、闽南金三角等成为践行区域一体化的排头兵和领头雁，对区域一体化的深入研究提出了现实需求。

中国当前的区域发展正从“碎片化”向“一体化”的方向发展，其本质是区域发展模式的制度变迁过程。一体化的新城层出不穷，就连一个中国

作者：彭剑波，清华同衡规划设计研究院城市发展策划研究所副所长，博士。

的小乡镇，此时此刻或许也在分享着全球区域经济合作所带来的发展机遇。

传统行政区与行政区之间的竞争逐步向当代经济区与经济区之间的竞争转移。在全球新一轮生产要素优化重组和产业转移的重大机遇时期，如何调整区域产业结构升级，优化区域布局，提升区域竞争力，进一步推动区域经济一体化进程，促进经济增长方式的转变，已经成为时下热点。本文选取了四川达州亭子新城、四川眉山岷东新区这两类新城新区策划的典型案例，研究了省际一体化发展背景下和城际一体化发展背景下新城新区开发的策划战略。

二、一体化的两种空间模式

一体化的空间模式，由对两市中间地带的发展策略不同，可归纳为“共育新城”和“遥相呼应”两种模式类型。

1. 共育新城的三级联动模式

由于两城市之间的社会经济联系，两市中间的地带成为人流物流密集的地区。中间地带同时受到两市的辐射带动，当没有用地条件限制时，是城市功能聚集、城市用地拓展的理想区位。一体化的目的是提升城市区域地位与中心性，一体化空间架构的目的是为城市功能升级提供空间支撑和保障。将城市的新兴职能布局于两市之间，两市合力共筑新城或者新区，形成三级联动的空间结构，成为为数众多的一体化城市案例的空间策略。

对于功能定位和发展动力，新城是城市新兴职能的承载区，城市新兴职能包括商务金融、总部科研、教育会展、文化创意等。而高科技、教育、科研、文化等产业对于中心地区具有较低的敏感度，在用地空间、设施配套和环境品质方面体现出相对较高的要求，是新城职能的理想选择。此外，工业用地快速扩张是这个时期城市用地拓展的主要需求，因此新城常规划有相当规模的产业用地。一方面满足产业的增量扩张以支撑结构转型，另一方面，也作为新城新兴职能培育的起步动力。如图 10.1，共育新城三级联动示意图。

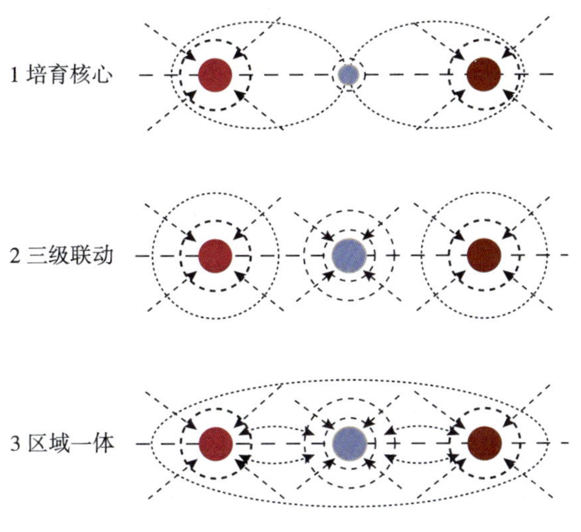

图 10.1　共育新城三级联动示意图

2. 遥相呼应的分散组团模式

当两城市之间的相隔超出一定距离时，中间地带便不具备了同时受到两个城市辐射带动的区位优势；或者中间地带的用地受自然条件限制，不适宜大规模城市开发建设时，两城市的空间一体化便主要体现在联系两城市的交通设施廊道建设。同时保育生态，控制合理的增长边界也成为空间一体化的重点。依托交通线或者生态设施，可能形成小规模、相对分散的用地组团，但总体说来，中间地带不生成新的空间增长极，而两城之间依靠设施的对接形成遥相呼应的空间格局。

对于分散组团的功能定位，一方面是满足城市产业用地扩张的产业组团，也可能是依托良好的生态环境建设的休闲服务功能组团。如图 10.2，遥相呼应的分散组团模式示意图。

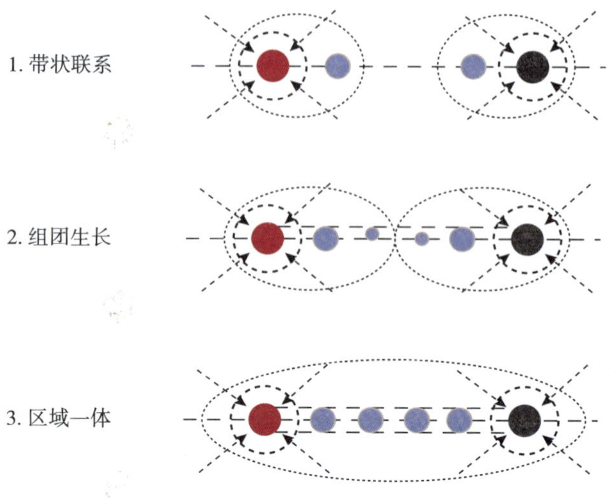

图 10.2 遥相呼应的分散组团模式示意图

三、“省际一体化”背景下的新城发展路径——以四川达州亭子新城为例

1. 省际区域一体化发展机遇

20 世纪 90 年代以来，尤其是加入 WTO 以来，我国省市间经济和产业发展的行政壁垒正在打破，三大经济圈、区域一体化发展的格局逐渐形成。珠江三角洲、长江三角洲和环渤海经济圈城市间的合作，给过去城市边缘、“两不管、三不管”的乡镇和相关的城市新区开发带来了良好的机遇。昆山的发展路径就是小县城依托上海，抓住长江三角洲区域一体化发展机遇而迅速发展的一个明证。目前，昆山是中国大陆经济实力最强的县级市，财政收入 603 亿元，一般预算收入 202 亿元，工业总产值 8200 亿元，连续多年被评为全国百强县之首。近年昆山还凭借雄厚的综合实力蝉联“福布斯中国最佳县级城市”第一名。

当下，更多的省际经济区区域规划正在出台，例如：广东和广西筹划在两省（自治区）交界处的西江沿岸建设一个 100 平方公里的“粤桂合作特别试验区”；东北四省区建立行政首长协商制打造一体化新东北；成渝经济区的打造等。

其中，《成渝经济区区域规划》以下简称《规划》，于2011年由国务院正式批复。这是在实施“十二五”规划的开局之年和推进新一轮西部大开发的重要时刻，国家推动科学发展、加快转变经济发展方式的重要战略部署，也是深入实施西部大开发、促进区域协调发展的又一重大举措。

成渝经济区位于长江上游，地处四川盆地，面积20.6万平方公里，是我国重要的人口、城镇、产业集聚区。经过改革开放特别是西部大开发以来的发展建设，成渝经济区已成为西部地区综合实力最强的区域之一，具有在新起点上加快发展的良好条件。在新形势下加快成渝经济区发展，对于深入推进西部大开发，促进全国区域协调发展，增强国家综合实力具有重要意义。

《规划》指出：规划实施要以科学发展为主题，以加快转变经济发展方式为主线，着力推动区域一体化发展，着力推进统筹城乡改革，着力提升发展保障能力，着力保障和改善民生，着力发展内陆开放型经济，着力构建长江上游生态安全屏障，努力实现居民收入增长与经济发展同步提高，经济发展更多依靠科技创新驱动，在带动西部地区发展和促进全国区域协调发展中发挥更重要的作用①。

依据《规划》，成渝经济区的战略定位是：建成西部地区重要的经济中心、全国重要的现代产业基地、深化内陆开放的试验区、统筹城乡发展的示范区和长江上游生态安全的保障区。《规划》明确了发展的近期目标和远期目标，到2015年，建成西部地区重要的经济中心；到2020年，成为我国综合实力最强的区域之一。

本次的策划项目——四川达州亭子新城，正是位于新规划的成渝经济区。而达州市委市政府也明确提出，要推动达州主动融入重庆，推进多元合作，实现互利共赢。

在本次策划项目中，我们对抓住省际区域一体化的机遇开发新城新区，提

① 参见发改委网站，2011年5月5日，《国家出台成渝经济区区域规划定位西部经济中心》。

升和优化原有城市的发展能级，强化区域协作，协调区域发展做出了一些探索。

2. 省际区域一体化存在的问题

达州位于四川东北部，大巴山南麓，是四川省的人口大市、农业大市、工业重镇，有“川东明珠”、“中国气都”、“巴人故里”之美誉。它被称为中国圆心城，是川、陕、鄂、渝接合部的大城市，经济非常活跃，流动人口大、人气特别高。面对国家新一轮西部大开发的发展机遇，成渝经济区规划的落实实施，加之天然气能源的大开发，达州在新的发展形势下跃升为川东地区重要的商贸物流中心，天然气之都。达州城市发展的新目标确定为：引领成渝，对接华中、华东，连接西北的区域中心城市。

本次策划项目亭子新城，在达州大发展和城市“一城、六片区”布局的背景下，被期待成为达州市新的城市增长极核。

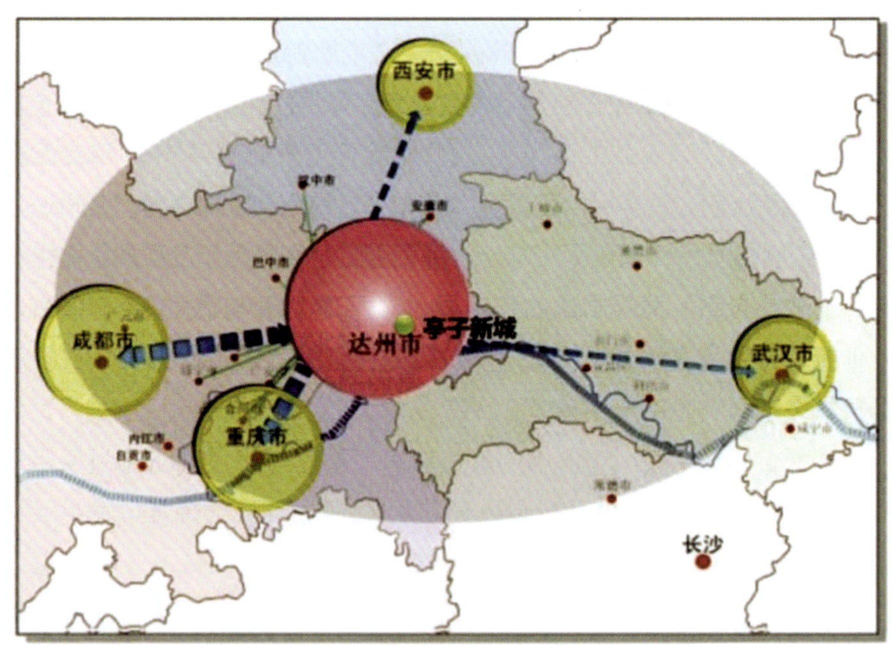

图 10.3 亭子新城区位示意图

图 10.4　区域现状

但我们通过对亭子片区和达州城区的现场调研，感觉亭子片区远离城市经济的主要联系通道，目前发展动力不强，从一个落后的小乡镇成长为一个新城的路还很长，而且既需要政策层面的支持，更需要自身发展动力层面的积聚。从地形地势条件和自然环境条件看，亭子片区没有工业污染、坡度适度，要比现状城区以南的规划新增用地条件好。因此，当亭子片区的对外交通条件明显改善、融入经济发展主要联系通道后，亭子片区有可能通过与现有规划城区的错位发展，远景实现一个城市新区。而这首先需要交通融入经济联系主通道，这不是一条隧道就能解决的，而是一个综合交通系统的打造；需要依托现状优越的自然条件，积极引入适合的产业，形成集聚，实现与主城区的错位发展。因此，我们在做前期的策划时，建议适时启动对这一地区的概念规划研究，以产业发展策划为核心，统筹考虑对外交通联系和安排空间布局，勾画该地区的远景发展。

3. 省际合作机遇

作为中国天然气之都、秦巴地区商贸物流中心、川渝鄂陕四省市接壤区的中心城市、中国南北向“包榆达茂能源经济带”与东西向“沪汉蓉经济大动脉”的交汇点，达州作为川渝鄂陕接合部中心城市的区域价值已经凸显。我们认为，达州为了实现新的城市发展目标，迫切需要在产业结构、城市规模、城市环境、基础设施配套等各方面进行提升，建设具有达州特色和吸引力的城市形象。

根据达州的城市规划，达州未来将在区域内成为综合交通枢纽、经济总量榜首、产业聚集高地、科教支撑平台、城市发展龙头。

未来将有望形成成渝经济区以重庆、成都为核心，沿长江发展带、成绵乐发展带、成内渝发展带、成遂渝发展带、渝广达发展带“双核五带”的空间格局。其中，渝广达发展带的重点发展产业应是天然气及盐化工、机械制造、冶金建材、轻纺食品，并大力发展商贸物流和特色农业。

作为区域性中心城市的达州，未来还将成为成渝经济区的天然气和磷硫化工、冶金建材、农产品加工基地和重要的商贸物流节点城市。我们认为，大力发展物流、商贸及旅游是推动达州中心城市功能升级的主要着力点。

从达州区域经济发展的态势来看，未来将实现由“北部、中部、南部三大经济区”向“一级两区”格局转变，进一步强化中心城、达县及大竹作为达州发展极核的引领作用。

由于达州中心城市空间将由“沿河发展”向“拥河多组团发展”不断演变，未来随着能源化工产业园及其配套设施建设，城市发展重心将不断向南延展。在这一过程中，亭子新城将成为达州中心城从拥河发展“小达州”走向拥中央森林公园发展“大达州”转变的重要支点。

而从亭子新城自身的条件来看，区划调整——未来达县撤县改为达川区，将促使达县积极拓展优质发展自留地，亭子新城依托资源优势，有条件成为达县发展新兴服务业的重要载体。

（1）省际合作机遇——旅游服务业、商贸物流业

根据达州“十二五”规划和亭子新城的现状，旅游服务业和商贸物流业将成为未来亭子新城重点发展的两大产业。亭子新城受“中心”直接辐射，可以以城市休闲度假为核心特色，借势优先开发真佛山宗教文化和天然气化工工业旅游区，积极发展旅游服务业。亭子新城若能依托临近发展核心区、链接品牌引领区的区位优势，以及自身旅游资源的挖潜，打造多层次、有特色的旅游产品，有可能成为丰富未来达县旅游产品体系的重要一环。

而事实上亭子新城自然资源丰富，集合了江河、水库、田园、山地、森林公园等，同时文化资源也非常多样，融汇巴人文化、历史名人、民间艺术、特色饮食及宗教文化资源，有着天然的发展旅游服务业的优势。

关键问题则在于，如何在发展过程中实现突破。我们经过分析认为，一是要在产品上实现突破。亭子新城应以"城市休闲度假"为核心特色，积极打造与中心城优势旅游产品形成互补的特色城市休闲旅游产品和高端居住产品，形成品牌效应。要依托区域内丰富的自然和人文资源，开发滨水康复疗养、森林运动养生、民俗文化体验、主题庄园度假等多样化的新兴业态。二是要在市场层面形成突破。亭子新城应以"立足中心城区、面向达州市城、辐射周边乡镇"为目标，不仅要吸引未来中心城区及亭子新城本地的客群，还应成为未来达州城市休闲度假产品体系的有益补充，同时还可以依托交通条件的改善，积极吸引达州市城周边乡镇的客群。

亭子新城未来发展的另一大产业支撑是商贸物流业。在亭子新城的策划案例中，我们对商贸物流业做了重点的研究。商贸物流业已成为促进产业结构调整的支柱产业。2010 年，中国社会物流总额和物流业增加值分别可达 125 万亿元和 2.7 万亿元，与"十五"期末相比，双双实现翻番，年均分别增长 21% 和 16.7% 。据此估算，2010 年，中国物流业增加值占 GDP 比重可达 7% ，占第三产业增加值比重约达 16% 。物流行业发展势头强劲，已成为国民经济的支柱产业，在促进产业结构调整、转变经济发展方式等方面，物流业发挥着重要作用[①]。

2011 年商务部发布《商贸物流发展专项规划》，指出：后金融危机时代，国际市场需求的不确定性增强，资源环境约束更加突出，外资物流企业加速在国内物流市场布局，流通业面临的市场竞争将更加激烈，要求商贸物流企业完

---

① 参见中国物流与采购网，2011 年 1 月 27 日，《2011 年中国物流发展报告会会议纪要》。

善发展机制、创新服务模式、加快技术和装备更新、发展低碳物流，为扩大内需、服务民生、节能减排、促进经济发展方式转变做出积极贡献。

从物流产业的发展趋势来看，更趋向于广义的物流产业，除了对物流运输本身的关注之外，还包括了对于从生产制造到销售消费的全过程供应管理、为销售服务的电子商务，以及相关的综合配套服务，包括为物流运输提供支撑的物流设备制造、金融服务、人才培训、信息平台等。

随着国民经济的发展，对全社会特别是中西部地区物流服务能力和物流效率提出了更高的要求，特别要求中西部地区改善物流条件，缩小与东部地区的物流成本差距，承接东部沿海地区产业梯度转移，促进区域间协调和可持续发展。

我国商贸服务业正面临一场深刻变革，连锁经营由传统业态向多业态、多业种延伸。同时，电子商务交易额快速增长，预计 2015 年将达到 12 万亿元。交易规模不断扩大和流通方式变革，使得建设高效物流配送体系成为现代流通业发展的关键环节，将逐步形成集展示、交易、仓储、加工、配送等功能于一体的批发交易型配送模式。

在省际区域一体化发展的大背景下，商贸物流业也有望成为新城新区规划建设的重要支撑产业。2013 年伊始，重庆市政府就发布了《重庆市人民政府关于加快建设长江上游地区商贸物流中心的意见》，拟在 5 年内将重庆构建为长江上游地区的西部国际物流中心。

而物流产业本来就是达州传统的优势产业，立体交通优势明显，产业基础良好，发展势头强劲。2010 年，全市实现地区生产总值 819. 21 亿元，社会消费品零售总额达到 311. 86 亿元，城镇居民可支配收入大幅提高，为扩大内需和促进商贸物流业的发展注入了强劲动力。

达州将建设国家级物流示范区，亭子发展现代物流产业也是大有可为的。我们认为，亭子可以着重在建设现代新兴商贸业态、区域性的现代化专业市场方向上寻求发展机会。

大力发展轻纺服装、小商品及土特产品等类型的商贸物流，有望成为亭子与万州联动发展的突破口之一。当前轻纺服装及小商品市场主要集中于城市中心，亭子新城有望成为满足空间转移、规模放大、功能提升需求的载体之一。

基于上述分析，我们认为亭子新城的发展动力主要来源于三个方面：一是抢位发展新兴服务业，借势构建新区活力、提升区域认知；二是积极发展商务休闲和特色旅游业，着力提升新城魅力；三是大力发展现代商贸物流产业，培育新城动力。

（2）省际合作机遇——秦巴商贸物流新枢纽，川东旅游度假新高地

亭子新城未来发展的总体战略定位应该是立足川东，辐射川陕鄂豫接壤区，以现代商贸物流产业为支柱，以商务休闲、观光旅游、高端居住及康疗养老等服务业为特色的，具有浓郁山水田园风情的特色产业新城。其总体布局分为新城核心组团、秦巴商贸商务组团、田园休闲生活组团、新城高尚居住组团和旅游度假服务组团。

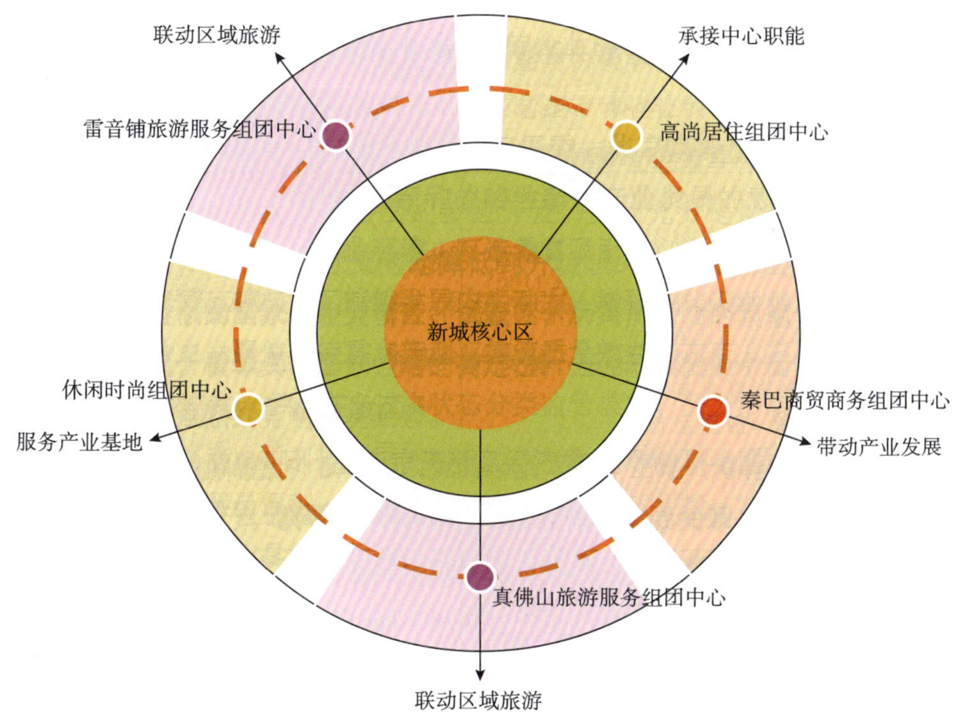

图 10.5　亭子新城组团功能策划示意图

新城核心组团的定位是立足亭子、联动达县、对接达州中心城市，形成地域文化展示、特色滨水商业及现代行政商务服务功能聚集的新城发展极核。

秦巴商贸商务组团则是要立足主城区，面向达州市域、辐射秦巴，打造集轻纺服装、小商品及土特产等专业市场和秦巴物流企业总部基地为先导，以生态商务花园为特色，具有现代物流、总部商务、生态办公、国际贸易、金融服务、餐饮娱乐、商贸旅游等功能于一体的现代商贸城。

田园休闲生活组团则是要充分发挥山水田园及水库的资源优势，发展健康养老、田园度假及休闲居住等主题区域，培育休闲度假、康疗养生等新兴服务业，成为达州城市休闲度假区。

新城高尚居住组团被赋予的功能定位，是远期立足亭子、对接达州中心城、辐射周边县市的高端人群，以山水田园资源为依托、主题式风情小镇开发模式为特色、低密度、高品质开发的城市高尚生活区。

旅游度假服务组团则依托真佛山及雷音铺的景区资源，充分挖掘潜在可开发用地的地形地貌及景观特色，打造产品精致、品质高端、特色鲜明的旅游服务功能区。

4. 省际一体化发展背景下的新区策划建议

在项目策划的前期，我们明确亭子新城的发展，既要金山银山，更要绿水青山。以此为出发点，我们主要从产业线与生态线，考虑了本项目发展绿色产业的可能性。一是从区域交通的角度，研究物流的类型、规模及运作方式，从而确定商贸物流业作为亭子新城发展的两大支撑产业之一。二是从旅游产业的角度，与重庆周边做比较，分析目标客群的类型、研究旅游地产的吸引力等，从而确定亭子新城以旅游服务业为支撑实现后续的发展。

此外，当前达州市域在空间上已经呈现挤压达县的趋势，未来达县很有可能选择将亭子作为主要的发展阵地进行拓展。因此，行政新区未来有可能成为亭子发展的核心动力之一。

在考虑教育地产、旅游地产、养老地产的可能性时，应充分利用不同条件的土地资源，例如雷音铺的谷地，部分丘陵台地等，可以借鉴重庆的做法发展旅游及养老地产。

我们认为应考虑两点物流需求，一是依托包茂高速的南北能源通道，二是作为成渝经济区、沪汉蓉通道以及关中经济带的交叉点可能引发的物流需求。通过经济圈的竞合关系来寻找产业的可能性。其他现有铁路附近的物流用地可定位于城市服务功能，产业服务功能的物流功能区可考虑布设在南部，中间增设一条铁路专用线进行连接。又由于亭子新城相当于再造半个达州市，我们提出，交通要围绕现有达州城区和新城区两个大的组团来做，需要从策划的角度提出交通的需求，包括两个组团之间的快速交通以及外部连接的过境交通环等。

虽然国内一体化的势头良好，但还存在不少现实与制度的障碍，如：行政壁垒、区域分割；地区间协调不利，发展非均衡化，行政区边缘经济；产业结构趋同，重复建设严重，“小而全、大而全”，“自成体系、门类齐全”的封闭式经济体系；区域公共问题突出，基础设施和规划协作缺乏区域协调有效机制等。

因此，跨省区域合作，关键在于有效打破行政壁垒，促进产业协作。建立区域合作的利益平衡机制，将有助于增强区域协作积极性。要从区域整体利益出发，对各省区分工合作的经济利益进行有效协调，建立利益分享机制，从制度上保障区域统筹协调发展。

而对于省际区域一体化背景下的新城新区开发，可以采取以下战略。

（1）争做合作平台

像亭子新城这样的处于几省接合部的新城新区，在前期策划时要跳脱本市、本区域、本省，站在环顾几省的角度去做定位。它应该起到连通几省的枢纽作用，打造服务于多个省份的平台，打开扇面，搭建桌面。而这种桌面和扇面的打造，最核心的还是政府战略思路的转变，提升政府服务，主动寻求发展资源。

（2）制造漏斗效应

省际区域一体化背景下的新城新区开发，一方面要起到服务于多个省市的平台作用，另一方面也要善用跨省跨区跨市的资源，利用地理优势，发挥和打造成本洼地，汇聚人流、资金流、资源流并持续下沉，持续沉淀为自身的优势。

（3）由边缘走向中心

虽然拥有地理上的优势，但要将这些优势转化为省际合作新城新区后续发展的动力，还需要产业的支撑。因此，在几省接合部的新城新区一定要摆脱边缘的境地，勇于走向中心，大力发展商贸物流业、旅游产业等具有聚合力和辐射力的产业。此外，也要注意和周边的城市及区域在产业布局上形成差异化发展的态势。

四、“城际一体化”背景下的新区发展路径——以眉山岷东新区为例

1. 城际一体化的发展机遇

特大型城市通常对人口具有强大的集聚作用，而人口的快速集聚也成为各大城市发展的重要动因之一。在人口快速集聚的过程中，一旦城市建设和管理跟不上迅速增长的需求，导致各类城市基础设施的供给滞后于城市人口的增长，就会引发一系列的矛盾，出现环境污染、交通拥堵、服务紧缺等城市病。

要治疗“大城市病”，需要仰赖新型城镇化的进程。一方面，新型城镇化必须要为中小城市及处于城市边缘的新城新区创造发展机遇，使得城市区域有序扩散，并让新城新区承接大城市外溢的功能。另一方面，也不能将新型城镇化片面地理解为舍弃大城市、发展小城镇。原因在于我国的大都市与日韩美等国相比还有很大的发展潜力，大都市在要素集聚和创新服务等方面拥有无可比拟的优势；同时，结合我国目前发展阶段也应积极培育小城镇，转移农业人口，推进城乡转型，二者并行不悖。

因此，当前城市群的打造和崛起，正符合了新型城镇化统筹城乡和区域发展的趋势。而城市管理者也越来越清楚地看到，城市间的合纵连横、同城化发

展所带给城市发展的机遇。此外，高铁城际轨道、高速公路等交通设施的完善也使得各城市借助“交通圈”形成“都市圈”成为可能。

大城市如何利用其辐射作用带动小城镇的发展，小城镇又应该如何借力大城市的发展，或是在大城市圈的发展中寻找到适合自己的定位?

眉山位于四川盆地成都平原西南边缘，岷江中游和青衣江下游的扇形地带，成都－乐山黄金走廊中段。北靠成都，南瞰乐山，东临资阳，西望雅安，是成都平原通联川南、川西南、川西、云南的咽喉要地和南大门。

眉山古称眉州，是大文豪苏东坡的故乡，作为四川盆地西南政治、经济、文化中心由来已久。但有着悠远历史的它却是四川省最年轻的地级市之一，2000 年 7 月才经国务院批准设立眉山市，辖东坡区、仁寿、彭山、洪雅、丹棱、青神一区五县。

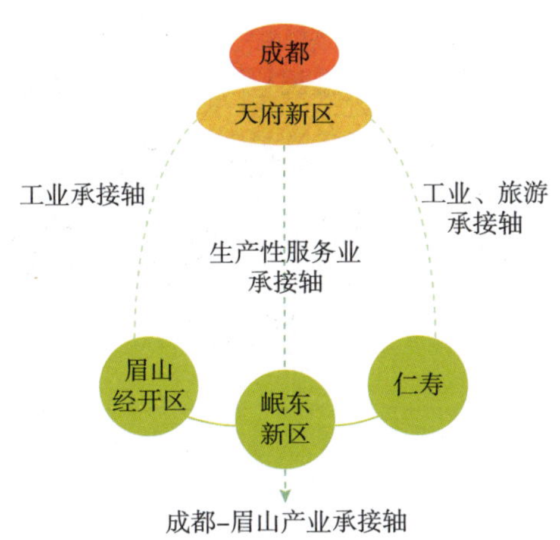

图 10.6　成眉产业协作示意图

就大成都都市圈的布局来看，成都天府新区的建设发展对周边的眉山市和资阳市等具有极强的辐射带动作用。目前，成都功能外溢显现，成眉一体化是大势所趋。眉山是成都进入川西南的重要门户，是成都最紧密的经济腹地，成眉区域合作战略已经顺利启动，并拥有广阔的合作前景，为实现“融入成都，同城发展”，眉山市已经积极实践了招商入眉的举措。

2012 年，成眉一体化规划也进入了编制阶段，标志着成都眉山两城一体和大成都都市圈的一体化发展为眉山带来了巨大的建设机遇。

在这样的背景下，眉山市提出在成都天府新区正南，眉山中心城区东部建设开发岷东新区。2011 年 9 月，眉山市委、市政府决定坚持高起点规划、高标准建设、高品质打造，坚持“产城一体、文城一体、景城一体”建设岷东新区，确保三年形成框架，五年初见成效，十年再造一座眉山新城。

2012 年 9 月 19 日，眉山市举行了岷东新区眉州大道东段、岷东大道南段、安置区项目集中开工仪式，拉开了该市岷东新区建设的序幕。岷东新区已成为眉山跨江东进、拥江发展的重大举措，是做大城市、再造一座眉山新城的重大部署，也是加快建设生活品质之城的重大行动。

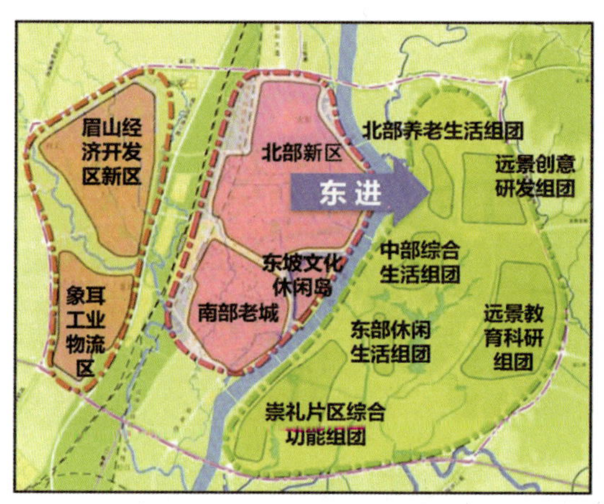

图 10.7　眉山主城“东进”战略与岷东功能组团分布示意图

在这样的战略谋划背景下，我们应邀承担了岷东新区的前期开发策划任务。我们认为，成都平原城市群发展规划的西部地区主要的经济增长极核和世界现代田园城市规划的成眉乐合作区为岷东新区的发展带来了战略机遇。而成眉一体化更为岷东新区的开发提供了不可多得的机遇。除制造业以外，岷东在新兴产业、服务业、休闲度假旅游、现代农业等方面和成都天府新区形成了竞合关系。成眉区域合作则为岷东新区一、二、三产业全方位对接联动成都提供了机遇。

因此，岷东新区要助推眉山，积极响应成眉合作和成眉一体化的战略要求，充分借势成都、服务成都、融入成都，实现农业、工业和服务业的全方位对接与联动。而岷东之于成都都市圈的价值与使命所在正是我们进行该项目策划的基础与前提。

2. 城际一体化存在的问题

从现状来看，作为眉山的传统农业地区，岷东的经济水平和产业结构较为落后，如何实现由落后乡镇向城市的新兴功能区跨越发展，是新区发展所面临的问题之一。

目前，眉山市经济水平较为落后，2009 年 GDP 总量为 465.3 亿元，在成都都市圈中仅领先于雅安市和遂宁市；产业结构不合理，一、二、三产业比例约为 25∶50∶25，服务业水平十分低下；眉山市就业结构也不理想，主导的资源密集型产业无法拉动剩余劳动力就业，大量劳动力只能选择务农或外出打工。

而且岷东新区产业劣势较中心城区更为凸显：目前眉山市的工业重心位于西部城区，以眉山医药产业园和金象化工产业园区为代表。岷东新区作为以农业为主的城区，缺乏工业基础，较整个城区来说，新区的产业劣势尤为凸显。

基于产业几乎空白的现状，如何在 65 平方公里的待开发区域内，培育持续发展的产业动力和竞争力，是新区发展所面临的问题之二。

此外，面临竞争激烈的旅游市场，如何在资源保护的前提下，塑造自身特色，实现资源优势向旅游经济优势转变，是新区发展所面临的问题之二。虽然岷东新区内的生态及人文资源丰富，苏坟山、白鹤林等生态文化散布其间，但是缺乏有效的开发利用，缺乏体验性、参与性、趣味性，目前尚未形成有影响力的旅游景区，经济带动能力尚未显现。

眉州市提出了“跨江东进”和“产业西移”的城市发展战略。产业重点向西发展，将工业区规划到成乐高速公路以西，形成工业产业带，减少工业对城市环境的影响；城市重点向东发展，建设东坡岛和岷江东岸，最终形成拥江发展的山水园林城市。

目前，眉山市“跨江东进，拥江发展”的条件已经成熟，岷江新区有资源打造环境最优、生活最好、城市最美的未来新城区。

面临重大的发展机遇，拥有宏大的发展目标，但是自身的基础却不强，发展的矛盾体产生，岷东该如何寻求突破与突围？

要解答这个难题，至少要破解以下四个方面的问题：

①如何有效利用“成都区位、眉山成本”优势，培育新区产业动力？

②面对发展基础薄弱的现实，如何打造生活品质新城？

③在保护和提升生态价值的基础上，如何实现文景产城一体化发展？

④作为眉山未来的城市新区，如何实现三产立区？

3. 城际一体化的新区发展模式

在国内外的城市中，有四个典型的案例可以作为岷东的样板与借鉴，分别是昆山、杭州、廊坊固安和巴黎马恩拉瓦莱新城。

①昆山：90 年代借开放浦东战略，依托土地成本优势，成立了昆山经济技术开发区，分流上海产业，发展开放型经济。21 世纪以来，逐渐由土地依赖型产业向科技进步型产业转变，率先发展服务外包、总部经济、物流展示和商贸服务等现代服务业。

昆山的经验在于城市定位准确，在与上海的竞争合作中形成了独具特色的主导产业，和上海形成联动分工、功能互补、错位发展，承接产业转移，打成本战、举服务牌，以配套上海、融入上海为重点推动区域间要素流动，显著提升了国际化和现代化水平。

我们分析认为，岷东新区和成都的位置关系与昆山之于上海非常相似，完全可以构建“大都市区位，小城市成本”的发展模式。因此，岷东在与成都市的竞争中要做到“争存量”“抢增量”，在把握好现有的投资与发展机会的同时，发挥成本优势，拼抢有意进驻大成都的外来投资，培育形成自己的特色支柱产业。

②杭州：“杭州模式”的核心则是杭州最高层级的城市定位——“生活品质之城”。杭州注重环境的美化、产业的培育、教育的支持及大众的参与。岷东新区可借鉴的地方在于：以品质街区、景区、园区的打造支撑品质之城的发展；构建符合自身特色的品质之城评价指标指导品质之城的建设。

③廊坊固安：廊坊固安工业园区属“天子脚下，京南明珠”，具备了国际上最具魅力的“1 小时工业区”的优势交通条件。在历经 2002 年园区奠基、2004～2005 年形成两大产业格局、2007 年形成三大产业布局之后，2006～2009 年，该园区开始建设“未来城市试验区”，强调居住生活职能完善的产城一体。2010 年开始，固安工业园区则进入了城市新区的建设新阶段，园区营销与城市营销并重，并且推动了产业升级，使得园区和产业得以持续发展。

④巴黎马恩拉瓦莱新城：巴黎马恩拉瓦莱新城则是巴黎大都市圈迅速崛起的新城，珍珠串状展开的组团形成了特色鲜明的新城功能载体，功能鲜明的四个大区打造了大都市外围新城产业功能和城市功能空间过渡分布的示范。

通过将上述四个案例的具体情况与岷东新区进行横向比较，我们提出，岷东的开发理念应该是“一江两城，同城发展，三位一体”。

同城发展，具体表现为：成眉同源、产业同链、基础同网、区位同城。一江两城则具体表现为眉山老城与岷东新城之间的文脉延伸、整体提升和功能互补。三位一体则是“产城一体、文城一体、景城一体”的建设理念。

岷东新区的战略定位为：中国三苏文教休闲区、西部高端养生养老地、天府后台服务新高地及眉山现代生态型都市新区。

在经过产业定位及发展策略分析之后，岷东新区应该主打三大主导产业——教育培训、旅游服务和文化创意，两大辅助产业——商务服务业、商业服务业及两大新兴产业——服务外包业和生物科技研发。

就服务外包业的定位而言，岷东新区可以充分利用大学城的人力资源优势，近期培育劳动密集型、对土地和空间需求高的服务外包产业方向，逐步拓展升级，远期力争成为成都服务外包产业的拓展功能区之一。

发展服务外包产业有两大策略。一是进行技术性业务流程外包，为天府新区的企业与当地大型企业提供人力资源、公共信息、财务管理和金融保险等技术性业务流程外包服务，通过服务外包产业园的建立抢先打造天府新区外围的重要功能区；二是技术性知识流程外包，这是岷东新区又一可以培育的服务外包产业，生物技术研发和测试、数据挖掘、教育课件研发等领域均是可以依托目前农业产业园和大学城的教育资源进行培育的细分产业方向。

根据岷东新区的现状及未来发展的蓝图构想，其开发应该分为三个阶段。

第一个阶段是“强中心”：以打造眉山城市副中心、岷东新区城市核心为目标，打造集行政商务中心、特色文化教育中心、门户景观展示中心于一体的功能区，加快推进成都房产企业、旅游企业、大专院校、金融机构等入眉行动，争取岷东新区三年成形、五年成势、十年成城。并通过近期大学城、动漫产业园等优质项目落地，聚集相关机构，加快新区建设进程。此外，通过主要道路建设提升新区核心区的通达性，为实现区域联动发展奠定基础。

第二个阶段是“展两翼”：依托新区核心区建立的良好区域认知，积极联动老城区东坡文化的建设，打造滨江东坡文教带和古渡口文化创意产业片区，塑造新区的文化旅游特色；此外，还可通过富牛镇的拆迁改造，发展具有较强接待能力的富牛镇乡村旅游片区，推动一、三产融合，实现城乡统筹发展；并且依托区域内的生态资源，重点发展高端居住、生态养生及滨水会议休闲等功能，实现新区的资源价值向休闲经济转化。

第三个阶段则是“拓外围”：随着眉山市作为成都都市圈南翼地区重要中心城市的地位进一步加强，新区起步区城市建设相对成熟，区域整体价值提升，基础设施较为完备，产业吸引力不断增强，自身产业培育的能力逐步建立，可以开始由岷东新区向成都都市圈南翼新城的战略方向转变。一方面，可以对接天府新区后台服务的产业机会；另一方面，立足起步区休闲农业的良好基础，向高科技农业及生物研发等产业方向拓展。

基于以上产业策略、开发理念和功能体系，我们提出眉山岷东生活品质新城的打造，必须紧扣“快通勤、慢生活”的主题，以“交通引导开发，生态引导总量，设施引导品质”，实现与眉山主城和成都天府新区之间的快速通达，营造水绿环城的城市风貌，建设高品质的城市基础设施和社会公共服务，实现交通、生态、城市品质与品味的三大跨越式发展，打造宜居“岷东桃花源”，宜业“成眉经济区”。

图 10.8　岷东新区功能分区策划图

图 10.9　“岷江桃花源，成眉经济区”蓝图畅想

4. 城际一体化发展背景下的新区策划建议

在过去的计划经济时代，基本上是以行政区划来发展经济，地方以条块为单位，盲目追求条块内自成体系，省级经济之间也是封闭状态。而发展市场经济的前提就是破除城际分割、省际分割，“行政有区划，发展无界限”。在这

样的背景下，都市圈、城市群的发展成为大势所趋，而靠一个城市单打独斗的时代也已经过去。

在岷东新区的策划项目中，我们对一小时都市（经济）圈产业布局做了深入的研究，我们发现，大都市圈随着自身的发展以及对周边地区吸引力的不断增加，会逐渐由“一级集中”向“多心多核”的格局发展，外围圈层的“多核”格局，将主要依靠交通系统的牵引和串联；在“多心多核”的格局之下，不同的外围城市会承担不同的产业职能，从而形成区域联动，协同发展；而立足于宏观层面，在整个都市圈由内向外，由“心”到“核”空间不断迁移的过程中，其产业布局也将会呈现出三个圈层：

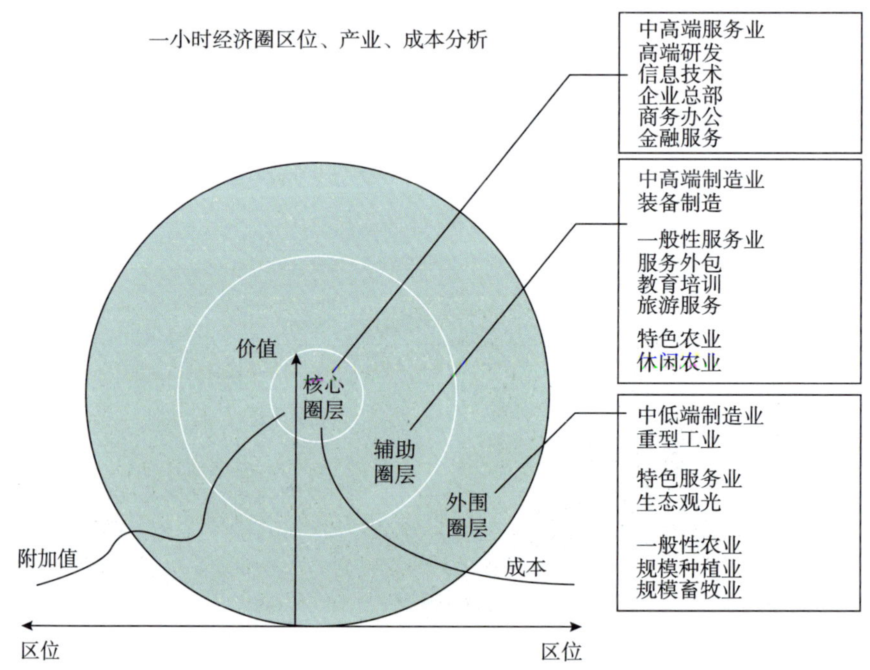

图 10.10　一小时都市（经济）圈价值分布示意图

城市核心圈层——集聚产业链的高端环节承担附加值高的服务职能，如创新、研发、商务办公、金融服务等。

功能转换圈层——工业向制造转换，农业开始重视城市居民的休闲需求，服务业附加值也逐渐降低。

特色功能圈层——传统产业逐渐出现，如农业和材料产业。同时卫星城会依托自身独特资源发展一些如养生、居住、度假等特色产业。

岷东新区的项目策划，即应用了我们对一小时都市（经济）圈产业布局的研究成果。

在新型城镇化的大背景下，都市圈、城市群的打造已成热点。处于都市圈、城市群中的新城新区一方面可以借大都市圈的辐射作用和区域联动优势快速发展，但另一方面也要注意结合自身特点和优势实现差异化的发展，以免与其他边缘地带的新城新区发展形成同质化恶性竞争。

通过岷东新区这个案例可以得出以下几点战略构思。

（1）主动承接中心城市外溢产业，功能互补

在本策划案例中，成都温江区、崇州市、郫县为主的基础性服务外包正在进行产业转移，重点发展的是劳动密集型基础性业务，以及其他对土地、空间需求高、对就业拉动大的业务类别。因此，岷东新区应在基础性服务外包产业方面承接天府新区的产业外溢机会，与周边区域的产业发展并驾齐驱，既互补合作又相互竞争，形成良性互动。

（2）全力打造生活品质之城，产城融合

将生态、文化、旅游、居住及产业组团打造成品质功能区，以品质功能区的发展来支撑品质之城建设。在大力发展各类产业的同时，打造优质生活配套、完善城区或园区生活职能。“产城融合”，反过来助推城市建设和产业发展。

（3）争做城际协作桥梁，洼地抬升

争当城市间打破区划分割共同寻求发展的桥梁和纽带，抓住城市群建设的机遇，将两边城市的资源聚合于一身。主动做好服务，发挥成本优势，固化成本、服务和创新吸引力，从边缘与洼地城市转变为城际纽带城市。

第十一章
中国低碳生态新城新区发展报告

低碳生态新城新区作为城市空间可持续扩张的一种新形式和新城新区建设的重要主导方向，正在把中国新城新区建设推向一个理性发展的新阶段。通过近 15 年的发展与建设，我国低碳生态城市建设从概念转向示范试点，数量不断增多，覆盖了全国近 60% 的城市；以低碳生态工业园区和社区占主导的低碳生态新城新区建设取得示范成效；真正意义上的低碳生态新城新区建设数量很少，目前尚处萌芽阶段；低碳生态新城新区的建设推动低碳生态产业正在成为城市新的经济增长点。但低碳生态新城新区建设中也暴露出一系列新问题，表现为部分新城新区以低碳生态之名变相圈地造城，盲投盲建加大了地方政府严重的负债风险；部分新城新区挂着低碳生态之牌，发展着“低端不低碳”和“生产不生态”的产业；低碳生态新城新区建设选址普遍存在重“大”轻“小”，重“新”轻“旧”的现象；低碳生态新城新区建设缺失通用的衡量标准与权威性强的通用指标体系。针对这些问题，未来我国低碳生态新城新区发展要贯彻低碳生态理念，严格控制发展传统新城新区，积极鼓励发展低碳生态新城新区；加强智慧低碳生态技术的集成应用，建设一批国家级产城融合的低碳生态示范区；大力发展智慧低碳生态产业，提升新城新区建设的智慧化、生态化和低碳化；构建一套通用性强的国家低碳生态新城新区建设标准及综合评估考核指标体系；发挥市场机制作用，推行融智、融商、融资的“三融模

作者：方创琳，中国科学院地理所区域与城市规划设计研究中心主任、研究员、博导。

式”，引进民间资本，推动低碳生态新城新区建设；制定土地、税收、贷款、生态补偿等优惠倾斜政策，扶持低碳生态新城新区优选纳入国家级新区建设；推行产业规划、空间规划和技术规划的“三规合一”模式，以科学的低碳生态新城新区规划指导新城新区健康发展。

新城新区建设是城市空间扩张的一种新形式，是近百年来国际上特大城市疏导主城人口与产业、防止城市摊大饼式蔓延、解决城市问题的成功模式。据不完全统计，20 世纪 90 年代以前，欧美等发达国家先后共建各类各具特色的新城新区约 280 余座，对这些国家城市转型和化解各种城市危机做出了非常重要的贡献。新城新区建设的成功示范效应在 20 世纪 90 年代初期传递到国内，成为我国许多大城市重要的空间发展新战略。尤其是进入新世纪以来，在城镇化的快速推进过程中，客观上需要更大的城市空间作载体，于是出现了新城新区规划与开发的热潮。有计划地推进新城新区建设，对解决人口居住、引导城市转型、拉动区域发展、缓解城市病、提升城市竞争力均有重要的现实意义。《国家新型城镇化规划（2014－2020）》明确提出，要统筹中心城区改造和新城新区建设，防止新城新区建设空心化。总体来说，我国低碳生态新城新区建设解决了大量人口的居住就业问题，让城市空间结构变得更加合理，使城市人居环境得到明显改善，提升了城市发展质量和城市竞争力，带动了城市和区域经济社会健康持续发展，取得了举世瞩目的可喜成就，同时也暴露出一系列亟待解决的现实问题。低碳生态新城新区作为中国新城新区建设的一个重要主导方向，正在把中国新城新区建设推向一个理性发展的新阶段。

一、低碳生态新城新区是中国未来新城新区发展的重要主导方向

1. 我国城镇化发展的亚健康和严重的城市病迫切要求走低碳生态的城镇化发展之路

按照城镇化发展的阶段性规律判断，我国已进入城市化快速发展的中期阶

段，2013 年我国城镇化水平达到 53.73%，比同期世界平均水平高出 1.5 个百分点，但我国城镇化发展质量低，整体处在亚健康状态，城市病正在进入高发高危期，未来新型城镇化面临日益严峻的资源与生态环境及减碳压力。在这种情况下，党的十八大报告明确提出要大力推进生态文明建设，着力推进绿色发展、循环发展和低碳发展，促进生产空间集约高效、生活空间宜居适度、生态空间山清水秀，构建科学合理的城市化格局、农业发展格局和生态安全格局，为人民创造良好生产生活环境，为全球生态安全作出贡献。2013 年 12 月首次召开的中央城镇化工作会议进一步提出推进以人为核心的城镇化，提高城镇人口素质和居民生活质量，要坚持生态文明，着力推进绿色发展、循环发展和低碳发展。2014 年 3 月实施的《国家新型城镇化规划（2014－2020）》再次将生态文明和绿色低碳作为主导原则，推动形成绿色低碳的生产生活方式和城市建设运营模式，推动城镇化发展由高资源消耗、高碳排放、高环境污染、低综合效应的“三高一低”粗放型模式转变为低资源消耗、低碳排放、低环境污染、高综合效应的“三低一高”集约型模式。严峻的现实和国家发展战略的转变要求未来城市发展必须走低碳生态城市发展道路，未来新城新区建设必须走低碳生态新城新区建设之路。

2. 中国政府应对气候变化的减碳承诺倒逼我国城市可持续发展必须建设低碳生态城市

中国是世界上碳排放最多的国家之一，2010 年碳排放量约为 60 亿吨，2014 年 9 月 21 日，国际学术期刊《自然—地球科学》发表文章指出，2013 年中国碳排放超过欧盟和美国的总和，达到 100 亿吨。同时，中国的人均碳排放量首次超过欧盟，达到 7.2 吨，但仍不及美国的一半（16.4 吨）。澎湃新闻（www.thepaper.cn）查阅原文后发现，该文章同时指出，尽管中国碳排放量近年来急速增加，但 1870～2013 年，中国 143 年的碳排放总量不及同时期美国碳排放总量的一半，也不及欧盟碳排放总量的一半。虽然如此，2007 年 APEC 会议期间，国家首次提出发展低碳经济，研发低碳能源技术、促进碳吸收技术发展的战略主张，2009 年哥本哈根会议期间中国政府承诺“到 2020 年将单位

GDP CO_2 排放量比 2005 年下降 40%～45%”的目标，2011～2015 年的国家“十二五”规划纲要也提出单位 GDP CO_2 排放量降低 17% 的目标。实现这一减排目标和承诺，首先要从城市抓起，因为城市作为人类最主要的聚居地，是能源消耗和二氧化碳等温室气体排放的主体和集中地，也是人类验证“低碳经济”和“低碳社会”理论、实现低碳发展的首要领地，建设低碳生态城市就成了未来中国应对全球气候变暖、减少温室气体排放、实现城市可持续发展的唯一选择。

3. 新城新区建设的失控要求回归理性，把低碳生态新城新区建设作为新的主导方向

从全国范围来说，我国新城新区呈现出数量上不断增多、面积上不断扩大、区域分布不均衡的特点。据不完全统计，截至 2014 年 1 月底，全国在建的各类新区达 106 个，其中国家批准的新区为 13 个，省级政府批准的为 38 个，市级政府批准的为 55 个。按规划面积划分，超过 1000 平方公里的新区为 19 个，500～1000 平方公里的新区为 10 个，100～500 平方公里的新区约 40 个。科学规划的失控失效导致新城新区建设贪多求大，遍地开花，“市市有新城，县县有新区”，不少新城新区建设用地面积大大突破了已批的城市建设用地控制指标。只好“倒逼返修”城市总体规划，以确保新城新区建设足够面积并实现合法化。新城新区建设普遍超前，大量融资，大大地加重了地方政府的债务风险。面对我国新城新区建设的失控局面，未来新城新区建设必须回归理性，在我国城镇化发展走低碳生态的城镇化发展之路、应对气候变化减碳承诺倒逼我国城市可持续发展必须建设低碳生态城市的大背景下，作为低碳生态城市建设重要手段的低碳生态新城新区建设就成了未来我国新城新区建设的新的主导方向。据不完全统计，中国目前至少有 90% 的城市提出了打造“低碳生态新城新区”的设想。

二、我国低碳生态新城新区建设与发展历程

从国际低碳生态城市发展脉络分析，1971 年联合国教科文组织（UNUS-CO）在“人与生物圈”（MAB）计划中提出了“生态城市”的概念，明确提出了要从生态学的角度用综合生态方法来研究城市。这一崭新的城市概念和发展模式一经提出，就受到全球的广泛关注和认可，世界上许多国家都开展了生态城或低碳城市建设实践并在不同程度上取得了成功，这些活动包括以综合性的城市建设和单项性生态建设推动城市生态建设两个方面。2003 年英国政府在《能源白皮书》中提出了“低碳经济”的概念，随之国际上众多城市也展开了以温室气体减排、构建低碳社会等为基本目标的低碳城市建设实践活动。低碳城市与生态城市在核心思想上都是关注人类和环境的关系问题，低碳城市强调的是城市运行全过程的低碳化，重点应对全球尺度的环境问题；生态城市重点关注自然环境和人居环境的“和谐”和“共生”。低碳生态城市是以低碳化手段和生态化理念实现人和自然的和谐共生，强调经济活动过程中低碳化和各要素的循环利用，在城市结构上强调多样性、共生性和紧凑型。低碳生态城市是城市发展的高级阶段（图 11.1）。

从中国低碳生态城市建设历程分析，中国低碳生态城市（新城新区）建设的全面推进始于 2003 年，但有关低碳生态城市的理论研究和城市生态环境治理的探索可以追溯到 20 世纪 70 年代。我国低碳生态城市建设是伴随着经济的持续发展、工业化和城镇化水平的不断提高带来的城市环境日益恶化和人口、资源与环境矛盾日益加剧而产生的。总的来说，低碳生态城市建设是相辅相成的，实际建设阶段也很难划分清晰，我国低碳生态城市（城区）建设工作起步较晚，总体尚处于起步探索阶段，具体可分为以下四个阶段。

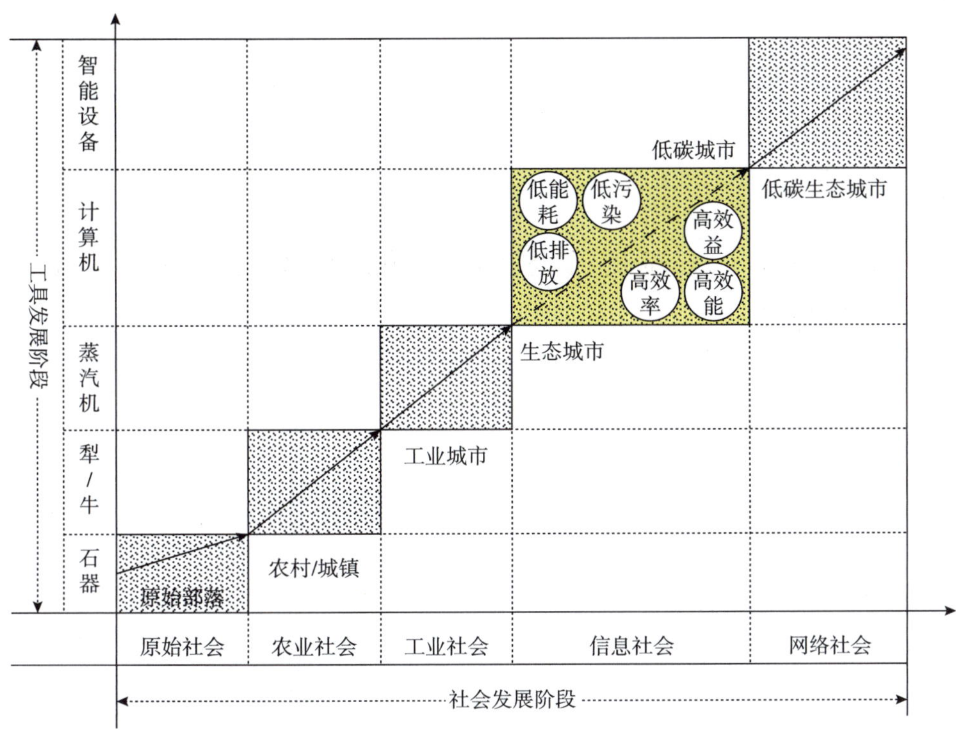

图 11.1　低碳生态城市发展阶段示意图

1. 以解放思想、更新观念为导向的低碳生态城市（城区）理念发展阶段

1986 年，江西省宜春市提出了建设生态城市的发展目标，并于 1988 年初进行试点工作，这可以认为是我国生态城市建设的第一次理论实践。宜春市的城市规划与建设应用环境科学的知识、生态工程的方法、系统工程的手段、可持续发展的思想，在市域范围内调控自然、经济、社会的复合生态系统，宜春市的生态城市建设理念开启了我国生态城市建设的探索之旅。之后，1994 年我国政府继世界环境与发展大会后率先制定了《中国 21 世纪议程——中国 21 世纪人口、环境与发展白皮书》，并编制实施《全国生态示范区建设规划纲要（1996 - 2050）》等一系列指导政策，将生态城市发展理念逐渐融入国家级规划的编制和实践中去，指导各地国民经济和社会发展计划的制定。许多城市相

继制定实施了“可持续发展的指标体系”，开展了生态示范区的建设与试点。生态城市、山水城市、花园城市、森林城市、园林城市、卫生城市等发展理念越来越多地成为中国许多城市政府进行城市规划与建设所追求的目标。这一阶段尚未提出建设低碳城市和低碳城区的理念和目标。

2. 以城市生态环境问题整治为导向的低碳生态城市（城区）发展阶段

中国生态城市建设的实践是从具体的城市生态环境问题整治入手的，以解决具体生态环境问题。2000 年国务院颁布了《全国生态环境保护纲要》旨在通过生态环境保护，遏制城市生态环境破坏，确保城市经济和社会的可持续发展；2003 年环保总局发布《生态县、市、省建设指标（试行）》的 22 个指标中有 16 个指标关于城市生态环境整治指标设定；2006 年先后制定生态城市工作办法及标准等。低碳生态城市建设首要关注的是城市内部物质环境、经济生产和生活方式进行更新完善，以期恢复城市生态系统的综合平衡，在城市内部物资环境中城市建筑能耗严重，同时也是温室气体排放的主体；城市交通碳排放严重，是温室气体的另一大来源；同时配套支撑体系也是低碳城市建设中的有力保障。要完善低碳生态城市建设路径，首要是先整治城市生态环境：调整城市产业结构，实现低碳产业发展；提倡建筑节能，力争实现住宅零排放；改变出行习惯，发展低碳交通体系等。低碳生态城市的建设势必要经历了低碳生态理念到认识逐步深化的过程，继而解决具体生态环境问题。

3. 以示范项目和局部试点为导向的低碳生态城市（城区）起步建设阶段

2008 年以来，中央各部委出台政策积极推进中国特色低碳生态城市试点建设工作。2008 年 1 月，国家住房和城乡建设部与世界自然基金会（WWF）以河北保定市和上海市为试点，联合推出“低碳城市”发展示范项目，标志着低碳城市建设在我国正式起步。2010 年 7 月 19 日，国家发展改革委下发

《关于开展低碳省区和低碳城市试点工作的通知》确定首先在广东等五省八市开展试点工作。并于2011年8月18日启动试点工作，并明确了开展试点工作的五项具体任务：编制低碳发展规划，制定支持低碳绿色发展的配套政策，加快建立以低碳排放为特征的产业体系，建立温室气体排放数据统计和管理体系，积极倡导低碳绿色生活方式和消费模式。2011年6月，住房和城乡建设部发布了《住房和城乡建设部低碳生态城（镇）申报管理暂行办法》，规定申报试点应具备5个基本条件。同年9月，住建部、财政部和改革委员会联合发布了《绿色低碳重点小城镇建设评价指标（试行）》，进一步明确了试点示范的遴选、评价和指导工作要求。另外，在城乡统筹发展目标的指导和要求下，国家已经正式启动了7个绿色小城镇和绿色村庄试点项目，在“十二五”期间，该项目试点范围预计将增加到100个，标志着低碳生态规划项目向小城镇和乡村延伸。2012年4月，国家发展改革委气候司为了贯彻落实《国务院关于印发十二五控制温室气体排放工作方案的通知》的精神，决定在第一批试点基础上，稳步推进低碳试点示范，2012年11月确定北京市等29个省市为第二批国家低碳省区和低碳城市试点。这一阶段，国家政策倾向于局部试点低碳生态城市建设开。

4. 以全面建设低碳生态城市为导向的低碳生态新城新区示范阶段

建设低碳生态城市，既是顺应城市低碳化、生态化发展趋势的重要战略抉择，同时也是转变发展方式、践行科学发展观的重要举措。在住建部大力支持和推动下，2010年1月，住建部与深圳市政府共同签署了共建“国家低碳生态示范市”的合作框架协议，深圳成为全国首个“国家低碳生态示范市”；2010年7月，住建部与江苏省无锡市人民政府签署《共建国家低碳生态城示范区——无锡太湖新城合作框架协议》；2010年10月，住建部与河北省共同签署了《关于推进河北省生态示范城市建设促进城镇化健康发展合作备忘录》；2011年1月，住建部成立低碳生态城市建设领导小组，组织研究低碳生态城市的发展规划、政策建议、指标体系、示范技术等工作，引导国内低碳生态城市健康发展。另外，住建部还与美国、瑞典、英国、德国、新加坡等国家有关部门签署了生态城市合作方面的谅解备忘录，共同开展生态城市方面的国际合作和交流。根据中国城市科学研究会学术交流部所做的一项统计表明，截至目前有超过90%的城市提出了低碳生态城市建设目标，以低碳生态城市建设为导向的低碳生态新城新区开始步入试点示范阶段。

三、我国低碳生态新城新区建设现状与成就

经过了近20年的认识、研究、探索、示范和局部试点历程，我国低碳生态城市和新城新区建设取得了引人瞩目的成就，对指导未来我国低碳生态城市和低碳生态新城新区建设积累了成功案例和宝贵经验。

1. 低碳生态城市建设从概念转向示范试点，数量不断增多，覆盖了全国近60%的城市

低碳生态城市是以应对气候变化为目的，促进城市生态经济可持续发展的一种城市建设模式，是新型城市发展和规划理论的有益尝试。据不完全统计，截至2014年10月，全国提出“低碳生态城市”有关建设目标的城市已达380个，占全国城市总数的57.6%。其中，提出“生态城市”建设目标的有240个，低碳城市建设目标的有140个。目前，除港澳台和西藏之外，我国内陆地区的30个省级行政单位，每个省份都提出了低碳生态城市建设目标。

（1）低碳城市通过两轮36个试点积累了成功经验模式，涌现出了中国十大低碳城市

2007年日照市成为应对气候变化首批加入“气候中和”网络的中国城市，并因“太阳能之城”发展战略的显著成效获得首届“世界清洁能源奖”。2008年1月，国家住房和城乡建设部与世界自然基金会（WWF）以河北保定市和上海市为试点，联合推出“低碳城市”发展示范项目，标志着低碳城市建设在我国正式起步。2010年8月，国家发展改革委启动了低碳省区和低碳城市

试点工作，在广东、辽宁、湖北、陕西、云南五省和天津、重庆、深圳、厦门、杭州、南昌、贵阳和保定八市进行探索性实践。2012年11月29日，国家发展改革委下发了《国家发展改革委关于开展第二批低碳省区和低碳城市试点工作的通知》，决定在第一批试点的基础上，进一步稳步推进低碳试点示范，确立了包括北京市、上海市、海南省和石家庄市、秦皇岛市、晋城市、呼伦贝尔市、吉林市、大兴安岭地区、苏州市、淮安市、镇江市、宁波市、温州市、池州市、南平市、景德镇市、赣州市、青岛市、济源市、武汉市、广州市、桂林市、广元市、遵义市、昆明市、延安市、金昌市和乌鲁木齐市等29个城市和省区成为我国第二批低碳城市试点。至此，我国已确定了6个省区低碳试点，36个低碳试点城市，大陆31个省（市、自治区）当中除湖南、宁夏、西藏和青海以外，每个地区至少有一个低碳试点城市（图11.2）。低碳城市试点已经基本在全国全面铺开，部分低碳城市建设情况如表11.1所示。

表11.1　中国典型低碳城市试点建设情况表

城市	时间	理念与发展愿景	低碳城市建设途径及行动规划	备注
保定	2008	成为“中国电谷”“太阳能之城”	依托高新区，以“新能源和能源设备产业”为突破口、打造新能源产业基地，建立一个低排放、低污染、低消耗、生态化的经济增长方案，实现一种循环、节约、可持续的低碳城市发展之路	国内首个被冠以“低碳城市”称谓的城市
上海	2008	世界首个碳中和示范区	低碳城市综合实践行动主要体现在世博和低碳社区的发展上，从而进行了工业改造、建筑节能应用、绿色交通建设、废弃物管理等行动体系，有效促进能源结构改善、效率提高和发展碳汇资源，并形成了摸清基线—模拟情景—设定目标—规划编制—实施发展—评估扩散的实施框架	“中国低碳城市发展项目”，首批试点城市
天津	2009	国际合作低碳经济示范区	借助建设中新天津生态城，推动产业低碳化发展，优化能源结构，提高能源利用效率，培育低碳生活方式，开展低碳示范区建设，构建促进低碳发展的能力支撑体系，增加城市碳汇，建立完善温室气体统计、核算、考核体系，探索建立市场运作机制等	首批低碳试点城市
无锡	2009	国内绿色能源生态和应用重要基地	2009年成立国内首家低碳城市发展研究中心。集聚了诸多太阳能光伏生产企业和配套企业的产业群，是中国最大光伏太阳能并网发电、光伏产业开发应用等示范基地	首批低碳试点城市、国内首个低碳城市规划

续表

城市	时间	理念与发展愿景	低碳城市建设途径及行动规划	备注
厦门	2009	全国首个建筑领域 CDM 示范城市	编制了《厦门市低碳城市建设规划纲要》，确定重点从交通、建筑、生产三大领域建设低碳城市，在低碳建筑、新能源开发、节能减排等方面有益探索。大力推进 LED 夜景工程建设，目前 LED 夜景工程已遍布厦门市	全国首批低碳试点城市
成都	2010	世界现代田园城市	2010 年颁布《成都市建设低碳城市工作方案》，大力发展低碳排放产业，建设新能源产业基地，推进再生能源利用，加强技术创新	全国首批低碳试点城市
吉林	2010	低碳示范区	探索重工业城市的结构调整战略，把新能源开发当作实施能源工业可持续发展的长远战略，在吉林市区新建筑上推广节能建筑目标。到 2020 年，全市单位 GDP 能耗和单位 GDP 的碳排放比 2005 年降低 50% 左右等	2008 年，成为中国第一个低碳经济示范区
杭州	2008	低碳产业、低碳城市	打造“国内最清洁城市”，构筑“3＋1”现代产业体系，推进节能减排，发展新能源产业，推广绿色建筑，打造以“免费单车”为特色的“五位一体”大公交系统，探索垃圾清洁直运的“杭州模式”	首个推出城市公交周及无车日活动
珠海	2008	低碳经济示范区	将大力发展高端服务业、高端制造业和高新技术产业等“三高”产业的产业结构调整目标与发展低碳经济紧密结合。提出新能源发展战略，推动液化天然气（LNG）公交和出租车的使用	率先提出申请成为低碳示范区
南昌	2009	低碳经济先行区	提出构建低碳生态产业体系，发展半导体照明、光伏、服务外包三大产业，把南昌打造成为中国乃至全球最具竞争力的光伏产业基地	“中国十大低碳城市”
北京	2010	低碳商务区	绿色能源利用，建筑施行低碳标准，发展环形有轨电车，打造国际金融文化传媒中心	完善低碳社区和低碳交通
四川	2010	低碳重建	低碳转型，做强农业，是低成本实现农业现代化的有效途径	低碳生态乡村
重庆	2010	低碳产业园	加强低碳发展的规划引导，构建低碳发展的政策体系，打造低碳排放为特征的产业体系，建立温室气体排放统计监测和管理体系	地热能利用，将建低碳研究院

续表

城市	时间	理念与发展愿景	低碳城市建设途径及行动规划	备注
贵阳	2010	生态城市	加大服务业务基础设施投资力度，在高耗能、高排放重点企业实施节能减排统计核算信息阳光计划，通过高效技术与管理措施提高能效、减少排放	气候组织“千村计划”、“中国十大低碳城市”
苏州	2010	低碳示范产业园	以节能环保为核心的产业升级	低碳试点城市

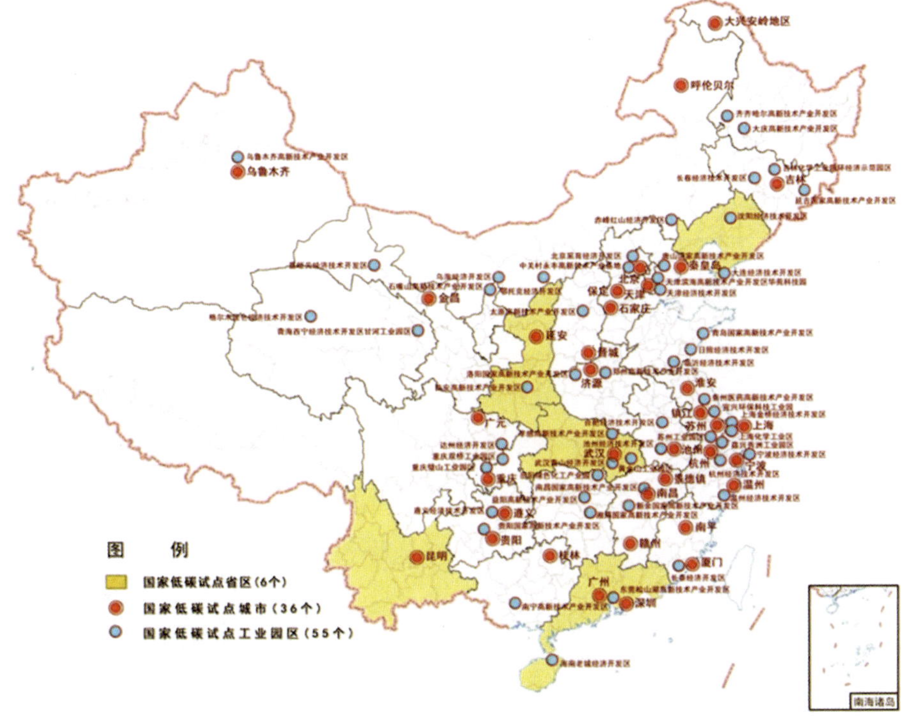

图 11.2　中国低碳城市与低碳工业园区试点分布图

在42个国家低碳试点省区和城市中，东部沿海地区22个，西部地区12个，中部地区8个，反映出当前我国低碳试点省区和城市建设主要集中于东部地区，中部地区所占份额还偏小，低碳试点省区和城市建设在区域上存在着明显的差异。

在开展低碳城市试点的同时，为了普及全社会对建设低碳城市的认识，鼓励各地建设低碳城市的积极性，2011 年经国家领导人批示，由中宣部直属的经济日报社和中国科学院地理科学与资源研究所方创琳教授团队共同开展了国内第一次中国低碳城市的综合评估，编制完成了首部《中国低碳城市发展评估报告》，报告采用定性与定量相结合方法，选择全国省会城市和低碳城市试点市共 42 个城市作为评估对象，建立了由低碳能源、低碳经济、低碳社会、低碳环境和低碳技术 5 个二级指标、19 个三级指标组成的评估体系，最后评选出全国十大低碳城市，即三亚市、厦门市、杭州市、大连市、贵阳市、南昌市、无锡市、南宁市、保定市、长春市，评选成果于 2011 年 12 月 28 日在人民大会堂公开发布并颁奖。这一活动极大地鼓舞了中国建设低碳城市的决心和信心。

（2）生态城市建设经过七批共 94 个试点，正在进入全面验收阶段

从生态示范市（县、区）建设情况分析，据不完全统计，2006 年以来到 2014 年 9 月底，全国正在创建的国家级生态市（县、区）达 94 个，其中 2006 年国家环境保护部公布 6 个，2008 年公布 5 个，2011 年公布 27 个，2013 年 1 月公布 17 个，2013 年 11 月公布 39 个。就省份来说，东部地区的江浙两省最为典型。至 2014 年，江苏全省几乎每个地级市都有生态市（县区）建设，自 2006 年，国家在江苏已经批准了 37 个生态市（县区）建设，占总数量的 1/3 多。其次是浙江，8 年来浙江共有 16 个国家生态市（县区）建设试点。江浙两省生态市（县区）试点数量占总数的 1/2 以上。其他省份试点生态市（县区）的数量依次为：辽宁 8 个，四川 7 个，广东 6 个，福建 5 个，安徽 3 个，山东 4 个，北京 2 个，陕西 2 个，上海 1 个，天津 1 个，新疆 1 个，河南 1 个（图 11.3）。

从生态示范区建设状况分析，2000 年由国家环保部开展第一批 33 个国家级生态示范区试点以来，到 2011 年第七批 139 个生态示范区建设，全国共建设了 528 个生态示范区（表 11.2）。这些生态示范区对推动生态城市建设、保护城乡生态环境起到了重要作用。

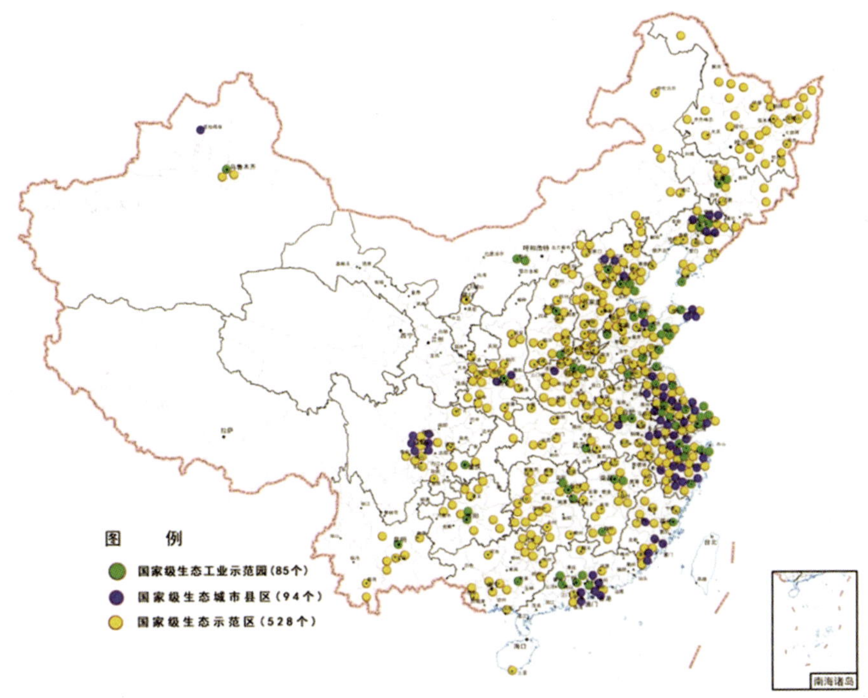

图 11.3　中国生态城市与生态园区试点建设分布图

表 11.2　　2000 年以来国家级生态示范区建设数量统计表

批次	第一批	第二批	第三批	第四批	第五批	第六批	第七批	合计
批准时间	2000 年 3 月	2002 年 3 月	2004 年 12 月	2006 年 3 月	2007 年 1 月	2008 年 5 月	2011 年 10 月	2000 ~ 2011 年
示范数（个）	33	49	84	67	87	69	139	528
批复文件	环发〔2000〕49 号	环发〔2002〕38 号	环发〔2004〕186 号	环发〔2006〕43 号	环发〔2007〕5 号	环发〔2008〕29 号	环发〔2011〕75 号	7 批次

2. 以低碳生态工业园区和社区占主导的低碳生态新城新区建设取得示范成效

（1）以 55 个低碳工业园区为主导的低碳新城新区建设处在试点探索阶段

目前，我国低碳新城新区建设主要集中在低碳工业园区的试点建设方面。

为了贯彻落实《国务院关于印发“十二五”控制温室气体排放工作方案的通知》和《工业领域应对气候变化行动方案（2012－2020年）》，2014年7月7日工业和信息化部、国家发展改革委以工信部联节〔2014〕287号文件联合组织开展了第一批55家国家试点低碳工业园区（见图11.2、表11.3），其中东部地区24个、中部地区21个、西部地区10个。试点低碳工业园区主要集中在中东部地区，所占比例达82%，大陆31个省（市、自治区）中除西藏和云南外，每个地区至少有一个国家低碳工业示范园区。这些低碳工业园区对推进工业低碳转型、发展低碳产业，推进经济社会活动的低碳化和构建低碳社会做出了重要贡献。

表11.3　国家首批低碳工业园区试点统计表

序号	所在省份	低碳工业园区名称	产业特色
1	北京	中关村永丰高新技术产业基地	新材料、电子信息、新能源、生物医药等
2	北京	北京采育经济开发区	装备制造
3	天津	天津滨海高新技术产业开发区华苑科技园	信息产业、现代服务业
4	天津	天津经济技术开发区	通讯、汽车、装备制造、石油化工等
5	河北	唐山国家高新技术产业开发区	机器人、汽车零部件、智能仪器仪表、新材料等
6	山西	山西太原高新技术产业开发区	煤化工、电子信息、光电、生命科学等
7	内蒙古	内蒙古自治区乌海经济开发区	煤焦化工、新型建材
8	内蒙古	内蒙古自治区鄂托克经济开发区	煤炭、电力、冶金、化工、建材
9	内蒙古	赤峰红山经济开发区	有色、医药、装备制造、纺织、能源电力
10	辽宁	沈阳经济技术开发区	装备制造、汽车及零部件、医药化工
11	辽宁	大连经济技术开发区	石油化工、先进装备制造、电子信息、航空新材料、生物制药
12	吉林	吉林化学工业循环经济示范园区	石油化工
13	吉林	吉林长春经济技术开发区	汽车及配件、生物化工
14	吉林	吉林延吉国家高新技术产业开发区	生物制药、软件与信息业、卷烟
15	黑龙江	齐齐哈尔高新技术产业开发区	重型装备制造、农业
16	黑龙江	大庆高新技术产业开发区	新兴装备制造、石化

续表

序号	所在省份	低碳工业园区名称	产业特色
17	上海	上海化学工业区	化工业
18	上海	上海金桥经济技术开发区	汽车、信息通信、现代家电、生物医药及食品
19	江苏	江苏宜兴环保科技工业园	节能环保产业
20	江苏	苏州工业园区	电子信息
21	江苏	泰州医药高新技术产业开发区	现代医药产业
22	浙江	浙江嘉兴秀洲工业园区	纺织、装备制造、新能源与新材料等产业
23	浙江	杭州经济技术开发区	机械制造、汽车及零配件、电子通讯、生物制药等
24	浙江	温州经济技术开发区	先进装备制造、汽车零部件制造、物流业和轻纺服装业
25	浙江	宁波经济技术开发区	石化、钢铁、汽车及零配件、能源等
26	安徽	合肥经济技术开发区	家电、装备制造、汽车等
27	安徽	安徽池州经济技术开发区	有色、建材行业、电子信息、高端装备制造
28	福建	长泰经济开发区	文体用品、光电照明、高端装备、生物医药
29	江西	新余国家高新技术产业开发区	光伏、风电、新材料、节能环保、钢铁深加工
30	江西	南昌国家高新技术产业开发区	生物制药、光伏光电、航空、新材料、电子信息
31	山东	临沂经济技术开发区	工程机械、化工、新能源
32	山东	日照经济技术开发区	汽车及配件、造纸、粮油加工
33	山东	青岛国家高新技术产业开发区	石化、先进装备制造、电子信息、航空新材料、海洋船舶工程
34	河南	郑州高新技术产业开发区	电子信息、新材料、生物医药、新能源、节能环保
35	河南	洛阳国家高新技术产业开发区	生物医药、新材料、节能环保、智能装备制造
36	湖北	武汉青山经济开发区	重化工、钢铁
37	湖北	孝感高新技术产业开发区	电子信息、汽车及零部件、先进装备制造、纺织服装、造纸
38	湖北	黄金山工业园区	新材料、装备制造、电子信息、生物医药
39	湖南	湘潭国家高新技术产业开发区	新能源装备
40	湖南	湖南岳阳绿色化工产业园	精细化工、化工新材料

续表

序号	所在省份	低碳工业园区名称	产业特色
41	湖南	益阳高新技术产业开发区	电子信息
42	广东	东莞松山湖高新技术产业开发区	电子信息
43	广西	南宁高新技术产业开发区	生物医药、电子信息产品制造、汽车零部件、机电产品制造
44	海南	海南老城经济开发区	电子信息、新材料、能源和石化
45	重庆	重庆璧山工业园区	电子信息、食品医药、装备制造（含汽摩产业）、制鞋业
46	重庆	重庆双桥工业园区	汽车整车及零部件、现代机械制造、再生资源循环经济产业
47	四川	达州经济开发区	能源化工、冶金建材、汽车机械、生产性服务业
48	贵州	贵阳国家高新技术产业开发区	新能源、新材料、高端装备制造、生物医药、电子信息、光电
49	贵州	遵义经济技术开发区	装备制造、特色轻工、电子信息
50	陕西	西安高新技术产业开发区	电子信息、先进制造、生物医药
51	甘肃	嘉峪关经济技术开发区	钢铁及上下游加工
52	青海	青海格尔木昆仑经济技术开发区	盐湖化工、油气化工、新能源
53	青海	青海西宁经济技术开发区甘河工业园区	有色金属、黑色金属、化工、水泥
54	宁夏	石嘴山高新技术产业开发区	新材料、汽车及零部件制造、机械制造
55	新疆	乌鲁木齐高新技术产业开发区（新市区）	新能源、新材料、装备制造、煤油化工、电子信息、生物医药

（2）以1000个低碳社区试点为主导的低碳新城新区建设正在进行

除低碳工业园区外，为积极探索新型城镇化道路，加强低碳社会建设，倡导低碳生活方式，推动社区低碳化发展，2014年3月21日国家发展改革委发布了《国家发展改革委关于开展低碳社区试点工作的通知》（发改气候〔2014〕489号）。低碳社区是指通过构建气候友好的自然环境、房屋建筑、基础设施、生活方式和管理模式，降低能源资源消耗，实现低碳排放的城乡社区。重点在地级以上城市开展低碳社区试点工作。到“十二五”末，全国开展的低碳社区试点争取达到1000个左右，择优建设一批国家级低碳示范社区。

重点在以低碳理念统领社区建设全过程、培育低碳文化和低碳生活方式、探索推行低碳化运营管理模式、推广节能建筑和绿色建筑、建设高效低碳的基础设施、营造优美宜居的社区环境等6大方面开展示范，并制定了《低碳社区试点建设指南》和《低碳社区试点评价指标体系》，研究低碳社区碳减排量核算方法学。通过开展低碳社区试点，将低碳理念融入社区规划、建设、管理和居民生活之中，探索有效控制城乡社区碳排放水平的途径，对于实现我国控制温室气体排放行动目标，推进生态文明和“美丽中国”建设具有重要意义。

（3）以85个国家生态工业园区为主导的低碳新城新区建设取得显著成效

自2000年以来，国家批准建设的国家生态工业示范园区共85家（见图11.4），在85家国家生态工业园区中，其中通过验收批准命名的国家生态工业示范园区达到26家（见表11.4），59家正在示范建设。苏州工业园区国家生态工业示范园区、苏州高新技术产业开发区国家生态工业示范园区和天津经济技术开发区国家生态工业示范园区成为国家环保部在2008年首批通过验收命名的3家生态工业示范区，之后，2010年通过8家，2011年3家，2012年3家，2013年5家，2014年4家。

表11.4　通过验收批准命名的国家生态工业示范园区统计表

序号	所在省份	国家生态工业示范园区名称	批准文号	批准时间
1	江苏	苏州工业园区国家生态工业示范园区	环发〔2008〕9号	2008年3月31日
2	江苏	苏州高新技术产业开发区国家生态工业示范园区	环发〔2008〕9号	2008年3月31日
3	天津	天津经济技术开发区国家生态工业示范园区	环发〔2008〕9号	2008年3月31日
4	江苏	无锡新区国家生态工业示范园区	环发〔2010〕46号	2010年4月1日
5	山东	烟台经济技术开发区国家生态工业示范园区	环发〔2010〕46号	2010年4月1日
6	山东	山东潍坊滨海经济开发区国家生态工业示范园区	环发〔2010〕47号	2010年4月1日
7	上海	上海市莘庄工业区国家生态工业示范园区	环发〔2010〕103号	2010年8月26日

续表

序号	所在省份	国家生态工业示范园区名称	批准文号	批准时间
8	山东	日照经济技术开发区国家生态工业示范园区	环发〔2010〕103号	2010年8月26日
9	江苏	昆山经济技术开发区国家生态工业示范园区	环发〔2010〕135号	2010年11月29日
10	江苏	张家港保税区暨扬子江国际化学工业园国家生态工业示范园区	环发〔2010〕135号	2010年11月29日
11	江苏	扬州经济技术开发区国家生态工业示范园区	环发〔2010〕135号	2010年11月29日
12	上海	上海金桥出口加工区国家生态工业示范园区	环发〔2011〕40号	2011年4月2日
13	北京	北京经济技术开发区国家生态工业示范园区	环发〔2011〕50号	2011年4月25日
14	广东	广州开发区国家生态工业示范园区	环发〔2011〕144号	2011年12月5日
15	江苏	南京经济技术开发区	环发〔2012〕35号	2012年3月19日
16	天津	天津滨海高新技术产业开发区华苑科技园国家生态工业示范园区	环发〔2012〕158号	2012年12月26日
17	上海	上海漕河泾新兴技术开发区	环发〔2012〕158号	2012年12月26日
18	上海	上海化学工业经济技术开发区	环发〔2013〕25号	2013年2月6日
19	山东	山东阳谷祥光生态工业园区	环发〔2013〕25号	2013年2月6日
20	山东	临沂经济技术开发区	环发〔2013〕25号	2013年2月6日
21	江苏	江苏常州钟楼经济开发区	环发〔2013〕108号	2013年9月15日
22	江苏	江阴高新技术产业开发区	环发〔2013〕108号	2013年9月15日
23	辽宁	沈阳经济技术开发区	环发〔2014〕8号	2014年1月10日
24	浙江	宁波经济技术开发区	环发〔2014〕48号	2014年3月20日

续表

序号	所在省份	国家生态工业示范园区名称	批准文号	批准时间
25	上海	上海张江高科技园区	环发〔2014〕48号	2014年3月20日
26	上海	上海闵行经济技术开发区	环发〔2014〕48号	2014年3月20日

3. 真正意义上的低碳生态新城新区建设数量很少，目前尚处萌芽阶段

在我国新城新区建设中，真正将低碳和生态融合在一起建成的低碳生态新城新区极少。2012年4月，财政部与住房和城乡建设部联合下发《关于加快推进我国绿色建筑发展的实施意见》（财建〔2012〕167号），提出鼓励城市新城新区建设按照绿色、低碳、生态理念规划设施，发展绿色低碳生态城市，并建立了绿色生态城市审查考核评估管理办法。到2012年底，首批入选国家级绿色生态示范城区的生态新城新区只有8个，分别是中新天津生态城、唐山市曹妃甸生态城、深圳市光明新区、无锡市太湖新城、长沙市梅溪湖新城、重庆悦来绿色生态城区、贵阳市中天未来方舟生态新区、昆明市呈贡新区（见表11.5）。

表11.5　　我国8个低碳生态示范新城试点建设情况统计表

所在省	所在城市	名称	规划面积（km^2）	距主城距离（km）	行动规划及目标	备注
天津	天津	天津中新低碳生态城	31.23	45	不占耕地，完全在盐碱地上建设，规划2020年常住人口规模达到35万人，建设用地人口密度为1.4万人/平方公里；2020年可再生能源比例达到20%，非传统水源利用率超过50%	中新天津生态城是中国、新加坡两国政府战略性合作项目，为资源节约型、环境友好型社会的建设提供积极的探讨和典型示范

续表

所在省	所在城市	名称	规划面积（km^2）	距主城距离（km）	行动规划及目标	备注
河北	唐山	曹妃甸低碳生态城	74.3	80	建于东部寸草不生的盐碱滩地上，生态城内规划绿色建筑全覆盖。在产业上重点发展低碳环保产业、滨海旅游产业、生活文化产业、国际教育产业和医疗健康产业	建设服务于曹妃甸新区的现代化未来生态城市，与现在的市区共同成为唐山“双核”
湖南	长沙	梅溪湖新城	7.63		位于长沙大河西先导区核心梅溪湖，山河湖交融，高端产业集聚，宜商宜居宜学宜行，绿色无校园，绿色交通	国家智慧城市创建试点城区
重庆	重庆	悦来绿色生态城			位于两江新区西部片区，建有重庆国际博览中心，包括悦来生态城、悦来会展城，悦来智能互联城	两江新区的重要生态新城
贵州	贵阳	中方未来方舟生态城	9.53		构建节能建筑体系，治理河道污染，绿色照明、垃圾分类收集，节能技术与产品应用，绿色环保建材和再生能源应用等	集旅游、综合型宜居新城和标志性生态廊道于一体的贵阳城市副中心
云南	昆明	呈贡新区			实施绿色建筑标准，推行新城市主义的规划模式，发展低碳产业，利用清洁能源，建设绿色校园和绿色办公建筑	昆明市低碳产业发展的城市新区
江苏	无锡	太湖低碳生态新城	95	6	规划常住人口约100万，就业岗位约50万，主要功能定位为无锡的行政商务中心、科教创意中心和休闲居，湿地修复，自然共生，清洁能源，环境友好，太阳能照明，综合管廊，智慧管理，慢性交通，绿色出行，低碳建设	太湖新城是无锡新的城市中心，是一个开放式、生态型的现代化新城
广东	深圳	深圳光明新区	156.1		新区道路骨架特别是慢行系统基本形成，产业集聚和配套能力明显增强，雨水资源利用、垃圾处理设施进一步完善，深圳绿肺，绿色道路，低冲击开发，绿色建筑，共同管理	总面积156.1km^2，2007年在光明街道和公明街道基础上成立

在新型城市建设中，真正将生态城市和低碳城市有机结合在一起建成国家低碳生态城市的极少，目前只有深圳市。2010 年 1 月 16 日，住房和城乡建设部与深圳市人民政府签订国家低碳生态示范市合作框架协议。《深圳市创建国家低碳生态示范市工作方案》中提出全面开展示范城区、示范街道、示范社区的建设活动，鼓励各区、各街道积极探索低碳生态示范建设的新模式。2014 年 9 月深圳市推动实施了《深圳市居住小区低碳生态规划设计指引》。

除了 8 个国家级绿色生态低碳新城新区外，已经有 14 个地区在积极申报建设国家级绿色生态示范城，他们分别是池州天堂湖新区、涿州生态宜居示范区、南京河西新城、肇州中央生态轴新城、株洲云龙新城、西安浐灞生态园、长辛店新城、虹桥商务区核心区、南桥新城、南宁五象新区核心区生态城、廊坊大厂湖白新城核心区、天津滨海新区南部新城、青岛中德生态园、嘉兴海盐滨海新城等。

4. 低碳生态新城新区的建设推动低碳生态产业正在成为城市新的经济增长点

通过低碳生态城市和低碳生态新城新区的建设，推进城市经济发展实现了由高碳经济向低碳经济的逐步转变，构建了低碳型现代产业体系和消费服务体系，建设了低碳型产业集群和产业集聚区，发展了低碳经济，构建了低碳社会，正在建设一批低能耗、低污染、低排放、高品质和高效率的“三低两高”型现代化低碳生态城市。

伴随低碳生态城市和低碳生态新城新区的建设，低碳生态产业正在成为城市新的经济增长点。低碳生态经济是以低能耗、低污染、低排放为基础的经济模式，其实质是能源高效利用、清洁能源开发和发展绿色 GDP，核心是能源技术和减排技术创新、产业结构优化升级、制度创新以及人类生存发展观念的根本性转变。低碳生态经济正在成为全球经济增长的新引擎和刺激全球经济复苏的强大动力。在不久的将来，低碳生态经济区将成为国内各地区竞争的新经济制高点，谁能把握低碳生态经济的先机，谁就将在未来处于战略竞争的优势地位。

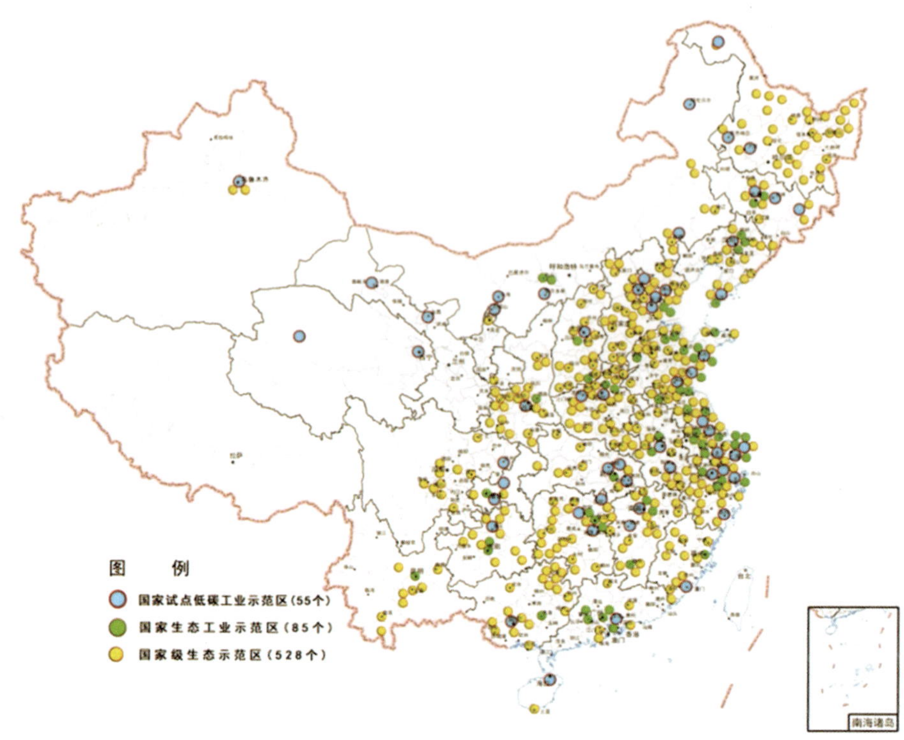

图 11.4　中国低碳园区与生态园区建设试点分布图

通过低碳生态城市与新城新区的建设，逐步构建起了低碳生态型现代产业体系，培育壮大一批低碳生态型主导产业，延伸了低碳生态产业链，建立一批低碳生态型农业产业基地、工业产业基地和低碳服务业产业基地，优化了城市产业结构，形成了低碳生态型产业结构，推进了城市经济社会发展的低碳化和生态化。

5. 通过示范试点总结出了低碳生态新城新区建设的实践模式

由于低碳生态城市本身的复杂性以及实践的多样性，在试验试点过程中，基于不同角度和划分标准，根据用地性质和开发建设模式的不同，在实践中总结出了低碳生态城市和低碳生态新城建设的三种实践模式。

第一种是新建型低碳生态新城新区。新建型低碳生态城市，是指按照理想状态，对低碳生态理论进行实验而完全新建的城市，这一实践探索通常主要是以某一新城或者新区为依托。以中新天津生态城、上海东滩生态城和曹妃甸生态城为代表，可以理解为真正意义上的低碳生态新城建设。但其在开发建设过程中需要保证以未利用地（盐碱地、滩涂地等）的生态化恢复、改造为主的前提，尽量不占用耕地或实现占补平衡。这一类型的低碳生态新城实践相对受现状约束性因素较少，因此规划设计和建设发展的余地较大，可以通过制定相对完整的指标体系来实现低碳生态城市有关的规划设计理念和技术，全方位地开展建设活动。但也存在明显缺点，主要表现在大量依靠政府投资、建设成本相对较高、人口集聚、产业集聚都需要依托周边城市辐射力等，其本身的建设过程就是非“低碳生态”的。新型低碳生态城市建设是目前低碳城市建设的主要类型。

第二种是再生型低碳生态新城新区。是在原有城市基础上，按照低碳经济和生态学理念，对城市内部物质环境、经济生产和生活方式进行更新完善，以期恢复城市生态系统的综合平衡。这一类型的发展主要依靠城市规划和管理制度的创新和突破，在城市产业发展、土地利用、城乡统筹、资源利用、生态建设、建筑交通等领域进行探索创新，并将规划落实。目前，基本上我国所有城市都在按照科学发展观和可持续发展战略的要求，正在走向低碳生态发展之路。具体做法是指对原有城镇进行生态化改造，即根据当地的现状发展水平和特色，兼顾低成本高效益的原则，利用适宜的低碳生态技术，逐渐改变原有不合理的生活方式和发展方式，实现经济、社会、环境协调可持续发展。相对于新建地区的生态新城而言，这一类型的低碳生态新城新区相对推进速度慢、见效慢，需要政府加强扶持和保证长期一贯的积极引导。

第三种是扩展型低碳生态新城新区。是在现有城市建成区的基础上，进行新的片区或功能区的开发建设。如在城郊按照绿色建筑标准和生态标准开发建设新的生态社区等。目前，我国这一类型的低碳生态新城新区主要体现在新农村建设和小城镇建设中，以建立城乡互动的产业体系、资源利用体系和基础设施体系为重要措施，实现自然环境生态化、经济发展低碳化、社会生活幸福化的目标。

四、我国低碳生态新城新区建设存在的主要问题

为了应对全球气候变化和温室效应，改善城市生态环境，实现城市可持续发展，建设低碳生态城市即是大势所趋，无论是政府提出的建设目标还是正在开展的建设实践，众多城市建设低碳生态城市的热情非常高昂。尽管我国低碳生态新城新区建设取得了比较可喜的成就，但当前我国低碳生态城市和新城新区建设尚处于探索阶段，在建设低碳生态城市和新城新区过程中存在着以下几大问题。

1. 以低碳生态新城新区之名变相圈地造城，盲投盲建加大了地方政府严重的债务风险

在我国新城新区建设缺乏顶层规划设计、空城空区频出的情况下，不少地方政府仍在打着推进新型城镇化建设低碳生态新城新区的旗号，不顾当地条件、不顾实际需要、不顾自身财力，盲目再造所谓的低碳生态新城新区，其合理性和必要性实在令人担忧。存在的突出问题表现在：新城新区过多过大，缺乏科学规划与合理引导；新城新区建设面积不断扩大，已建新区谋划扩容；新城新区建设过快过急，“倒逼返修”城市总体规划使其合法化；新城新区建设体制错综复杂，与主城及原行政区之间存在矛盾冲突；新城新区建设被片面误判，当成“以人为本”新型城镇化的重要平台；部分新城新区圈而不建，与土地利用总体规划不协调；新城新区与主城功能趋同，与城市总体规划不协调；新城新区建设普遍超前，基础设施浪费严重；新城新区产业基础薄弱，难以支撑经济增长；部分低碳生态城市建设一味追求技术的新、奇、特，忽视建设成本的控制，盲投盲建的结果加大了地方政府严重的负债风险。

2. 部分新城新区挂着低碳生态之牌，发展“低端不低碳”和“生产不生态”的产业

部分高碳工业园区采取“旧瓶换新酒”的方式，虽然更换了工业园区的牌子，命名为低碳工业园区或生态工业园区，部分开发区也更换了牌子，命名为低碳生态城区，但由于园区的企业并未更新设备和工艺流程，并未引进低碳技术和生态环保技术，所以生产的产品仍然是“低端不低碳”的产品，发展的仍然是“生产不生态”的产业，这种情况导致部分园区“挂羊头卖狗肉”，“烧着高碳的煤，生产低碳的节能灯”。随着人们对低碳意识和生态意识的增强，相信这种现象会逐渐得到改变。

个别低碳生态城市打着“生态”旗号干着“反生态”、“不低碳”的行业。低碳生态城市城区建设的初衷是尊重自然，尽可能少的干扰自然，推动人地和谐，使人与自然和谐相处，而现实中个别低碳生态城市建设的实践却存在着建设选址的盲目性较大问题，完全不考虑生态环境保护，将地点选在自然基地良好的生态敏感区内进行开发建设，这不但是对自然环境的极大干扰，同时也会迫害生物多样性、引发连锁性自然灾害的产生，对低碳生态城市的建设安全造成隐患，长期以来将会酿成不可弥补的损失。

3. 低碳生态新城新区建设选址普遍存在重“大”轻“小”、重“新”轻“旧”的现象

受制于投资、改造难度和建设成本等多重复杂因素的综合影响，目前在建的低碳生态新城新区大多数位于大城市和未开发地区。一是低碳生态新城新区建设存在着盲目关注大城市，忽视中小城镇的重“大”轻“小”现象。尽管全国90%的地级以上城市均提出建设低碳生态城市的发展目标，但从目前试点建设情况看，大部分还是集中分布在经济发达的中东部大城市，在小城镇上建设低碳生态新城新区的极少。二是低碳生态新城新区建设存在着一味关注新城开发，忽视建成区生态改造的重“新”轻“旧”的现象。很多城市在进行

低碳生态城市实践时选择了新城开发，而对见效慢、推动慢的建成区生态化改造很少问及。殊不知，建设区的生态化与低碳化改造才是当前中国进行低碳生态城市建设实践的重中之重，同时也是未来低碳生态城市实践的发展趋势。

4. 低碳生态新城新区建设缺失通用的衡量标准与权威性强的通用指标体系

目前，全国各地城市在各自制定的城市发展战略规划、城市总体规划和经济社会发展规划、环境保护规划中均不同程度地提出要下大力气建设低碳生态城市，甚至部分城市直接编制了低碳城市或生态城市或低碳生态城市总体规划，提出建设国际级或国家级低碳生态示范区，但很少见到具体的量化指标，很少提到低碳生态城市城区建设到底达到了什么样的标准后才算建成了低碳生态城市。由于缺失低碳生态城市城区建设需要设立的明确目标和衡量标准，国家也尚未颁布全国性的低碳生态城市城区建设指标体系，低碳生态城市规划的地位、编制方法和体系等目前尚未得到明确，编制内容和深度均没有统一明确的要求，尽管各地出于实践和建设的需要纷纷制定了地方性的低碳生态城市指标体系，但是缺乏宏观层面的目标引导性，导致地方在制定指标体系的过程中存在目的不清、导向不明的问题。权威性强的国家通用标准和通用指标体系缺失是导致低碳新城新区“满天飞”的主要原因。

五、我国低碳生态新城新区发展对策与建议

低碳生态新城新区作为我国未来新城新区建设的重要主导方向，正在把中国新城新区建设推向一个理性发展的新阶段。近 10 年我国低碳生态新城新区建设从试点探索中取得了显著成效，同时暴露出了一系列亟待解决的现实问题。在推进国家新型城镇化的大背景下，需要针对问题提出确保低碳生态新城健康发展的对策建议。

1. 贯彻低碳生态理念，严格控制发展传统新城新区，积极鼓励发展低碳生态新城新区

一方面，建议建立新城新区建设的国家综合评估审查管控委员会，严把新城新区审批关，从国家经济社会发展的战略安全角度，做好统一的国家新城新区建设规划和顶层设计，制定切实可行的措施，整改规范在建和规划建设的各类新城新区，做好新城新区建设的科学规划，量需而动，量力而行，量地而置，确保国家级新城新区建设有管有控，严格控制传统新城新区。

另一方面，要积极鼓励发展低碳生态新城新区。贯彻低碳生态理念，突出低碳生态新城新区建设的新产业空间、新商业空间、新居住空间、新教育空间、新商务空间、新交通空间、新生态保育空间的优化组合与高效集约利用，把低碳化、生态化、信息化、网络化和智慧化理念贯穿到低碳生态新城新区建设的全过程之中。

同时，建议推行“圈技术、圈智慧、圈资本”的“三圈汇聚”模式，推行有别于开发区、工业园区和城市新区的建设模式，由传统开发区的圈地卖房模式转为“圈技术卖智慧”的建设模式。改变传统的开发区、工业园区和城市新区建设中只注重大规模圈地、大搞房地产的圈地卖地卖房模式，突出将新的智慧低碳生态技术应用到低碳生态新城新区建设中，将低碳生态新城新区规模集中锁定在5～10平方公里的范围内，不搞大规模圈地，不搞单一功能的房地产开发，而是突出发展高端智慧、低碳生态产业为主导的智慧低碳生态产业集中区，突出发展智慧低碳生态商务区、智慧低碳生态经济区、智慧低碳生态制造区、智慧低碳生态服务区等，突出发展智慧低碳生态的产业。

2. 加强智慧低碳生态技术的集成应用，建设一批产城融合的国家级低碳生态示范区

借鉴中科院地理资源所方创琳团队与深圳智慧城市系统服务集团联合开展“中国中小城镇低碳生态发展模式与智慧低碳产城融合示范区建设研究与应

用”项目的合作经验，在全国县级和镇级尺度上，选择条件比较好的小城镇，以5～10平方公里范围、人口5万～10万人为示范尺度，突出智慧低碳、产城融合、绿色生态、示范应用四大原则，从发展智慧低碳生态产业入手，顺应第三次工业革命的到来，集成引进国际国内最先进的智慧技术、信息技术、互联网技术、云计算技术、低碳技术、生态技术等高科技技术，强化低碳生态新城新区的试验示范，从推进新型城镇化示范和智慧低碳生态城市试点入手，形成智慧低碳主导的新型城镇化发展新模式，建设一批国家级低碳生态产城融合示范区。进而积累经验，向全国范围推广，以点带面，推动全国低碳生态新城新区的健康发展，纠偏已有各类开发区和产业园区出现的有产无城，或者有城无产的空城、空区现象再度发生。避免低碳生态新城新区建设选址普遍存在的重“大”轻“小”、重“新”轻“旧”的现象发生。

3. 大力发展智慧低碳生态产业，提升新城新区建设的智慧化、生态化和低碳化

为了杜绝部分新城新区挂着低碳生态之牌，发展“低端不低碳”和“生产不生态”的产业，建议在低碳生态新城新区建设过程中，提高产业准入门槛，优先发展智慧生态农业、智慧低碳制造业、智慧低碳服务业等智慧低碳生态产业，构建智慧低碳型生态产业体系，建设智能低碳电网、智能低碳制冷、智能低碳供热、智能低碳供水、智能低碳排水、智能低碳燃气、低碳新能源、智慧低碳交通等智慧低碳基础设施和公共服务设施，推进新城新区经济社会发展的智能化、低碳化和生态化。从推进国家生态文明制度建设入手，依托低碳生态新城新区的生态资本，积累生产资本，提升生活资本，将低碳生态新城新区建成国家级绿色生态文明示范区。从产城融合角度，建议将智慧城市与智慧产业、低碳城市和低碳产业、生态城市与生态产业有机融合，优化发展智慧生态空间，智慧生产空间和智慧生活空间，形成三生智慧空间优化组合的新模式，形成低碳生态、产城融合程度高的示范区，以城促产，以产促城，避免出现城市建设的空心化和产业发展的空心化。

4. 推行融智、融商、融资的“三融”模式，引进民间资本，推动低碳生态新城新区建设

在地方政府负债日益严重的大环境下，建议充分发挥市场机制的作用，鼓励符合市场规律并能够真正促进地方经济、社会、环境可持续发展的资源要素在低碳生态新城新区规划建设过程中充分发挥作用。一方面采取银—企—政和产—学—研合作的市场化融智、融商、融资模式，与国家开发银行等商业金融结构合作，创新一种完全市场化的融资模式，解决低碳生态新城新区建设所需的巨额投入，采取股份制的开发运营模式进行开发建设。另一方面，吸引民间资本，从过去单一的房地产开发投资转向智慧低碳生态产业投资，推进新城新区建设由地产型转向为智慧型、低碳型和生态型，围绕低碳生态新城新区建设，发展智慧地产、低碳地产和生态地产业，这既是城市产业结构转型升级的需要，也是提升城市功能与服务质量的需要，更是保护城市生态环境、改善城市人居环境的需要。

5. 构建一套通用性强的国家低碳生态新城新区建设标准及综合评估考核指标体系

一是建议国家相关部门借鉴国际上低碳生态新城新区建设的经验，出台一套低碳生态新城新区建设的标准和考核指标，从低碳的生态系统、低碳的生产系统、低碳的生活系统三大系统出发，构建包括低碳经济指标、低碳社会指标、低碳能源指标、低碳环境指标、低碳交通指标、低碳消费指标、低碳照明、低碳汽车、低碳绿化、低碳商务、低碳餐饮、低碳办公、低碳社区等在内的通用性指标，各指标借鉴国内外的相关行业标准，分别给出每个具体指标的参考标准值，逐步纳入政府低碳生态城市发展的考核验收指标体系中，引导建设低碳生态新城新区的建设者们遵循这些指标去建设，避免“挂羊头，卖狗肉”的现象再度发生。

二是建议低碳生态新城新区建设的评价标准和指标体系应结合不同类型的

城市制定相应的指标体系来进行评价、监测和考核。指标体系分别通过以控制性指标和引导性指标来指导城市建设、明确城市发展目标，同时应注意结合不同地区的自然气候条件和城市发展阶段等因素分类考虑，设置不同标准值考核。尤其是要将各项指标与规划相结合落实到空间层面，创新不同尺度的低碳生态新城新区规划编制方法，在规划上充分体现低碳、生态的原则和目标，在实施上将低碳、生态落到实处。

6. 制定优惠倾斜政策，扶持低碳生态新城新区建设优选纳入国家级新区

政策引导是建设低碳生态新城新区的重要基础。低碳生态城市理念的贯彻、技术的推广、策略的实施，都需要纳入城市发展的政策体系才能有效实现并发挥作用。一方面建议在现有城市规划编制指标体系和城市规划管理体系政策框架的基础上，结合相关法律法规要求，把有助于促进低碳生态城市发展的发展理念、产业政策、技术规范、决策方式纳入城市规划发展和管理的政策框架之中，为低碳生态城市建立长效机制和体制保障。另一方面要有针对性地提出扶持低碳生态新城新区发展的土地政策、税收优惠政策、贷款政策、生态补偿政策等，对提出建设低碳生态新城新区的尽量给予建设用地指标的保障和优先供应。第三是对于真正建设低碳生态新城新区的区域，国家相关部门要纳入重点建设的新城新区范畴，优先申报，优先审批，优先享受各种优惠政策支持。建议推行产业规划、空间规划和技术规划的“三规合一”模式，科学编制好低碳生态新城新区总体规划，建成高端智慧、绿色低碳、生态集约、产城融合的新城新区。

第十二章 科教新区的新模式——大学城

20世纪90年代末，随着中国高等教育规模跨越式扩张，以大学城为代表的科教新区应运而生，成为很长一段时期内高校发展和城市拓展的主要载体，对其所在区域以及城市产生了重要影响，也推动了全国高等教育事业的发展。然而建设初期的“教育圈地”、“蛙跳式”空间扩张，以及后期运营时出现的空间障碍现象，使大学城建设成为社会和学界的关注焦点。

从第一个声名鹊起的“廊坊东方大学城”到发展成为城市化进程中一种普遍现象，尽管有关大学城的研究已成为学术界关注的重要领域，但研究成果非常有限。通过对照、查阅与整理近十多年对于大学城的探究、文献和研究成果，发现大学城研究重点总体上呈现以下变化趋势：①从注重大学城的概念、发展模式、规划布局特色研究转为规划实施的讨论；②从对大学城建设问题分析转为影响大学城发展的机制探究；③从侧重大学城物质规模集聚的经济产业效益论述转为对大学城人文关怀与教育适用性的讨论；④从侧重大学城微观模式探讨转为区域一体化的考量。由此可见，对大学城建设与发展逐渐进入理性和综合的思考，一方面随着我国城镇化步伐进一步发展和成熟，大学城业已成为新城空间发展的一种新的表现类型。另一方面建设实践所出现的差异远不像早期广为流行的理念那么理想，实践暴露出的问题反映了对大学城认识有待完善，尤其结合中国国情的大学城规划建设探索还需要继续深化。故而对中国大

作者：段进，东南大学建筑学院副院长、东南大学城市规划设计研究院总规划师、教授、博导；卢波，苏州市规划编研中心副主任、高级规划师；许业和，苏州规划设计研究院高级规划师。

学城近十年发展历程进行评述，适时分析各地大学城建设典型特征，进一步加深中国大学城本土化的理性认知，为中国新城发展研究提供主题性内容与实证探讨，促进大学城未来可持续健康发展，才能促进新型城镇化的科学发展。从这个意义讲，对大学城展开跟踪研究有其现实意义和理论价值。

虽然中国“大学城”的概念来源于西方，但与国外大学城在内在机制、发展定位、空间生产上相差甚远，国外关于大学城发展的理论与实践对于国内参照性并不强。如果说西方大学城有其自然形成的规划轨迹，那么中国大学城有其独特的产生背景、驱动机制和本土化的新探索。因此鉴于大学城的建设实际，本文欲为大学城这一中国新事物描摹一个初步轮廓，并探求其形成与发展的基本认知，通过对比分析国内外大学城空间出现的背景因素，同时探讨适合中国国情发展角度大学城的发展，客观把握大学城的空间本质。内容包括三部分：①国内外大学城形成机制分析；②近十年国内大学城发展评述；③国内大学城可持续发展建议。

一、国内外大学城形成机制分析

1. 国外大学城形成机制

国外大学城的产生与发展是西方高等教育理念的嬗变及其在空间方面演变的综合体现。谈到国外大学城形成机制，就必然联系到国外大学及其历史发展轨迹。

（1）国外“大学城”发展背景

国外大学较为正式起源可追溯到古希腊时期或古罗马时期的修辞学校或法律学校。当时古希腊人和古罗马人在哲学、逻辑、修辞、文学等许多领域取得过很高的成就。公元400年前，古希腊学者柏拉图、亚里士多德等学者，把年轻人聚集在一起，教他们人生智慧，他们在学校或家庭中进行“智慧之友”的教学。此时大学的意义仅仅是教学场所，但并没有形成一种永久性的教学机构。大学与城市关系处于一种疏离的状态（图 12.1）。

图 12.1　柏拉图学院

现代意义上的大学雏形与行会发展和宗教联系密切相关。中世纪随着工商业和贸易活动的发展，行会逐渐发展起来成为实用的教育体系，主要是向年轻人传授技艺并吸收其入会来传承技艺。与此同时，宗教界教育（教会学校和修道院）以培养新人成为传播经典知识的牧师为目的。13 世纪末期由于城市和乡镇的发展，行会活动和神学教育相互融合建立了早期大学（university），伴随着早期大学的影响力逐渐扩大，出现了附设学者和学生住宅的学习集聚场所，即现代意义的大学。大学于是与所在城市或乡镇有机结合成为无法分离的一部分。

18 世纪后工业革命的发展确定了现代大学的基本职能，也促进现代教育理念的产生，之后特别是来自于国家的军事战略需求刺激了大学科技园的产生，同时高等教育的普及对大学发展提出新的空间需求。这期间大学与城市的关系处于变化状态。以美国为代表，苏联人造卫星的出现促使美国加大科学研究的力度，著名大学都建立了高技术工业企业。以斯坦福大学为核心的硅谷，成为集中了8000多家大企业的世界最大电子工业基地（图12.2）。麻省理工学院则促成了波士顿128公路科技工业园区的形成和发展，成为经济发展新的增长源。

图12.2　硅谷示意图

（2）国外"大学城"类型及特点

伴随着国外大学的发展历程，大学城现象自然也随之产生。主要有两类：自然形成型和规划建设型。

自然形成型——国外大学城主要是人口因教育的发展而聚集形成的，具有浓厚文化特点的小城市或小城镇。以某一两所大学为核心建立城市，学生和教职员在城市人口中占很大比例，相当一部分人口从事与学校有关的科技或服务业，学生分散在城市的各个部分，选择不同学分的课程。学校主要承担教学、研究任务。大学也带动了周边地区的科技、文化、经济和社会的发展。例如英国牛津镇（Oxford）、剑桥郡（UK Cambridge）（图12.3、图12.4）、美国坎布里奇镇（Cambridge）、比利时鲁汶镇（Leuven）等。总之，自然形成型大学城是城市随着大学不断拓展而逐步发展起来的，且大学文化起主导作用。大学作为教育和培训的机构和城市融为一体。

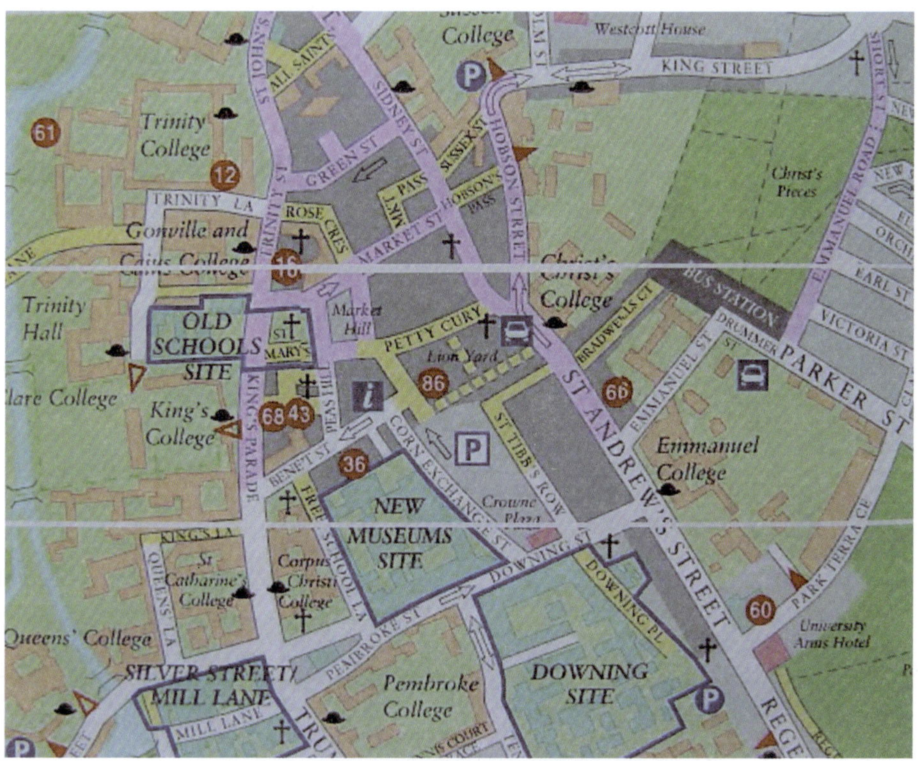

图 12.3 剑桥大学城平面图

图 12.4 剑桥大学城鸟瞰图

规划建设型——二战结束后由于新技术革命的迅猛发展引发了兴建高技术开发区的热潮，大学与企业关系越来越紧密，出现了一种新的大学城发展形态，实质为国家创造性技术园区，基本以大学为依托的新城建设项目。相比自然型，规划建设型大学城不仅仅是教育空间简单的外延扩展，同时也是城市创新的动力源泉，成为带动地区经济发展的智力源。这主要包括美国斯坦福大学工业园（Stanford Industrial Park）、日本筑波科学城（TsuKuba Science City）、苏联西伯利亚科学城（Siberia Science City）等。这类大学城在规划建设上有鲜明的特征：一是大学城规划建设要符合大学与当地企业内在要求。这方面国外也有教训，如：筑波科学城和西伯利亚科学城缺乏与当地企业的联系，并不对地方经济产生明显的带动作用，相反造成空间资源的巨大浪费。二是大学城的选址显得非常关键，需要城市基础设施的支撑。因为只有舒适优美的工作及生活环境才能留住技术人才和激发工作者的创新意识。虽然筑波科学城建设具有很强的战略目标导向，但距离偏远、被视作“远离人类社会的孤岛”。由于缺少社会工程的支撑造成孤岛效应，远没有达到政府的预期效果（图 12.5、图 12.6）。三是需要制度创新。这是形成大学和企业产业链形成联系的制度基础。这不仅需要制定周密的计划推动合作战略，而且需要具备实施计划的特定机制。西伯利亚科学城作为“技术乌托邦”，由于没有事先制定严密的计划，只是独立科研单位地理空间上简单的聚集，并没有实现产学研功能的真正融合。四是大学城规划建设中的政府角色也是关键。事实证明，政府提供公共设施是必要的，包括基础设施的投资和充当大学和企业之间的传媒角色，若越俎代庖相反会阻碍科学创新。法国索菲亚安蒂波里斯科技城的建设，虽然政府占有主导的支配作用，但仅仅注重卖地等外在形式，却忽视了发挥科技城的引导作用，挫伤了大学、企业和研究中心的积极性，因而造成科学城发展缓慢。

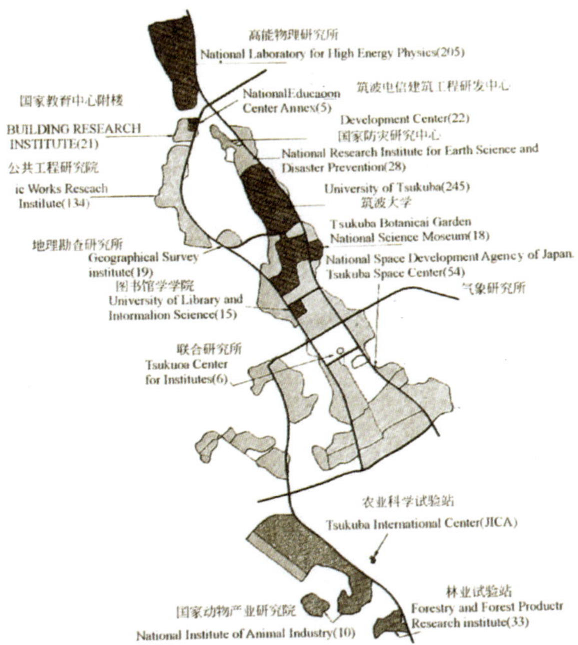

图 12.5　筑波科学城规划布局图

	機関名	面積 ha
文教系機関（7機関）	内閣府	3
	独立行政法人国立公文書館つくば分館	3
	外務省	5
	独立行政法人国際協力機構筑波国際センター	5
	文部科学省	440
	国立大学法人筑波大学	258
	国立大学法人筑波技術大学	8
	大学共同利用機関法人高エネルギー加速器研究機構	153
	独立行政法人国立科学博物館筑波研究資料センター	14
	独立行政法人教員研修センター	7
建設系機関（6機関）	総務省	22
	NTTアクセスサービスシステム研究所	22
	文部科学省	27
	独立行政法人防災科学技術研究所	27
	国土交通省	164
	国土地理院	18
	国土技術政策総合研究所	146
	独立行政法人土木研究所	
	独立行政法人建築研究所	
理工系機関（7機関）	文部科学省	83
	独立行政法人物質・材料研究機構	30
	独立行政法人宇宙航空研究開発機構	53
	経済産業省	140
	独立行政法人産業技術総合研究所	140
	国土交通省	53
	気象研究所	53
	高層気象台	
	気象測器検定試験センター	
	環境省	28
	独立行政法人国立環境研究所	28
生物系機関（10機関）	文部科学省	5
	独立行政法人理化学研究所筑波研究所	5
	厚生労働省	14
	独立行政法人医薬基盤研究所霊長類医科学研究センター	9
	独立行政法人医薬基盤研究所薬用植物資源研究センター	5
	農林水産省	421
	独立行政法人種苗管理センター	421
	農林水産技術会議事務局筑波事務所	
	独立行政法人農業・食品産業技術総合研究機構	
	独立行政法人農業生物資源研究所	
	独立行政法人農業環境技術研究所	
	独立行政法人国際農林水産業研究センター	
	独立行政法人森林総合研究所	
共同利用系機関（1機関）	文部科学省	1
	研究交流センター	1
計	31機関	1,407

图 12.6　筑波科学城国家机构清单图

（3）国外大学城演化机制

从国外“大学城”的形成历史脉络来看，其语境中的“大学城”只是伴随国外大学教育理念的转变，应对国家创新战略需要而形成的一种教育空间类型。由于“大学城”发展历史阶段的不同，形成了自然形成型和规划建设型两种类型。其中自然形成型更多的是延续早期大学教育理念和教育规律自发组织形成的，其政府干预较少；后者随着科学技术发展以及国家军事战略发展的需要，国家开始强力介入大学城建设，开始有组织、有目的地构建以大学为核心要素的创新产业综合体空间形态，强化了大学空间的产学研联系网络。

2. 国内“大学城”形成机制

由于20世纪末高校招生的大规模扩张，我国高等教育步入了快速发展阶段。高校的建设发展已摆脱了长期以来计划经济模式的禁锢和投资建设单一模式的束缚，为国内大学城的出现提供了内外因发展的动力机制。

（1）产生背景

从新中国成立到改革开放前，我国高等教育发展始终受计划经济和行政政策的制约而发展缓慢。改革开放为高等教育发展带来了许多变化的内外部条件。经济实力的增强、政府教育政策的变化、居民教育投入的上升、基础教育的夯实等，使我国高等教育几乎与经济同步快速发展。尽管从1990年代以后我国高校招生规模开始逐年增长，但依然难以满足适龄人口对高等教育的需要，要求扩大高校招生规模的社会呼声不绝于耳。

20世纪90年代中期起，国内由于粗放式经济发展方式所带来的负面影响开始出现，同时也进入改革攻坚阶段，收入转化为消费、储蓄转化为投资遇到某些机制障碍，再加上亚洲金融风暴的影响，国内市场存在有效需求不足和有效供给不足并存的现状：市场疲软、消费低迷、生产流通领域商业风险增大、经济效益下滑，如何鼓励投资、刺激消费、扩大就业、培育新的经济增长点成为保证国家国民经济持续快速发展的紧迫任务。为了刺激短期经济增长和拉动国内消费需求，以扩大高等教育规模来拉动内需的观点应运而生。

由此，在一定经济基础上和一系列外部条件影响下，我国政府于1999年

6 月上旬做出大幅度扩大高等学校招生规模的决定。这种决定很大程度上归之于当时中国政治经济形势的影响和教育拉动内需的思路，并非是对高等教育长期发展规划的结果。很显然，高校扩招所带来的现实图景是大学城的出现。

（2）形成机制

客观而言，国内大学城形成机制包含了我国高校扩招和新城建设两条并行影响要素。从我国高校扩招来说，大学城是高校扩招催生下出现的结果，不仅承担了教育产业化的空间落实，而且也是高校多元化办学发展的空间载体（合作办学、中外办学、异地办学），同时也是为各高校集聚提供了教育资源整合的探索空间（资源整合、共享以及学科交叉）。就空间生产而言，大学城则是给城市提供了城市发展的新契机。1994 年“分税制”改革给地方地府在城市规划与资金统筹等方面的权利渐增，城市政府可以通过土地城市化的“发动机”，采用土地空间资源为核心要素的商业运作模式，通过银行借贷实现城市空间的拓展。各级政府成为“大学城热”的主要推手。由此可见，大学城是在“教育扩招”大事件下新城建设中一种新的空间类型，大学城建设体现了经济建设中从开发区的工业生产到空间本身的生产与营销的转变。借助于大学城形式，城市政府寻求新的经济增长点，达到实现拉动内需、促进消费的目的。

（3）国内外大学城机制对比

国内大学城的形成和国外大学城的演化发展有着完全不同的出发点。国内大学城不单具有特定地理空间内涵，更有特定的运行机制。其出现既有大学扩招带来的空间扩展内在需求，同时也有新城开发的一个外在因素。从高校扩招、新城建设、拉动内需、空间生产，其完整地体现了市场经济条件下市场作用与制度结合的空间生产过程。通过将教育产业化，实现学校空间拓展的市场化，带动教育产业化及其相关产业的消费空间形成，继而达到推动城市经济的增长，实现大学城空间生产的最终目的。其产生的直接动因是“经营城市”的理念在大学空间扩展上直接体现，其本质是地方政府对于“土地财政”的依赖（表 12.1）。

表 12.1　　国内外大学城规划建设对照表

项目	国外大学城		国内大学城
	自然形成型	规划建设型	
产生背景	国外早期大学漫长发展过程中，形成的教育与教化机构与城市融为一体	新技术革命的推动和国家军事发展的契机下产生的大学科技园	高校扩招、高等教育产业化效应、城市升级、新城区的建设
建设方法	大学新学院的陆续建成和老学院不断改扩建形成的城市，美国大学（Campus）长期经营的方式	突破传统校园的束缚，逐步引入与高科技产业生产结合的开发区形式	城市郊区辟出一定规模的土地，有意识吸引一批高校进入其中新建新校区，即高校扩张与新城建设相结合的建设模式
空间形态特点	传统校园和社区的叠和、宜人的尺度融入城市，一体化校园的空间，实现校园的社区化	产业与教育的结合，大学不仅局限于教学活动，更大范围的文化影响和经济带动	远离城市的一个大学集中区
城市职能	具备完善的职能，以文教、科研为主，相对单一而明确	以大学智力资源为核心，大学与企业合作研究与开发为主	文化孤岛，缺少必要的配套设施和更多的文化底蕴
发展动机	赠地运动、宗教思想、教育理念	技术立国	科教兴国、土地优惠政策、城市经营观
规划过程	自组织形式逐渐发展	一个长期渐进的过程，是一个投资巨大，周期很长的建设过程	概念化、快速的、人为的
规划价值根源	按照高校独特的价值体系，在这一价值体系下的发展路径和运作规律	技术空间扩散	将高等教育等同于一般的工商企业，力图以强强联合的常规工业经济模式，形成教育产业规模，以配合不断上涨的高校扩张需求
发展目标	品位独特的文化社区	产学研互动	新一轮高等教育体制改革的产物：大学城内的各所大学，打破围墙界限，实现课程互选、学分互认、教师互聘、设施共用，从而实现高等教育的规模化和集约化

续表

项目	国外大学城		国内大学城
	自然形成型	规划建设型	
参加主体	大学、学院	大学、企业、政府	政府、高校、投资者、银行
实际效果	形成独特的城市特点和鲜明的城市形象，散发了文化氛围	形成创新网络，大学与产业联系链条	形成政府主导，往往忽视了各高校内在的诉求与彼此之间诸如学术价值、校园文化上的差异性，追求过高的集中规模效应

资料来源：通过整理材料自绘。

二、近十年国内大学城发展评述

1. 大学城发展整体概况

如前所述，20 世纪末的高等教育体制改革和高校扩招的巨大动力，引发了大学城建设的热潮。各地在科教兴国、知识创新、高校扩招、快速城市化的背景下，积极规划建设大学城。就全国而言，大学城项目在短短 2 ~ 3 年间数量猛增，主要集中在大城市。1999 ~ 2000 年上半年，有 10 个城市提出建设大学城建设计划，到 2002 年全国各地已建和拟建大学城就达到了 50 个，截至 2013 年新建数量达到了 96 个，涉及全国 29 个省、直辖市和自治区（表 12. 2、图 12. 7）。随着 2006 年教育部提出控制扩招速度以及 2003 年国家审计署审计“大学城”圈地运动后，大学城后期热潮才明显开始降温。

表 12. 2　　各地已建和在建大学城统计　　单位：个

地点	大学城	地点	大学城	地点	大学城	地点	大学城
北京	3	上海	7	天津	4	四川	2
重庆	1	河北	1	辽宁	3	甘肃	1

续表

地点	大学城	地点	大学城	地点	大学城	地点	大学城
黑龙江	3	吉林	1	江苏	12	云南	1
浙江	5	安徽	1	山东	8	新疆	2
江西	4	福建	5	湖北	4	海南	1
湖南	3	河南	6	陕西	4	贵州	1
广东	5	广西	4	宁夏	1		
山西	2	内蒙古	1				

资料来源：通过相关资料整理。

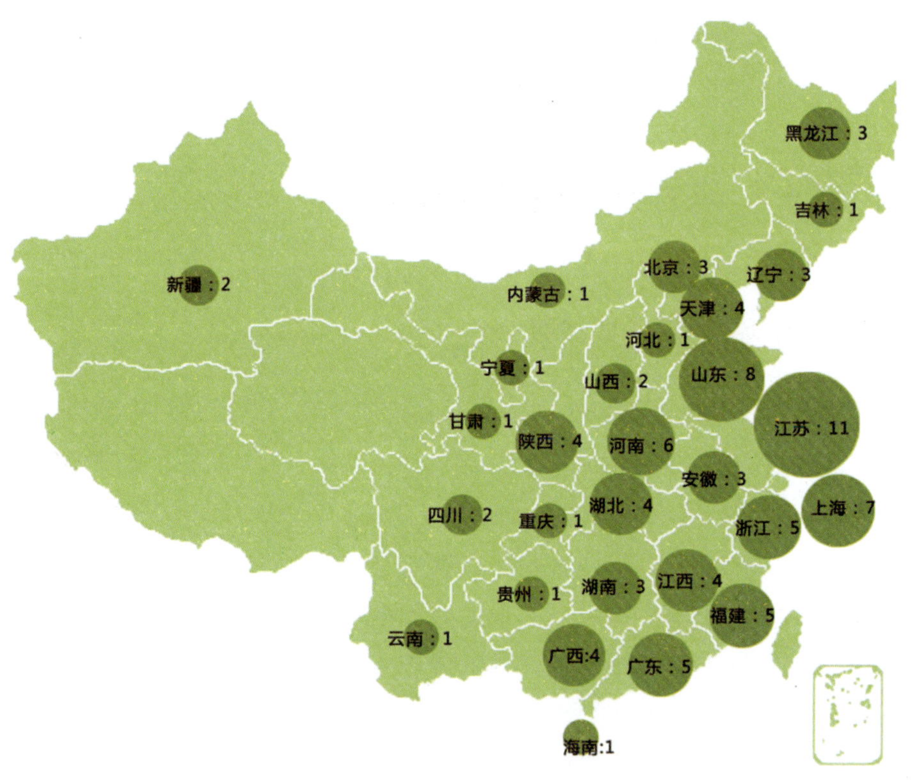

图 12.7　国内大学城分布图

客观地讲，大学城建设缓解了连续几年大扩招后带来的教育资源严重不足的巨大压力。许多地区大学城经过科学合理的规划、地方政府的正确引导和自身规范化的管理，逐步走上了持续发展的道路，并已初步形成了大学卫星城市的态势。如南京仙林大学城、广州小谷围岛大学城、宁波高教园区及深圳大学城等，也推动了高等教育大众化和城市化发展的历程。

2. 国内大学城发展特征

我们通过网上检索、典型调研、规划文件收集以及相关学位论文、研究报告梳理等方式获取了国内大学城近十年的建设基本情况，并呈现出以下特征。

（1）区域分布

表 12.3　国内大学城区域分布构成

地区	数量（个）	占全国比例（%）	大学城所在城市及其数量（个）
东部沿海地区	58	60.4	北京 3，黑龙江 3，浙江 5，广东 5，上海 7，河北 1，吉林 1，福建 5，天津 4，辽宁 3，江苏 12，山东 8，海南 1
中部地区	20	20.8	江西 4，湖南 3，山西 2，安徽 1，河南 6，湖北 4
西部地区	18	18.8	重庆 1，广西 4，内蒙古 1，陕西 4，宁夏 1，四川 2，甘肃 1，云南 1，新疆 2，贵州 1
总计	96	100	

资料来源：通过相关资料整理。

表 12.4　经济发达地区国内大学城区域分布构成对比

地区	数量（个）	占全国比例（%）	各城市大学城
长三角	24	25	仙林大学城、江宁大学城、浦口大学城、常州大学城、苏州研究生城、无锡大学城、扬州大学城、淮安大学城、泰州大学城、南通大学城、苏州石湖高教园区、苏州相城科教区、下沙高教园、滨江高教园、小和山高教园、宁波高教园、温州高教园、松江大学园区、杨浦大学园区、南汇大学园区、临港大学园区、金桥大学园区、奉贤大学园区、闵行大学园区
珠三角	5	5.2	广州大学城、深圳大学城、珠海大学校园、东莞大学城、佛山南海大学城
京津冀	8	8.3	沙河高教园区、良乡高教园区、吉利大学城、西青大学城、大港大学城、泰达大学城、宝坻大学城、廊坊大学城

续表

地区	数量（个）	占全国比例（%）	各城市大学城
山东半岛	8	8.3	章丘大学城、长清大学城、彩石大学城、日照大学城、青岛大学城、蓬莱大学城、临沂大学城、菏泽大学城
总计	47	48.9	

资料来源：通过相关资料整理。

根据现有资料，我国大学城空间分布区域分异明显，从东部沿海到西部内陆，大学城数量和密度呈递减趋势。东部沿海地区经济社会文化发达，发展高等教育基础好，政府投入力度大。据统计，这一地区大学城数量占全国的60.4%，其中长三角、珠三角、京津冀地区、山东半岛占到48.9%，而中部地区比例为20.8%，西部大学城比例占到18.8%，只有西藏自治区、青海省还没有大学城项目。大学城的分布空间基本与区域科教发展基础、区域经济社会发展水平的差异相吻合。对比前几年研究（2005年），表明新增加的大学城主要集中在西部区域、三线城市上，一定程度上说明大学城由东部向西部延伸，并有全面铺开的趋势。这与地方政府推进城镇化方式与途径密切相关（表12.3、表12.4）。

（2）用地规模

大学城建设用地规模相差悬殊。其中在30~50平方公里以上的有南京、郑州、兰州、广州、南昌、重庆，其中南京的仙林、江宁、浦口3个大学城的规划总面积达70平方公里（相当于20多个北京大学的面积）；在4平方公里以下的有宁波、日照、菏泽、玉溪、温州、扬州、蚌埠、深圳，而大多数集中在10~20平方公里。规模偏大主要集中在省会城市，非省会城市规模相对较小。这表明各省区经济、社会、文化、教育等资源要素主要集中在省会城市。

（3）与中心城市的距离

根据现有的资料统计（选取44个的典型大学城），分布在城市的开发区占到42%，分布在新城占到34.2%，说明大多数大学城主要分布在新城区域。大学城与城市中心平均距离为15公里，超过30公里占到11.3%，20~30公里占到6.8%，10～20公里占到45.4%，5～10公里占到25%，5公里以下为11.3%。最近的大学城是广西百色平果大学城，距离市中心为2.5公里；最远的大学城为兰州榆中大学城，离兰州市中心达到了47公里（表12.5）。

表12.5　　　　国内大学城与市中心距离统计

大学城与主城区（中心）的空间距离	数量（个）	大学城名称	比例（%）
5km 以下	5	南通大学城、杭州小和山高教园区、长沙岳麓山大学城、百色平果大学城、乌鲁木齐大学城	11.3
5km～10km 之间	11	扬州大学城、淮安大学城、杭州滨江高教园、宁波高教园区、上海杨浦大学园区、天津西青大学城、昆明呈贡大学城、贵阳花溪大学城、南昌前湖高教园区、长春净月大学城、沈阳浑南大学城	25
10km～20km 之间	20	仙林大学城、江宁大学城、浦口大学城、常州大学城、苏州独墅湖高教区、无锡大学城、泰州大学城、温州高教园区、重庆大学城、济南长清大学城、廊坊东方大学城、郑州北大学城、武汉黄家湖大学、广州大学城、深圳大学城、福州大学城、成都温江大学城、西安长安大学城、合肥大学城、哈尔滨江北大学城	45.4
20km～30km 之间	3	杭州下沙高教园区、北京良乡高教园区、太原大学城	6.8
30km 以上	5	上海松江大学园区、北京沙河高教园区、北京吉利大学城、天津大港大学城、兰州榆中大学城	11.3

资料来源：通过相关资料整理（选取44个大学城案例）。

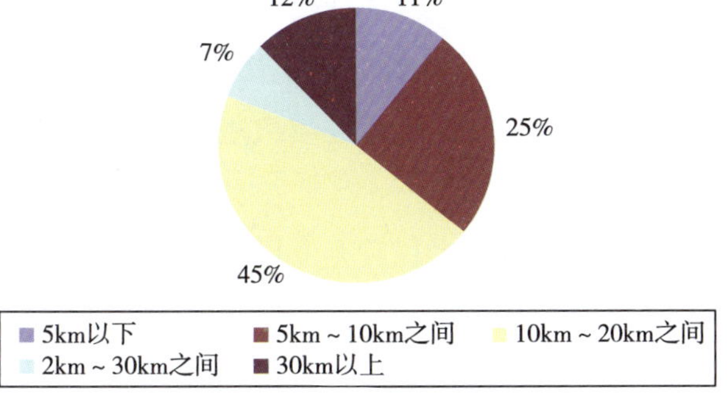

图12.8　大学城与主城区的空间距离比重

（4）发展类型

一是投资高等教育产业，满足高等教育扩招后的硬件不足。有河北廊坊东方大学城、吉利大学城、沈阳北部大学城。

二是整合教育资源，将分散的高等院校集中到规划好的园区内，充分发挥高校集聚优势，为所在区域的发展带来人气。有南通大学园区、菏泽大学园区、苏州国际教育园区、大连大学城、常州大学城。

三是解决地方经济发展，特别是产业结构战略性调整需求。有深圳大学城、苏州研究生城；还有提高城市职能型，有大庆大学园区、珠海大学园区。

四是将大学城当作大型开发项目带动新市区、卫星城的发展。有仙林大学城、松江大学城、兰州大学城、广州大学城、北京良乡大学城、无锡大学城、沈阳南部大学城等。

（5）投资模式

我国大学城建设中，大学城立项开发与建设管理的部门各不相同，投资体制也各有所异，主要有三种方式。

一是政府投入，由当地政府投入巨额资金建设，然后交给引入的高校管理使用，典型的有深圳大学城、珠海大学园区、苏州研究生城。如深圳市出于自身一流开发人才和拥有知识产权的高科技项目十分匮乏的实际情况，在高科技园区附近创办以研究生院为主的大学园区，主要着眼于培养高层次创新人才和开发高科技项目，而不是追求大学生的数量规模扩张。深圳已同清华、北大、哈工大、中科大等合建研究生院，探求与国内著名大学的合作。

二是政府主导（高校参与、企业投资）的建设模式。地方政府一般给予大力支持，涉及制定战略、信誉担保，乃至提供优惠政策。如上海松江大学城，大学城建设采取政府赠送土地、学校贷款建造校舍、企业投资建设学生宿舍和生活共享区的办法。

三是社会，特别是企业尤其是民营企业投入为主的建设模式，以教育集团或教育投资公司参与，实现园区所有权与办学权分离的探索，如河北廊坊东方大学城，就是典型的为满足高等教育大众化需要的开发模式。东方大学城从资金投入、基本建设到管理模式，采用市场化运作机制。大学城实行“校企共建，教委协调，学校为主，各校合作”的运行机制。大学城建立管委会，由投资方、校方、经营方（开发总公司）组成。管委会履行管理、协调、监督、服务职能。校企共建，就是由学校与外企服务公司共建，企业按高校要求建造校舍并提供设施；学校自主办学。

四是相对多元的投资方式，政府除了政策支持外，还投入一部分启动资金和办学条件，如政府承担共建部分的设施建设，将部分教育基本建设拨款改为贷款利息，学校主要通过土地置换、银行贷款等多种措施筹集资金，企业通过后勤社会化的方式参与园区建设，浙江五大大学园区的投资体制就是这样的。杭州的下沙、滨江以学校投入为主，政府投入一定的启动资金和办学条件，如政府将部分教育基本建设拨款改为贷款贴息，学校主要通过银行贷款或土地置换方式来建设，后勤设施等从高校剥离出来，如浙江耀江教育投资公司按社会化方式进行大学城建设和管理。

3. 存在问题

2003 年后大学城建设中暴露出了一系列问题。其中，既有经济发展转型中的过程问题，也有新城发展中出现的空间本质问题。

（1）教育圈地严重

自 20 世纪 90 年代末开始，一场被誉为“教育圈地”的运动拉开序幕，盲目跟风，相互攀比，贪大求高现象严重。长沙岳麓山大学城 44 平方公里，郑州大学城 50 平方公里，武汉大学城 50 平方公里，广州大学城 43.3 平方公里，南京大学城三个合计 70 平方公里。根据国土资源部 2003 年的统计，全国大学城中政府行政划拨用地总面积占了实际的 83.93%。从全国已经批准和正在申请的大学城用地来看，用地位置大多是市郊，绝大部分是农用地，占用耕地多，征地数量大。例如，辽宁省的大学城用地绝大部分来源于征地，征地面积为 543 公顷，浙江省 5 个大学城 2240 公顷规划面积 70% 以上是耕地。以 2003 年国土资源、国家审计署等部门联合调查为触发点，暴露出大学城建设中土地违规审批、大量土地闲置及开发效益低下等突出问题，其中真正的教育用地所占比例并不高，部分开发商乘机低价拿地高价开发高档住宅、高尔夫球场。如最先动工的廊坊东方大学城，越建越大，在二期开建后不久，以“教育产业化”为目标的大学城便逐渐偏离了原来的轨道。大学城通过审批的规划面积仅为5000多亩，但在二期工程开建后，实际用地已达11000多亩，仅高尔夫球场，占地就达6640亩，超过了大学城占地面积的一多半。

（2）建设资金链脆弱

《2006年：中国社会形势分析与预测》显示，全国建设大学城的高校大多依靠银行举债建设，有的高达10亿~20亿，整体贷款总量在1500亿~2000亿之间。大学城依靠贷款建设存在着潜在的财务风险后果，最终影响大学城可持续发展。现实中不乏教训，2000年东方大学城出现了严重的资金紧缺问题，根据最初签订的银企合作协议，东方大学城开发公司获得了中国工商银行河北省分行3.1亿元的贷款。但在对大学城项目进行重新评估后，河北省分行被中国工商银行总行下令停止向东方大学城贷款。事实上，东方大学城的债务危机在开建的第二年就已经开始显现。从建造大学城二期开始，所有建筑商就再也没有正常拿到款。他们背后还有许多拿不到工资的民工，甚至发生多起民工极端行为讨债事件。北京对外服务集团以低廉价格拿下东方大学城土地，由于投资主要靠银行的贷款和承建商垫资，后来因资金链断裂而无法继续运营，虽然后来由地方政府接管，但引起的社会负面反响以及学校入住预期远没有达到目标，在社会上引起了极坏的影响（图12.9）。

图12.9　某大学城讨债者居住地

（3）孤岛、空巢现象突出

孤岛、空巢现象在中国大学城发展过程中有相当的代表性。通过跟踪调查发现大学城的共性特征：①大学城人群结构单一，人口以数以万计的学生、少数管理人员和刚参加工作的年轻教师为主，有的管理不善，甚至出现群体性的学生冲突事件，如杭州下沙大学城发生的两起大事，甚至引起了中央领导的关注；②教师大多住在配套服务齐全、交通便利、人口密集的中心城区，上课才来、课后回家，使得大学生与教师面对面交流机会减少，造成教师的办公、科研和生活配套服务设施闲置；③大学城多聚集在郊区，服务业主要以师生为客户群，于是在学生寒暑假期大学城空巢而出现冷清的尴尬局面。出现这样的原因主要是大学城远离市中心，临靠单一工业生产区，居住用地偏少，生活公共设施所占比例较低，第三产业发展严重滞后，单一化的教育模式使大学城成为了孤岛。

（4）未实现与开发区的有机融合

大学城与高科技园的有机融合能给城市带来巨大的积极效益，但只有以大学为依托形成融合的产学研发展体系，大学城才能真正意义上成为“硅谷式”的大学城。国内大学城虽然紧邻开发区，在地域上实现硬件邻近，但缺少产业结构与学科结构、技术与科研软件式的融合，二者甚至各自发展，甚少合作。即使有企业与高校开展新产品的研制与开发，企业往往选择资深名校合作。这种大学城与开发区的割裂式发展一定程度上给大学城真正转型增加了现实难度。

（5）资源共享难以实现

开放共享是大学城系统间（不同学校、不同群体以及群体与公共设施之间）资源高效利用的期望目标，因而被看作是大学城从规划、筹建到发展的灵魂。它来源于全新的办学理念和教育发展效率观，使开放共享成为提高教育与经济社会资源集约利用的一个重要途径，成为提高教育空间效率的重要手段。这可能是规划大学城有别于传统大学校园的特色所在。但在实际操作中，理想与现实还是存在着相当的距离。

在现实中，基于“小而全、大而全”的顽固思想，使开放共享成为大学城空间规划实施中的一种空中楼阁。当前，资源共享建设、社会化运作存在三种类型：一是部分实现预期目的。上海松江大学城为大学生公寓等公共设施独立布局实现了社会化。共享区则布置在大学城的中部，考虑设置各校互通的综合图书馆、体育活动中心，但由于各校都强调自身专业的特殊性，不便共享以及各校以学生课间往返太紧张坚持由各校来建为名，还是取消了综合图书馆和综合体育馆的建设。浙江下沙大学城由于各校都有“小而全”思想，共享设施建设只是预留了建设用地。二是完全实现“预期目的”。包括私人投资的廊坊东方大学城和完全是政府投入的苏州研究生城，这两者只是硬件设施的共享。三是珠海大学园区、蚌埠大学城、仙林大学城布局上仍然处于传统布局模式，国内大学城大多属于这一类，形成小而全的院校组成的空间接近但功能关联度不高的高校集中区。

（6）空间人文关心不足

经过改革开放30年来的快速发展，我国已经进入城市化深度发展期，人们越来越重视城市场所与环境的重要性，急切需要城市规划对高品质空间的塑造。然而，大学城概念本是舶来品，当前一些大学城的规划更关注于以物为本和速度为目标的建设，不但不符合人的尺度，也违背了城市规划“以人为本”的最根本目标和出发点。如浙江大学紫金港区一期设计中采用大尺度的功能分区模式，给交通和空间使用带来了诸多不便，以至于二期规划建设从人性化角度进行了设计完善。又如广州大学城车行道路尺度规划超大、标准过高，不但造成土地资源和资金的浪费，使用也不方便，内环、中环、外环由于景观设计标准统一，缺乏有针对性的需求分析，中环、外环在现实中使用效率并不高，仅仅停留在理想景观形象意义上。

4. 典型案例的调研

基于多要素综合影响分析的规划初步评估思路，从目标实施程度、各方使用者的感受、大学城建成环境变迁和区域一体化发展等方面入手，初步探讨大学城这一新城类型发展状况。

（1）苏州研究生城——地方政府实施产业结构调整的实践

研究生城在苏州工业园区内，位于苏州市城市东翼的核心位置，距苏州市古城区18公里，离工业园区管委会5公里，属于近郊型。紧邻苏州城市的

“四角山水”东南角的独墅湖，具有良好的生态景观品质，其选址符合苏州市整体发展战略方向。

笔者曾于2004年到苏州研究生城做过现状调查，当时研究生城处于开发建设时期，到处是基础设施建设工地。经过10年多快速发展，研究生城业已基本成形。本次调研我们走访多位规划管理、教育投资公司、高校领导、高校教师和学生代表，通过现场踏勘、系统性访谈和网上查询等多种数据采集和分析方法的集成运用，整理相关资料后有以下新的变化（图12.10）。

图12.10　苏州独墅湖科教园区

①产城融合日益密切。

研究生城2009年初更名为科教创新区，规划范围及规模作了相应调整，由最初的10平方公里扩大为25平方公里（图12.11），功能定位也由最初以发展高等教育为主的城市功能新区转变为建设高新产业聚集、高等教育发达、人才优势突出、环境功能和创新体系一流的科教协同创新示范区。可见当前更加重视产学研合作体系的构架，一方面基于苏州工业园区转型发展的自身诉求，另一方面表明苏州研究生城进入良性循环的发展阶段（表 12.6）。

图 12.11　苏州独墅湖科教新区用地规划图

表 12.6　　科教新区建设的成功经验（根据访谈资料整理分析）

主要观点	来自访谈的部分证据
观点 A：政府投入很关键（软环境）	“中央、省、园区政府和新加坡政府达成协议，引进国立新加坡的大学”；“制定了创新发展框架”，“政府派驻企业、学校联络员制度，为学校与企业的联系搭建平台”，“园区提供优惠政策，引进人才提供补贴”“政府比较亲和高效”
观点 B：园区环境、公共设施适宜	“建筑群有别于别的地方，比较洋气，适合园区定位”，“有国际化社区氛围”；“活动开放共享，特别各高校举办室外 party，一下涌出了很多外籍人士”；“安静、临湖、基础设施健全，比较适合读书”，“城市干净，景观风貌佳”；“邻里中心比较便利”；“相对成熟的翰林缘、海德公园社区”
观点 C：交通设施支撑	“独墅湖隧道开启，一下拉近与古城的距离”“公交车辆很方便”“未来轨道 2 号线建设以及中环快速路建成，交通更加方便”
观点 D：产学研互动、资源共享机制	“引进国家级纳米研究所带动纳米城建设”，“学校与企业老总互聘客座教授”；“学校专业设置与市场对接”；“图书信息资料中心网络资源丰富，提供科研辅助服务”；“院校与科研所形成课题组，享受园区优惠政策”
观点 E：规划超前、综合功能配套	“战略目标已定，随着研究生城一期健康发展，科教新区逐渐提上议程”；“适时开展规划检讨，二期增加配套设施”；“虽然临近园区商务区，但规划结合独墅湖景观环境打造月亮湾 CBD，人气渐长”

通过引入并依托中国科学院苏州纳米技术与纳米仿生研究所、苏州纳米城、生物纳米园、创意产业园、腾飞创新园、大学科技园等创新载体，以纳米技术为引领的战略性新兴产业在苏州工业园区加速布局成长。目前，科教创新区聚集了南大光电、吉玛基因、华为、汉明科技、旭创科技、同程旅游网等多家技术先进、具有良好产业化前景的企业。累计专利申请量4600余件，其中发明专利约占71%。表明研究生城产学研构建由最初的目标逐渐得以实现，整体环境优美，但调查也表明存在着用地功能单一、偏重楼宇经济等缺陷。应该针对创新人群的特质，进一步细化空间规划、增加交往与休闲空间、提供工业用地的配套服务设施。

②高等教育学校聚集。

入住高校从2004年两家大学发展成25家国内外高校，其中不乏国内知名学府，如中国科技大学、南京大学、东南大学等。尽管各高校入住的初衷如出一辙，即为苏州区发展培养高层次创新型人才，加快成果转化，推动当地经济、社会的全面发展。但从目前阶段来看，可以分为四类：成立大学科技园以申请科研基金为目的；招收在职教育或培训教育以营利为目的；以培养蓝领技工为目的；以异地办高等教育为目的。

尽管研究生城在产学研融合上工作有成效，但离理想的产学研的预期目标还有一段距离。高校管理者则认为只要社会认可，培训或者专业设置就有存在的客观必然。高校对政府不断提供桥梁作用和资金辅助政策表示满意。可见高校与企业不仅需要位置临近，更需要功能的真正融合，产学研才能网络化一体化。

③资源共享的后勤社会。

独墅湖研究生城属于政府投资建设的一类，在运作模式上政府提供硬件，为高校有偿使用。在实际操作中，除苏州大学、西安利物浦大学两校有自己独立的图书馆、体育馆和学生宿舍外，其他外地大学除设自己专业图书室和体育活动场地外，主要还是依靠独墅湖教投集团提供的图书、体育和影剧院设施，基本实现了设施共享与学生公寓城市化。

设施共享、集约化公寓在促成各高校集中办学的同时，也带来了一些使用与管理的不便，欠缺对高校管理的考虑。比如学生公寓建设，更加偏重于物业管理，造成学生上学距离过远；公共设施单一化布置，给学生集中活动的交通组织带来一定的压力（表 12.7）。

表 12.7　　科教新区需要完善方面（根据访谈资料整理分析）

主要观点	来自访谈的部分证据
观点 A：公寓社会化不足，缺少高校管理环节	“公寓只当成物业管理，缺少必要的学校管理机制”；“公寓 24 小时不停灯，学生的作息学校无法把握，早上迟到现象时有发生”；“公寓与学校距离比较远”；“政府提供公寓也出租给其他外籍人士”
观点 B：用地单一，缺少必要的商业设施	“大学科技园基本没有休闲设施”，“原有商业设施距离偏远”
观点 C：办培训班与地方经济融入度欠缺	“这里除了苏大、西安利物浦教学外，大多办学位班、中外办学”；“高校侧重于科研基金的申请，与地方联系其实并不多，主要高校内部体制与机制造成的”
观点 D：缺少公共空间	“学生交往场所不多”，“居民缺少城市绿地，离独墅湖还有一段距离”

④城市功能培育。

重大交通工程建设和自身交通网络建设，缩短了与古城区的距离。特别是 2007 年苏州政府建成了独墅湖隧道工程，打通了研究生城外部与苏州古城的交通联系，使研究生城纳入中心城区的范畴。另外，随着园区城市化深度发展，东部商务区日渐成熟，加上城区东部月亮湾 CBD 的商业中心的建设，以及散落在公寓以及两个住区的邻里中心的建设，大大改观了研究生城的公共设施水平，基本支撑起学生和居民的日常生活行为和社交活动网络，增加了人群的归属感。

但是调查也表明，随着学校的寒暑假到来，一定程度上还会出现城市的空巢现象。此外，由于住宅区人口的入驻与多元化，对提高社区设施水平呼声也日渐高涨。同时随着产业规模的集聚，原有的商业需要扩容规模与多元化发展。这充分说明单一的高教职能逐渐成为综合发展区域的客观需求。

（2）廊坊东方大学城——企业投资大学城的探索

东方大学城位于廊坊市经济技术开发区，西隔 30 公里与北京相望，东行 60 公里与天津为邻，是中国第一个因高等教育扩招以城镇模式为建设目标的大学城项目。曾经的“中国大学城开拓者”，自2000年9月开城以来，始终成为大学城建设历程中的关注焦点，经历了大学城时代的开启、违法建设、债务危机以及离城风暴等事件。由于事件的敏感性，给大学城建设的调研带来一定的困难，我们采用航拍图判读，相关资料收集研读以及电话采访相关人士的方式，来探讨十几年后的总体特征（图12.12）。

图12.12　廊坊东方大学城

①大学城目标的衰竭。

昔日视为全国大学城成功的典范，如今面临着发展的现实瓶颈。最初由于高等教育扩招解决北京高校空间不足，大学城成为吸纳北京服装学院、北京联合大学、北京城市大学、北京25中等首批入驻学校的空间载体。随后媒体曝出的财务黑洞及用地问题、建筑质量问题等负面影响，入住院校及学生家长与东方大学城的摩擦投诉不断。一些院校甚至出现学生入校不久就要求退款、退学的情况。从 2003 年开始，一些院校（北京联合大学、北京服装学院等院校）由于忍受不了大学城混乱的管理开始陆续撤离。之后在廊坊市政府的主导下河北本地院校开始入驻东方大学城。但廊坊市政府在财务方面的拯救措施始终难以奏效。2008 年初，新加坡莱佛士教育集团全面接手东方大学城，东方大学城股权变更带来的最直接变化是增加入驻高校的费用。一份资料显示，鼎盛时期东方大学城拥有高校 36 所、学生 5 万余人，但目前拥有高校只有 7 所、学生 3.5 万余人。

廊坊大学城出现的资金黑洞压缩效应，迅速导致了各高校的离城现象。但究其深刻原因，高校发展自身规律和企业投资寻租教育的一对矛盾削弱了东方大学城对高校的吸引力。一方面，由于远距离通勤，老师每天要在北京与廊坊两个校区之间流动，来往学校的时耗超出了教师可接受范围。关键是学生基本见不到自己的老师，老师上完课就走，如果遇到冬天下雪高速公路封路，当天停课就会影响教学秩序。另一方面，由于房租式办学模式形成了学校流动性特点，北京财经专修学院在东方大学城租用了 6 栋楼，2010 年后因为招不上学生就搬到别处去了。

②大学城用地规模的萎缩。

十几年大学城的经营并没达到预期作用，内部教学设施、商业设施也面临凋零。公共图书馆的书也所剩无几，主要用来上自习之用；大学城内的三家华联超市只剩一家；东方大学城的二期演义广场空空荡荡。另外，由于高校数量的锐减，大学城一期集中的高校，大量缩减了二、三期的建设用地，原有的二、三期宿舍全部拆迁，面临着用地性质的调整。在京津冀一体化发展条件下解放出的土地逐渐被房产项目占用。“孔雀城 · 大学里”和“旭辉 · 十九城邦”房地产项目就占据了大学城二期 75% 左右的土地。

③大学城教育本质的回归。

东方大学城债务危机激发了当地政府突围之策：“大学城从市场中来，就让其回到市场中去”，虽然大学城重组的积极成效并没有快速凸显，但体现了

"让学校归学校，让企业归企业"认识水平的提高。东方大学城的发展历程不仅诠释了高等教育空间变迁的时代特征，而且加速了高等教育产权回归的动态演替过程。就东方大学城个案来说，企业投资方则是把学校看作是己方投资建设的一个工厂，双方理念、诉求，往往分歧很大。目前正在多方征求意见的《国家中长期教育改革和发展规划纲要（2010－2020年）》中已经提出，未来将对民办学校作营利性和非营利性的界定，分类管理，将有利于大学城的科学管理和良性发展。

5. 国内大学城可持续发展建议

综上所述，我国的科教新区新模式大学城的规划和建设实践是20世纪90年代时代背景下的产物，迄今各大学城发展水平不一，规模普遍超常、功能单一、实施出现偏差，甚至个别存在严重空置的问题。近年来中央多次提出推进新型城镇化建设。2013年12月召开的中央城镇化会议明确地强调要以人为本，推进"以人为核心"的城镇化，并要求提高城镇建设用地利用效率和优化城镇化布局和形态。基于国际经验和国内实践的总结，我们对大学城未来可持续发展提出若干建议。

（1）目标——"产学城"一体化发展

随着城镇化进一步发展与成熟，大学城发展也会趋向理性与综合化。对照国外自然形成型和战略为导向的规划建设型大学城，国内大学城大多是快餐型，基本是以政府为主导、高校参与运作，甚至还有市场化开发公司主导开发的一种极具特色的空间现象。这类大量复制的"大学城"，都与地方政府跳出原有城市边界，向外以"蛙跳式"形式拓展城市版图的转移策略有关，而所谓的"土地财政"则是各地方政府争相建设"大学城"的内在原因。因而国内大学城发展与国外大学城建设有着完全不同的空间生产背景。

从实践角度看，国内也不乏成功意义上"产学研融合"的大学城，如苏州研究生城，其定位明晰，有相应的开发运作机制，并有基础服务支撑，近年来在集聚高校、科研院所、构筑企业平台方面成效显著，居住区建设与吸引人口相适应。某种程度上，其政策目标的指向性、发展政策的协调性更契合科教新区的发展理念，也满足产业转型的时代诉求，此外还有像广州大学城、深圳大学城、常州大学城、宁波高教园区等，这些多类型、多类别的本土化案例经验值得总结与思考。

大规模城市扩张建设时代已近尾声。新近中央城镇化会议更加强调空间资源有效使用以及顶层设计的重要性。在此背景下，大城市、特大城市的“大学城”规划建设应在自身重新审视空间绩效基础上，需要有长远的宏观目标和结合地方发展需要的政策导向，要把大学城放在区域一体化考量，与城市功能结构调整、地方产业升级转型结合，利用集中发展的规模效益，进一步带动产城融合，形成学、研、产、居、商一体的综合性高品位城市新区，结合国情探索大学城的中国化之路，实现新城空间发展与教育提升的有机融合。

（2）价值观——向“人文”转型

国内大学城以往过多重视大学城经济学的内涵，缺少对“人”社会化关注。如何处理“教育圈地”留下的社会后遗症，减少“筑波综合征”的发生，给大学城转型提出了许多课题。以人为核心的大学城转型成为科教新区未来发展的关键因素：由注重硬的物质建筑到软的文化环境的转型，由重复开发区的建设模式向配置城市功能、尊重教育发展客观规律转变，由停留在空间意义上的大学城扩张目标向关注校园成长规律、人群行为特质、校园文化培育转变。解决孤岛、空巢、人群结构单一等现实问题，这些是“后大学城时代”主要面临的议题，创造归属感、可达性、多样化、人性化的空间内容不仅是必要的而且也十分迫切。

（3）途径——分类指导、差别化发展

鉴于对“大学城”概念理解的偏差，国内大学城建设较为混乱的实际状况，有必要对各类大学城进行梳理和准确定位，实施分类指导。统筹考虑未来大学城所在城市发展的空间格局和城镇体系，科学设定不同大学城的目标导向。可以从与城市的关系与高校办学目的两个方面综合考虑。

与城市关系：近郊型——加快完善公共交通建设，使得大学城使用者能够快捷地往来中心城区；基于导入人口及其购买力特征，积极培育商业与娱乐业，尽快形成综合性职能。远郊型——重在通过重大产业发展引导人口聚集完善城市功能，形成职住平衡，实现产业与教学、教学组团功能上的真正融合。

大学城类型：研发型——产学研“硅谷式”发展模式一般是沿海经济发达、产业面临转型需求，通过注入科研院所的配置，加强高校、科研机构与社会实践部门的联系，增加科研成果转化现实生产力的转化机会，增强高校与科研院校研究课题的针对性。完善所在城市的软环境与体制创新机制建设。整合型——是国内大学城的大多数，大多数地级城市或县级城市利用政策优惠建立的大学城，应注重整体人文环境的塑造，按照分层有序推进：构建本校文化特色，并在此基础上逐步开放，达到高校之间共享，并向周边社区进行文化传播以及校企文化之间实现文化转换。

（4）机制——适应和创新

大学城提出有别于一般高校建设的空间集聚、资源共享、后勤社会化尚待实践检验。从全国的实施来看，目前可操作性较差，各校均有自己教辅设施，造成公共资源（体育中心、医院、图书馆）浪费、资金投入过大，增加了运营成本。规划设计要充分考虑国情、入驻高校的类型、高校管理实际需要以及适合步行交通为主的高校教学活动距离要求。更重要的是需要建立协调各高校的超院校机构，该机构应该脱离各高校的约束来负责协助规划部门对大学城的规划，否则资源共享成为纸上谈兵。此外，企业尤其是民营企业投入为主的大学城建设模式值得商榷。大学城成功的案例（深圳、苏州研究生城）基本都是政府主导的，有明确的政策驱动和制度保障。相比而下，东方大学城建设模式，以教育超市来承办教育，以开发区模式招商引校，高校难以扎根，也不符合高校空间的成长规律。如果高校具有自己独立资产，做到使用权与产权的统一，高校的发展才能健康稳定，从这个意义上看，产权更换与保护，需要进一步完善，并且需要创新体制与制定相应的法律保障。

（感谢苏州大学建筑城规学院夏杰副院长、港大思培学院何若全校长和教务处杨宇红处长、苏州独墅湖科教创新区管理委员会规划管理处卫一鸣处长、科教处沈琰处长、廊坊市规划编研中心张剑主任、广州市规划编研中心杨明部长给予调研提供的帮助）

第十三章
横琴：粤港澳合作示范区

横琴，位于珠江口的南部，南濒南海，西临磨刀门水道，北与珠海南湾城区隔马骝洲水道相望，东隔十字门水道与澳门相邻，并与香港隔海相望。

横琴新区内设一镇（横琴镇）、三个社区居委会，11 个自然村，户籍人口 5100 多人，常住人口 22000 多人。

2009 年 8 月 14 日，国务院批准《横琴总体发展规划》，横琴发展上升为国家战略，成为“一国两制”下探索粤港澳合作新模式的示范区；深化改革开放和科技创新的先行区；促进珠江口西岸地区产业升级发展的新平台。

2011 年 7 月，国务院批复，同意横琴实行比经济特区更加特殊的优惠政策。

习近平、李克强、胡锦涛、温家宝等党和国家领导人多次视察横琴，并对横琴的发展寄予厚望。

一、推进横琴开发的意义

按照国务院批准的《横琴总体发展规划》，推进横琴开发，意义重大。

主要执笔人：周成虎，中国科学院院士；冯奎，国家发展改革委城市发展中心学术委员会秘书长、研究员、博士后合作导师；杨典华，中国科学院博士。

此报告调研与撰写得到横琴新区管委会的协助。

推进横琴开发有利于构建粤港澳紧密合作的新载体，为珠三角地区“科学发展、先行先试”创造经验。

《珠江三角洲地区改革发展规划纲要（2008－2020年）》赋予珠三角地区“科学发展、先行先试”的使命，鼓励粤港澳三地优势互补，创新区域合作机制，率先建立全方位、多层次、宽领域、高水平的开放型经济新格局，联手参与国际竞争。横琴作为粤港澳紧密合作的新载体，可充分发挥三地在人才、技术、市场和管理体制等方面的优势，促进区域间人员、物资、资金和信息的高效集聚和合理流动，形成新的政策优势和体制创新优势，以政策、体制创新促发展模式创新，为珠三角地区深化改革、扩大开放、探索科学发展模式进行试验和提供示范。

推进横琴开发，有利于促进澳门经济适度多元发展和维护港澳地区长期繁荣稳定。2009年《政府工作报告》要求进一步加强内地与港澳的合作，巩固香港国际金融中心地位，促进澳门经济适度多元发展。以横琴为载体，通过创新合作机制与管理模式，共同打造跨界合作创新区，有利于弥补港澳土地资源有限和劳动力相对短缺的劣势，为逐步改变澳门经济结构比较单一的问题提供新的空间；也有助于粤港澳三地发挥各自优势，克服市场发育程度和相关管理制度的差异，搭建港澳地区技术、人才等优势资源进入内地的新通道。

推进横琴开发，有利于共建珠澳国际都会区，重塑珠海发展新优势、培育珠江口西岸地区新的增长极。《珠江三角洲地区改革发展规划纲要（2008－2020年）》提出，珠江口西岸地区要以珠海市为核心，佛山、江门、中山、肇庆市为节点，进一步提高产业和人口集聚能力，增强要素集聚和生产服务功能，优化城镇体系和产业布局。但西岸地区目前产业集聚水平不高，缺乏发展龙头，珠海和澳门的经济总量和辐射能力与带动西岸地区发展的要求尚有一定差距。加快横琴开发，建设商务服务基地和区域创新平台，有利于吸引更多的国际高端资源集聚，共同培育珠澳国际都会区，形成珠江口西岸地区新的增长极。

二、横琴开发的现状优势条件

①区位独特。横琴新区北距洪湾保税区不到 1 公里，西接磨刀门水道，与珠海西区一衣带水，距珠海机场约 8 公里，与澳门三岛隔河相望，位于东南亚和中国这个经济活跃地区的中心，地理位置极为优越。

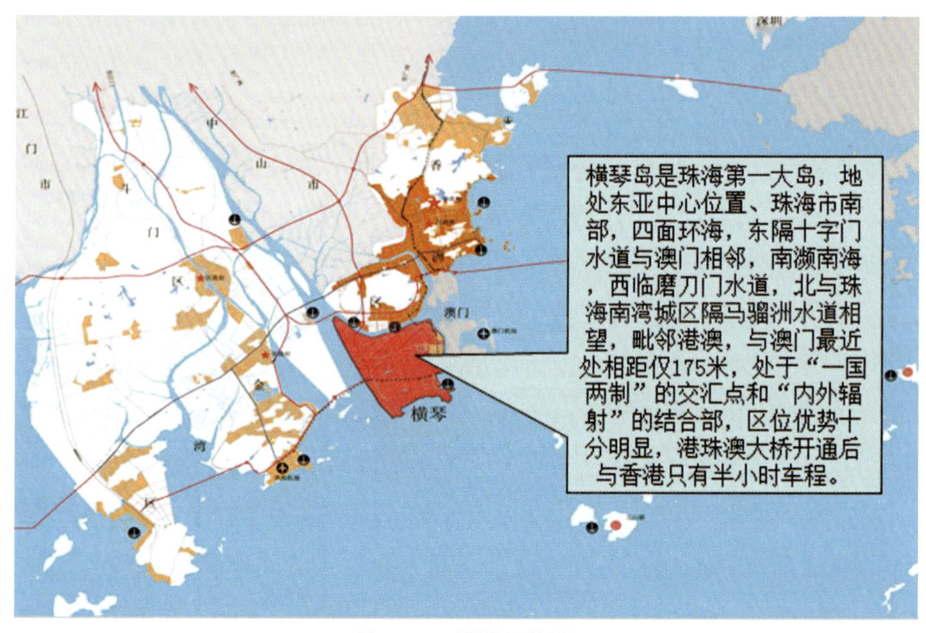

图 13.1　横琴区位图

②环境友好。生态本底条件优良，横琴岛四面环水，拥有 50 公里海岛岸线，岛内有大横琴山、小横琴山等山地生态资源，山清水秀。2013 年 2 月 22 日国家海洋局正式批准横琴新区成为首批 12 个国家级海洋生态文明示范区之一。

③政策优惠。国家赋予横琴作为粤港澳合作新载体的地位，给予横琴比经济特区更加特殊的优惠政策，横琴目前拥有特区立法权限以及特殊的通关管理制度、税收金融政策、产业政策和审批管理权限。

④规划先行。横琴新区 20 多项规划均由国内外知名的规划设计单位牵头编制，各规划指导思想高度一致，技术路线紧密衔接，约束指标相互支撑，达到了“三规合一”和“多规融合”，形成了低碳产业发展、绿色建筑、绿色交通、绿色市政、能源利用、生态环境等多方面体系完整、系统闭合规划体系。

表 13.1　横琴新区规划情况汇总表

序号	规划类别	规划名称	编制情况
1	发展规划	横琴总体发展规划	已编
2	总体规划	《横琴新区城市总体规划（2009－2020）》	已编
3		《珠海市横琴新区绿色生态新城总体规划与设计（2013－2030）》	在编
4	详细规划	《横琴新区控制性详细规划》	已编
5		《横琴新区控制性详细规划深化》	已编
6		《珠海市横琴新区启动区控制性详细规划》	在编
7	专项规划	珠海市横琴新区市政基础设施工程专项规划	已编
8		横琴新区绿道网建设及绿地系统专项规划	已编
9		横琴生态岛生态建设规划	已编
10		横琴生态岛水体及近岸海域生态建设规划	已编
11		横琴生态岛建设生态功能区划及污染物控制规划	已编
12		横琴生态岛绿色市政与环卫体系建设规划	已编
13		横琴生态岛产业体系建设规划	已编
14		横琴生态岛绿色社区建设规划	已编
15		横琴新区 2011～2020 年区域能源规划	修编
16		横琴新区低碳发展规划（2010－2020）低碳能源规划	修编
17		横琴新区绿色交通规划	已编
18		横琴新区创建国家级海洋生态文明示范区建设规划	已编
19		横琴产业发展专项规划	已编
20		横琴基础设施专项规划	已编
21		横琴生态岛绿色建筑建设规划	已编
22		横琴新区“十二五”减排规划	已编
23		数字横琴规划	已编
24		珠海市横琴新区滨水地区及道路系统景观规划	已编
25		珠海横琴新区可再生能源利用专项研究（2013－2030）	在编
26		珠海横琴新区水资源利用专项研究	在编

横琴新区与澳门一水之隔，与港珠澳大桥连接，区位优势相当明显。同时“二线管理”制度和对澳门居民进出的通关制度等特色制度更让横琴成为特区中的特区。

三、横琴新区的发展定位与目标

以合作、创新和服务为主题，充分发挥横琴地处粤港澳结合部的优势，推进与港澳紧密合作、融合发展，逐步把横琴建设成为带动珠三角、服务港澳、率先发展的粤港澳紧密合作示范区。

①“一国两制”下探索粤港澳合作新模式的示范区。创新通关模式，以横琴为载体大力推进粤港澳融合发展，聚合珠三角的资源、产业、科技优势与港澳的人才、资金、管理优势，加强三地在经济、社会和环境等方面的合作，率先探索建立合作方式灵活、合作主体多元、合作渠道畅顺的新机制，为推进粤港澳更紧密合作提供示范。

②深化改革开放和科技创新的先行区。在内地与香港、澳门关于建立更紧密经贸关系的安排（CEPA）框架下进一步扩大开放，进一步发挥香港、澳门的自由港优势，大力推进通关制度创新、科学技术创新、管理体制创新和发展模式创新，为港澳人士在横琴就业、居住和自由往来提供便利，大力提升国际化水平，建设高水平的科技创新和产业化基地，在改革开放的重要领域和关键环节率先取得突破，为珠三角“科学发展、先行先试”创造经验。

③促进珠江口西岸地区产业升级发展的新平台。加强珠澳合作，大力吸纳国外和港澳的优质发展资源，打造区域产业高地，通过高技术的转移、扩散和外溢效应，促进珠三角和内地传统产业的技术改造和优化升级。拓展澳门的产业发展和教育科研空间，促进澳门经济适度多元发展。

经过10~15年的努力，把横琴建设成为连通港澳、区域共建的“开放岛”，经济繁荣、宜居宜业的“活力岛”，知识密集、信息发达的“智能岛”，资源节约、环境友好的“生态岛”。

表 13.2　　横琴岛主要发展指标

序号	指标	2015 年	2020 年
1	总人口（万人）	12	28
2	人均 GDP（万元/人）	12	20
3	研发投入占 GDP 比重（%）	3.5	5
4	万元 GDP 用水量（立方米）	37	33
5	污水处理率（%）	>90	100
6	城市生活垃圾无害化处理率（%）	100	100
7	绿化覆盖率（%）	47	50

四、横琴新区产业发展重点与战略

按照国务院批准《横琴总体发展规划》，横琴新区需要充分发挥横琴的区位、环境和政策优势，吸引港澳和国际高端人才和服务资源，重点发展商务服务、休闲旅游、科教研发和高新技术等产业，禁止博彩业。

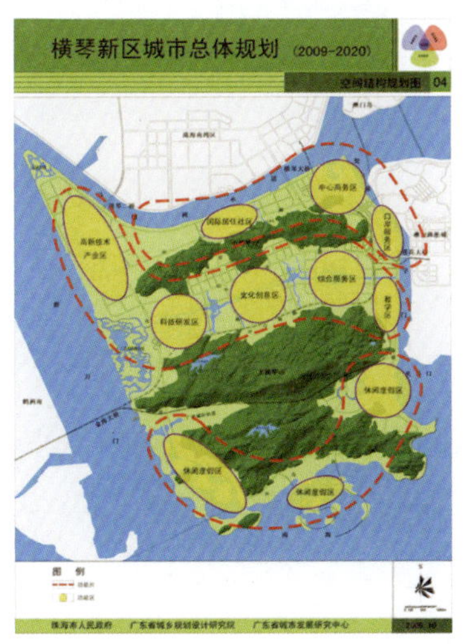

图 13.2　横琴新区产业空间结构规划示意图

资料来源：横琴新区，珠海腾飞的引爆点_ 珠海房地产_ 珠海新浪乐居，http：//zhuhai. house. sina. com. cn/zhuanti/zhhq1/。

①建设粤港澳地区的区域性商务服务基地。战略重点一是培育现代信息服务业，二是发展外包服务业，三是发展发展商贸服务业。

②建设与港澳配套的国际知名旅游度假基地。利用香港、澳门对国际高端游客的吸引力，结合横琴海岛型生态景观的资源优势发展休闲度假产业，将横琴打造成为与港澳配套的国际知名休闲旅游胜地；发展高品质度假旅游项目，把粤港澳特色旅游资源串联成“一程多站”的旅游线路，开辟旅游共同市场，增强澳门旅游业对珠江口西岸地区的辐射力。

③建设珠江口西岸的区域性科教研发平台。依托港澳科技教育资源优势和内地人才资源，加强粤港澳三地的科技合作与交流，重点发展研发设计、教育培训、文化创意等产业，将横琴建设成为服务港澳、服务全国的区域创新平台，促进澳门传统产业的转型升级，提升珠江口西岸地区的自主创新能力。

④建设融合港澳优势的国家级高新技术产业基地。充分利用珠海现有的高校资源及珠海软件园、珠海航空产业园的技术支撑及珠三角的技术力量，依托国内市场需求，吸引港澳及珠三角的知识密集型制造业到横琴扩大生产，重点发展 CEPA 协议中原产于港澳，享受免税政策的电子信息、生物医药、新能源、环保、航空制造等产业，把横琴打造成为珠江口西岸地区融合港澳优势的国家级高新技术产业地，支持澳门发展技术含量和附加值相对较高的工业，提升珠江口西岸地区的产品附加值。

五、调研与思考

自 2009 年 8 月，《横琴新区总体发展规划》获得国务院批准之后，横琴新区的开发开放进入了一个新的历史阶段。

基础设施建设取得重大突破。横琴新区获批后，固定资产投资大幅上升。2009 年固定资产投资 19.08 亿元，2010 年固定资产达到 59 亿元人民币，2012 年达到 165 亿元。近几年来，固定资产年均增长超过 100%。环岛路、口岸交通枢纽等一批重大项目快速推进。

粤港澳合作取得重大突破。《横琴支持澳门经济适度多元发展的十一条措施》首次发布。澳门大学横琴校区建设成功。横琴实行 24 小时通关，极大地促进了澳门与横琴在人流、物流、信息流等方面的交融聚集，促进两地发展。澳门落地项目 20 多个，占横琴落地项目总数的 40%。粤港产业园初具雏形，香港丽新集团、世贸集团等已展开在横琴的“大手笔”投资发展。

产业与项目上取得重大突破。长隆国际海洋度假区、十字门中央商务区、多联供燃气能源站等重大项目均已基本建成。截至 2014 年 9 月，横琴累计落地产业项目 48 个，签约用地产业项目 7 个，总占地 432. 87 万平方米。

体制机制改革上取得重大突破。珠海横琴新区借鉴港澳决策、执行、监督机制，设立决委会、管委会、咨委会“三位一体”的运作机制正式构建并运行，推举十二届全国政协副主席何厚铧担任横琴新区咨委会第一届主任委员。“三位一体”的运作机制，是珠海横琴新区在探索体制机制创新上的一次大胆尝试，并以法律形式确立下来，这种全新的管理体制在国内尚属首创。澳门事务局兼具政策研究职能、产业发展规划职能与协调职能，对于推动横琴新区与澳门合作发挥了重大作用。

横琴新区的发展，取得了一定发展，但也始终面临着一个重大的挑战，这就是如何让上升到国家战略层面的新区开发，更加充分地体现“国家战略”的意义、价值，而不是有意无意地降低到升级版的经济开发区层面上。事实上，这也是类似的国家级各类新区、试验区，所共同面临的问题。

调研发现，横琴具有国家战略的高定位，但在现实发展中面临一定约束性不利条件以及强烈的竞争环境因素。

一是在重大体制上，横琴新区发展涉及两岸、三地（粤港澳）、四方（粤港澳外加中央政府）。横琴新区只有很好地协调好多层关系，才能充分实现国家赋予其的战略定位。如果做不到这点，就容易降格为谋求一般性的改革与发展。

二是在空间条件上，横琴新区土地面积狭小。到 2020 年，仅有 28 平方公里的建设用地规模，仅占全区范围的 26. 3%。除去 10. 16 平方公里的已建成地和 8. 4 平方公里的中心沟用地，仅剩不到 10 平方公里的土地可供未来 10 年使用。横琴新区致力于推动粤港澳合作，尤其是与澳门合作。但澳门只有 30 平方公里土地，不过 50 万人口。相比较国内其他新区，横琴自身空间有限，同时又没有宽广的腹地予以支撑。

三是在产业发展上，《横琴总体发展规划》中明确提出，横琴的重要产业定位就是高新技术产业中心。这将使横琴新区面临着一定的挑战。首先，早在 90 年代，珠海市就将发展高新技术产业作为自己的主导产业，并为此曾拒绝从深圳等工业化地区流出的低端加工制造业。但是多年来珠海所能吸引的高新技术企业和项目资源并不丰厚。其次，横琴新区力争打造高新技术，澳门自身并不具有技术优势，其自身的产业基础也与高新技术产业之间关联不大。

四是在新区竞争上，新城新区尽管各有其定位与不同的发展方向，但它们之间也存在着激烈的竞争。在横琴新区批复之前，早有浦东、滨海新区一路领先，取得了很大的成绩。在其之后，又有西咸、黄岛、金普等新区，疾疾追赶而来。在横琴新区的近邻，深圳前海新区号称“特区中的特区”，在金融服务业、现代物流、信息服务、科技服务等四大产业领域成绩斐然。

横琴新区如何克服以上不利条件，获得与保持竞争性优势与比较性优势？我们提出，横琴新区未来发展，“高”、“大”、“上”、“特”是核心方向。

建议之一：努力争取并创造条件，充分发挥高层级治理架构的重要作用。从目前来看，已有两个层面的治理架构。一是充分发挥国家发展改革委牵头的促进广东前海南沙横琴建设部际联席会议制度。二是横琴新区决委会、管委会和咨委会“三位一体”的运作机制，其中决委会决定横琴开发中重大事项，管委会具体执行，咨委会对提出咨议意见的决策事项的执行情况进行监督。将来，可能还需要专门发展横琴新区与澳门特区有关方面共建的、每年可以直接磋商的治理机构。这一点，澳门有关方面也有初步认识①。从长期来看，需要提升横琴新区的行政级别。但即便是行政级别提高到副省级，也解决不了横琴

---

① 例如，澳门大学法学院的教授骆伟建认为，横琴与澳门以往主要是项目合作，却忽视了管理方面的合作。双方合作不能只是在圈地上拓展空间，要改变思维，发挥制度的优势，通过政府合作来拓展澳门的发展空间。http：//zh. loupan. com/html/news/201311/1044154. html。

表 13.3　有关国家级新区基本比较

	浦东新区	滨海新区	舟山群岛新区	南沙新区	西海岸新区	横琴新区
面积	1429.67 平方公里	2270 平方公里	陆域面积 1440 平方公里，内海海域面积 2.08 万平方公里	803 平方公里	陆域面积 2096 平方公里，海域面积约 5000 平方公里	面积 106.46 平方公里
人口	518.72 万人	263.52 万人（2012 年）	114 万人（2013 年）	2011 年总人口 73.6 万人	171 万人（2013 年）	常住人口 22000 多人
定位	都市发展新区； 战略性新兴产业的主导区； 国家改革示范区 "四个中心"（国际经济中心、国际金融中心、国际贸易中心、国际航运中心）的核心区、综合改革的试验区	依托京津冀、服务环渤海、辐射"三北"、面向东北亚，努力建设成为中国北方对外开放的门户； 高水平的现代制造业和研发转化基地； 北方国际航运中心和国际物流中心； 逐步成为经济繁荣、社会和谐、环境优美的宜居生态型新城区	浙江海洋经济发展的先导区； 长江三角洲地区经济发展的重要增长极和海洋综合开发试验区	立足广州、依托珠三角、连接港澳、服务内地、面向世界，把南沙新区建设成为粤港澳优质生活圈； 新型城市化典范； 以生产性服务业为主导的现代产业新高地； 具有世界先进水平的综合服务枢纽； 社会管理服务创新试验区； 打造粤港澳全面合作示范区	国际高端海洋产业集聚区； 国际航运枢纽； 海洋经济国际合作示范区； 国家海陆统筹发展试验区； 山东半岛蓝色经济先导区	"一国两制"下探索粤港澳合作新模式的示范区； 深化改革开放和科技创新的先行区； 促进珠江口西岸地区产业升级发展的新平台
经济规模	2012 年，全区完成国内生产总值 5929.91 亿元	2013 年，滨海新区 GDP 达到 8020.4 亿元	2013 年 930.85 亿元	2011 年南沙新区实现地区生产总值 571 亿元	2013 年 2266 亿元	2013 年 GDP 35.12 亿元
经济密度	5.33 亿元/平方公里	3.53 亿元/平方公里	0.65 亿元/平方公里	1.13 亿元/平方公里	1.08 亿元/平方公里	0.32 亿元/平方公里

续表

	浦东新区	滨海新区	舟山群岛新区	南沙新区	西海岸新区	横琴新区
产业发展	金融； 航运； 贸易； 战略性新兴产业	金融、贸易、商务； 航运服务产业和临空产业； 新能源； 海洋产业、汽车、电子信息产业； 生态环保产业； 休闲旅游产业； 港口物流产业； 石化、冶金、装备制造产业	港航物流； 船舶制造； 海洋工程装备； 海洋旅游； 远洋渔业	汽车、造船、重大装备等先进制造业； 航运物流、科技创新、休闲旅游等现代服务业	海洋装备制造产业； 电子信息产业； 海洋高端石油化工产业； 航空产业； 海洋新兴产业； 海洋运输物流业； 海洋文化旅游业； 涉海金融服务业	培育现代信息服务业； 发展外包服务业； 发展商贸服务业； 建设与港澳配套的国际知名旅游度假基地； 建设珠江口西岸的区域性科教研发平台； 发展文化创意产业； 建设融合港澳优势的国家级高新技术产业基地
空间结构	“一轴三带”空间布局	“一轴”、“一带”、“三个城区”、“九个功能区”	“一体一圈五岛群”的总体开发格局	构建人与自然和谐的城乡空间结构，形成中部、北部、西部、南部四大特色功能组团	“一心五区”空间开发格局	“三片、十区”的功能布局
发展战略	提升资源配置能力； 增强产业创新发展活力； 率先实现农业现代化； 促进绿色低碳发展； 推动改革先行先试	加快南港区域建设； 加快临港工业区建设； 加快核心城区建设； 加快中心商务区建设； 加快中新天津生态城建设； 加快东疆保税港区建设； 加快滨海旅游区建设	建设大宗商品储运中转加工交易中心； 建设东部地区重要的海上开放门户； 建设现代海洋产业基地； 建设海洋综合开发试验区； 建设陆海统筹发展先行区； 建设海洋海岛综合保护开发示范区； 建设海洋科教文化基地	强化与港澳基础设施对接和公共服务合作共享； 开拓新型城市化发展道路； 彰显岭南人文特色； 打造以生产性服务业为主导的现代产业新高地； 建设具有世界先进水平的综合服务枢纽； 构建社会管理服务创新试验区； 强化区域联动发展	构建海洋特色产业体系； 完善海洋科技创新体系； 建设国际航运枢纽； 统筹海陆基础设施建设； 加强海洋生态文明建设； 推进城乡一体化发展	加强适应横琴发展需要的高端产业人才体系建设； 积极实施以企业为主体的自主知识产权品牌战略； 建立多层次的产业投融资体系

表 13.4　　横琴新区与前海合作区的对比

比较项	分项	横琴新区	前海合作区	相同与差异
发展背景及区位比较	发展背景	国家深化特区改革； 珠三角产业升级、城市转型； 珠中江城市圈珠海核心地位确立； 珠海东西设全面开发，澳门产业扩展	国家深化特区改革； 珠三角产业升级、城市转型； 深莞惠城市圈深圳核心地位确立； 深圳全面建设国际性城市，香港服务业北上	相同：国家深化改革开放及珠三角产业升级、城市转型的背景 差异：背靠的城市发展阶段与目标不一，各自毗邻港澳的经济体量不同
	区位比较	与澳门一水之隔； 与港珠澳大桥连接； 自身发展面积较大	毗邻香港； 港深西部快速轨道开通，前海与深港机场时间大大缩短； 自身发展面积较小	相同：区位优势明显
开发目的与战略定位	开发目的	维护港澳长期稳定； 促进澳门经济的多元发展； 重塑珠海新优势	维护香港繁荣稳定； 利用香港的服务产业优势加速内地产业升级探索路径； 加强深圳作为珠三角改革开放引领者的地位	相同：维护港澳的繁荣稳定，促进二者经济的提升 差异：基于各自城市的自身发展目的不同
	战略定位	“一国两制”下探索粤港澳合作新模式的示范区； 深化改革开放和科技创新的先行区； 促进珠江口西岸地区产业升级的新平台	现代服务业体制机制创新区； 现代服务业发展集聚区； 香港与内地紧密合作的先导区； 珠三角地区产业升级的引领区	相同：二者都力争探索粤港澳合作新模式，都注重现代产业发展 差异：横琴定位中政体的影响因素更多；前海定位中现代经济特别是金融发展的因素更多
优惠政策	特色政策	“二线管理”制度； 横琴环岛不设置隔离围网，而以环岛巡查和监控设施为主； 对澳门居民进出横琴实行便利通关措施	人民币业务国际化； 股权改革试点； 扩大金融市场对开放程度	相同：基于自身定位享受的特色政策 差异：横琴以“二线”制度为基础，前海以金融改革为基础
	税收优惠	对横琴符合条件的企业按减15%的税率征收企业所得税。配合“二线管理”制度，对通过“一线”进入的境外产品实行保税或免税；横琴企业之间免征增值税；港澳居民涉及的个人所得税按标准给予补贴	对前海符合条件的企业按减15%的税率征收企业所得税	相同：在CEPA条件下对符合条件的企业实行税收优惠 差异：横琴的税收政策配合“二线管理”制度更加优惠
	合作领域	旅游休闲、商务服务、金融服务、文化创意、中医保健、科教研发和高技术等产业	金融、法律事务、教育、医疗、电信	相同：开发领域集中在第三产业 差异：横琴的合作领域多集中于消费性第三产业；前海的合作领域多集中于生产性第三产业，许多为基础性服务业

资料来源：“特区中的特区”——珠海横琴新区与深圳前海合作区比较研究，刘杰武，李贵才，国家科技支撑计划项目（2012BAJ22B00）［Foundation Item：National key technology support program（No. 2012BAJ22B00）］。

新区治理能力的问题。着眼于现实考虑，要立即着手配置具有全球意识，熟悉港澳，通晓国内经济社会发展的精干力量，通过开展高水平的战略研究，为横琴新区参与高层级的治理架构提供智力支撑。

建议之二：在巩固“地点空间”的同时，全力放大“流的空间”。从地点的空间来讲，横琴要全面致力于建设珠海—澳门—横琴国际都会区。通过做大做强做实珠海—澳门—横琴国际都会区，服务与带动江门、佛山、中山、肇庆等珠江口西岸地区的发展。澳门、横琴地域狭小。但澳门过去的经验以及当今世界城市发展的规律显示，世界经济“地点空间”正在被“流的空间”所代替。所谓“流的空间”就是高能量的资金流、信息流、物流、技术流的汇聚地。因此，横琴新区要果断放弃短时间内通过工业制造业做大 GDP 的思路，集中精力推动落实《横琴总体发展规划》中关于建设“自由港”、创新通关、鼓励金融创新、实行更加开放的产业和信息化政策、开展土地和社会管理改革等工作。这些工作目前并未完全落实，而恰恰是这些工作将极大地促进横琴成为中国境内要素最流动的地区。

建议之三：在产业发展方面，要取法乎上，与澳门全力打造具有特色的“全球旅游中心”与创意产业中心①。横琴新区有许多产业定位，但就其中一些产业来看，将会有发展前途，但能不能做到国家级的层次并具有国际影响力？这是一个未知数。我们认为，应该抓住若干能够成为国内一流水准的旅游休闲与创意产业，带动相关产业发展，形成基础扎实、辐射力强大的产业集群。澳门、香港、珠海三地的旅游资源，恰好构成“世界旅游休闲中心”几乎所有元素，包括：娱乐博彩、休闲旅游、会议展览、大型主题公园等。横琴与粤港合作，建设全球旅游中心，具有现实基础与竞争力。全球旅游中心本身即意味着各种流的汇聚，有利于发展创意经济。全球旅游中心与创意产业中心两者的关系是，前者是后者的基础，后者是前者的转型与升级。前者具有良好

① 联合国教科文组织提出，创意产业（Creative Industries）是人类文化的重要部分，是构成一个国家经济的重要资源。随着知识经济和体验经济的到来，通过创意或知识而非仅靠劳动力或资本来创造财富，创意产业是全世界经济振兴和迅猛发展的重要方向。创意产业通常包括工业设计、影视传媒、出版、广告、计算机软件、动漫游戏、美术设计、艺术表演、音乐、艺术品古董、会展、旅游和咨询策划等几十个行业。

的基础条件，后者具有宽广的应用空间，能够促进传统制造业的升级转型，带动珠江西岸城市发展。

建议之四：围绕建设特区中的特区，加快出台形成优惠政策体系。中央给予横琴新区特区中特区的定位。所谓特区中的特区，就是指横琴新区可以特事特办，出台一系列有利于其发展的优惠政策。因此，横琴新区当前及下一阶段应全面梳理当前发展的现实问题，应在现有遵守法律法规、《横琴新区总体发展规划》等的前提下，充分研究已有国家各类新区、特区的经验，与中央政府部委部门、广东省及珠海市管理部门及澳门特别行政区密切互动，在政策与管理上有所发挥，尽早出台横琴新区促进改革发展的优惠政策[①]。

---

① 例如，澳门全国政协委员崔世昌、廖泽云等提出，实施细则涉及一些很具体的务实问题，相关优惠政策可以是渐进式的、阶段性或功能区域性的，应制定推进时间表。同时提出，需要充分发挥横琴新区“示范”和“试验”的作用，只有发挥，才是“特”的一个最好的体现。http：//www. hkcna. hk/content/2013/0311/182867. shtml。

第十四章 杭州未来科技城：自主创新的引擎与平台

浙江杭州未来科技城位于杭州市中心西侧，距西湖 9 公里，紧邻浙江大学，坐拥西溪湿地。规划总面积为 113 平方公里，近期重点建设区 35 平方公里。

图 14.1　杭州未来科技城区位图

主要执笔人：冯奎，国家发展改革委城市发展中心学术委员会秘书长、研究员、博士后合作导师；郑明媚，国家发展改革委城市发展中心副研究员；虢建宏，中国科学院地理所博士后；魏陶然，北京大学硕士。

本报告调研与撰写得到杭州未来科技城管委会的协助。

规划并建设杭州未来科技城是浙江省“十二五”期间的重要战略。早在2010年，浙江省委组织部就牵头推进了海外高层次人才创新园（简称海创园）的建设工作。海创园成为浙江省重点打造的人才特区，奠定了未来科技城的基础。2011年4月，中组部、国资委推进未来科技城的建设，杭州与北京、天津、武汉等人才基地一起，共同被列为全国四大未来科技城。

未来科技城以高端人才为基础、以科技创新为动力、以技术研发为核心、以创新经济为主导，构建国家创新产业高地，吸引培育国际高端人才创业集群，是杭州最具开发空间和发展潜力的区域之一。

一、杭州未来科技城的现状条件

①区位交通快捷便利。未来科技城创建区块位于杭州市中心西侧，北起杭长高速，南至02省道（杭徽高速），西及南湖滞洪区，东至绕城高速，地理位置十分优越。园区紧邻杭州绕城高速、杭徽高速出入口，多条城市主干道与市中心无缝对接，水上巴士直通京杭大运河、钱塘江，立体式交通体系完善。对外交通方面，距离杭州萧山国际机场仅40分钟车程，通过10条高速连接长三角主要城市。

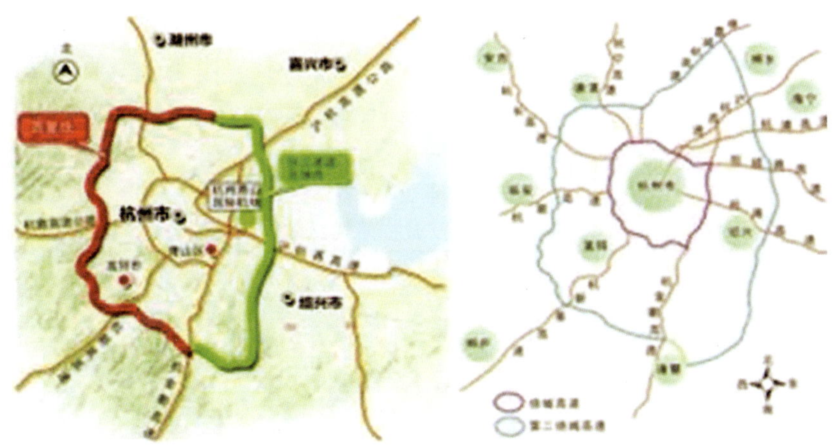

图14.2　杭州未来科技城区域交通联系分析图

②自然环境特色鲜明。未来科技城坐拥中国第一个城市湿地——西溪国家湿地公园，域内水网密布，湿地连片，周边有原生态的水乡和田园风光，低山丘陵错落，山清水秀，景色宜人。西溪湿地是杭州的天然氧吧，是适宜人居住的创业天堂。科技城注重原有风貌和环境的保护，采取低冲击式的开发和建设。

③配套设施完善齐全。杭州未来科技城核心区的建设采取了高标准、系统化的方式推进基础设施的配套和建设，初步形成了较为完善的生产、生活配套设施体系。在生产配套设施方面，雨污排水系统、供水设施、电力燃气等能源设施、通信设施等配套齐全。生活设施方面，逐步完善了学校教育、医疗卫生、生活服务、休闲娱乐等城市分区和社区三级生活配套设施。注重智慧化管理平台的引进，未来科技城官方 APP、政企管理平台、资产管理系统等投入运用。

④科研资源充沛丰富。科技城创新了“人才、资本、民企”的引才模式，引领海归创业创新“本土化”，成为推动本土经济转型和发展战略性新兴产业的新生力量。杭州师范大学、浙江省委党校（浙江省行政学院）、浙江理工大学科艺学院等院校在科技城落户。

⑤扶持政策全面到位。2010 年，杭州市制定出台了《关于鼓励和吸引海外高层次人才入驻浙江海外高层次人才创新园创新创业若干意见》，鼓励未来科技城六大门类产业项目的研发。浙江省工商局、省人力社保厅、省科技厅也制定了相关政策扶持未来科技城的发展。2011 年起，余杭区先后下发《关于加快打造产业余杭的若干政策意见》《关于支持科技兴中小微企业发展的若干政策意见》，每年拿出全区财政总收入的 1% 和土地出让金的 1%，专项用于人才引进、培养、管理、使用及人才公寓的建设等工作。

表 14.1　　杭州未来科技城主要优惠政策

序号	类别	优惠政策
1	总部经济	购置办公用房，最高给予 1000 元/平方的补助
2	研发类企业	提供最高 150 万元租房补助
3		提供最高 600 万元购买设备补助
4		项目启动资金支持

续表

序号	类别	优惠政策
5	产业化企业	给予最高500万元高新成果奖励
6		提供最高600万元政府跟进投资
7		给予最高500万元银行贷款贴息
8	人才奖励	国千人才最高可享受600万元补助
9		省千人才最高可享受280万元补助
10	安家费	提供最高300万元补助
11	精装修人才公寓	一期人才公寓（共421套）
12		二期人才公寓（共1359套）

二、杭州未来科技城的发展定位与目标

1. 发展定位

杭州未来科技城将打造成为引领杭州创新型城市发展的主引擎。坚持“人才、资本、民企”结合联动，“人才、科技、产业”齐头并进，“生态、产业、城市”共融共生的发展模式，完善发展平台、优化空间布局、培育优势产业、提升创新动力。通过未来几年的发展，未来科技城将建设成为面向世界的创新人才集聚区，辐射全国的可持续活力创业基地、引领未来生活品质的生态宜居示范区。

①面向世界的国际创新人才集聚区。深入实施人才优先发展战略，推进人才体制机制创新，以人才的引进带动各类资源要素的快速集聚。通过大量积聚科技领军人才和优秀创新人才，树立标杆项目，提升未来科技城的人才竞争优势。努力在海内外院士、海外研究院的引进上取得突破，加强团队化引才模式。集中优势资源，重点引进和扶持数个国际顶尖科学家领衔的海归创业团队，建设面向世界的国际创新人才集聚区。

②辐射全国的新兴产业创新基地。充分发挥民营经济创新活力，通过集聚

一批高端创新资源、建设一批高端产业项目，打造以研发经济为核心的国家级创新示范区。加快吸引国际一流研发机构，促进研发成果产业化转化速度，积极培育创新型龙头企业，构筑以创新经济为主的产业发展体系，培育以信息技术服务业、生物医药和健康产业为主体的总部经济，打造关联性强、带动效应明显、产业链条长的创新业态，形成辐射全国的创新基地。

③引领未来的高端品质生态宜居新城。借力城市人文、生态和服务资源，推动产城融合，促进职住平衡。地铁、公园广场、河道绿化、公交系统、城市慢行系统等城市综合功能基本具备，低冲击式的开发核心区内 9 条河道的整治和亲水亲绿的湿地环境，营造高端品质生活环境。以“生态人文皆上品、创业安居两相宜”为目标，突出和睦水乡和五常湿地的人文环境。创建引领未来的高端品质生态宜居新城。

2. 推进目标

（1）近期目标（2013～2015 年）

杭州未来科技城提出，2013～2015 年要实现“四个进一步”目标。即创新能力进一步提升、产业结构进一步优化、科技服务进一步强化、规模效应进一步壮大。

表 14.2　杭州未来科技城创建省级高新技术产业园区规划目标表

指标名称		现状（2012）	近期规划目标（2015）
创新能力	研发机构数量（家）	5	25
	每百户企业拥有的研发机构数（家）	0.01	0.03
	大专以上学历人数（人）	12160	19360
	大专以上学历占从业人员比重（%）	24.5	48.6
	研发人员数（人）	3804	5955
	研发人员占从业人员比重（%）	12	15
	研发经费支出（亿元）	3.6	12.8
	研发经费占生产总值的比重（%）	6	8
	万名从业人员拥有发明专利数（个）	6	8

续表

指标名称		现状（2012）	近期规划目标（2015）
结构优化	创新型企业、高新技术企业和总部企业数量（家）	179	379
	每百户企业中创新型企业、高新技术企业和总部企业数量（家）	32	50
	高新技术产业产值（亿元）	7.5	22.8
	高新技术产业产值增长率（%）	20	25
	高新技术产业产值占工业总产值的比重（%）	30	60
	战略性新兴产业产值（亿元）	30	112
	战略性新兴产业产值占工业总产值的比重（%）	50	70
	主导产业产值（亿元）	200	600
	主导产业集中度（%）	71	75
科技服务	科技服务机构（中介机构）数（家）	25	50
	每百个单位中科技服务机构（中介机构）数（家）	0.045	0.06
	科技型（高技术）服务业营业收入（亿元）	250	700
	科技型（高技术）服务业营业收入增长率（%）	40	53
	在孵科技企业数（家）	29	100
	科技企业孵化器面积（万平方米）	5	25
规模效应	技工贸总收入（亿元）	280	800
	技工贸总收入增长率（%）	57.3	41.9
	出口创汇额（万美元）	2300	3900
	高新技术产品出口创汇额（万美元）	1380	2340
	利税总额（亿元）	56	150
	资产利税率（%）	32	55
	园区生产总值（亿元）	60	160
	单位土地产出强度（亿元/平方公里）	25.5	63.6
	万元工业增加值能耗（吨标准煤/万元）	0.59	处于全省领先水平
	万元工业增加值能耗降低率（%）	25.9	
	万元工业增加值水耗（立方米/万元）	5.7	
	万元工业增加值水耗降低率（%）	28	

（2）远期目标（2016～2020 年）

到 2020 年，杭州未来科技城将形成具有高端引领和创新示范作用的现代产业体系，培育壮大一批国内领先且具有国际竞争力的高端产业集群。

三、杭州未来科技城产业发展策略

坚持人才引领创新、创新驱动发展。未来科技城着力吸引海外高层次人才创新创业，大力培育研发经济、楼宇经济、总部经济、服务经济，全面推进“产城融合”发展。在引进人才上，杭州未来科技城形成一套具有较强竞争力的体系。除此之外，对产业的发展和培育，杭州未来科技城也发挥了浙江民营经济和民营资本强大的优势，对创业和新兴产业培育起到了重要的作用。

在主导产业发展上，浙江是以民营经济，特别是传统的手工制造业为特色的省份，提升产业的科技含量和产品附加值，推动产业转型升级是浙江全省的重要战略方向。未来科技城的产业导向代表杭州未来发展的主要方向，入驻企业总数达到 1700 余家。阿里巴巴西溪园区一期全面启动，中国移动 4G 研究院等 8 个央企项目，北大工学院等 8 个高校院所以及阿里巴巴、贝达安进等一批世界知名企业成功落户。累计注册科技型中小微企业 717 家。海归项目产业化进程加速，373 个海归项目中超过 1/3 进入产业化阶段。在空间功能布局上，未来科技城按照浙江省级高新技术产业园区创建和主导产业发展要求，以功能完善、产业集聚、生态和谐、产城融合为原则，将创建区块划分为高端产业功能区、科技创性功能区和创新创业配套功能三个功能区。其中，高端产业功能区是创建区块发展战略性新兴产业和高技术服务业主要载体；科技创新功能区主要用于集聚研发机构、技术中心、工程中心、重点实验室、技术推广转化中心、孵化器、检测机构等各类科技创新载体，为高端产业功能区提供科技研发、技术转让、孵化培育等科技服务支持；创新创业配套功能区主要用于布局商务办公、金融商贸、教育卫生、文化体育等配套服务设施，为创建区块创新创业提供相配套的城市服务功能。

图 14.3 杭州未来科技城主导产业与拓展产业

在科创服务支撑上，未来科技城着力提升科技创新能力，加快经济转型升级而专门打造的海外高层次人才创新创业平台，加快打造一个平台、两个体系。

①加快推进公共技术平台建设。通过引进风投机构、科技银行、科技担保公司，组建贷款风险池，推进以 1 个投融资平台、2 个公共技术平台、多元化的公共平台支撑体系为载体的“1 +2 + X”公共平台体系建设。搭建校企合作互动平台，充分利用大学的智库和技术库为科技城企业解决各项管理难题和技术难题，利用企业的市场资源为大学的科研成果找到合适的产业化道路，实现校企双赢的合作格局。构建中介服务支撑体系。加强存量楼宇资源的整合，构建完善的中介服务支撑体系。

②加快构建创新创业服务体系。加快完善创新创业的行政服务体系、政策服务体系、投融资服务体系和产学研合作体系，为入驻企业和人才提供高效便捷的审批服务。加强政策创新，加大支持力度，大力引进并集聚科技银行、股权投资、小额贷款等金融机构。加快完善人才库、项目库与资本库的互动对接。积极利用海归资源，拓展科技城与北大、加州大学戴维斯分校等国内外名校大院的产学研合作，继续深化与浙江大学的战略合作，着力推进科技成果的产业化。

③加快完善创新投融资体系。除了北京、上海以外，相比其他省份，浙江省是金融业发展最快的省份。近年，浙江省的产业发展战略中，金融业被确定为未来的支柱产业之一。杭州未来科技城在新城发展过程中，非常重视金融业的培育，借鉴美国科技园区的经验，力争建设基金小镇，打造杭州的财富管理中心。截至目前，杭州未来科技城初步形成了包括银行、证券、保险和创新金融的金融业体系，累计引进股权机构 53 家，海归企业融资规模超过 22 亿元。发挥政府引导基金作用，引入省、市、区创业投资引导基金的阶段参股或跟进投资，丰富股权交易与退出渠道。力争建立资本、商品等交易市场。

四、调研与思考

科技城作为新城新区的一种形式，在中国并不少见。然而在全国作为一种试点示范推出来的未来科技城，则屈指可数，目前只有北京、天津、武汉、杭州这四座。我们在以杭州未来科技城作为案例举行的调研考察过程中，始终关注的是这几个未来科技城一个共同的关键词——“未来”。

①在哪些方面正在引领着未来科技？

②哪些经验能够引领其他新城的未来发展？

③哪些方式能够引领未来一代的生活？

1. 在未来科技城看到的四个方向

（1）科技进步的方向

四个未来科技城都是由中组部推动的。与其他科技城、高新区不同的是，四个未来科技城都是从引进、集聚高科技人才入手，推动科技城发展的。以杭州未来科技城为例，从 2011 年起步建设至今，科技城一直致力于通过引进海外人才，实现科技进步。截至 2014 年底，杭州未来科技城已集聚 1217 名海外高层次人才，其中有 4 位国内院士、2 位美国院士、1 位加拿大院士，还有“国千”人才 65 名，“省千”人才 85 名。这些人才带来了大量的科研成果，他们对于引进更多的成果也情有独钟。许多研发型的公司从一开始就很明确：积极寻找并转化院士成果、国家实验室成果、国防军工科技成果、美欧日韩技术成果，并将其应用于相关领域。

在未来发展战略上，杭州未来科技城提出要重点引进国际顶尖的行业领军型人才，集聚一大批能够突破关键技术、发展高新产业的创新创业人才。到2015年，人才库总量达到10000名，其中引进海外人才数量达到2000名，国家、省“千人计划”人才达到200名。

（2）产业发展的方向

四大科技城在产业定位上并不相同，但主体方向都是高新技术、文化创意、智慧信息等代表未来发展方向的重要产业门类。以杭州未来科技城为例，2014年10月的统计数据显示，未来科技城各类企业总数达到1714家，其中规模以上工业企业227家，服务业1487家（含阿里巴巴淘宝城19家）。从产业门类上看，企业数量位于前5名的产业类型有高技术产业（554家）、文化创意（458家）、信息服务与软件（404家）、软件与创意设计（289家）、生物医药（167家）。纳税100万元以上的企业达到80家。

表14.3　四大未来科技城的产业定位与入驻企业类型

未来科技城	重点产业定位	主要入驻企业类型
北京未来科技城	新能源、信息、冶金、节能环保、航空、新材料等研发服务业	以大型央企为主
天津未来科技城	新能源汽车、新一代信息技术、航空航天、生物医药等研发服务业	以科技研发机构为主
武汉未来科技城	光电子信息、能源环保、高端装备制造等研发服务业	混合型
杭州未来科技城	信息技术、生物医药、新能源材料等研发服务业，文化创意产业、金融服务业	以民营企业为主

（3）新城新区建设的方向

四个未来科技城都提出建设生态、低碳新城的目标，空间结构上力求紧凑，更加注重产城融合，取得了一定成效。例如，北京未来科技城经过努力，已经成为北京市首批生态示范区。

在杭州未来科技城，我们看到，产业区与生活区、休闲区有机互动，产城融合大格局正在形成。从教育上看，学军中学分校已确定入驻未来科技城板块。除已有的杭师大附属仓前实验幼儿园、小学、中学外，淘宝城周边的未来科技城第一小学、幼儿园主体工程已全部完成，国际学校也在建设当中。从交通上看，地铁5号线已开工建设，规划建设周期为2014～2019年；若干条快速公交线即将开通，直接缩短未来科技城与市中心的时间距离。从商业上看，西溪沃尔玛商场已开门迎客，纽蓝顿商业综合体正加紧建设；从医疗上看，浙医一院余杭院区、浙大医学研究中心已经开工。

（4）区域创新的方向

所谓区域创新，是指未来科技城的发展具有强烈的溢出效应，能对外围较大区域起到带动与辐射的作用。从过去的几年看，杭州未来科技城正在建成杭州市乃至浙江省的高端人才集聚区、科创产业源头区、宜居宜业新城区、产城融合示范区，对于增强杭州在浙江省发挥创新龙头、领跑和带头作用，支撑浙江成为国家技术创新工程试点省建设发挥了重要的作用。

从总体上看，四个未来科技城数目虽少，但对于促进京津冀、长三角、华中、华东地区区域创新来说，意义不容低估。

2. 未来科技城成功的基本经验

未来科技城能够一定程度上起到引领示范作用，实现了建城的初衷。从新城新区研究的角度来讲，它们的成功经验中，有一些难以复制，比如部委层面点对点的指导、支持；有一些仍然值得总结并推广。

一是选址精准。四座新城新区都选择在大都市都市圈周边10～30公里处，交通十分便利，有利于接受都市核心区的优质资源的辐射。国内外经验都表明，新城新区选址失败的教训往往是距离城区中心过远，超过一小时通勤时间。

二是面积较小。四座新城新区最大的面积113平方公里，最小的一期开发面积才10平方公里。相比较国内动辄成百上千平方公里的“大动作”来说，四个新城新区从面积上来说是较小的。但是从新城新区成功的要件上说，较小的开放面积，恰恰有利于新城新区的成功，因为它们避免了过大新城新区必然面临着的种种问题：基础设施成本过大；产业难以填充从而造成产业空洞形象；集聚效应弱因此服务业长期发展不起来。

三是依托已有高新区、开发区发展起来。四个未来科技城并不是在一张白纸上画画，而是充分利用了现有国家高新技术产业开发区、国家级经济技术开发区等的基础设施、优惠政策条件，同时又把未来科技城一些独特的条件与优势进行了叠加与渗透。反过来看，国内一些地方一讲到新城新区，就是再起炉灶，搞外延式扩张式发展，结果费时日久，难见成功。

表 14.4　　四大未来科技城的地理区位和规划建设面积

未来科技城	创建年月	地理区位	规划面积（km^2）	发展平台
北京未来科技城	2009.7	北京中关村国家自主创新示范区核心区昌平园内	10（一期）	国家高技术产业开发区、国家自主创新示范区、国家海外高层次人才创新创业基地
天津未来科技城	2011.4	天津滨海高新技术产业开发区；宁河县（拓展区）	60	国家高技术产业开发区、国家海外高层次人才创新创业基地
武汉未来科技城	2010.10	武汉东湖高技术产业开发区内	66.8	国家高技术产业开发区、国家自主创新示范区、国家海外高层次人才创新创业基地
杭州未来科技城	2011.4	浙江海外高层次人才创新园	113	国家海外高层次人才创新创业基地、杭州信息产业国家高技术产业基地西溪（余杭）拓展区、浙江省自主创新示范区

四是管理体制与机制节约高效。例如杭州未来科技城管委会由一办、四局、二中心、两公司所组成，是承担现有功能的较小机构设置。在管理目标上，杭州未来科技城目标恒定，路径清晰，一是以引进海外高层次人才为优先目标，二是以浙江经济特色为核心经济支撑，三是以全新的引才用才机制为重要保障，不断创新政策和体制机制。

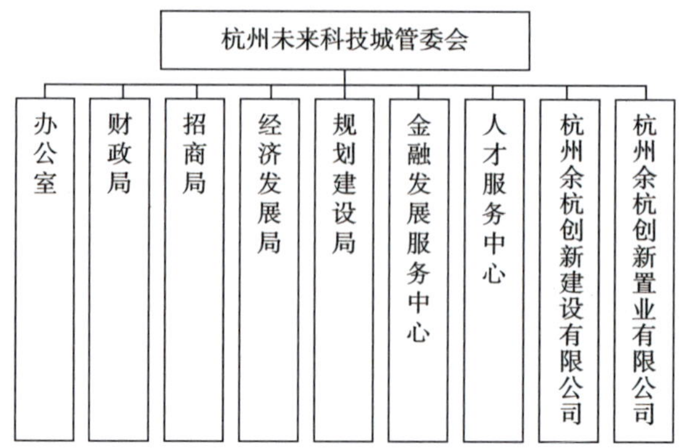

图 14.4　杭州未来科技城治理组织结构

3. 面临的困难及对未来发展的思考

尽管杭州未来科技城创建区块具备了发展高新技术产业和高技术服务业所要求的基础条件，且后续的发展空间和潜力巨大。但是，我们也看到杭州未来科技城发展面临以下几个问题。

一是如何解决科技城与主城的便捷联通的问题。未来科技城核心区处于城郊接合部，随着未来科技城发展逐渐升级，这里集聚的产业和从业人员与主城的联系将越来越频繁。如何实现杭州主城与科技城的联通，需要突破行政区划的各种局限，形成共建、共运营的体制机制，推动基础设施和服务设施的对接。

二是如何解决教育、医疗、商业、娱乐等生活配套设施便利性的问题。虽然教育、医疗、商务等生活配套设施得到了很大的完善，但和主城区相比，在数量和质量上均有一些差距。优质的教育、医疗资源都需要一定年数的沉淀，更需要花大力气解决。公共服务、文化与娱乐等各项资源，需要尽快实现未来科技城与主城的融合。

三是如何解决生态与发展相协调的问题。在浙江省“七山两水一分田”的背景下，未来科技城着力拓展适合发展产业的物理空间，但是仍面临农保土地、建设用地指标限制。另一方面，未来科技城坐拥水源保护地和重要湿地，生态环境较为敏感，防洪排涝压力较大，协调生态保护与产业、城市发展任务繁重。未来科技城的产业发展导向对生态环境的要求极高，保护和开发是一对长期存在的矛盾。

四是如何实现与同区域同类别产业集聚区的错位竞争问题。全国各地科技城不胜枚举，杭州湾内与未来科技城大致相当的产业集聚区大概有几十个，杭州全市境内多达 17 个。

五是如何破解引领性产业发展空间需求与基本农田保护的问题。未来科技城 39 平方公里的重点建设区域内，有不符合利用规划的土地约 15 平方公里，其中基本农田 8 平方公里，符合土地利用规划的地块仅 1.7 平方公里。经过近几年的创新发展，入驻到未来科技城的 1700 余家企业，部分已拥有自己的核心技术，成为行业的引领者，进入井喷式发展期，对空间的需求越来越大。科技城现有的土地指标已难以承载创新型引领型企业的发展需求。

面向未来，杭州未来科技城一方面需要以问题为导向，着力破解以上瓶颈制约因素；另一方面更要面向未来，以愿景为导向，调动有关资源，嫁接起现实通往未来的桥梁，打造自主创新的引擎与平台。

（1）要争创国家级自主创新区

以更高要求与标准促进创新性区域建设。充分借鉴中关村等地的经验，学习其他三座未来科技城的做法，按照国家级自主创新区的标准开展争创活动，在金融、财税、人才激励、科研经费等方面，进行新的改革探索，通过体制机制的优化，促进释放新的活力与动力。

加强多种形式的国内外交流与合作。与世界上著名的科研院所，中国科学院、中国工程院等国内一流院所，上海及浙江本地科研院所进行广泛联系，创新各类人才引进机制，促进多学科协同创新，推动知识生产。

鼓励研究机构、大学衍生创新企业，参与科技城发展。促进研究机构、大学为企业提供联合创新项目和人力资源培育，促进研究机构、大学创设各类企业。

立足自身实际，提出转型与创新发展的方向。特别是与世界上先进的科学技术园区、科学城进行对比，从研发经费占生产总值比、每万从业人员发明专利拥有量、创新型企业数、高新技术企业数、总部企业数、企业研发机构数、科技型中小企业数增速、单位土地产出强度、主要环境质量指标上进行努力，设定目标，促进自身发展，带动国内其他园区的转型升级。

（2）为江浙中小企业转型发展提供服务

积极承担长三角重要功能，通过科技创新推动长三角发展。长三角是世界第六大城市群，是全球重要的制造业基地、高新技术产业基地。未来科技城要立足于长三角发展的国家战略，发挥未来科技城在促进长三角制造业转型升级、探索高新技术产业发展上的功能定位。

立足于服务中小企业，与中小企业共同成长。应努力创造条件，通过未来科技城的平台，将世界核心专利技术与长三角企业，特别是江浙中小企业进行对接，推动科研成果的转化利用，将未来科技城打造成为江浙中小企业重要的研发基地、展示基地、成果运用基地，成为他们家门口的硅谷。

努力构建政、产、学、研为一体的综合创新网络体系。其中，政府营造创新环境、制定鼓励技术创新的政策，提供资金支持；研究机构和大学成为研发的主要承担者，并提供人才培训和支撑；企业成创新的主体，加大研发并转化应用创新技术成果。

（3）促进资本与产业对接形成创业资本中心

浙江省当前正在建设全省“财富中心”。全省财富中心的重点之一是杭州主城区，另一个就在杭州未来科技城。

要推动银行、证券、保险等各类传统型的金融主体进驻，打造“基金小镇”，形成金融企业集聚的龙头区域。要营造适合创新企业家集群、风险投资家集群生活、工作的环境，促进创业资本、风险资本的生成与发展，促进资本与产业的有效对接。风险投资培育、推动了高技术产业的发展，具有基础性的支撑功能。通过制定优惠政策，促进企业广泛利用天使资金、风险债券、职业投资人资金、股市资金等多种类型的融资渠道。通过新型融资模式促进经济创新发展。

（4）形成有利于创新交流的生态文化

凸显余杭镇的双千年历史文化、西溪湿地及和睦水乡生态风貌特色，发挥西溪湿地国家5A的生态优势，形成既有时代风貌又有地域水乡特色的城市空间环境。

积极改善交通基础设施条件，引进高水平的公共服务，解决商业、医院、教育等配套的问题。

改造与优化园区内部的空间设计，创造有利于交流与思想碰撞的物理空间，促进生产、生活、生态的有机融合。把杭州未来科技城打造成为科学与艺术元素相融合的新城。

推动形成特色鲜明的未来科技城文化。未来科技城文化应立足创新的需要，具有鼓励创新创业、容忍失败等重要特征。

立足本身的资源禀赋和区位条件，突出“未来”、“科技”主题，策划与设计具有世界影响力的交流活动。进一步塑造与提升杭州未来科技城的品牌。

第十五章
冀南新区：推动形成冀中南经济区的增长极

邯郸冀南新区最初起源于2007年邯郸市委、市政府提出的成峰工业走廊。

2008年，邯郸市委、市政府进一步明确产业定位，谋划提出了成峰装备新城；2009年，市委、市政府提出要将成峰装备新城打造成为与曹妃甸新区、渤海新区三足鼎立的冀南地区新的经济增长极，将成峰装备新城改为冀南装备新城；2010年，编制完成了《冀南现代装备制造新区产业发展总体规划》。同时经过专家论证，改名为“邯郸冀南新区”，由省发展改革委报省政府研究。

2010年10月20日，河北省政府第七十次常务会议批准成立“邯郸冀南新区”，冀南新区成为全省继唐山曹妃甸新区、沧州渤海新区之后重点打造的又一发展战略重点。

2012年10月，河北省委常委、常务副省长杨崇勇为冀南新区党工委、管委会揭牌，冀南新区各项工作全面展开。

冀南新区规划范围包括：磁县县域，漳河经济开发区，成安的商城工业园，峰峰的新坡工业园，邯郸市的马头经济开发区和国际陆港园区，总面积1215平方公里。

主要执笔人：周成虎 中国科学院院士；冯奎，国家发改委城市和小城镇改革发展中心学术委员会秘书长、研究员；杨典华，中国科学院博士；张栋 瞭望东方周刊社副总经理。

此报告调研与撰写得到冀南新区管委会的协助。

一、冀南新区发展的背景

近年来，随着东部沿海的土地、劳动力、能源等成本快速上涨，部分传统产业向内陆地区转移趋势加快。另一方面，随着东部沿海积极承接国际高端服务业和高技术产业，传统产业向内陆地区转移的外部动力也不断增强。地处四省交界的冀南新区面临着区域产业转移、城镇化、新型工业化发展的有利的区域背景条件和政策背景条件。

1. 区域背景

①冀南新区是欧亚大陆桥与国内诸多港口、南北大动脉联系的重要节点。

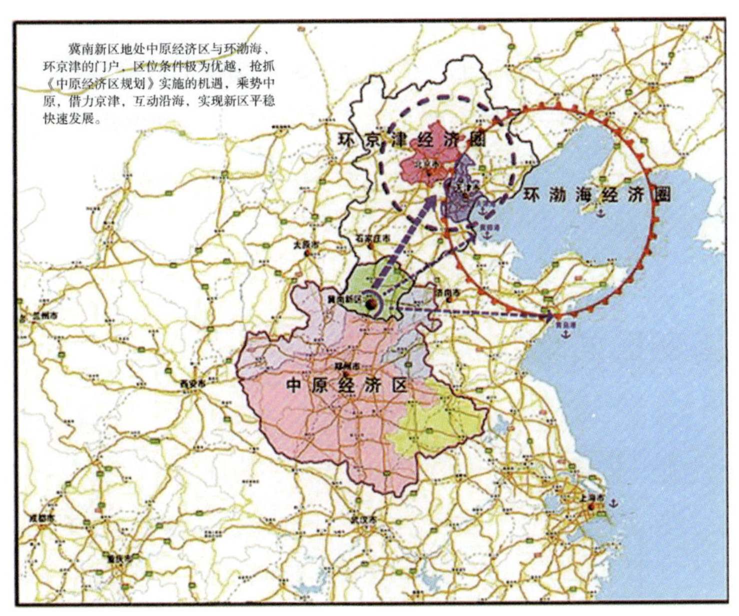

图 15.1　冀南新区区位

资料来源：http：//heb. hebei. com. cn/system/2013/07/24/012906980. shtml。

②冀南新区是中原经济区的北部门户，联系环京津经济圈、沿海港口、中

原地区的经济纽带和交通枢纽。

③冀南新区是中原经济区内具有重要影响力的中心城市，与郑州、洛阳共同构成中原经济区的三大中心城市。

④冀南新区是继唐山曹妃甸新区、沧州渤海新区之后，河北省重点打造的第三大经济增长极。

⑤冀南新区是邯郸市未来发展的重点，是邯郸市产业发展的主要聚集区。

2. 政策背景

①2012 年 11 月国务院正式批复《中原经济区规划》，提出邯郸市依托冀南新区建设全国重要的先进制造业基地，成为在中原经济区内具有重要影响力的中心城市。

②冀南新区所在的冀中南地区是《全国主体功能区规划》中的 18 个重点开发区域之一。

③河北省“十二五”规划把冀中南经济区作为四大战略重点之一。

④《国家十二五发展规划纲要》提出要依托国内能源和矿产资源的重大项目，优先在中西部资源地布局。引导生产要素集聚，依托国家重点工程，打造一批具有国际竞争能力的先进制造业基地。

二、冀南新区的现状优势条件

①区位交通。邯郸冀南新区地处中原腹地，与周边 4 个省会距离均在 200 公里左右；一小时车程直达中原经济协作区 13 市，区域内有邯郸机场、京广、邯济、邯长、邯黄、京广高铁 5 条铁路和京港澳、青兰、邯大 3 条高速纵横交错，京广高铁贯通南北，2 个小时到北京，7 个小时达广州；邯郸机场已开通上海、广州、重庆等 8 条航线；邯黄铁路已通车，距最近的港口缩短为 370 公里。

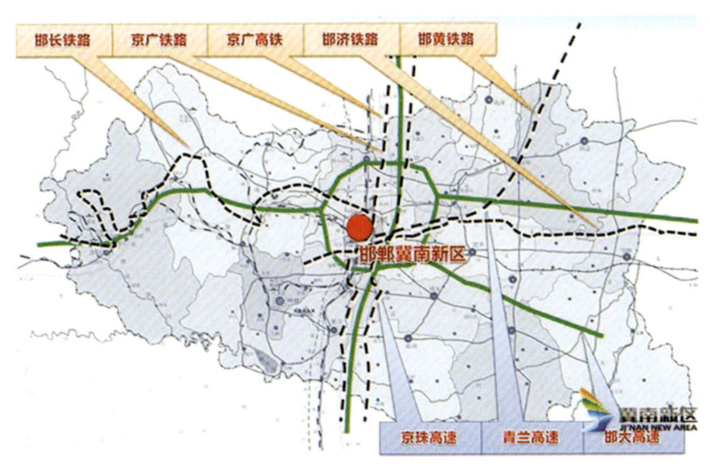

图 15.2　冀南新区交通区位图

资料来源：http：//www. jinanxinqu. gov. cn/htmlzjxq/xqgk/2014 - 11 - 26/199. html。

②产业基础。已探明金属和非金属矿产 47 种，有 40 亿吨煤和 4. 8 亿吨铁矿石的储量，是全国著名的焦动力煤和铁矿石产区之一。钢铁年产能 4500 万吨；煤炭年产能 3000 万吨；年发电量达 272. 3 亿千瓦时。钢铁、煤炭、电力、建材等传统支柱产业优势明显，装备制造、煤化工、新材料、现代物流等新兴产业发展迅速。

③要素配置。新区 200 公里半径内有密集的城市群和近 1 亿人口，冶金机械、煤机、矿机等大型机械需求量占全国 1/3 以上；新区东部多为沙荒地，中西部多为岗坡地，有大面积的可开发利用土地；新区内有大唐马头电厂和华润燃气、中国燃气两大运营商以及中石油、中石化两大燃气管道；规划的生态农业观光园和凤凰山—滏泉湖风景园，占核心区面积的一半以上，薰衣草公园正在打造中原地区的“普罗旺斯”。

④生态资源。新区内具有独特的生态资源，拥有漳河、滏阳河、牤牛河等三条河流；拥有容量 13 亿立方的岳城水库和容量 1. 6 亿立方的东武仕水库两大水库；每年有十万只大雁在滏泉湖过冬，绘制了一幅人与自然和谐相处的生动画面；拥有人工天河——南水北调中线工程，在邯郸境内近 80 公里；新区范围内拥有山区、丘陵、平原、森林、沙地、湿地、温泉等自然生态资源。

三、冀南新区的发展定位与发展战略

①发展定位。全国重要的先进装备制造业基地、四省交界区域现代物流枢纽、中原经济区与京津冀协同发展交流合作的双向门户、现代山水田园生态新区。

②发展战略。邯郸市委、市政府提出，要举全市之力，推动冀南新区开发建设的新形势，抓实河北沿海、中原经济区、京津冀协同发展国家战略机遇，确立了“乘势中原，借力京津，互动沿海”和区县一体融合发展思路。

③空间布局。冀南新区核心区150平方公里，协调区450平方公里，统筹发展区615平方公里。主要包括“一区两港九园”。“一区”：即按照产业、城市、生态融合发展的理念，打造田园化、集约化、现代化新型城区；“两港”：即在冀南新区北部协调区内，依托邯郸机场扩建和河北港口集团建设“航空港”和“内陆港”；“九园”：即马头经济开发区、商城工业园、林坛工业园、新坡工业园、生态农业观光园、凤凰山—滏泉湖风景园，以及邯郸临港产业园、漳河生态科技园、磁县经济开发区。

④产业重点。重点发展装备制造业、节能环保产业、现代物流产业、煤化工循环产业、文化创意休闲度假健康产业、战略新兴产业等六大产业。

四、调研与思考

冀南新区主要定位于产业新区建设，已初步形成区域特色，成为邯郸市重要的经济增长点。2013年，冀南新区地区生产总值完成303.6亿元，同比增长9.9%；固定资产投资完成320.3亿元，同比增长46.9%；财政收入完成29亿元，公共财政预算收入完成17.5亿元；规模以上工业增加值完成91.9亿元，同比增长13.1%，经济社会保持了良好发展态势。2014年上半年，冀南新区地区生产总值完成148.6亿元，同比增长7%；全社会固定资产投资完成176亿元，同比增长38.2%，增速居全市第一。

冀南新区的发展也得到河北省的重视。2013年4月27日，省委书记周本顺到冀南新区调研，指出："一定要下决心把冀南新区搞上去，不仅对邯郸，对全省都具有重大的战略意义！"2014年5月5日，周本顺书记在《冉冉升起的冀南明珠——对冀南新区打造冀中南经济区增长极的调查》（省委〈呈阅件〉第100期）上作出批示"这样抓下去，冀南新区是大有希望的"。6月10日周本顺书记到新区调研时又提出把"把冀南新区打造为发展的引爆点"的要求。

在调研中，我们也发现冀南新区发展面临着一些问题。

一是在发展定位上，冀南新区强调的是四个方面，即"全国重要的先进装备制造业基地、四省交界区域现代物流枢纽、中原经济区与京津冀协同发展交流合作的双向门户、现代山水田园生态新区"。但在发展过程中，出现了以下现象：装备制造业比重过大。目前来看，冀南新区的装备制造业发展较快、也较明显地体现在经济总量上，因而受到格外突出的重视。2011～2013年，装备制造业的产值占新区的70%左右。以现代物流枢纽为内涵的生产服务业量小体弱。双向门户缺乏应有的"平台"实体内容，导致四省交界的冀南新区仍然处于"中心的边缘"，没有走到"边缘的中心"。装备制造业基地与山水田园生态城市的内在矛盾仍然存在，实现绿色转型发展的压力仍然巨大。

二是产业集群培育上，冀南新区提出要重点发展的产业类型包括装备制造业、高新技术产业、节能环保产业、煤化工产业、物流产业、童装产业、生态农业、文化休闲产业等十多个大类的近百个行业。调研中，也发现冀南新区入驻的产业，除了装备制造业企业数目较多外，有一定的集聚效应外，其他产业都处于引进、发展过程中，企业较为孤立，没有形成突出产业集群。在产业集群的内部构成上，除了制造业企业外，研发、检测、营销等类型的数量缺失、质量不高。

三是在空间布局上，冀南新区的"一区九园"，主体形态是依成峰公路"长条状"展开。园区由多个行政区"分割"，各有其任务与使命。园区的组合呈现出大块头、机械式“拼装”并列结构，功能的融合与互补得不到有效支撑。整个新区的商住、金融、配套服务、教育医疗等布局不明确，城市功能薄弱。作为四省交界区域的物流枢纽，在空间上没有进行统筹规划，功能也没有得到完整、集中体现。

图 15.3　冀南新区“一区九园”空间分布

资料来源：http：//www. jinanxinqu. gov. cn/htmlzjxq/xqgk/2014 - 11 - 26/202. html。

四是在发展方式上，规划的引领性不够，集约、节约发展的约束性有待加强。冀南新区起步于工业集聚区建设，到现在提出要建设成为全国性的先进装备制造业基地。在这个过程中，规划在一定程度上被拖着跑。冀南新区各个园区都具有招商引资、充实产业内涵的任务，竞相让利于企业，也部分导致对企业门槛被迫降低。有的企业平面化布局生产车间，占地过大，出现了土地浪费的现象。

五是在体制机制上，冀南新区推进区县（指冀南新区与磁县）一体化发展，但并没有得到省、市文件正式批复，许多方面实质性推进存在着困难。园区分属于磁县与新区，改革发展要遵从不同的法律、法规与行政管理制度，协调成本增大。冀南新区管委会领导同时也是磁县县委、县政府的领导，两边的决策目标、程序等都有所不同，如何探讨区县合一的体制机制，更大限度地利用区、县两个优势，形成协同效应，还有较大的空间。

六是在政策支持上，新区属于省政府批准的副厅级新区，但相关政策方面并没有配套跟上。河北省希望冀南新区成为与曹妃甸新区、渤海新区一样的等量级的新区，成为带动河北经济的第三极，但冀南新区起步较晚，条件相对较为薄弱，从目前来看，对于承载起河北省对冀南新区的期望还有相当大的压力。

表 15.1　　河北省三个新区的对比

新区名称	区域面积（平方公里）	GDP（亿元）	人口规模（万人）	发展定位	产业现状	产业规划	空间结构	影响力带动力
冀南新区	1215	305	91.8	全国重要的先进装备制造业基地、四省交界区域现代物流枢纽、中原经济区与京津冀协同发展交流合作的双向门户、现代山水田园生态新区	装备制造业	装备制造业、节能环保产业、现代物流产业、煤化工循环产业、文化创意休闲度假健康产业、战略新兴产业	一区两港九园，“一区”现代化新型城区，“两港”：即“航空港”和“内陆港”，“九园”：即马头经济开发区、商城工业园、林坛工业园、新坡工业园、生态农业观光园、凤凰山—溢泉湖风景园，以及邯郸临港产业园、漳河生态科技园、磁县经济开发区	获得中原经济区的利好影响，十二五规划中的依托资源重点发展的中西部区域，先进的制造业基地
渤海新区	2500	470	60	石油化工、装备制造业研发转化基地，城市配送物流为支撑的区域性航运中心，河北及“两环”地区新的经济增长极和隆起带，经济繁荣、社会和谐、环境优美的宜居生态型新城	机械电子、钢铁、石化等传统制造业和资源型产业，重化工业	石油化工、煤化工、合成材料、冶金、装备制造、现代物流	一港（黄骅港）一城（黄骅新城）、三组团（临港商务区组团、南大港组团和南排河组团）、九园区的发展格局	离京津冀和日韩较近，承接京津冀和日韩产业，劳动力素质较高工资适中，港口条件较好

续表

新区名称	区域面积（平方公里）	GDP（亿元）	人口规模（万人）	发展定位	产业现状	产业规划	空间结构	影响力带动力
曹妃甸新区	1943	380.8	26	中国能源矿石等大宗货物的集疏港，新型工业化基地，商业性能源储备基地，国家级循环经济示范区，中国北方商务休闲之都和生态宜居的滨海新城	钢铁、化工	钢铁、化工、建材、石油和天然气开采、装备制造、电力、燃气及水的生产和供应六大产业	"一核两带"，"一核"包括曹妃甸新城、曹妃甸工业区和唐海县城，"两带"包括北部城镇发展带和南部沿海产业发展带	党中央、国务院以及河北省的政策大力支持，港口条件优越、具北京、天津、韩国、日本距离较近，港口条件优越，石油等资源丰富

专栏 15.1 曹妃甸和渤海新区的有关政策

1. 河北省对于曹妃甸的政策

2008 年 12 月 31 日 河北省通过了《曹妃甸新城总体规划（2008～2020 年）》。确立曹妃甸新城是环渤海地区重要的国际港口城市和冀东沿海中心城市。到 2020 年，市域城镇化水平达到 97% 左右；中心城区实际居住人口 80 万人，城市建设用地规模 74.3 平方公里。加快曹妃甸新城建设，实现港口、港区、港城一体化发展。积极推进新城基础设施和公共服务设施建设，构筑快速便捷的综合交通体系。

河北省人民政府办公厅发布《关于给予曹妃甸工业区政策措施支持的复函》（冀政办函〔2007〕8 号）。

2. 河北省对于渤海新区的政策

河北省人民政府发布《关于建立渤海新区并给予政策支持的批复》（冀政函〔2007〕21 号）。

2011 年 4 月 19 日 河北省颁布《关于规范省以下财政收入体制的通知》，对于渤海新区冀中南工业聚集区，从省内腹地转移到本区内的工业企业上缴的增值税、营业税、企业所得税省、市两级留成部分，5 年内全额支持聚集区。

3. 河北省对两个新区共同的政策

河北省人民政府办公厅发布《关于省对曹妃甸新区、渤海新区财政体制优惠政策的通知》。

2011 年《河北沿海地区发展规划实施意见》明确加大对渤海新区的政策支持力度，扩大行政审批权限，支持沿海地区先行先试与探索创新。

2011 年 4 月 19 日 河北省颁布《关于规范省以下财政收入体制的通知》，提出对渤海新区、曹妃甸新区实行省级分享“四税”收入超基数全额返还政策，继续支持两大经济增长极加快发展。

2012 年 5 月《关于河北省银行业支持曹妃甸新区和渤海新区发展的指导意见》，意见提出将曹妃甸新区、渤海新区作为金融创新“试验区”，加大金融创新力度，鼓励在新区内投融资体制和民间资本进入银行业的先行先试。

如上所述，目前，冀南新区的改革发展，无论是从发展定位、产业集群支撑、空间布局、发展方式，还是从体制机制创新、政策支持方面来看，都存在着一定的不利条件与制约因素。冀南新区处于中原经济区、京津冀两大区域的边缘交汇处。冀南新区的崛起，对于带动河北省发展、对于中原经济区与京津冀的全面协同发展，无疑都具有重要的战略意义。

为了进一步推动冀南新区发展，调研组提出如下建议：

一是进一步推动新区转型升级。

中国的新城新区已经形成较为完整的体系。以国家级高新区、国家级经开区为骨干的新城新区群体，已提出加速实施转型发展的目标、路径、措施。在冀南新区发展的时间较晚，但已具备了一定的基础与条件，应以争创国家级高新区、国家级经开区为动力，学习先进新城新区在规划制定、产业发展、空间布局、体制机制方面的经验，实现赶超。

建议河北省从全省发展战略考虑，在“十三五”期间，着力提升冀南新区新型工业化基地建设，重点支持冀南新区打造国家级高新区或经开区，加快创建进度。河北省主导引进的重大产业项目、技术研发项目上，符合冀南新区产业定位的，优先向这一区域布局。

二是突出优势产业，打造冀南新区住宅产业化示范基地。

通过信息化、工业化的深度融合，推动目前一般性装备制造业的转型升级，使“先进性”的内涵更加突出。打造具有公共品性质的各类技术研发与检测平台，推动冀南新区成为先进性装备制造业的生产基地、展览展示基地、应用基地。提升以物流产业为核心的生产性服务业的地位，增强先进制造业发展的区域竞争力。

立足于培育主导产业，形成区域产业竞争力，重点打造冀南新区住宅产业化示范基地。围绕土地、环境、金融、税收等方面，加大引导力度，制定出台符合住宅产业化的相关配套政策，培育新型住宅产业链，促进房地产、建筑业、建材业转型升级。

三是推进冀南新区新型城镇化试点工作。

冀南新区是河北省、邯郸市新型城镇化的空间平台与载体，其中冀南新区与磁县实现区县融合发展的体制机制，具有重要的方向性意义。建议冀南新区积极申请成为河北省和国家有关新型城镇化试点。围绕多规合一的规划体制、农业转移人口市民化、城镇化投融资、宅基地管理、生态文明等方面，加快探索，破解冀南新区新型城镇化建设的体制机制障碍，形成有利的制度环境。

四是推动资源综合利用，建设循环型园区。

冀南新区面临着既要保护生态、又要加快发展的双重任务。冀南新区要研究出台有针对性的政策措施，完善有利于资源综合利用、促进循环经济发展的体制机制和政策体系，形成可复制、可推广的资源综合利用典型模式。支持建设资源综合利用技术研发中心，提高资源综合利用产品技术含量和附加值。

五是积极推进建立冀南新区综合保税区。

建议有关部门支持冀南新区发挥机场、铁路、高速等综合交通优势，构建设施先进、网络完善、支撑有力、运行高效的货运集疏系统，以税收优惠、保税监管、贸易管制、外汇等优惠政策释放区域经济活力，形成特色优势产业的生产供应链和消费供应链，带动高端制造业、现代服务业发展。

专栏 15.2　冀南新区发展大家谈

河北省委书记周本顺：把冀南新区打造成为全省经济发展引爆点，综合改革配套试验区，绿色崛起示范区。

中国工程院院士段宁：邯郸市节能环保产业园建设起点高、理念新，就目前国家环保方面重中之重的工作就是PM2.5的治理，凡是在这个方面的产业和技术都可以引入，并表示给引进中国节能环保集团公司、中国工程院等知名企业的大项目、好项目牵线搭桥，大力支持。

国家发改委专家组：冀南新区在产业布局规划中，要统筹考虑政策、土地、人才、金融等因素，集中配置资源，科学合理地选择重点产业，逐步实现一体化，推进新区产业集聚和生产力布局优化。

国家发改委国土开发与地区经济研究所所长肖金成：包括冀南新区在内的河北省新区，要成为承接产业转移的平台。不仅要承接北京市的产业转移，也要承接天津市的产业转移，还要承接全国的产业转移和世界的产业转移。

全国人大代表、安阳市市长马林青：安阳新区可与冀南新区进行产业联动，整合两地文化资源联合打造曹魏公园。

第十六章

威海南海：荒滩上崛起的海洋经济新区

威海南海新区地处山东半岛东南端，横贯文登、荣成、乳山三市，东南两面临海，与朝鲜半岛、日本列岛隔海相望。

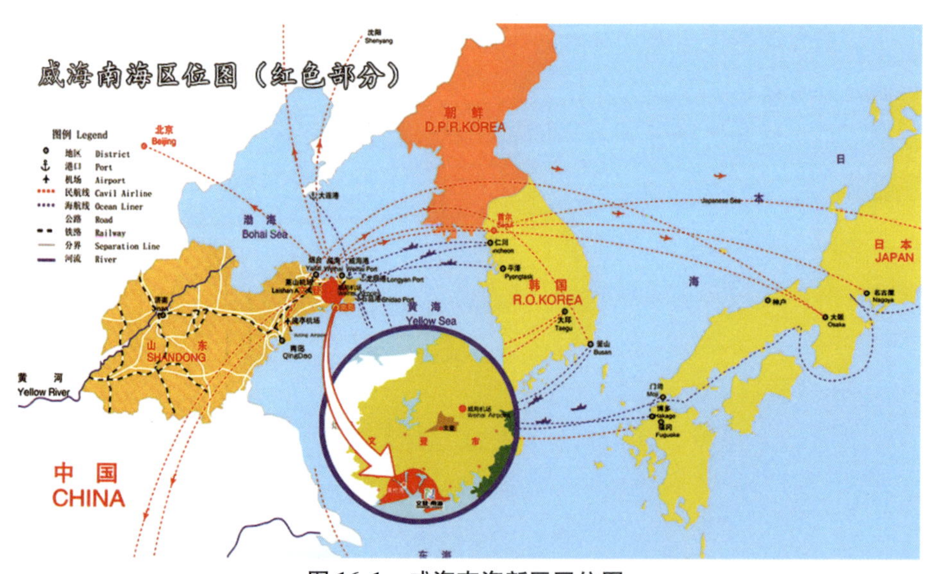

图 16.1　威海南海新区区位图

主要执笔人：郑明媚，国家发展改革委城市发展中心副研究员；虢建宏，中国科学院地理所博士后；魏陶然，北京大学硕士。

本报告调研与撰写得到威海新区管委会的协助。

威海南海新区于2007年3月启动开发，规划范围包括文登区的小观镇、泽库镇所属环海路以南区域，总规划面积160平方公里。2011年1月，国务院批复《山东半岛蓝色经济区发展规划》，威海南海新区被确定为重点建设的三大海洋经济新区之一。2013年3月4日，山东省发展改革委批复《威海南海海洋经济新区发展规划》，南海新区被确定为山东半岛蓝色经济区重点建设的“四区三园”之一。规划范围包括文登区小观、乳山市白沙滩等16个镇区，陆域面积1798平方公里，海域面积1237平方公里。其中，核心起步区160平方公里，规划建设面积90平方公里。2011年，威海南海新区常住人口59.5万人，地区生产总值430亿元。

南海新区作为国家海洋发展战略和区域协调发展战略的重要组成部分，海洋产业体系日趋完善、海陆基础设施逐步配套、海洋科技创新能力不断增强，已成为威海发展最快、活力最强的区域之一，具备良好的海洋经济发展基础。在当前我国海洋经济发展已进入全面实施的新阶段，威海南海新区开发建设面临着前所未有的重大机遇。

一、推进威海南海新区开发的意义

按照山东省发展改革委批复的《威海南海海洋经济新区发展规划》，推进威海南海新区开发，意义重大。

①有利于形成区域竞争合力。2014年，国家将山东省定位为“一路一带”（“21世纪海上丝绸之路”和“丝绸之路经济带”）海上战略支点和新亚欧大陆桥经济走廊的重要沿线地区，威海市参与国际经济区域治理的战略优势更为突出。尤其是山东半岛蓝色经济区上升为国家战略，南海新区与青岛西海岸新区、潍坊滨海新区形成了山东半岛蓝色经济区三足鼎立的重要支点。南海新区的全面升级和开发，区域之间的竞争与合作的焦点更加凸显，可以有效带动威海、烟台以及环海城镇的全面发展，有利于山东半岛环海城镇群的发育和完善。

②有利于培育海洋产业集群。依托威海传统的海洋产业优势，培育和做强海洋战略性新兴产业，完善海洋产业链，构建现代海洋产业体系。打造海洋特色产业园，成为山东半岛海洋产业的隆起地带，推动山东省的海洋产业的集群化发展，形成具有国际竞争力的现代海洋高新产业集聚区。

③有利于提升区域对外开放水平。利用南海新区处于陆地末端和山东半岛海洋最前端的地缘优势，建设好威海南海新区，推动区域外向型出海大通道的建设，依托广阔腹地和港口的优势，有利于强化中国与东北亚地区特别是日韩的产业分工协作。在中国城镇化全面发展和与国际合作全面推进的背景下，通过引进先进技术、管理经验和智力资源，开展先行先试，探索创新发展路径，提升区域经济参与国际合作与竞争的能力。

二、威海南海开发的现状优势条件

①区位优势明显。处于山东半岛蓝色经济区和环渤海经济圈的核心位置。2 小时工作圈内有青岛、烟台、威海等 8 个大中城市，周边 1 小时车程内有青岛、烟台、威海等 5 个一类对外开放港口、3 个国际机场和 3 个中心火车站。威海港南海港区远期规划 30 万吨级，将是中国距韩国、日本最近的深水大港之一，具有深化国际国内区域经济合作的有利条件。

②发展空间广阔。拥有基岩、沙砾和淤泥质等多种地质类型，深水岸线资源丰富，沿岸分布海岛 24 个，水深 15 米以内浅海、滩涂面积 1000 多平方公里，1 平方公里以上海湾 9 个，优质沙滩 9 处，可支配建设用地 210 平方公里，土地和海域资源丰富适宜大规模统一开发，具有发展海洋经济的广阔空间。

③资源优势突出。近海生物种类达 300 多种；海岸带和近海海域蕴藏着大量矿产资源，已探明可供开采的 30 多种，其中黄金、磁铁、石英砂、花岗岩、锆英砂等矿产资源储量较大；潮汐能、波浪能和温差能等海洋能蕴藏丰富，开发利用条件较好。

④生态环境良好。属暖温带季风气候，具有明显的海洋性气候特征。沿海

水温常年变化范围在0～29℃，多无冰冻期，受风暴潮等自然灾害影响较少。依山傍海，自然风光秀丽，旅游资源丰富，城、山、海、岛、滩、湾、林、泉独具特色，是山东半岛乃至全国空气、海水质量最好的地区之一。

⑤政策环境优越。对投资新办符合国家产业政策的工业企业，按照投资规模和建设速度，给予土地、税费等方面的扶持。重大项目实行一事一议。从项目立项、开工到建设、投产，开展“项目帮办制”，提供“只要你来干、手续我来办”的保姆式贴身服务，被评为“山东势力·十大强势服务”品牌，营造了低成本、高效率、零障碍的一流发展环境。

表16.1　　南海新区跨越发展相关政策

序号	政策类型	政策内容
1	土地利用政策	严格执行土地利用总体规划，实施土地利用差别化管理，建立以项目为导向的用地机制
2		优先布局海洋新能源装备制造、海洋装备制造、海洋生物医药等重大产业项目
3		严格执行海洋功能区划
4	海域使用政策	积极推进前岛集中集约用海规划建设，争取该区域海域使用金用于区域海洋管理和海洋生态建设
5		对区内符合条件的建设项目，依法办理海域使用金减免手续，投资较大的工程项目经批准可分期缴纳海域使用金，依法减免养殖用海海域使用金
6		争取国家、省给予支持，积极推动凭建设用海海域使用权证书按程序直接办理项目建设手续
7	财政税收政策	威海南海新区新增市县财政收入，按适当比例提取，设立威海南海新区发展资金，以定额补助等方式，支持初期征地动迁和基础设施建设
8		落实国家关于海洋新能源、节能减排、重大技术改造等项目的财政扶持政策，确保高新技术企业享受15%所得税率
9		通过企业研发经费税前列支加计扣除等优惠政策，促进科技成果转化
10		在威海南海新区权限范围内，积极推进财税配套改革
11		落实国家出台的战略性新兴产业、基础优势产业、中小型民营企业等各项税收优惠政策

续表

序号	政策类型	政策内容
12	投融资政策	优化投融资结构，建立开发建设投融资平台，募集资金投向市政建设、公共事业等项目
13		鼓励银行业金融机构在贷款立项、资金安排和利率优惠上给予倾斜，增加授信额度，适当提高企业融资抵押物的抵押比率
14		鼓励银行业金融机构适当下放权限，在转授权范围内将部分审批管理权限适当下放至区内分支机构，优化审贷流程，提高授信审批效率
15	对外开放政策	争取实施特殊出入境政策，积极推进针对国际海员、游客等外籍人员的免签证政策
16		申请开展国际游艇业务服务，简化日韩游艇申请步骤，设立游艇旅游资源发布中心
17		研究放宽国际轮船入籍船龄登记管理，吸引国际邮轮公司登记注册
18		争取对接国家大通关政策，探索接口国家金关工程，加快电子口岸建设，推行无纸通关、网上付税和电子验放
19		争取国家支持设立B型保税物流中心，建设检验检疫查验设施，着力发展普通保税进境物流、过境物流和高端保税物流

⑥科技人才支撑。威海与100多所高等院校及科研院所，建立了产学研战略联盟、科技和人才合作关系。南海新区已依托这个优势，形成了以哈工大威海分校、山大威海分校和17家职业技术学校为一体的教育资源集聚发展的态势。全日制在校生达5万人，每年培养高技能人才1万多人，可根据企业要求培养专门技工，对高层人才提供生活安家补助，实行技术入股、技术分红等。积极实施高层次创新人才引进计划和“特聘专家”资助计划，可为南海经济发展提供坚实的人才保障。

表16.2　山东半岛蓝色经济区海洋科技领域国家级创新平台

序号	创新平台名称	建设情况
1	青岛海洋科学与技术国家实验室	已建设
2	中国科学院海洋研究所	已建设
3	国家海洋局第一海洋研究所	已建设
4	中国海洋大学	已建设

续表

序号	创新平台名称	建设情况
5	中国水产科学研究院黄海水产研究所	已建设
6	国土资源部青岛海洋地质研究所	已建设
7	中国科学院烟台海岸带研究所	已建设
8	中国科学院生物能源与过程研究所	已建设
9	国家深海基地	已建设
10	海洋科学综合考察船	已建设
11	中集烟台海洋工程研究院	已建设
12	青岛国家海洋科学研究中心	已建设
13	山东核电研究院海阳分院	已建设
14	山东海洋船舶研究院	规划建设
15	国家海洋新能源研究院	规划建设
16	黄河三角洲可持续发展研究院	已建设
17	山东省海洋化工科学研究院	已建设
18	国家耐盐植物和湿地研究中心	规划建设

⑦规划先行引领。坚持高起点规划先行引领发展，先后聘请上海同济大学城市规划设计研究院、山东省城乡规划设计院、中国通用咨询投资有限公司等国内一流规划设计院，对南海新区总体规划、专项规划、海洋经济新区发展规划等各类规划进行优化编制，按照建设现代化、国际化、生态化的海滨新城的整体定位，对各项基础设施统筹布局，着力构建快捷畅通的交通运输体系、安全清洁的能源保障体系、配套完善的水利设施体系，提高威海南海新区发展支撑保障能力。

三、威海南海新区的发展定位与目标

威海南海新区发展定位是，将威海南海新区建设成具有较强竞争力的海洋高端产业集聚区、中日韩地方经济合作先行区、山东省海洋经济产学研合作示范区、海洋资源集中集约利用试验区、生态宜业宜居宜游滨海新区五位一体的海洋经济新区。

①海洋高端产业集聚区。打造海洋高端产业体系为目标，充分发挥海洋科技创新在威海南海新区建设中的主导作用，大力发展海洋先进装备、海洋新材料、海洋生物医药、现代临港物流等新兴产业，积极利用高新技术改造提升传统优势产业，打造海洋高端产业集聚高地。

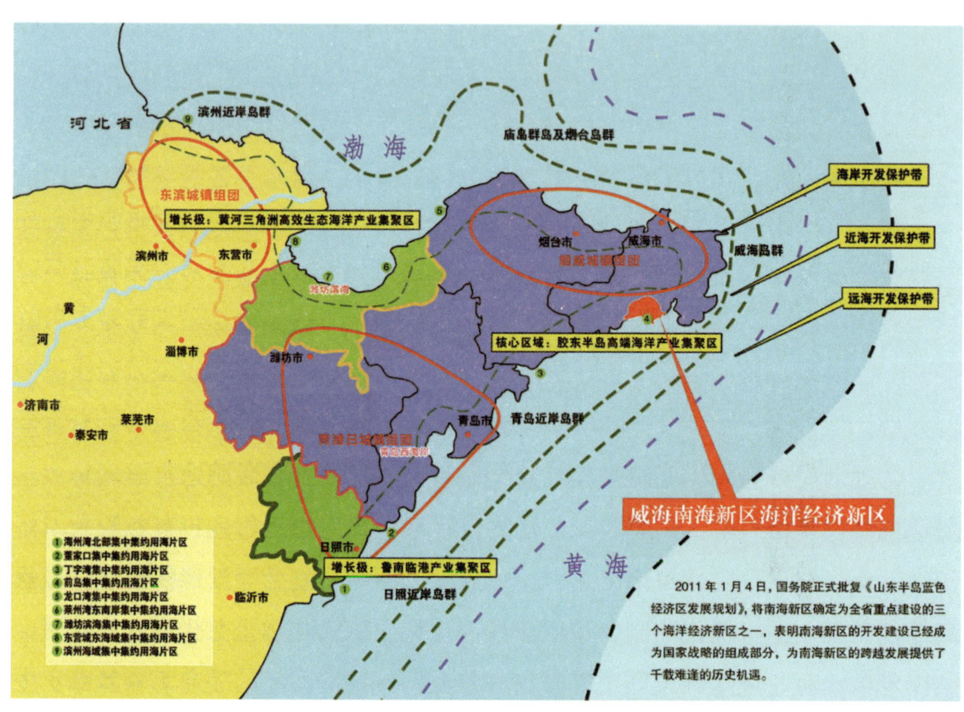

图 16.2　山东半岛蓝色经济区海洋产业集聚区布局图

②中、日、韩地方经济合作先行区。充分发挥威海南海新区对外开放的区位优势，抓住建设中、日、韩地方经济合作示范区机遇，引进日、韩等国家先进技术和成熟管理经验，谋求实现开放层次与水平的突破，争取建成中、日、韩地方经济合作先行先试平台。

③山东省海洋经济产学研合作示范区。立足区域产业基础和资源优势，对接省内外高等院校、科研院所，引进海洋产业领军人才团队，建设推动海洋科研成果转化的公共服务平台，建立创新创业支持体系，加快海洋科技产业化步

伐，培育海洋科技成果转化基地。

④海洋资源集中集约利用试验区。改变传统用海方式，探索建立海洋资源开发利用新机制，推进集中集约用海，提高海洋资源开发利用效率，实现海洋资源合理配置，建设集中集约用海示范区。

⑤生态宜业宜居宜游滨海新区。提升海洋文化品位，优化美化人居环境，完善威海南海新区城市功能，强化与威海中心城区的联动，增强公共服务能力，打造我国北方著名的滨海旅游休闲度假目的地。

在发展目标上，紧密结合“海洋和城镇化”发展两大战略，将发展海洋经济和实现新型城镇化两个国家战略集中体现在区域发展目标的设定上，在发展海洋经济的同时，推进区域实现新型城镇化。

按照五年膨胀发展、十年形成规模的进度要求，实现威海南海新区综合经济实力大幅提升、产业结构布局更加优化、科技创新能力显著增强、社会民生协调发展、生态环境不断改善的发展目标。

表 16.3　　威海南海新区发展目标主要内容

序号	2015 年（膨胀发展阶段）	2020 年（开发建设形成规模）
1	人均地区生产总值超过 12 万元	人均地区生产总值超过 17 万元
2	海洋产业增加值年均增长 13% 以上	海洋产业增加值年均增长 15% 以上
3	三次产业结构进一步优化，现代海洋产业体系基本形成	三次产业结构继续优化，海洋经济特色更加突出
4	城乡经济社会发展一体化格局初步形成，城镇化水平达到 60% 左右	威海南海新区的开发建设形成规模，城镇化水平达 65% 左右
5	统筹开展海洋环境保护与陆源污染防治，海洋生态系统得到有效保护和修复，绿化覆盖率达到 45%	低碳和循环经济取得长足发展，产业发展与生态环境保护协调性进一步提高
6	主要工业固体废弃物全部得到综合利用或有效处置，生活垃圾无害化处理率保持 100%，污水集中处理率达到 95% 以上，化学需氧量、氨氮、二氧化硫、氮氧化物、工业烟尘、粉尘达标率达 100%	主要污染物排放得到严格控制

四、威海南海新区产业发展重点与战略

1. 在总体布局上，着力打造“大南海”一个平台

根据威海南海新区城镇分布、产业基础和资源条件，按照一体规划、核心崛起、协同发展的思路，优化生产力布局。发挥园区带动作用，培育产业集群。对重大产业项目实施统筹布局，对基础设施实施一体规划，对公共服务体系实施同城化设计，对海岸线等自然资源实施综合利用。

南海新区总体布局为“一核、两翼、多园”。南海核心区域发挥引领作用，荣成石岛和乳山滨海作为联动区。打造具有较强竞争力的海洋高端产业集聚区、中日韩地方经济合作先行区、山东省海洋经济产学研合作示范区、海洋资源集中集约利用试验区和生态宜业宜居宜游滨海新区。核心区和联动区作为“大南海”的重要组成部分，可共享国家和省在专项资金、用海用地指标、信贷投放等方面的支持。共同开展高层次招商引资活动，共同规划建设重大基础设施项目，努力形成“交通同网、市场同体、环境同治、产业联动、信息共享”的科学发展新格局。

威海南海海洋经济新区核心起步区总面积160平方公里，以昌阳河、香水河为界，划分为临港产业区、综合商务区、旅游度假区三个功能区，是“十二五”时期开发建设的重点。临港产业区大力发展海洋装备制造、现代临港物流、海洋新材料、海洋生物医药等产业，建设成为高端海洋产业集聚高地。综合商务区连接核心起步区东西两翼，是人口集聚的重点区域，要突出城市功能，为区内经济社会发展提供服务保障。旅游度假区重点发展健康养生养老和滨海旅游，着力打造国际一流的滨海养生度假胜地。

图 16.3　威海南海新区总体规划图

2. 在发展重点上，坚持生态、生产、生活“三生共融”

《规划》引导产业区与生活区相对集中，在临港产业区规划布局南海新能源和节能环保等海洋特色产业园，并在产业区周边布局了综合商务区和旅游度假区，为区内经济社会发展提供服务保障。《规划》提出支持张家埠新港作业区、疏港铁路、文登—莱阳高速公路、石岛环海公路、石岛港疏港公路等一系列重点基础设施项目，全面提升支撑保障能力，打造“生态良好、生产发达、生活幸福”的现代化海洋经济新区。

作为威海面向未来发展的新增长点，南海新区坚持生产、生活、生态“三生”共融的理念。以打造新园区、新城区、新景区为目标，实行开发与保护并重、海洋与陆地统筹、城市与农村一体、经济与社会协调，促进人与自然和谐相处，经济建设、社会建设、生态建设共赢。

①节约集约利用土地，适当控制和有序推进房地产开发，促进房地产与其他产业同步进行，协调发展。

②进一步做好南海新港论证工作，把港工设计和景观设计有机结合，预留出临港经济发展空间，抓紧谋划港口后续发展，保证港口规划建设的合理性和科学性。

③找准产业定位，既要设立产业红线，也要提高产业门槛，进一步强化产业集群招商，大力引进产业带动力强、科技含量高的项目，提高产业层次和发展水平。

五、调研与思考

昔日的这片荒滩和盐碱地，转眼变成了山东半岛的一片热土。自 2007 年启动开发建设以来，南海新区作为山东半岛蓝色经济区重点建设的“四区三园”之一，区域整体功能得到有效提升，区域空间布局逐步优化，海陆基础设施逐步配套，海洋产业体系日趋完善，科技创新能力不断增强。

威海南海建立新区，取得初步成效，这说明：新城新区完全可以成为优化国土空间、提升区域发展功能的重要平台。

南海新区的大部分区域属于盐碱地、滩涂地等未利用地生态化恢复、改造之后的区域，开发空间较大，受一般农地、建设用地指标的约束相对较小。在土地资源成为众多新城新区发展面临的突出困境的背景下，南海新区广阔的可开发空间将成为后续发展的重要动力。

近年来，国家陆续出台了《全国海洋经济发展“十二五”规划》《国家海洋事业发展“十二五”规划》等一系列指导性文件，海洋经济发展思路更加清晰，支持措施更加有力，这为威海南海新区先行先试、争取国家支持、加快海洋产业，发展蓝色经济发展指明了方向。

同时，我们也要看到：海洋经济发展空间广阔，类似威海南海新区这样的新区总体上前景广阔，但是近年来在沿海区域类似的新城新区数量众多，威海南海新区能否真正找到差异化的定位，形成独特的核心竞争力，并在开放合作的环境中发展壮大，就是一个现实的问题。着眼于提升威海南海新区的竞争力与自身素质，建议在以下八个方面采取“进一步”的举措。

1. 进一步找准战略定位，形成差异化竞争优势

目前，半岛沿海 7 个城市，以海洋经济为主的新城新区，在产业战略、产业载体上的同构现象比较突出。同构现象有一定的必然性，这反映了这一区域具有某些共性的优势条件。但是也要看到，这类新城新区在战略定位上包含的内容过多，许多内容大家基本相同，已经构不成独特的竞争优势，因而没有特别重要的战略意义。建议下一步，威海南海新区进一步梳理自身的资源条件，从独特资源禀赋、错位竞争、差别化发展政策上入手，力求在关键环节上进行突破。

表 16.4　三大海洋经济新区发展比较

海洋经济新区	面积（平方公里）	常住人口（万人）	生产总值（亿元）	战略定位
威海南海新区	陆域 1798，海域 1237	59.5	430（2011 年）	海洋高端产业集聚区、中日韩地方经济合作先行区、山东省海洋经济产学研合作示范区、海洋资源集中集约利用试验区、生态宜业宜居宜游滨海新区
青岛西海岸经济新区	陆域约 2096，海域约 5000	171	2124（2013 年）	国际高端海洋产业集聚区、国际航运枢纽、海洋经济国际合作示范区、国家海陆统筹发展试验区、山东半岛蓝色经济先导区
潍坊滨海经济技术开发区	陆域 677，海域 510	20	180（2012 年）	海洋循环经济试验区、特色海洋产业集聚区、蓝黄战略融合发展示范区、生态宜居滨海新城

2. 进一步明确“三生融合”的路径，推动服务业发展

威海南海新区与别的海洋经济新区一样，建区之初都把推动经济膨胀式发展摆在核心地位。

威海南海新区基于自身特色，提出生产、生活、生态“三生融合”的发展理念。调研中我们与有关部门接触时，感到存在的问题是：对于生活、生态的重要性高度认同，但对生活、生态如何转化为现代产业形态，缺乏经验和行之有效的办法。

我们认为，威海南海新区目前人口为10万，每年有大量的流量人口前来度假或短期工作，因此，提升生活、生态的质量，本身就是威海南海新区发展的目标。而围绕着如何提升生活、生态的质量，必然要布局各类服务业，这其中既有生活性的服务业，也有文化创意产业等。因此，围绕进一步优化生活品质与生态环境的目标，以商务休闲区、旅游度假区为空间载体，大力发展各类服务业，是威海南海新区的重要发展方向。

3. 进一步拓展融资渠道，保障可持续开发建设的资金需求

南海新区作为全省唯一的县级海洋经济新区，与青岛西海岸、潍坊滨海相比，财力相差悬殊，资金短缺成为南海新区加快发展的突出问题，影响了先前几年的发展优势，后续的发展压力将会较大。建议威海南海新区：

①积极开展盐碱地、滩涂地等未利用地生态化恢复、改造，但在具体开发过程中，坚持探索小地块开发模式，减轻基础设施投入压力。

②引进园区开发企业，探索以PPP等模式，推进部分项目建设。

③与国家开发银行等合作，探索开发性金融促进海洋经济发展经验与模式，试点工作将在一定的融资优惠政策下给予涉海企业或项目一定额度的融资支持，促进海洋战略性新兴产业、海洋服务业等产业发展。

4. 进一步明确科研转化的方向，推动院企务实合作

威海南海新区已经配套建设规模较大、功能较为齐全的孵化器；引进并建

设了北京交通大学威海校区，展开了国际合作办学框架，规划引进了云计算科技园、中科院和中物院技术转移中心文登南海分中心等一批科研机构。这为威海南海新区成长为重大科技创新平台打下了一定基础。

目前，应制定威海南海新区蓝色经济科研中心的规划定位，争创国家海洋科技自主创新示范区和国家科技兴海示范基地，形成明确的科技主攻方向。

同时，加强企业与科研机构的对接，发挥科技合作中市场机制的决定性作用，切实做到科研机构的引入能够做到名实俱在。

5. 进一步明确中韩合作的方向，提升国际化水平

《山东半岛蓝色经济区发展规划》明确提出，要将威海打造成为中韩经济带的桥头堡。数据显示，在威海的外商投资中 40% 以上来自韩国，而 30% 以上的外贸进出口贸易都与韩国有关。中国与韩国之间航班密度最高的是威海至首尔。中国到韩国的轮渡数量最多也是威海地区。

南海新区应充分强化地缘优势，积极推进中韩在三个层面的合作，包括重大研究性合作；企业项目的务实合作；城市政府间关于合作建设中韩示范园区的合作。在条件成熟的情况下，争取建立威海南海中韩自贸区，推进中韩投资贸易便利化，探索中韩技术、管理、人才等方面合作的机制与体制。

6. 进一步对外协同合作，打造全方位开放的经济体

第一个层面是进一步加强南海新区与文登区及威海市（含区、县）的合作。在推动合作共建园区、飞地经济等方面，应有新的突破。

第二个层面是进一步加强与山东半岛蓝色经济区其他城市组团的合作。《山东半岛蓝色经济区发展规划》提出了烟台—威海组团、青岛—潍坊—日照组团、东营—滨州组团三个组团发展的思路。南海新区要积极研究在组团中的分工定位，加强交通基础设施、网络信目、项目上的对接与合作，形成合力优势。

第三个层面是加强与国内其他重要城市的联系。威海南海新区与首都北京、省会济南都处于 1.5 小时的经济圈内。威海南海的定位要有利于吸引从首都、省会城市的转移出来的功能，特别是科研技术力量。同时也要有利于吸引

高端旅游度假的人群需求。

第四个层面是加强与国际城市的联系，包括与日、韩的主要城市建立联系，推动技术、资金、管理、人才等方面的合作。

7. 进一步塑造新区的品牌形象，形成品牌综合收益

品牌既是影响力与知名度，能够降低外界搜寻成本，有利于招商引资，吸引各类消费人群，也利于集聚政策支持。当前，威海南海新区已经有了一定的知名度，但是在沿海各类海洋经济区中，品牌形象尚不够突出。建议：

之一，高端化的设计。威海南海新区应该打造一至两个在国内具有影响力的论坛、活动，引领一至两个领域或行业的发展方向。

之二，特色化的表达。表达的方式、媒介的选择、诉求的内容，应力求最深入地反映威海南海新区的特色，形成唯一性。

之三，国际化的影响。在目前的政策体系下，威海南海新区尽管只是一个县级的新区，但由于它处于开放前沿，实质上已经是一个重要对外开放的窗口。因此，威海新区的品牌元素应该充分考虑国际化环境，达到在国际化环境下被充分认知、传播、记忆。

8. 进一步探索蓝色经济与城镇化的关系，在若干重要改革领域实现试点突破

山东半岛蓝色经济区是国内首个以海洋经济为主题的区域发展战略，规划主体区包括15.95万平方公里海域，及青岛、东营、烟台、潍坊、威海、日照6市和滨州市两个沿海县所属6.4万平方公里的陆域。经济区的发展已上升为国家战略，各个市（县）、新城新区都在积极探索管理模式、体制机制。

威海南海新区在此过程中，应紧紧围绕农业人口转移、土地制度改革、投融资制度、可持续蓝色经济发展、生态文明建设、行政管理体制等重大问题，展开改革实践。条件成熟时，积极申报国家级开发区、国家专项或综合试点，为进一步发展拓展政策空间。

第十七章

镇江新区：争做开发区转型发展的排头兵

镇江新区位于长江下游南岸，中国历史文化名城镇江市的东郊，总面积为218.9平方公里，下辖丁岗、大路、姚桥三个镇和大港、丁卯两个街道，人口28万。

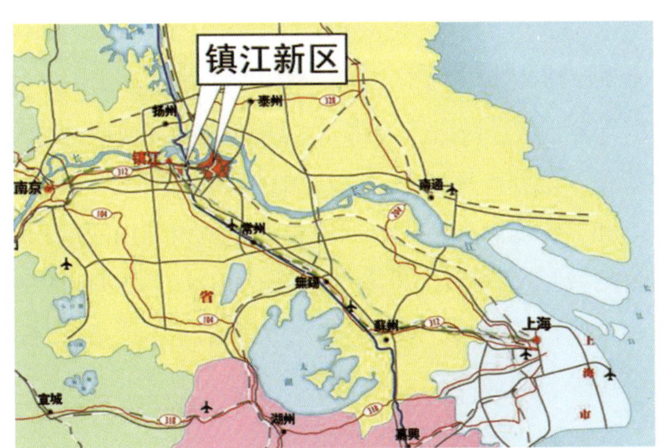

图 17.1　镇江新区在苏南的位置图

主要执笔人：郑明媚，国家发展改革委城市发展中心副研究员；冯奎，国家发展改革委城市发展中心学术委员会秘书长、研究员、博士后合作导师；虢建宏，中国科学院地理所博士后；李建，镇江经济技术开发区管委会政策室主任。

本报告调研与撰写得到镇江经济技术开发区管委会的协助。

镇江新区成立于1992年，并于1993年成立大港经济开发区，1998年6月正式合并成立镇江新区。经过20年的创新发展，镇江新区已成为集聚创新型人才、引进国际一流企业、吸纳高新技术投资的战略高地。2010年5月，镇江新区正式晋升为国家级经济技术开发区，新区管委会和镇江经济技术开发区管委会合署办公，代表镇江市政府对新区的工作实施统一领导和管理。2013年实现地区生产总值465亿元，达到2009年的2.16倍，四年间实现产业倍增。全区产业发展质量显现优势。2009～2013年间全区高新技术产业产值从318.9亿元增至780亿元，增幅144.6%；省级高新技术产品从196个增至408个，增幅达108.2%。

一、镇江新区开发的现状优势条件

1. 区位交通优势

镇江地处中国沿海沿江“T”型产业布局的结合点，长江与京杭大运河“十字黄金水道”交汇点，铁路、公路、水路和航空交通联运优势明显，交通十分便捷。镇江新区是苏南地区唯一临江的国家级开发区，区内大港港口是国家一类开放口岸和上海国际航运中心的组合港，是中国内河第三大港口。镇江通至上海和南京的城际高铁已于2010年通车，2011年京沪高铁也已通车并经停镇江。镇江距常州机场40公里，位于公路交通网络最完善的长江三角洲中心地带，对外交通极为便捷。

2. 产业发展优势

新区固定资产投资、工业投资、新兴产业投资连续五年全市第一，五年累计实现新兴产业投资653亿元、销售2500亿元，年均增长51%、33.6%，累计实现新兴产业及现代服务业到位外资13.9亿美元，新兴产业投入占工业比重由2009年的39.8%提高到2013年的77.7%。镇江新区2011年度投资环境综合评价指数在国家级经济技术开发区中名列第 18 位，2012 年获评“江苏省先进开发区”。2013 年完成 GDP 460 亿元，完成公共财政预算收入 47.49 亿元，固定资产投资 560 亿元，实到外资 9.34 亿美元，经济社会实现平稳健康发展。

3. 人才科技优势

镇江拥有丰富的教育资源，有江苏大学、江苏科技大学等 6 所高校和 20 多所中高等职业技术学校。城市毗邻南京仙林大学城，提供了充足的人力资源保障，每万人拥有的在校大学生数列江苏省第二。2013 年，引进国家“千人计划”8 人，入选省“双创计划”17 人，位列全省开发区第三。2009～2013 年，发明专利申请年平均增长 55.8%、发明专利授权年平均增长 63.0%。项目合作数从 2009 年的 22 项达到 2013 年的 55 项。R&D 经费支出占 GDP 比重从 2010 年的 2.33% 提高到 2013 年的 2.63%。新建省级研发机构 65 家，新建市级研发机构 94 家，目前全区累计共有各类研发机构 194 家。

4. 合作平台优势

深入推动对外开放与合作，形成了“中瑞镇江生态产业园”、“海峡两岸新材料产业合作示范区”、“镇江出口加工区”，一园两区三大明星载体。其中，中瑞政府间战略合作项目“镇江生态产业园”于 2014 年 7 月 3 日正式开园。园区以绿色、生态、低碳为主题，将成为瑞士及欧洲其他国家企业的产品、技术和解决方案进入中国市场最高效、最便捷的平台。除此之外，镇江新区还拥有众多的产业发展和对外合作的平台载体，包括中国镇江出口加工区、中国镇江留学人员创业园、国家级高新技术创业服务中心、国家火炬计划光电子与通信元器件产业基地、国家火炬计划沿江绿色化工产业基地，以及省级镇江软件园、大学科技园、国家首批“战略性新兴产业知识产权集群管理试点”、省航空配套产学研协同创新基地、省级创投集聚发展示范区。

二、镇江新区的发展定位与目标

《镇江市人民政府关于促进镇江高新技术产业开发区建设发展的意见》中提出：镇江新区要围绕“苏南自主创新示范区、国家级高端装备研发制造基地、深化科技体制改革先行区、战略性新兴产业发展先导区”发展定位，集聚创新要素，打造具有鲜明特色的国家高新区。

镇江新区目标保持全区经济社会快速、健康、协调发展，加速赶超先进开发区，跻身国家级开发区20强，率先迈入基本现代化。2015年，镇江高新区营业总收入达3500亿元，R&D占GDP比重达3.8%以上，每万人发明专利拥有量20件，高新技术产业产值占规模以上工业产值60%。

对比“十二五”的终期目标，镇江新区的有些目标已率先完成。比如镇江新区已进入国家级经济技术开发区20强，综合经济实力排名第18位。

表17.1　　镇江新区“十二五”期间经济社会发展的主要指标

指标	2014年	2015年目标	指标属性
地区生产总值（亿元）	520	可比价增幅9.5%	预期性
规模工业销售收入（亿元）	1636	2600	预期性
一般预算收入（亿元）	48.91亿元（按2015年调整后的公共财政预算收入口径为43.43亿元）	100	预期性
全社会固定资产投资（亿元）	393	增幅18%	预期性
工商注册实际到位外资（亿美元）	2.46	4.5	预期性
进出口总额（亿美元）	41.20		预期性
其中：出口总额（亿美元）	16.74		预期性
新兴产业年营业收入占二、三产业营业收入的比重（%）	—	—	预期性

续表

指标	2014 年	2015 年目标	指标属性
新兴产业增加值（亿元）	—	—	预期性
高新技术产业产值占规模工业总产值比重（%）	55	55.5	预期性
高新技术产业增加值（亿元）	—	—	预期性
服务业增加值占 GDP 比重（%）			预期性
服务业增加值（亿元）			预期性
全社会研发投入（亿元）	13.93	15.5	预期性
全社会研发投入占 GDP 比重（%）	2.68	2.68	预期性
百亿元 GDP 专利授权数（件）	202	—	预期性
发明专利授权量（件）	102	—	预期性
科技进步贡献率（%）	61.1	61.6	预期性
创业投资规模（亿元）	18.5	—	预期性
城镇居民人均可支配收入（元）	34576		预期性
农民人均纯收入（元）	17040		预期性
城镇登记失业率（%）			预期性
万元地区生产总值综合能耗下降率（%）	6	6	约束性
万元地区生产总值 CO_2 排放削减率（%）	—	—	约束性
主要污染物排放削减率（%）	—	—	约束性

三、镇江新区产业发展重点与战略

1. 空间布局上，实现两城五区十四园

为加快产业转型升级步伐，镇江新区正倾力打造“两城五区十四园”。两城包括镇江科技城、滨江产业新城；五区包括科技创新核心区、低碳经济示范区、特色产业集聚区、生态和谐样板区、效能建设先行区；十四园包括大学科技园、软件园、光伏产业园、航空产业园、车船装备园、民营创业园、现代物流产业园、现代农业示范园、工程技术创新园、轻纺工业园、绿色社体家园、

国际化学工业园、静脉产业园、中小企业创业园。

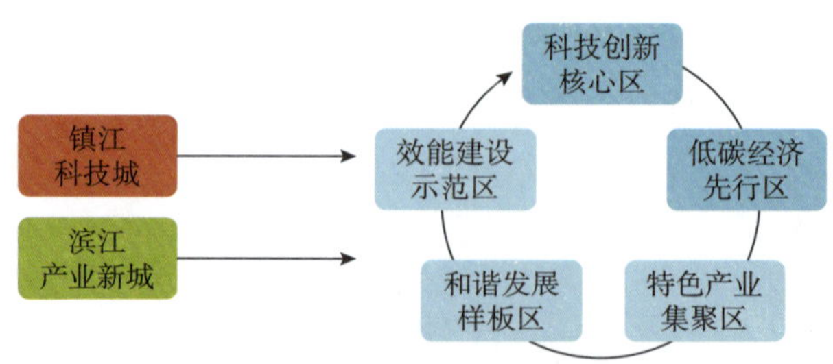

图 17.2 镇江新区“两城五区”

重点建设镇江科技新城、滨江生态产业新城，率先实现基本现代化。镇江新区大力推进形态开发和功能开发，提升城市品质，以科学的加速度倾力打造充满活力的镇江科技新城和一流的滨江产业生态新城。实现由单一功能区向叠加功能区转型、由工业区向宜居宜业、现代气息浓郁的新城区转变。将科技新城建成全市知识创新密集、最具发展活力和潜力的新坐标。将产业新城建设成为以先进制造业为主体，以现代服务业为支撑，集物流、商贸、居住及休闲旅游于一体，生态环境优美的现代滨江产业新城。

（1）汇聚创新资源打造镇江科技新城

将紧临镇江主城区的丁卯片区打造成镇江科技新城。增强创新能力，大力引进领军人才和创新创业团队。创新服务功能，全面提升以企业为主体的自主创新能力。把科技新城建设成为江苏省的创新高地、苏南新兴产业先导区、国际合作的科技承载区、创新创业的示范区。

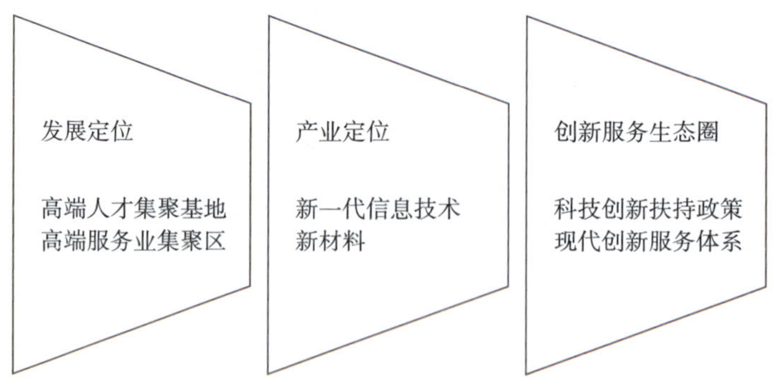

图 17.3 镇江科技新城发展定位

（2）加速转型升级打造产业新城

将沿江的大港片区打造成一流的滨江产业新城。改造提升传统优势产业，发展现代服务业，将产业新城建成基地型新兴产业高地。将滨江产业新城建设成为长三角地区经济发展转型的示范基地。

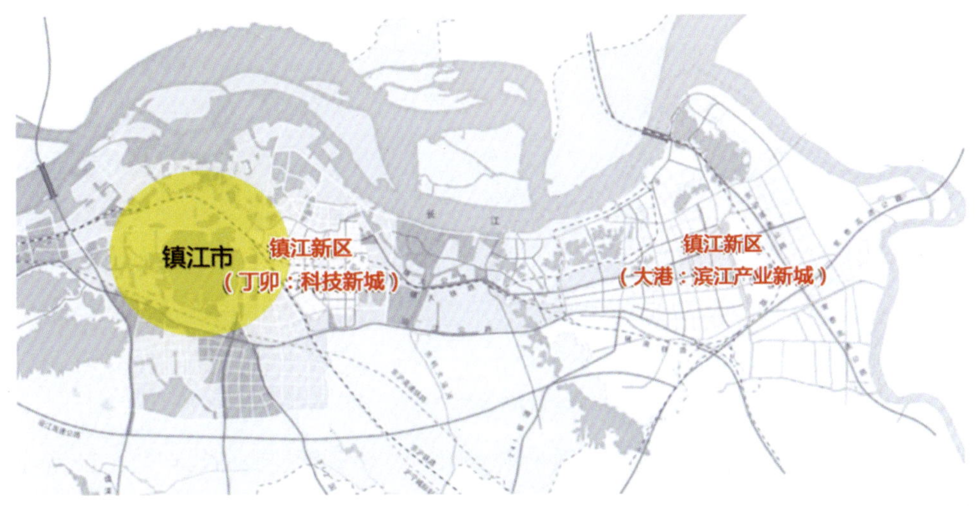

图 17.4　镇江新区两城布局图

2. 着力塑造现代产业特色和核心竞争力

（1）更加注重塑造产业核心竞争力

以“三集”园区为平台，重点发展新材料、通用航空、生态产业三大主导产业。

①新材料领域：瞄准航空航天、轨道交通、新能源汽车、国防装备等发展机遇，加快提升航科碳纤维、赛菲碳化硅纤维、剑桥高强高模聚乙烯、聚酰亚胺等项目技术创新和产业化能力，努力成为国家级特种纤维与高性能复合材料等产业示范基地。依托航天海鹰、汉克防火灭火新材料项目，大力发展超级保温和防火灭火新材料产业。依托 20 多年来形成的沿江化工产业基础，着力打造以导光板、荧光粉等为代表的新一代电子化学材料产业，为新一代液晶面板产业提供配套。鼓励索尔维、科莱恩、华兴集团等企业技术创新，共同打造国

内最具竞争力的表面活性剂研发生产基地。

②通用航空领域：发挥大路通用机场、四大涉航央企和航空产学研联合重大创新平台等优势，打造中国版“威奇托”[①]。以国际视野整合全球通航发展资源，以航天海鹰、菲舍尔航空部件等企业为重点，加快融入全球通航产业配套体系。加快形成国产大飞机配套产业体系。大力发展公务机整机制造，加快建设无人机制造基地。大力发展通航服务业，大力发展航空培训服务，同时依托大路通用机场，积极发展航空旅游休闲、提供应急救援服务等。

③生态产业领域：积极发展新能源、新光源、储能产业。顺应住宅产业化趋势，依托威信模块化建筑，发展未来绿色建筑。在环保装备、资源综合利用装备等重点加快突破，大力发展脱硫脱硝装置、环境监测专用设备、三废综合利用装备等节能环保产业。以中瑞镇江生态产业园为平台，以环保部固废中心、同济大学国家级环保实验室等为支撑，引入国内外先进环保技术和产品，试行节能量及排污权交易制度、政府购买第三方环境管理服务，打造污染治理和生态环保方案解决中心。

（2）更加注重培养产业创新发展能力

依托中科院激光产业园、华大基因镇江基地、美国 CHC 医疗中心、国家中低压检测中心、艾科半导体封装测试基地等重点项目，发展未来新兴产业。加快构筑技术、品牌、质量、服务为主的市场竞争优势，鼓励金东、奇美、联成等一批传统企业通过技术创新和高质提升增强市场竞争力和抗风险能力。充分发挥新区载体优势，促进大众创业、大众创新，积极发现培育新增长点。

---

① 威奇托（英语：Wichita）位于美国堪萨斯州塞奇威克县阿肯色河畔，是该州最大的城市和塞奇威克县的县治所在。威奇托是美国主要的飞机制造中枢和文化中心，拥有五家飞机制造商（比奇、塞斯纳、雷神、波音等）和麦康奈尔空军基地，因此也被称为“航空首都”（Air Capital）。

四、调研与思考

1. 国家级经济技术开发区的目标与功能

我国经济技术开发区起源于1984年，是改革开放的标志性产物和重要成果。经过30年的发展建设，开发区的经济总量、税收贡献在所在行政区域内的占比很高，有些甚至超过50%。2013年，开发区吸收外资和进出口占全国的比重都已接近20%。

改革开放之初，国家设立开发区的基本构想是实现两个目标，即：引进技术和资金、发展外向型经济的重要基地；探索精简高效的政府管理模式的试验田。现在这两大目标已基本上实现。随着改革开放进程的不断加快，国家级经济技术开发区在对外开放、吸引外资、发展产业、探索管理体制等方面，真正起到了窗口、示范、辐射和带动作用。镇江新区的成就与经验说明，国家级经济技术开发区已经成为地方发展的火车头、聚宝盆，对我国经济发展作出了重要的贡献，发挥着不可替代的作用。

2. 镇江新区初步形成了区域影响力

镇江新区2010年晋级为国家级经济技术开发区，这是在开发开放中诞生的开发区，担当着引领区域发展的历史责任。经过近20年的发展，镇江新区坚持大胆探索、先行先试，一直是领跑镇江经济发展的排头兵，也是苏南现代化示范区建设的先遣队。

2013年1月10日，商务部对外发布“2011年度国家级经济技术开发区综合发展水平评价报告”。在参评的90家国家级开发区中，镇江经济技术开发区排名第18位。

此次评价结果显示，除长春、合肥、哈尔滨、长沙外，前20位的国家级开发区均位于东部地区，具体排名及得分如下。

表 17.2 国家级开发区综合发展水平排名

开发区	得分	名次	开发区	得分	名次
天津	727.60	1	长春	469.40	11
苏州	709.40	2	杭州	456.91	12
广州	647.64	3	合肥	449.24	13
昆山	630.40	4	金桥	448.43	14
青岛	547.56	5	沈阳	436.57	15
烟台	544.00	6	哈尔滨	435.77	16
北京	535.12	7	扬州	425.08	17
漕河泾	533.05	8	镇江	422.14	18
大连	519.04	9	长沙	421.29	19
南京	470.50	10	徐州	415.28	20

镇江新区在全国 141 家国家级开发区中综合排名第 18 位，在新升级的 36 家国家级经济技术开发区中名列第 2 位；体制创新单项指标排名全国第 1。

对比省内外发展得比较好的几个新区，镇江新区还需要把改革的目标制定得更明确。深圳前海新区是 2010 年新批准的国家级新区，深港的优势资源和毗邻香港的地缘优势，是前海紧紧对准的改革方向。苏州工业园明确了发展的主要内容，主打国际合作牌。江宁开发区在短时间内把集聚发展要素作为重中之重。

表 17.3 镇江新区与其他新区的发展情况比较

名称	占地总面积（平方公里）	发展情况
深圳前海新区（成立于 2010 年）	14.92	截至 2013 年 7 月已有 1217 家企业入驻前海，2013 年生产总值 155 亿元
	前海的“特区之特”	争取特殊的法规政策，建成法治之区； 试行特别的体制机制，开展前海管理局法定机构试点； 建设特别的深港合作平台，建设成为香港与内地紧密合作的先导区； 构建特定的产业体系，建设区域性科技创新服务中心

续表

名称	占地总面积（平方公里）	发展情况
苏州工业园（成立于 1994 年）	288	2013 年实现地区生产总值 1900 亿元，增长 9.4%，实际利用外资 19.6 亿美元，完成进出口总额 804.6 亿美元，综合发展指数位居国家级高新区排名居全省第一位
	苏州工业园的“三化三型”	具有全球竞争力的国际化先行区； 推动园区经济的现代化、人的现代化、社会的现代化和生态的现代化； 提升发展 IT 产业，加速园区信息化建设
江宁开发区（成立于 1992 年）	318	至今累计吸引了 45 个国家和地区的 2000 多个项目，累计实现合同外资 90 亿美元，GDP、财政收入等指标年均增长 35% 以上
	宁江开发区的“三创”	全力打造高端要素和专业要素的集聚地； 引进各类创新资源的主阵地、高新技术和战略性新兴产业的发展高地； 完善科技创新创业服务体系

从区域环境来看，长三角区域一体化发展战略上升为国家战略，镇江新区位列长三角区域规划“一核九带”中的沪宁沿线发展带、沿江发展带和沿运河发展带上。在镇江推进“一城两翼”城市发展的战略背景下，区位优势更加凸显。面对新一轮新兴产业发展的历史性机遇，镇江新区与苏南先进开发区站到了一个新的起点上，为实现“拼抢新苏南、争先长三角”带来新的契机。但同时应看到，随着沿海大开发战略的深入开展，大项目、大产业向江苏沿海地区转移的态势明显加快；区域一体化发展带来同城化效应的同时也加剧了要素资源向上海、南京等中心城市的集聚，镇江新区面临更大的要素集聚挑战。

图 17.5　镇江新区在长三角的位置示意

专栏 17.1

2014 年 3 月，丹阳原后巷、新桥、埤城三镇合并成立丹北镇。目前，镇江新区、丹北镇、扬中三地形成了以长江为主轴的产业“金三角”地带。三个地区总面积 669 平方公里约占全市的 20%；规模定报工业企业 1250 家，占全市总数的 45%；工业销售 3234 亿元，占全市总量的 50% 左右。三个地区均依江发展，以港兴区，产业发展的基础和条件旗鼓相当。

表 17.4　　产业“金三角”发展比较（2013 年数据）

地区名称	地区生产总值（亿元）	规模以上工业总产值（亿元）	主要方向
丹阳市	925	2264	打造全国一流的沿江装备制造产业园、一流的先进工具制造基地、一流的汽配制造基地
扬中市	359	245	依托工程电器、船舶等产业，重点发展智能电气、新能源、海工装备产业
镇江新区	465	591.6	航空航天、新材料、新能源、高端装备制造、新一代信息技术等

3. 镇江新区积累的主要经验

（1）推动产业集群化发展

通过规划引领、重点招商、基础设施配套和政策倾斜等，推动镇江新城 9 个专业产业园区（航空航天产业园、国家大学科技园、新能源产业园、中瑞生态产业园、海峡两岸新材料产业合作示范区、医药医疗健康产业园等）的发展。目前，镇江新区形成了以碳纤维为代表的高性能复合材料产业，以高档公务机整机制造为引领的航空制造产业，以太阳能光伏产业和生物柴油生产为龙头的新能源产业，以区港联动发展为示范的现代物流产业，以及以圌山温泉旅游开发为重点的休闲度假产业，构建具有新区特色的现代产业体系。

（2）以平台引领产业的升级转型发展

镇江新区非常重视平台的建设，打造了科技创新、生产服务、生活服务、企业互动为主体的四大平台，通过平台的建设推动各产业之间的协同发展和转型升级。建立以国家大学科技园为核心的12家园区专业平台，以镇江奇美新材料研究院等100家市级以上企业技术研发中心为主的科技创新平台。依托已建成的国家中低压配电设备质量监督检验中心发展第三方检测、认证平台。做大做强综合保税区大力发展第三方物流，全力建设生产服务平台。整合建立各类金融服务平台，重视现代园区的生活服务平台的建设。初步形成了“创新核＋园区创新平台＋企业创新中心”的协同创新体系。

（3）重视城市生活功能的建设，打造方便宜居的城市

引进一批商业生活设施，建设学校、医院和体育馆等公共服务设施。镇江新区在建设过程中，一直重视城市综合功能的建设，已经形成以大润发大港旗舰店、麦德龙镇江开发区商场等一批商业生活设施。新建成的大港中学南校区、科技新城九年一贯制实验学校、加拿大枫叶双语学校等一批教育设施和全民健身体育馆公共服务设施，开通大港片区循环公交网。镇江新区从以往单一的生产功能逐渐向集居住、生活、工作于一体的综合功能转变。

（4）推动管理体制和机制创新。

从机构改革入手，形成了“小机构、大服务”的原则，形成了一个园区、一套推进机构、一套行之有效的工作机制。目前镇江新区先后成立了科技新城管委会、航空航天产业园管委会、现代农业产业园管理办公室等5个管委会、8个园区办和其他3个推进机构，并由经济发展局负责统一协调。积极探索园区实体化运作的有效路径，制定了一套既能集聚经济，又能体现绩效和实现精准管理的园区统计办法和目标考核评价体系。

4. 镇江新区面临的挑战

（1）规划建设的水平有待提高

尽管新区在工业经济上的迅速发展成效显著，但构建现代化产城一体园区所面临的问题依然突出。规划工作上，新区基本实现重点地段控规全覆盖，但区域规划编制进展不均衡，重点区域规划编制仍需精细化。城市建设上，城市建设结构布局不尽合理，基础设施建设不能满足城镇化和产业发展的需要。新区征地拆迁面广量大，留下了诸多的后续矛盾，各个拆迁点上不能迅速全面化解。交通运输上，对重大交通设施建设的关注不足，新区交通处于低层次交通，目前仍未形成大交通格局。从支撑配套来看，良港、自然资源、文化资源优势未能充分发挥，与现有优势产业配套不紧密，未能有效服务本地及周边工业企业。对城市发展所需要的要素支撑缺乏系统研究，尤其在如何保障城市发展的可持续方面关注不够，距苏南现代化标准还存在一定差距。

（2）产业体系结构和层次仍然较低

目前新区虽已初步建立了现代服务业体系，但是总体规模偏小、结构层次不优，尚无法满足“人流、物流、信息流、技术流、资金流”顺畅运转的基本需求。从产业结构来看，以传统服务业为主导的格局仍未打破。商贸服务业占比较大，科技服务业、信息服务业、商务服务业等技术密集型服务业领域发展相对滞后。生产性服务业占比不高，内部结构有待调整。区内各园区板块为追求数量上的增长，产业质量总体不高，各产业链之间缺乏协同。在战略性新兴产业布局方面，新区发展依然滞后，航空航天、新能源、新材料、生物医药、云计算、移动云服务等新兴业态占比依然偏低，无法抢占产业发展制高点，难以由高端产业向产业高端进一步演进。

（3）生态环境污染的根源依然存在

化工区是新区的主要园区之一，对新区的发展做出了较大的贡献，但因监管不严，治理不力，化工区环境污染问题对新区城镇化的发展有较大的影响。河道水体污染严重，异味、臭味突出，尤其是对房地产等服务业的发展影响较大。经济条件较好的市民更倾向于在市内购置房地产，新区的房地产业得不到有效发展，制约了新区服务业的发展，影响新区整体吸引力与竞争力的提升。

（4）体制机制创新成本上升压力加大

近年来，镇江新区在体制机制上仍然屡有创新，但创新成本不断增大，创新动力相对减弱。例如在人才引进上，镇江新区出台了《“新金山”创新创业领军人才集聚计划》（新金山人才计划），对各类领军人才给予资助。由于镇江市先期出台了人才引进计划，新区的人才计划要提高吸引力，必然在成本上有所上升。由于相对于周边的上海、杭州、南京、苏州、无锡等市来说，镇江的交通区位、产业发展尚有一定差距，在人才引进上镇江面临的难度更大。尤其是近年来，以上海为龙头的长三角城市的经开区、高新区等普遍进行体制机制的重大创新，许多方面已经走在前列，镇江新区创新的压力急剧加大。

5. 镇江新区转型发展的方向建议

到 2015 年 5 月，镇江新区作为国家级经开区将走完第一个五年历程。面临下一个五年、十年，镇江新区将构建何种愿景？制定什么方向的发展战略？这是镇江新区当前面临的迫切问题。

“加快转型升级、实现创新驱动”，“推动开发区由追求速度向追求质量转变、由政府主导向市场主导转变、由同质竞争向差异化发展转变”，这是汪洋副总理在 2014 年 9 月 4 日全国国家级经济技术开发区工作电视电话会上提出的方向。

镇江新区要充分把握机遇，适应新常态的新要求、新趋势，实现更均衡的发展。需要进一步推动体制改革，拓展合作领域，实现创新驱动和绿色发展，做到“五全”。

一是在全新的高度上定位镇江新区。以往，镇江新区跻身为国家级经济技术开发区，是带动镇江、苏南经济的重要载体。现在，镇江新区是苏南国家自主创新示范区的重要组成部分，是国家新型城镇化试点省份带动区域发展的重要阵地，还是沿长江经济带国家战略的节点城市，站在全新的高度认识镇江新区尤为必要。一方面要继续保持必要的经济增长速度，另一方面，镇江新区更要创新发展模式，成为质量型发展的示范区。更加重视创新能力、品牌建设、优化提升投资环境、实现经济社会全面均衡发展。

二是推进全面的体制机制创新。全面的体制机制创新，是促进镇江新区实现转型升级的关键。在全新的战略背景下，镇江新区面临的外部环境更加开放、更具活力。在过去的 5 年中，镇江新区探索国家经济开发区与行政区融合发展的体制机制，在简政放权、科学设置职能机构等方面卓有成效。深化改革，全面创新管理体制机制，是镇江新区下一步发展的重要任务。推动行政审批制度改革省级试点，实行“全过程并联、项目制审批、大数据支撑、智慧型政务”。深化经发总公司市场化改革，提高自主运行和自我造血功能。在产业园区市场化、投融资模式、社会事业上全面推动体制机制的创新。

三是全力推动创新和绿色发展。充分学习借鉴德国工业4.0版，高度关注、重点布局、大力培育一批新产业、新技术、新业态、新模式、新平台。大力发展智能制造、基因测序、健康诊疗、高技术服务、电子商务等未来高成长性产业，加快打造一批行业“隐形冠军”。探索利用国际合作的方式，引进先进的技术与管理，加速科技人才与产业对接，推动产业结构的升级。大力发展科技研发、物流、服务外包、金融保险等服务业。以镇江新区成为国家生态文明先行示范区为突破口，开展省级生态文明综合改革试点。进一步利用中瑞生态产业园的平台，开展绿色和低碳领域的国际合作。

四是扩大全方位的合作。镇江新区作为“国家队”一员，要积极参与境外经贸合作区建设，在“引进来”和“走出去”中提高自身能力。充分借鉴上海自贸区的做法，重点打造中瑞镇江生态产业园、国家级综合保税区等开放战略平台。应争取成为省级跨境电子商务试点城市，打造以瑞士名品、进口食品为特色的跨境电子商务平台。根据自身发展需求，加强与其他地区共建活动，抓住长江经济带发展的机遇，研究共建跨区域合作园区和合作联盟。凝聚政府、企业、社会三方合力，集聚集约配置土地、资金、人才等要素资源，营造产业良性发展的“小气候”。

五是健全新区生活服务功能。镇江新区虽然已经初步实现了单一的工业组团向工业和生活组团并存的转变，但是从目前的功能分区上看，还需要进一步优化，提升居住、商业配套功能。镇江新区的新增人口，无论是数量还是结构上都呈现了多样化发展的趋势。有返乡兴业的人口，也有从农村地区进城的人口，也有专门的引进人才，新城的配套就必须健全生活性功能。建设集聚商业、餐饮、娱乐、休闲等多种服务业态的经济技术开发区，真正实现产城融合发展的新区。除了配套硬件以外，还需要在文化、诚信、和善、亲邻等氛围和软环境上下功夫。在镇江新区营造良好的营商环境，依托新区总商会和创新总裁俱乐部等企业家组织，加强企业家交流，努力造就一支职业化、现代化、国际化的企业家队伍。

附 1：2013 年以来新城政策文件汇编

一、产业新城

①2014 年　湖南省政府发布《湖南省产业园区条例（征求意见稿）》，该《条例》明晰了园区发展的基本原则、服务目标和相关职责，陈述园区设立的条件、管理方法等；并说明发展模式和土地利用和法律责任。

②2014 年 4 月 28 日　河南省发展改革委发布《2014 河南省加快产业集聚区建设专项工作方案》。该《方案》提出“坚持三规合一、四集一转、产城互动的基本要求，以提高产业竞争力为核心，大力实施产业集聚区提升工程，支撑带动先进制造业大省建设”的基本思路，突出承接产业转移和培育发展新型业态，突出优化营商环境和公共服务能力建设，突出资源集约和绿色发展，突出推进农业转移人口市民化。

③2014 年 4 月 2 日　滇中产业新区规划建设领导小组暨新区建设推进会议在滇中产业新区东片区指挥部召开。云南省省长李纪恒指出，着力建设“五个”新区：改革新区、开放新区、人才新区、创业新区、廉政新区。规划中的滇中产业新区重点开发 1149 平方公里土地，形成“一核一轴四片三个辐射带动面”的总体空间布局。重点发展石油化工、钢铁、钒钛、汽车、光电子、生物医药等多个优势潜力产业。

④2013 年　中共云南省委、云南省人民政府出台《关于建设滇中产业聚集区（新区）的决定》。该《决定》提出要以加快转变经济发展方式为主线，以改革创新体制机制为突破口，以产业园区为载体，统筹整合优势资源，采取有力政策措施，全力打造高新技术产业和国际一流的产业新区。

⑤2013 年 10 月 16 日　乌海市人民政府发布了《乌海市人民政府关于进一步加快工业转型升级和工业园区建设的意见》（乌海政发〔2013〕58 号）的政府规章。该《意见》提出要贯彻落实市委“一个中心、两个转型、三个率先、五个乌海”发展战略，以加快转变发展方式为主线，以经济结构战略性调整为主攻方向，围绕“一城目标、两个基地、三化提升、四个园区”发展定位，促进工业经济转型升级，提升工业园区建设水平。

⑥2013 年 6 月 19 日　呼和浩特市政府与西部控股有限公司等签署合作协议，将投资 150 亿元以上建设内蒙古国际文化产业新城。文化产业新城将以影视文化发展为主题，整合运用国际化、现代文化产业发展理念和科技成果，充分挖掘内蒙古生态元素和民族文化元素，打造集文化创意产业、影视科技发展、文物保护资源利用、餐饮娱乐、旅游休闲度假等功能为一体的文化产业发展基地。

⑦2013 年 3 月 1 日　贵州省人民政府办公厅出台《贵州省 100 个产业园区成长 2013 年工作方案（附名单)》。该《方案》共筛选 111 个产业园区纳入 100 个产业园区成长工程，并制定了工作目标和实施方案：着力完善园区服务设施和环保设施；优化园区招商引资工作，积极发展园区主导产业、特色产业和高新技术产业。

二、生态新城

①2014 年　国家发展改革委制定《国家新型城镇化 2014－2020》。其中“加快绿色城市建设”一节提到要将生态文明理念全面融入城市发展，构建绿色生产方式、生活方式和消费模式；严格控制高耗能、高排放行业发展；节约集约利用土地、水和能源等资源；加快建设可再生能源体系；实施绿色建筑行动计划，完善绿色建筑标准及认证体系；实施大气污染防治行动计划；合理划定生态保护红线，扩大城市生态空间。

②2014 年　国家发展改革委制定《国家新型城镇化 2014－2020》。其中“第二十七章强化生态环境保护制度”就强化生态环境保护制度方面要求完善推动城镇化绿色循环低碳发展的体制机制；要求建立生态文明考核评价机制和

国土空间开发保护制度；建立空间规划体系，实行资源有偿使用制度和生态补偿制度；建立资源环境产权交易机制以及实行最严格的环境监管制度；建立和完善严格监管所有污染物排放的环境保护管理制度。

③2014 年 11 月 03 日　中国、法国政府代表在巴黎签署了《关于在武汉市建设中法武汉生态示范城的意向书》，“中法武汉生态示范城”正式落户蔡甸区后官湖畔。目前，生态区域及周边已布局了世茂嘉年华、中国健康谷、中法文博城、雷诺汽车基地等一批总投资逾千亿元的项目，存量项目初具规模。

④2014 年 8 月 13 日　5 月中旬，淮安市政府下发了《关于明确市与淮安生态新城财政管理体制的通知》（淮政发〔2014〕68 号），同意设立生态新城金库。生态新城主动与市财政局、市人行等有关部门沟通，商谈新城财政体制管理模式及金库建立具体事宜，汇总、整理《新城金库设立业务流程》。

⑤2014 年 6 月 27 日　淮安生态新城管委会发布《淮安生态新城 2014 年度招商引资奖惩办法》。该《办法》陈述了总部经济项目、经营性项目、外资项目等各类项目的考核奖励办法，以及考核组织的成立设置标准。

⑥2014 年 6 月　贵州省发展改革委出台《贵州省生态文明先行示范区建设实施方案》。该《方案》提出要严格实施主体功能区制度和规划，科学谋划空间开发格局；大力调整优化产业结构，推动绿色循环低碳发展，促进资源节约集约循环利用；加强生态系统建设和环境保护，健全完善生态文明制度。

⑦2014 年 5 月 17 日　贵州省第十二届人民代表大会常务委员会制定《贵州省生态文明建设促进条例》。该《条例》规定了编制生态文明建设规划的程序和主要内容，以及生态文明建设指标体系；制定了生态区的保护和治理办法，以及生态文明建设年度行动计划，保障生态文明相关规划和政策的执行和落实。

⑧2014 年 3 月 10 日　国务院发布《国务院关于支持福建省深入实施生态省战略加快生态文明先行示范区建设的若干意见》。该《意见》提出要以生态文化建设为支撑，以实现绿色循环低碳发展为途径，深入实施生态省战略，构建生态文明先行示范区。同时优化国土空间开发格局，加快推进产业转型升级，促进能源资源节约，加大生态建设和环境保护力度，提升生态文明建设能

力和水平。

⑨2014 年 3 月 4 日　淮安生态新城管委会发布《淮安生态新城招商引资扶持政策》。该《政策》陈述了总部经济项目、经营性项目、外资项目等各类项目的相关招商引资扶持政策和奖励标准、补助办法，以及对淮安生态城的投资服务环境进行了承诺说明。

⑩2014 年 1 月 28 日　淮安生态新城管委会发布《淮安生态新城投资政策》。该《政策》陈述了总部经济项目、文化旅游项目、外资项目等各类项目的相关招商引资扶持政策和优惠政策、补助办法。

⑪2013 年 11 月 11 日　中共三明市委办公室发布《海西三明生态工贸区生态新城建设发展管理体制和运行机制实施方案》。该《方案》确定了海西三明生态工贸区管委会职能、管委会内设机构（综合办公室、经济发展局、规划建设局、财政局等）的职责，以及理顺市、县、管委会及相关部门之间关系，明晰利益分配机制。

⑫2013 年 1 月 1 日　成都市第十五届人民代表大会常务委员会发布《成都市环城生态区保护条例》。该《条例》要求环城生态区总体规划由市城乡规划行政主管部门统一编制，对生态城的规划建设和土地利用严格管理。同时，规范了生态区的生态环境建设和保护办法，以及监督检查。

⑬2012 年 2 月 1 日　无锡市人大常委会发布《无锡市太湖新城生态城条例》。该《条例》规范了生态城的规划内容，规划体制，以及规划了生态城的功能分区、产业布局、配套设施并提出生态保护要求，同时对生态城具体建设过程中的能源使用、资源循环利用、低碳绿色标准进行了规范要求。最后对生态城的管理方法、融资体制、土地财政加以说明。

三、科技新城

①2014 年 5 月 28 日　浙江杭州未来科技城（海创园）管委会发布《人才安家费（购房）补助操作细则》。该《细则》制定了具体的申请条件和补助标准，以及需要的相关申请材料和审批程序。

②2014 年 5 月 12 日　湖州市实施“南太湖精英计划”领导小组办公室发

布《2014 年度“南太湖精英计划”引进高层次创业创新人才公告》。该《公告》说明了德清科技新城的人才重点需求领域，引进创业领军人才的对象和条件，及其相关扶持政策，明确了领军人才申请办法和遴选程序。

③2013 年 9 月 26 号　中共宁波市委办公厅《宁波市人民政府办公厅关于建设宁波新材料科技城人才管理改革试验区的若干意见》。该《意见》以推进新材料科技城人才发展体制机制改革创新，加快人才资源集聚，打造区域人才高地为目标，在人才薪金补贴，创业扶持，创业优惠政策，科技成果转化基金和科技发明专利版权等提出了相关意见。

④2013 年 7 月 19 日　德清科技新城管理委员会发布《德清科技新城科技创业种子资金管理办法（暂行）》。该《办法》明确了创业资金的申请对象和申请条件，以及具体的支持方式和资金额度，确定了申报审批的程序和资金的拨付与管理。

⑤2013 年 6 月 25 日　四川省人民政府发布《支持绵阳科技城加快建设政策措施的通知》。该《通知》提出要确定重点区域实现突破发展，支持事业单位科技成果转移转化，开展土地政策创新试点，实行科研经费分配管理改革，设立科技人才发展专项资金，开展股权激励和科技成果转化奖励试点，加大对鼓励类产业企业的政策支持，加大对科技城设立金融机构的支持。

⑥2013 年 6 月 25 日　四川省政府办公厅发布《四川省人民政府关于加快推进绵阳科技城建设的指导意见》。该《意见》提出加快产业突破发展，加快科技创新产业化基地建设，加快创新平台建设，加大政策支持力度，实施创新体制机制，聚集创新要素，加快建设科技创新策源地、创新人才汇聚地、科技成果集散地、高新技术产业集中地。

⑦2013 年 4 月 3 日　浙江省财政厅、浙江省科学技术厅发布《关于印发支持青山湖科技城引进共建创新载体专项资金管理暂行办法的通知》。该《通知》规定了专项资金的申请条件和资金数额，明确了申请材料的内容和申请程序。

⑧2013 年 1 月 1 日　浙江杭州未来科技城《未来科技城（海创园）引进人才创业资助奖励管理办法》。该《办法》明确了创业资金的申请对象为海内

外国家级院士、国家“千人计划”人才和浙江省“千人计划”人才；明确申请条件，以及具体的支持方式和资金额度，确定了申报审批的程序和资金的拨付与管理。

四、高铁新城

①2014 年 7 月 29 日　国务院办公厅发布《关于支持铁路建设实施土地综合开发的意见》。该《意见》支持盘活现有铁路用地推动土地综合开发；鼓励新建铁路站场实施土地综合开发；完善土地综合开发配套政策；加强土地综合开发的监管和协调。

②2014 年 2 月 10 日　滕州市人民政府《滕州市高铁新区招商项目评审办法（试行）》。该《办法》确定了评审对象和评审原则，以及评审内容和评审组织、程序，并根据滕州市高铁新区产业布局和功能定位确定产业导向、土地利用等。

③2013 年 8 月 9 日　国务院发布《关于改革铁路投融资体制加快推进铁路建设的意见》。该《意见》推进铁路投融资体制改革，多方式多渠道筹集建设资金；不断完善铁路运价机制，稳步理顺铁路价格关系；建立铁路公益性、政策性运输补贴的制度安排，为社会资本进入铁路创造条件；加大力度盘活铁路用地资源，鼓励土地综合开发利用；强化企业经营管理，努力提高资产收益水平；加快项目前期工作，形成铁路建设合力。

五、智慧新城

①2014 年　国家发展改革委出台《国家新型城镇化 2014－2020》。该文件关于“推进智慧城市建设”一节提到要统筹城市发展的物质资源、信息资源和智力资源利用，推动物联网、云计算、大数据等新一代信息技术创新应用。推广智慧化信息应用和新型信息服务，促进城市规划管理信息化、基础设施智能化、公共服务便捷化、产业发展现代化、社会治理精细化。

②2014 年 8 月 5 日　宁波市经济和信息化委员会、宁波市财政局发布《宁波市智慧城市专项资金管理办法（暂行）》。该《办法》设立宁波市智慧城

市建设专项资金，并为规范专项资金的使用管理，提高资金使用绩效规定了资金来源和用途，以及资金所支持的对象、支持方式，规定了资金的申报审核以及资金下达的具体程序。

③2013 年 11 月 27 日　中共咸阳市委办公室发布《咸阳市信息化（智慧城市）项目建设管理办法》。该《办法》重点推进智慧城市的专项资金的管理，以及全市的基础数据库、地理信息系统等基础性建设项目，规范建设单位的资质等级和重大项目、信息化项目的组织领导工作。

④2013 年 10 月 20 日　住房和城乡建设部建筑节能与科技司印发《国家智慧城市试点过程管理细则（试行）》。该《细则》规定了智慧城市试点过程管理的原则，制定试点工作阶段实施计划和年度工作计划，开展试点工作有关部门的综合协调以及落实配套条件等管理内容，设定了相关城乡建设管理部门的组织协调、监督检查的职责。

⑤2013 年 8 月　住房和城乡建设部公布《2013 年度国家智慧城市试点名单》。该《名单》确定北京经济技术开发区等 103 个城市（区、县、镇）为 2013 年度国家智慧城市试点。同时要求各地要针对本地区新型城镇化推进中的实际问题，制订出智慧城市创建目标；省级住房城乡建设主管部门要总结 2012 年度智慧城市试点管理经验，统筹做好本地区试点的组织协调、全过程管理指导检查和监督。

⑥2013 年 4 月　住房和城乡建设部发布《智慧城市公共信息平台建设指南（试行）》。该《指南》规范了相关术语定义和智慧城市的整体框架，以及智慧城市公共信息平台的功能框架、组成说明和能力要求，制定了平台的建设模式和管理策略。

⑦2013 年 3 月 12 日　住房和城乡建设部出台《国家智慧城市试点暂行管理办法》。该《办法》明确了试点申报、申报程序和所需材料，以及评审方式和试点城市实施方案的具体内容。文件最后附录了《国家智慧城市（区、镇）试点指标体系》。

六、低碳新城

①2014 年　国家发展改革委出台《节能低碳技术推广管理暂行办法》。该《办法》重点制定了节能低碳技术申报、遴选和推广的组织工作，实行自愿申报、科学遴选，坚持企业为主、政府引导、社会参与、重点推广和动态更新的办法。

②2014 年 8 月 6 日　四川省人民政府发布《2014 －2015 年四川省节能减排低碳发展行动方案》。该《方案》提出进一步实施节能减排降碳重点工程，狠抓重点领域节能减排降碳，加强节能环保低碳技术和产品推广应用，强化节能减排降碳激励约束政策，进一步发挥节能减排降碳的市场化机制作用，加强制度建设和监督检查。

③2014 年 5 月 15 日　国务院办公厅出台《2014 －2015 年节能减排低碳发展行动方案》。该《方案》要求大力推进产业结构调整，加快建设节能减排降碳工程，狠抓重点领域节能降碳，强化技术支撑，进一步加强政策扶持，积极推行市场化节能减排机制，加强监测预警和监督检查。

④2013 年 11 月 22 日　广东省发展改革委、广东省财政厅发布《关于申报 2013 年省低碳发展专项资金（低碳发展示范方向）的通知》。该《通知》说明了低碳社区建设、低碳园区建设和公共建筑低碳改造的低碳项目申报要求，以及具体的申报条件和申报程序。

⑤2013 年 7 月 30 日　晋城市人民政府办公厅《晋城市国家低碳城市试点工作目标责任分解》。该《分解》明确了各县（市、区）政府、开发区管委会工作目标责任分工；同时规定了国家低碳城市试点部门工作目标责任分解。

⑥2013 年 7 月 30 日　晋城市人民政府发布《晋城市低碳城市试点工作实施方案》。该《方案》要求全面开展低碳试点示范建设，构建低碳发展的能力支撑体系等任务，开展低碳产业体系构建工程，重点节能提效改造工程，能源结构优化调整工程，生态城市森林增汇工程，低碳试点示范推进工程等工程。

⑦2013 年 4 月　中共广元市委办公室、广元市人民政府办公室发布了《2013 年低碳城市试点工作重点及任务分工》。该《分工》明确了“推进低碳

工业发展”、“培育生态旅游”、“生态工程和城乡绿化建设”、“绿色小城镇建设”、“生态小康新村建设”等十六大工程的牵头单位和责任单位的分工。

⑧2013 年 4 月 2 日　济源市人民政府办公室发布《建设低碳城市的指导意见（济政〔2013〕11 号)》。该《意见》制定了河源市建设低碳城市的主要原则和目标，以及产业结构调整，能源结构调整，构建绿色低碳建筑体系，构建绿色低碳交通体系，倡导低碳生活方式等主要任务。重点推进强力推进产业结构调整，优化能源结构，大力发展可再生能源，构建低碳建筑体系，推进智能交通建设，构建低碳交通体系。

⑨2013 年 2 月 4 日　河源市人民政府发布《河源市低碳城市建设总体规划（2013 - 2020 年)》。该《规划》分析了河源市低碳城市建设的发展环境、发展基础和发展目标。同时提出构建低碳产业体系，推进低碳能源统筹发展，加快低碳交通推广普及，促进低碳建筑示范应用，倡导环保低碳优质生活，优化碳汇系统建设布局，以及推进低碳能源产业，先进制造产业，等重点工程。

⑩2013 年 1 月 16 日　镇江市人民政府发布《2013 年镇江低碳城市建设工作计划》。该《计划》要求实施优化空间布局行动，实施发展低碳产业行动，实施构建低碳生产模式行动，实施碳汇建设行动，实施低碳建筑行动，实施低碳能源行动，实施低碳交通行动，实施低碳能力建设行动，实施构建低碳生活方式行动。

⑪2012 年 7 月 19 日　深圳市龙岗区人民政府办公室发布《深圳国际低碳城绿色建筑与低碳建设管理办法（试行)》。该《办法》提出低碳城范围内建筑有关节能、绿色、生态、低碳、环保措施应纳入基本建设程序，加强建设工程投资备案和立项、施工图设计和审查、验收监管。对低碳城的新建建筑节能和太阳能建筑应用设计、绿色建筑建设和管理、节能与能源利用措施应用、节水与水资源利用措施应用、节材与材料资源利用措施应用、节地与室外环境措施应用、绿色施工、既有建筑节能改造等方面提出了相关规范和要求。

附2：2013年以来新区政策文件汇编

一、国家级新区

①2014年8月1日　广州市第十四届人民代表大会常务委员会第二十九次会议通过《广州市南沙新区条例》，对南沙新区的具体的规划、建设、管理、服务、区域合作、生态环境保护、产业促进、人才保障、社会治理法律责任等内容进行了详细规定和说明。

②2014年7月23日　国务院批复《兰州新区综合保税区优惠政策（暂行）》，为引领国家级兰州新区发展建设，促进兰州新区丝绸之路经济带向西开放重要战略设想的落实，政策规定区内企业用地供应可享受“出城入园”企业净地出让的优惠政策，代征用地不再收取征地成本费用，保税区企业间交易可任选人民币或外币结算。

③2014年7月21日　国家发展改革委印发《大连金普新区总体方案》，提出金普新区的战略定位为我国面向东北亚区域开放合作的战略高地，引领东北地区全面振兴的重要增长极，老工业基地转变发展方式的先导区，体制机制创新与自主创新的示范区，新型城镇化和城乡统筹的先行区。并确定了总体布局和重点发展区以及相关保障措施。

④2014年6月23日　西咸新区管委会出台《西咸新区丝路经济带能源金贸中心园区优惠政策》，为把西咸新区建设成为丝绸之路经济带重要支点，针对金融、能源、贸易三类企业制定优惠政策。共三十条，对三类企业从租金、补贴和免税政策方面的优惠进行了规定。

⑤2014年6月13日　国家发展改革委印发《青岛西海岸新区总体方案》，

提出西海岸新区的战略定位为海洋科技自主创新领航区，深远海开发保障基地，军民融合创新示范区，海洋经济国际合作先导区，陆海统筹发展试验区。规划了西海岸新区的总体发展格局、重点任务和保障措施。

⑥2014 年 2 月 19 日　国家发展改革委印发《贵州贵安新区总体方案》，该《方案》提出贵安新区的战略定位为内陆开放型经济新高地、创新发展试验区、高端服务业聚集区、国际休闲度假旅游区、生态文明建设引领区。并对贵安新区的功能分区和发展重点进行说明，同时给予贵安新区多种政策支持。

⑦2014 年 2 月 19 日　国家发展改革委印发《山西西咸新区总体方案》，提出西咸新区的战略定位创新城市发展式试验区，丝绸之路经济带重要支点，科技创新示范区，历史文化传承保护示范区，西北地区能源金融中心和物流中心，并明确了西咸新区的总体布局，重点建设任务和相关支持政策。

⑧2013 年 8 月 4 日　浦东新区人民政府印发《浦东新区加快文化创意产业发展的财政扶持办法》，明确了文化创意产业的认定和鼓励等措施，旨在进一步推动重大项目和优质资源向新区集聚，鼓励社会资本进入新区文化创意产业领域，不断提升新区文化创意产业能级。

二、上海自由贸易区

①2014 年 7 月 25 日　上海市第十四届人民代表大会常务委员会第十四次会议通过了《中国（上海）自由贸易试验区条例》，为推进自贸试验区建设应当围绕国家战略要求和上海国际金融中心、国际贸易中心、国际航运中心、国际经济中心等定位进行建设，《条例》细化了管理体制、投资开放、贸易便利、金融服务、税收管理、综合监管等内容。

②2014 年 5 月 21 日　中国人民银行上海总部出台《中国（上海）自由贸易试验区分账核算业务实施细则（试行）》，适用于上海市金融机构开展试验区分账核算业务，根据权责一致原则完善试验区分账核算业务管理的工作机制和职责分工，建立本外币协调监管机制。

③2014 年 5 月 21 日　中国人民银行上海总部出台了《中国（上海）自由贸易试验区分账核算业务风险审慎管理细则（试行）》，中国人民银行上海总

部根据金融宏观审慎管理要求，对上海市金融机构自由贸易试验区分账核算业务进行监督管理，明确了管理内容和管理细则。

④2014 年 4 月 15 日　工业与信息化部出台了《中国（上海）自由贸易试验区外商投资经营增值电信业务试点管理办法》，该办法对试验区外商投资企业申请经营增值电信业务的条件、所需文件，享受的权利与应履行的义务等进行的说明。

⑤2013 年 12 月 2 日　中国人民银行发布《中国人民银行关于金融支持中国（上海）自由贸易试验区建设的意见》，为支持试验区建设，提出创新有利于风险管理的账户体系，探索投融资汇兑便利，扩大人民币跨境使用，深化外汇管理改革，以及监测与管理等方面的意见。

⑥2013 年 11 月 15 日　财政部和国家税务总局发布《关于中国（上海）自由贸易试验区内企业以非货币性资产对外投资等资产重组行为有关企业所得税政策问题的通知》，对具体的资产评估内容，条款和限制条件等内容进行了规定。

⑦2013 年 10 月 15 日　财政部、海关总署和国家税务总局发布《关于中国（上海）自由贸易试验区有关进口税收政策的通知》，自贸区内特定企业相关税收的使用范围，适用条件等进行了具体规定。

⑧2013 年 9 月 29 日　上海市政府第 24 次常务会议通过《中国（上海）自由贸易试验区管理办法》，为了推进中国（上海）自由贸易试验区建设，具体规定自贸区内的管理机构、投资管理、贸易发展和便利化、金融创新与风险防范和综合管理与服务等内容。

⑨2013 年 9 月 29 日　交通运输部和上海市人民政府发布了《关于落实〈中国（上海）自由贸易试验区总体方案〉加快推进上海国际航运中心建设的实施意见》，指出要加快推进上海国际航运中心建设，进一步深化改革，扩大开放，提升服务水平，加强基础设施建设，完善各项保障措施。

⑩2013 年 9 月 28 日　中国银行业监督管理委员会发布《关于中国（上海）自由贸易试验区银行业监管有关问题的通知》，对自贸区内银行业的监管问题进行规定，并致力完善监管服务体系，推动自贸区内的银行业发展。

⑪2013 年 9 月 27 日　交通运输部发布了《交通运输部关于在上海试行中

资非五星旗国际航行船舶沿海捎带的公告》，允许中资航运公司利用全资或控股拥有的非五星旗国际航行船舶，经营以上海港为国际中转港的外贸进出口集装箱在国内对外开放港口与上海港之间的捎带业务。

⑫2013 年 9 月 27 日　国家质检总局发布了《质检总局关于支持中国（上海）自由贸易试验区建设的意见》，探索建立试验区检验检疫监管新模式，支持试验区创新建立质量技术监督和执法体制，支持深化试验区质量监督行政审批制度改革，促进试验区提升贸易便利化水平，建立试验区检验检疫预警和防控体系，支持试验区公共信息平台建设，推动试验区诚信体系的建设和完善，支持试验区跨境电子商务的发展，服务试验区产业集聚。

⑬2013 年 9 月 26 日　国家工商行政管理总局批复同意了《中国（上海）自由贸易试验区试行新的营业执照方案》，规范统一各类企业营业执照，创造公平竞争的营商环境，提升工商登记管理效能，努力营造有利于试验区内各类企业健康发展、有利于市场秩序稳定有序的市场主体准入环境。

⑭2013 年 9 月 26 日　国家工商总局审议通过《国家工商行政管理总局关于支持中国（上海）自由贸易试验区建设的若干意见》，提出试点工商登记制度改革，优化试验区营商环境，优化企业设立流程，提升试验区登记效能，转变市场主体监管方式，维护试验区市场秩序等意见。

⑮2013 年 9 月 18 日　国务院印发《中国（上海）自由贸易试验区总体方案》，提出在试验区的总体目标为：积极推进服务业扩大开放和外商投资管理体制改革，大力发展总部经济和新型贸易业态，加快探索资本项目可兑换和金融服务业全面开放，探索建立货物状态分类监管模式，努力形成促进投资和创新的政策支持体系，着力培育国际化和法治化的营商环境，力争建设成为具有国际水准的投资贸易便利、货币兑换自由、监管高效便捷、法制环境规范的自由贸易试验区，提出具体的服务业扩大开放措施。

三、经济技术开发区

①2014 年 11 月 21 日　国务院办公厅发布《国务院办公厅关于促进国家级经济技术开发区转型升级创新发展的若干意见》，提出国家级经济技术开发

区要加快转型，努力实现由追求速度向追求质量转变，由政府主导向市场主导转变，由同质化竞争向差异化发展转变，由硬环境见长向软环境取胜转变。

②2013 年 1 月 28 日　科技部发布《国家高新技术产业开发区“十二五”发展规划纲要》，为培育和发展战略性新兴产业、促进区域经济结构调整和发展方式转变、加快建设创新型国家中的引领、支撑、辐射、带动作用，全面提升国家高新区的发展水平，明确“十二五”期间国家高新技术产业开发区的发展目标、重点任务及相关保障措施。

四、高新技术产业开发区

①2014 年 5 月 13 日　河南省政府出台《关于促进高新技术产业开发区发展意见》，明确了河南省高新技术产业开发区的发展目标，加快创新产业服务体系建设，构建科学高效的管理体制和运行机制，加大财税政策支持力度，优化配置土地资源。

②2013 年 12 月 31 日　重庆市政府出台《重庆高新技术产业开发区产业发展扶持办法》，为加快产业结构转型升级，促进区域经济更好更快发展，助力打造主城核心增长极，由重庆高新区管理委员会设立产业发展专项资金，对在高新区纳税的市场主体给予扶持。

③2013 年 9 月 2 日　辽宁省人民政府出台《关于加快高新技术产业开发区发展的意见》，提出创新管理体制和运行机制，落实市场经济管理权限，推行行政事业性“零收费”支付，大力发展创新型产业集群，实施企业提升工程，建立和完善科技服务体系，促进科技金融结合，加强土地集约利用，建立考核评价机制。

五、出口加工区

2013 年 5 月 3 日　宁波保税区党工委，宁波保税区管委会出台《宁波保税区（出口加工区）服务高层次人才若干政策意见》，确定了服务对象、扶持政策、配套服务等相关细节，指出要发挥高层次人才对区域经济转型升级的引领作用。

六、旅游度假区

①2014年5月6日　江苏省省旅游局发布《江苏省旅游度假区发展评价办法》，明确了江苏省旅游度假区的评价依据，评价内容，组织实施和评价应用。

②2013年11月8日　重庆市人民政府办公厅发布《关于加快建设旅游度假区的意见》，从吸引建设投资、接待住宿床位、吸纳就业人员方面明确了旅游度假区发展目标，提出了旅游产业发展的总体要求和保障措施，为重庆旅游业转变发展方式，整合集成旅游发展要素，调整优化旅游产品结构指出了方向。

③2013年8月28日　扬州市人民政府发布《扬州市政府关于加快旅游度假区建设的实施意见》，总体目标是围绕建设世界旅游名城的目标，着力构建数量、类型、结构、层次均要合理，同时发展质量、管理水平、经济拉动力强的度假区体系，规划扬州市内的重点发展区域，明确了主要发展任务和保障措施。

④2013年7月29日　江苏省人民政府办公厅发布《关于推进旅游度假区发展的意见》，规定江苏省旅游度假区的发展定位为旅游业创新发展先行区、旅游度假产业集聚区、旅游业转型升级示范区，并提出未来的发展目标。

⑤2013年6月18日　连云港市人民政府发表了《连云港市市级旅游度假区管理办法》，规范、引导旅游度假区的发展和管理，培育旅游休闲度假产品，促进旅游产业转型升级，对连云港市域范围内的度假区规划、建设、设立和管理进行了说明。

七、低碳工业园区

①2014年8月7日　陕西省人民政府发布《山西省低碳创新行动计划》，提出未来工作的总体目标，并具体给出了2015年和2020年二氧化排放率，单位GDP能源消耗，煤炭消费占一次能源消费的比重，燃气消费占一次能源消费的比重，非化石能源消费占一次能源消费的比重等低碳指标应该达到的水

平，并通过一系列重大工程来完成节能减排的总目标。

②2014 年 5 月 15 日　国务院办公厅发布《2014 - 2015 年节能减排低碳发展行动方案》，提出工作目标为：2014 ~ 2015 年，单位 GDP 能耗、化学需氧量、二氧化硫、氨氮、氮氧化物排放量分别逐年下降 3.9%、2%、2%、2%、5% 以上，单位 GDP 二氧化碳排放量两年分别下降 4%、3.5% 以上。并细化了各省及自治区应该完成的指标。

③2013 年 10 月 25 日　工业和信息化部与国家发展改革委员会发布了《国家低碳工业园区试点工作方案》，未来发展目标为，到 2015 年，创建 80 个特色鲜明、示范意义强的国家低碳工业园区试点，打造一批掌握低碳核心技术、具有先进低碳管理水平的低碳企业，形成一批园区低碳发展模式。试点园区单位工业增加值碳排放大幅下降，传统产业低碳化改造和新型低碳产业发展取得显著成效，引领和带动工业低碳发展。

④2013 年 9 月 15 日　武汉市人民政府发布《武汉市低碳城市试点工作实施方案》，分别提出了 2015 年，2020 年的二氧化碳排放量指标，单位地区生产总值能耗比，非化石能源占全社会能源消费，森林覆盖率等指标的预期水平。明确主要任务和重点行动，给予相关保障措施。

八、科技园区

①2014 年 8 月 8 日　江西省科技厅、江西省教育厅发布《江西省大学科技园认定与管理办法（试行）》，为加快江西省科技创新成果向现实生产力转化，推动以企业为主体、市场为导向、产学研相结合的技术创新体系建设，提高大学科技园建设与发展水平，对大学科技园的功能定位、申报认定、运行管理、政策与措施进行了详细的规定。

②2014 年 6 月 16 日　陕西省科学技术厅发布《陕西省关于促进科技园区和创新平台发展的意见》，指出为深入实施创新驱动发展战略，充分发挥园区和平台的作用，应该促进科技园区创新发展，提升发展水平，推进研究开发平台建设，提升产业技术创新能力，提升成果转化平台服务能力，为科技企业发展壮大提供有力支撑，加快科技公共服务平台建设，提升科技服务能力和水平。

③2013 年 12 月 31 日　财政部、国家税务总局发布《关于国家大学科技园税收政策的通知》，自 2013 年 1 月 1 日至 2015 年 12 月 31 日，对符合条件的科技园自用以及无偿或通过出租等方式提供给孵化企业使用的房产、土地，免征房产税和城镇土地使用税；对其向孵化企业出租场地、房屋以及提供孵化服务的收入，免征营业税。营业税改征增值税后的营业税优惠政策处理问题由营改增试点过渡政策另行规定。并对孵化企业的财务计算，使用面积等内容进行了规定。

九、试验区

1. 成渝全国统筹城乡综合配套改革试验区

2013 年 10 月 29 日　成都市教育局出台《成都市建设统筹城乡教育综合改革试验区第二阶段总体方案（2013—2017 年）》，围绕构建和完善城乡一体机会均等的基本公共教育服务、服务产业发展的现代职业教育、资源整合协同创新的高等教育服务、覆盖城乡吸纳全民的终身教育“四大体系”，制订具体措施，确定未来目标。

2. 资源节约型和环境友好型社会建设综合配套改革试验区

①2014 年 9 月 27 日　国土资源部出台《关于推进土地节约集约利用的指导意见》，为切实解决土地粗放利用和浪费问题，以土地利用方式转变促进经济发展方式转变，推动生态文明建设和新型城镇化，提出严格用地规模管控，优化开发利用格局，健全用地控制指标，发挥市场机制，实施综合整治利用，推动科技示范引领等措施。对“两型”试验区的建设有重要指导意义。

②2014 年 7 月 18 日　环境保护部、发展改革委、工业和信息化部、财政部、住房城乡建设部、能源局印发《大气污染防治行动计划实施情况考核办法（试行）实施细则》，为促进大气污染防治的工作，明确了年度考核各项指标的定义、考核要求和计分方法，加快落实考核工作。

③2013 年 8 月 1 日　国务院印发《关于加快发展节能环保产业的意见》。该《意见》分总体要求；围绕重点领域，促进节能环保产业发展水平全面提升；发挥政府带动作用，引领社会资金投入节能环保工程建设；推广节能环保

产品，扩大市场消费需求；加强技术创新，提高节能环保产业市场竞争力；强化约束激励，营造有利的市场和政策环境6部分。

④2013年1月2日　国务院办公厅印发《实行最严格水资源管理制度考核办法》，共十六条。推进实行最严格水资源管理制度，确保实现水资源开发利用和节约保护。对考核组构成、考核内容和考核评分等内容进行了规定。

3. 沈阳经济区国家新型工业化综合配套改革试验区

①2014年8月19日　沈阳人民政府印发《沈阳市生产性服务业发展规划（2014－2017年）》，该规划依据《国务院关于沈阳经济区新型工业化综合配套改革试验总体方案的批复》等上位规划制订；对金融服务、信息服务、科技服务、商务服务、流通服务等五大行业类别进行规划，同时涉及部分新兴服务领域。

②2013年1月13日　沈阳市人民政府印发《沈阳市加快东北区域金融中心建设若干政策措施》，共五部分，二十一条。其中第二部分鼓励金融创新中的第九条，提出鼓励和支持在沈实施国家各类金融改革创新试点。抓住国家批准设立沈阳经济区国家新型工业化综合配套改革试验区的契机，加快建设国家优化金融生态综合试验区，争取国家各项金融创新在沈先行先试，激发城市金融活力。

4. 山西省国家资源型经济转型综合配套改革试验区

2013年4月30日　为全面部署推进“十二五”后三年经济转型综合配套改革试验区建设，山西省人民政府印发《山西省国家资源型经济转型综合配套改革试验实施方案（2013－2015年）》，实施方案分为总体要求，重大改革，重大事项，重大项目，重大课题，各市、省级试点县（市、区）、省直部门、省级试点企业转型综改试验、保障措施七部分。为再造一个新山西的战略目标顺利实现提供了具体实施途径。

5. 浙江省义乌市国际贸易综合改革试点

2013年11月29日　中国共产党浙江省第十三届委员会第四次全体会议通过《中共浙江省委关于认真学习贯彻党的十八届三中全会精神全面深化改革再创体制机制新优势的决定》，该决定从总体要求、改革目标和路线、再创多种所有制经济共同发展新优势、深化市场取向改革、加快转变政府职能、完善城乡发展一体化体制机制、完善开放型经济体制机制等十一部分进行深化改革的规定。

6. 厦门市深化两岸交流合作综合配套改革试验区

2013年4月12日　国家质检总局发布《关于支持厦门市深化两岸交流合作综合配套改革试验的意见》，共12条措施。其中包括：包括支持厦门东南国际航运中心建设；探索两岸间货物流转检验检疫监管新模式；支持厦门质检部门参与两岸认证检测结果、数据互认工作；支持厦门市建设两岸新兴产业和现代服务业合作示范区；支持在厦设立两岸标准检验认证交流合作基地；适度放宽对台小额贸易检验检疫政策等内容。

7. 浙江省温州市金融综合改革试验区

①2014年8月11日　温州市人民政府出台《温州市人民政府办公室关于推广农村小额人身保险工作的实施意见》，为推进温州金融综合改革试验区建设，充分发挥保险业服务“三农”的作用，切实提高低收入农民的生活保障水平，着力完善农村多层次保障体系。明确小额人身保险的目标任务、基本原则、产品类别和要求。

②2014年5月27日　温州市人民政府印发《温州市低碳城市试点工作2014年度实施计划》，共八条。其中第二条提出，结合温州国家金融综合改革试验区建设，充分发挥温州民间资本雄厚优势，探索开展碳金融业务，形成低碳产业多元化融资模式，引导金融向低碳领域流动，支持低碳经济发展，提升低碳金融服务低碳产业发展的能力，改变“低碳概念热、融资冷”的局面。

③2014年1月24日　泉州市人民政府印发《泉州市人民政府关于印发泉州市工商登记制度改革试点工作实施方案》，为更好地实施打造泉州经济升级版、改革创新示范区、生态宜居幸福城“三大战略”，推进泉州市“金改区”、“综改区”建设，实施方案主要内容为改革的主要内容和具体措施共九条，并提供了一系列保障措施保证改革顺利进行。

④2013年5月11日　温州市人民政府印发《2013年温州市服务业发展行动计划》，共四部分。第一部分着力推动服务业重点行业发展中指出金融业的

发展，要深入实施国家金融综合改革试验区战略举措，探索建立适合小微企业和“三农”需求特点的多层次金融服务体系。完善各县（市、区）和市级功能区金融产业平台，优化金融产业空间布局，着力抓好温州金融改革广场等一批有形平台建设，推动金融业集聚发展。启动地方金融组织建设工程，扩大地方新型金融组织试点工作。大力推进地方资本市场培育工程，加快企业上市步伐，加大债券发行力度，推进中小企业改制规范，加快建立现代企业制度。建立健全小微企业再担保体系和再担保机构的风险控制机制，提供增信服务。开展中小企业票据服务公司试点，推进票据流通市场发展。全年实现金融业增加值400亿元以上，金融机构人民币存贷款余额稳步增长。

⑤2013年4月5日　泉州市人民政府发布《泉州市人民政府关于鼓励金融业发展的若干意见（试行）》，为促进泉州市金融服务实体经济综合改革试验区发展，经泉州市政府第21次常务会议研究，提出该意见。共十七条，鼓励意见包括对在泉州新注册或者新入驻的金融机构和金融配套服务机构给予奖励；购地、购房或租房补贴；对金融机构和金融配套服务机构急需紧缺人才，给予一系列优惠；鼓励银行业金融机构增加信贷投放等。

⑥2013年4月5日　泉州市人民政府发布《关于促进股权投资业发展的若干意见（试行）》，为加快金融服务实体经济综合改革试验区建设，促进股权投资业发展，提高直接融资比重，吸引更多社会资本参与泉州市经济建设制订该方案，共五部分。主要涉及规范工商登记、加大财政扶持、优化服务和规范发展等内容。

8. 云南省广西壮族自治区沿边金融综合改革试验区

①2014年1月8日　广西省人民政府出台《广西壮族自治区人民政府关于建设沿边金融综合改革试验区的实施意见》，积极探索跨境金融改革创新，深化对外开放合作，推动沿边地区和民族地区经济金融和谐发展。针对金融综合改革试验区《总体方案》的各项任务进行了分类细化，共提出53项重点措施和4项保障措施。

②2013年12月31日　云南省人民政府出台《云南省人民政府关于建设沿边金融综合改革试验区的实施意见》，以深化金融改革，扩大沿边开放，加

快我国面向西南开放重要桥头堡和昆明区域性国际金融中心建设。该《意见》提出的 10 项主要任务，实施推进的重点任务 36 项，并要求制定实施细则的任务分解 28 项，从加强组织领导、加快实施推进、加强统筹协调、加强财金联动、加快金融人才队伍建设、优化地方金融发展环境 6 个方面提出了保障措施。

③2013 年 11 月 20 日　经国务院同意，中国人民银行、国家发展和改革委员会等 11 部门印发《云南省广西壮族自治区建设沿边金融综合改革试验区总体方案》。为深入贯彻落实党的十八大精神，支持云南省加快建设面向西南开放的重要桥头堡，促进广西壮族自治区深化与东盟的开放合作，积极探索跨境金融改革创新，推动沿边地区和民族地区经济金融和谐发展，制定该方案。主要任务共十条，涉及金融创新、金融市场完善和沿边经贸拓展等内容。

9. 青岛市财富管理金融综合改革试验区

2014 年 2 月 10 日　经国务院同意，中国人民银行、国家发展和改革委员会等 11 部门印发《青岛市财富管理金融综合改革试验区总体方案》，其中重点任务共六项。主要目标是通过加快金融改革创新，不断加强财富管理组织体系、市场体系、业务体系、环境体系、监管体系建设，推动财富管理与相关产业协同发展，探索形成财富管理发展的新模式和新途径，构建具有中国特色的财富管理体系，力争将青岛建设成为面向国际的财富管理中心城市。

十、经济区

1. 广西北部湾经济区

2014 年 1 月 13 日　广西壮族自治区人民政府出台《关于促进广西北部湾经济区开放开发的若干政策规定》，共 39 条。包含内容主要为产业发展支持政策，金融发展支持政策，用地用海支持政策，投资环境优化政策，人力资源支持政策等方面。

2014 年 10 月 14 日　中共广西壮族自治区委员会、广西壮族自治区人民政府出台《关于深化北部湾经济区改革若干问题的决定》，在经济区四市率先推进户籍、港口、园区、通关、金融及人才开发、行政管理等重点领域和关键环节改革，逐步延及玉林、崇左两个城市，为打造中国—东盟合作“三基地一中心”，建设重要国际区域经济合作区，建成西南中南地区开放发展新的战略支点核心区域和“海上丝绸之路”新门户新枢纽提供强大支撑。

2. 鄱阳湖生态经济区

①2013 年 11 月 12 日　江西省鄱阳湖生态经济区建设（昌九一体化发展）领导小组办公室印发《推进昌九通信同城化、金融服务同城化工作方案》，通信同城化的内容主要包括通信服务同城化、通信资费同城化。金融服务同城化主要任务包括推进银行卡、存折业务同城化，推进银行资金汇划同城化、推进保险售后服务同城化推进搭建直接融资服务共享平台、推进社会信用体系共享平台建设、探索银行分支机构设立同城化、时间小额贷款公司经营区域同城化。

②2013 年 11 月 7 日　江西省鄱阳湖生态经济区建设（昌九一体化发展）领导小组办公室印发《鄱阳湖生态经济区共青先导区建设总体方案》。共青先导区的战略定位为绿色发展示范区、新型城镇化先行区、体制机制创新的试验区、昌九一体化的重要支点。确定未来发展目标和空间布局。要从加强生态环保，加快产业转型升级，推进改革创新方敏进行发展。

③2013 年 11 月 1 日　中共江西省委办公厅、江西省人民政府办公厅印发《深入推进鄱阳湖生态经济区建设方案》，将鄱阳湖经济区划分为划分为湖体核心保护区、滨湖控制开发带和高效集约发展区。明确了 2015 年及 2020 年生态环境质量指标和人均生产总值等目标。未来主要分为三部分进行详细规定。

④2013 年 10 月 30 日　江西省人民政府办公厅印发《推进昌九一体化工作方案》，为策应长江中游城市群建设、深入推进鄱阳湖生态经济区建设、加快区域升级，推进昌九一体化。该《方案》对昌九一体化的工作目标、工作任务和职能分工进行了详细规定。

3. 洞庭湖生态经济区规划

2014 年 5 月 2 日　国家发展与改革委员会印发《洞庭湖生态经济区规划》，洞庭湖生态经济区战略定位为全国大湖流域生态文明建设试验区，保障粮食安全的现代农业基地，“两型”引领的“四化”同步发展先行区，水陆联运的现代物流集散区，全国血吸虫病综合防治示范区。并对水域生态修复、产业转型发展、宜居家园建设、民生事业改善、基础设施支撑等内容进行了规划。

4. 云南桥头堡滇中产业聚集区

2014 年 5 月 28 日　国家发展改革委等五部门联合批复并同意了《云南桥头堡滇中产业聚集区发展规划（2014—2020 年）》。该规划把聚集区的战略定位设计为：桥头堡建设的新引擎、外向型特色产业基地、对外开放的试验区、产城融合的示范区、科技创新的引领区、绿色发展的样板区。并从定位出发，对未来发展进行了较为详细的说明，制订保障措施。

十一、国家高新技术产业园区

1. 中关村科技园

2014 年 6 月 27 日　北京市财政局、北京市地方税务局、中关村科技园区管理委员会印发《中关村国家自主创新示范区企业转增股本个人所得税试点工作管理办法》，对向个人股东转增股本的企业的认证条件、审核程序、缴扣税款等内容进行了具体规定。

2014 年 6 月 27 日　中共北京市海淀区委、北京市海淀区人民政府印发《关于进一步加快核心区自主创新和战略性新兴产业发展的意见》，提出今后重点任务是全面优化创新创业环境，打造最富吸引力创新创业高地，激发创新创业活力，培育支撑核心区持续发展内生动力，增强企业创新能力，提升核心区的创新竞争力，聚焦支持重点产业，构筑质量效益导向产业发展新格局。

2. 重庆高新技术产业开发区

①2014 年 4 月 29 日　重庆市高新区经济发展局制订《重庆高新技术产业开发区高层次人才引进和激励办法》，规定了高新区人才重点引进对象、创新创业鼓励政策、安居政策、分配激励、教育培养、引才奖励。

②2013 年 7 月 4 日　重庆市高新区经济发展局制订《重庆高新区促进电子商务发展暂行办法》，共五章，二十二条，对电子商务企业的认定进行了规定，提出鼓励引进企业，鼓励企业壮大的措施，明确工商行政管理支持政策。

③2013 年 1 月 17 日　重庆市高新区经济发展局制订《重庆高新技术产业

开发区工业发展扶持办法》，为加快重庆高新区工业结构转型升级，推进新型工业化进程，打造工业强区，根据国家和重庆市有关法律法规和政策规定，结合高新区实际情况，制定该扶持办法，对在高新区纳税的工业市场主体（机构）给予扶持。

3. 厦门火炬高技术产业开发区

2014 年 4 月 30 日　厦门市第十四届人民代表大会常务委员会第 17 次会议通过对《厦门经济特区高新技术产业园区条例》进行的修正，《条例》从管理与服务、准入与促进、规划与建设、法律责任方面对园区内的相关内容进行了规定。

4. 苏州高新技术产业开发区

①2013 年 11 月 6 日　苏州国家高新技术产业开发区管理委员会、苏州市虎丘区人民政府印发《苏州高新区专利专项资金管理办法》，共六章、二十三条。对专利专项资金的支持范围、专项资金支持额度、申报条件和申报程序、监督管理进行了规定。

②2013 年 11 月 6 日　苏州国家高新技术产业开发区管理委员会、苏州市虎丘区人民政府印发《苏州高新区加快科技投融资平台建设办法》，为进一步实施金融助推科技创新战略，提升苏州国家高新技术产业开发区科技投融资平台内涵，打造以高新区财富广场为主的科技金融服务区，有效推动创业风险投资特别是种子期基金的发展，营造更好的科技创新创业环境，制定该办法。共六章、二十三条，通过贷款贴息、运行补贴、财政奖励等措施实现融资平台的加快建设。

③2013 年 9 月 30 日　苏州国家高新技术产业开发区管理委员会、苏州市虎丘区人民政府印发《关于加快工业经济发展的若干扶持政策》，为加快转变经济发展方式，激发工业企业做大做强、改造升级、创新提升等方面的积极性，全面提升工业经济质量和效益，推动工业经济转型升级，制订该政策。在支持企业做大做强、支持企业改造升级、支持企业集约发展、支持企业多元发展、支持中小微企业发展方面制定了具体鼓励措施。

5. 银川经济技术开发区

2014 年 4 月 28 日　中共银川经济技术开发区工作委员会、银川经济技术开发区管理委员会，印发《银川经济技术开发区党工委管委会关于促进投资和产业发展的若干政策规定》，为推进“两优”环境建设，鼓励国内外投资者到银川经济技术开发区（以下简称“开发区”）创业发展，加快实施“三调两转一示范”战略，打造“宁夏第一、西北一流、中国特色”示范开发区，制定了鼓励投资、科技创新、扶持企业发展的政策。

6. 包头稀土高新技术产业开发区

①2014 年 3 月 9 日　包头稀土高新区党政办公室印发《包头稀土高新技术产业开发区工业企业节能目标责任评价考核暂行办法》，对考核对象、考核时间和考核内容进行规定。

②2013 年 8 月 20 日　包头稀土高新区党政办公室印发《包头稀土高新技术产业开发区社会工作联席会议制度（试行）》，公布联席会议组成人员，对联席会议的主要职责、会议议题、会议程序、成员单位职责分工进行规定。

7. 成都高新技术产业开发区

①2014 年 2 月 8 日　西安高新区管委会发布《西安高新区鼓励企业进入全国中小企业股份转让系统挂牌交易的暂行办法》，为有效促进资本市场发展，进一步促进高新区中小企业在全国中小企业股份转让系挂牌交易工作，鼓励企业不断优化公司治理结构，积极利用资本市场发展壮大，制定该政策。规定了鼓励扶持对象、鼓励扶持方式和标准、办理程序。

②2013 年 2 月 28 日　西安高新区管委会发布《西安高新区科技型中小企业流动资金贷款风险补偿资金（暂行）管理办法》，为了缓解区内中小企业融资困难，促进企业持续健康发展，从职责分工、补偿方式、风险确认及补偿程序、监督管理及业务延续和终止方面做出规定。

8. 昆明高新技术产业开发区

2013 年 3 月 15 日　昆明市高新技术产业开发区管委会发布《昆明高新技术产业开发区国有存量土地收购储备实施办法（试行）》，对收购储备范围、国有存量土地收购方式及补偿标准、国有存量土地收购的一般程序、相关部门职责进行了规定。

参考文献

[1] [加] 雅各布斯. 美国大城市的死与生. 金衡山译. 南京：译林出版社，2005

[2] [美] 刘易斯·芒福德. 城市发展史：起源演变和前景. 北京：中国建筑工业出版社，2005

[3] Batten D. F. 1995. Network Cities：Creative Urban Agglomerations for the 21st Century. Urban Studies，32（2）：313－327

[4] Charles Landry. 2000. The Creative City：A Toolkit for Urban Innovators. London：Earthscan Publications

[5] Eng I. 1997. The Rise of Manufacturing Towns：Externally Driven Industrialization and Urban Development in the Pearl River Delta，China. Urban Studies，34（4）：647－677

[6] Faber B. 2014. Trade Integration，market size，and Industrialization：Evidence from China' s National Trunk Highway System. Review of Economic Studies，81（March）：1046－1070

[7] Ganbatz P R. 1999. China' s Urban Transformation：Patterns and Processes of Morphological Change in Beijing，Shanghai and Guangzhou. Urban Studies，36（9）：1495－1521

[8] Gaubatz P R. 1995. Urban Transformation in Post－Man China：Impacts of the Reform Era on China' s Urban Form//D Davis，Urban Spaces in Contemporary China，the Potential for Autonomy and Community in Post－Mao China. Washington，D C.：Woodrow Wilson Center Press

[9] Gert－Jan Hospers. 2003. Creative Cities in Europe：Urban Competitiveness in the Knowledge Economy. Intereconomic，38（5）：260－269

[10] John Downey Jim McGuigan. 科技新城镇. 江淑琳译. 台北：韦伯文化国际出版有限公司，2003

[11] Le Corbusier. 1987. The City of Tomorrow and Its Planning. Dover Publications，New York.

[12] Leonard I. Ruehehnan. 2007. Cities in the Third Wave：The Technological Transformation of Urban America. Rowman & Littlefield Publishers Inc

[13] Lewis Mumford. 1938. The Culture of Cities. New York：Harcourt，Brace and Company

[14] Liu A P L. 1992. The "Wenzhou Model" of Development and China' s Modernization. Asian Survey，32：696－711

[15] Ma L J，C Fan M. 1994. Urbanization from Below：The Growth Of Towns in Jiangsu，China. Urban Stud-

ies. 31 （10）：1625 - 1645

[16] Manual Castells，Peter Hall. 世界的高技术园区——21 世纪产业综合体的形成．李鹏飞，范琼英，王缉慈等译．北京：北京理工大学出版社，1998

[17] Marshall McLuhan. 1965. Understanding Media：The Extensions of Man. New York：McGraw - Hill

[18] Murray P，Szelenyi I. 1984. The City in the Transition to Socialism. International Journal of Urban and Regional Research，8 （8）：90 - 107

[19] OECD. 1996. Employment and Growth in the Knowledge - based Economy. New York：Permission of the OECD

[20] Palmer - Rae Associates. 2004. Report on European Cities and Capitals of Culture Part I. Brussels：Belgium

[21] Peter Hall. 2002. Ulrich Preiffer. Urban Future 21：A Global Agenda for Twenty First Century Cities. London：Spon Press

[22] Richard Florida. 2003. Cities and the Creative Class. City & Community. 2 （3）：3 - 20

[23] Richard Florida. 2002. The Rise of Creative Class. New York：Basic

[24] Saskia Sassen. 1991. The Global City：New York，London，Tokyo. Princeton N J：Princeton University Press

[25] Sit V F，S Yang C. 1997. Foreign Investment Induced Exour - banization in the Pearl River Delta，China. Urban Studies，34 （4）：647 - 677

[26] Susan E. Clarke and Gary L. Gaile，1998. The Fourth Wave：Global - local links and human capital，in the work of Cities，the University of Minnesota Press. PP. 181 - 208

[27] Tarik A. Fathy. 1991. Telecity：Information Technology and Its Impact on City Form. New York：Praeger

[28] Toffier，Alvin，Heidi Toffler. 1994. Creating a New Civilization：The Politics of the Third Wave. Atlanta：Turner

[29] Turok，I. and Bailey，N. 2004. The theory of poly - nuclear urban regions and its application to central Scotland. European planning studies，12 （3）：371 - 389

[30] Wright Frank Lloyd. 1932. The Disappearing City. NYC：William Farquhar Payson

[31] Wright，Frank Lloyd. 1996. Broadacre City：A New Community Plan //Richard T，LeGates，Frederic Stout. The City Reader. London：Routledge

[32] Wu F. 1997. Urban Restructuring in China' s Emerging Market Economy：Toward a Framework for Analysis. International Journal of Urban and Regional Research，21 （4）

[33] 鲍小东，李雅娟，孙然，杨国要．新城傍高铁，“死城”隐忧．《南方周末》，2014. http：//www. infzm. com/content/103202

[34] 蔡伟丽，申立．新区实践与城市发展理念新动向．地域开发与研究，2008（06）

[35] 蔡伟丽．新区与城市的关系研究：空间结构与管理体制．华东师范大学博士论文，2009

[36] 曹传新．欠发达地区城市新区的开发价值与发展方略———以南阳新区为例．城市发展研究，2012（7）

[37] 曹洪涛，储传亨．当代中国的城市建设．北京：中国社会科学出版社，1990

[38] 陈嘉平．新马克思主义视角下中国新城空间演变研究．城市规划学刊，2013（4）

[39] 陈柳钦．“知识城市”的理论构建与发展．城市观察，2010（1）

[40] 陈铭，王乾晨，张晓海等．“智慧城市”评价指标体系研究．城市发展研究，2011（5）

[41] 陈为邦．城市探索．北京：知识产权出版社，2004

[42] 仇保兴．绿色建筑走向低碳生态城：2010 中国节能与低碳发展论坛主题发言．广西建设科技在线，http：//www. gxcic net/gxjskjxh/shownews. asp？ newsid＝7445

[43] 崔功豪，马润潮．中国自下而上城市化的发展及其机制．地理学报，1999（2）

[44] 戴立然，张德山．谈城市文化与文化城市．奋斗，2001（12）

[45] 邓芳岩．新城建设的引导策略——南京河西新城发展实例分析．现代城市研究，2009（12）

[46] 董鉴泓．中国东部沿海城市的发展规律及经开区的规划．上海：同济大学出版社，1991

[47] 董世盼．鬼城多集中在西北贫困城市．凤凰房产，2013 年 07 月 17 日，http：//house. ifeng. com/detail/2013_ 07_ 17/37602872_ 0. shtml

[48] 范凌云，雷诚．滨海新城的发展策略．城市问题，2008（12）

[49] 方创琳、马海涛．新型城镇化背景下中国的新区建设与土地集约利用．中国土地科学，2013（7）

[50] 方浩，李鹏，任小蔚．珠江新城规划和发展回顾，2009（S2）

[51] 费孝通．小城镇、大问题，载《小城镇四记》．北京：新华出版社，1985

[52] 佛罗里达著．创意新贵：启动新新经济的菁英势力．邹应瑗译．台北：宝鼎出版社，2003

[53] 顾朝林．中国高新技术产业与园区．北京：中信出版社，1998

[54] 顾朝林．转型发展与未来城市思考，《城市规划》．2011（11）

[55] 顾朝林，郭婧，刘宛．论当代规划师的精神世界．城市与区域规划研究，2011（3）

[56] 顾朝林，吴莉娅．中国城市化研究历程、现状与展望．载中国科学技术协会编，2007－2008 城市科学学科发展报告．北京：中国科学技术出版社．2008

[57] 顾朝林，赵民，张京祥．省域城镇化战略研究．南京：东南大学出版社，2011

[58] 顾朝林，赵令勋等．中国高新技术产业与园区．北京：中信出版社，1999

[59] 顾朝林．中国城镇体系——历史·现在·展望．北京：商务印书馆，1996

[60] 顾朝林．城镇体系规划——理论·方法·实例．北京：中国建筑工业出版社，2005

[61] 顾朝林．经济全球化与中国城市发展．北京：商务印书馆，1999

[62] 顾朝林等. 中国大城市边缘区研究，北京：科学出版社，1995

[63] 顾京涛，黄少宏. 新城规划的实践与探索——三门滨海新城概念规划，城市规划，2010（2）

[64] 顾军. 空间拓展和重构并举的转型发展规划——浦东新区总体规划修编工作的一些思考，城市规划，2011（S1）

[65] 郭研苓，孙斌栋. 从交通视角谈以公交为导向推进新城建设——以上海松江新城为例，上海城市规划，2010（01）

[66] 国家发展改革委城市和小城镇改革发展中心，2013. 该给“新城热”降降温. http://news. dichan. sina. com. cn/2013/08/27/849168. html

[67] 哈维. 作为增长机器的城市：地点的政治经济学. 汪民安等译. 载城市文化读本. 北京：北京大学出版社，2008

[68] 韩宇. 美国高技术城市研究. 北京：清华大学出版社，2009

[69] 郝娟. 西欧城市规划理论与实践. 天津：天津大学出版社，1997

[70] 何念如、吴煜. 中国当代城市化理论研究. 上海：上海人民出版社，2007

[71] 何兴刚. 城市开发区的理论和实践. 西安：陕西人民出版社，1995

[72] 洪世键，张京祥. 土地使用制度改革背景下中国城市空间扩展：一个理论分析框架. 城市规划学刊. 2010（3）

[73] 胡滨，邱建，曾九利，汪小琦. 产城一体单元规划方法及其应用——以四川省成都天府新区为例. 城市规划. 2013（8）

[74] 胡庆钢，赵佩佩，陈奕. 东部滨海地区新城建设的生态化规划途径研究. 城市规划，2010（增刊）

[75] 黄光宇. 生态城市理论与规划设计方法. 北京：科学出版社，2002

[76] 黄胜利，宁越敏. 国外新城建设及启示. 现代城市研究，2003（4）

[77] 霍华德. 明日的田园城市. 金经元译. 北京：商务印书馆，2000

[78] 荆宝洁. 天津中新生态城：“空城”和“睡城”的考验，21 世纪经济报道，2013-07-11，http://design. yuanlin. com/HTML/Article/2013-7/Yuanlin_ Design_ 11821_ 2. HTML

[79] 李百浩，彭秀涛，黄立. 中国现代新兴工业城市规划的历史研究——以苏联援助的 156 项重点工程为中心. 城市规划学刊，2006（4）

[80] 李翅. 走向理性之城—快速城市化进程中的城市新区发展与增长调控. 北京：中国建筑工业出版社，2006

[81] 李翅. 城市新区发展的战略决策模式探讨，城市发展研究，2007（5）

[82] 李红. 我国开发区布局及土地利用现状分析与研究. 中国土地科学，1998（3）

[83] 李建平. 广州新城规划发展的再思考——亚运村规划建设与新城开发，2009（2）

[84] 李金亮，沈奎．创新与政府．广州：广东省出版集团，广东经济出版社，2010

[85] 李进才，吕明娟，崔笑天．城市跨越式发展下的现代产业新区规划——以济南市东部新区发展规划为例．规划师，2013（S2）

[86] 李晓文等．上海及周边主要城镇城市用地扩张空间特征及其比较．地理研究，2003（6）

[87] 李郇．面临新型城镇化的三个规划转型问题．城市与区域规划研究，2014（1）

[88] 李郇，刘逸．中国城市化模式的混合性解释．城市与区域规划研究，2010（3）

[89] 李雨桐，贺启滨，白明宇，尤志斌，杨晓凡．无锡太湖新城的生态规划和建设实践．城市规划，2014（2）

[90] 厉无畏．迈向创意城市．理论前沿，2009（4）

[91] 厉以宁．城镇化等于老城区＋新城区＋新社区．2013－12－09，http：//www.360doc.com/content/12/1211/21/743980_253494308.shtml

[92] 林涛．郊区新城发展与大城市空间结构调整：松江案例．人文地理，2010（5）

[93] 林跃勤．智慧城市：未来城镇发展的方向．中国社会科学报，219，[2011－09－01]．hICp：//www.csstoday.net/Item/6696.aspx

[94] 刘本昕．开发建设郑东新区，加快郑州城市化进程．河南政报，2001（3）

[95] 刘畅，李新阳，杭小强．城市新区产城融合发展模式与实施路径，城市规划学刊，2012（S1）

[96] 刘合林．城市文化空间解读与利用．南京：东南大学出版社，2010

[97] 刘健．马恩拉瓦莱：从新城到欧洲中心——巴黎地区新城建设回顾．国外城市规划，2002（1）

[98] 刘冉，刘盛和，杜红亮，缪艳萍．新区转型期的人口挑战与应对——以天津滨海新区核心区为例．地域开发与研究，2009（03）

[99] 刘荣增，王淑华．城市新区的产城融合．城市问题，2013（6）

[100] 刘学勇．大城市征地劳动力就业问题探讨——以上海市浦东新区为例．城市问题，2000（3）

[101] 刘焱，刘利东．京津冀区域框架下的滨海新区发展研究，城市发展研究，2010（5）

[102] 陆大道，薛凤旋．中国区域发展报告．北京：商务印书馆，1997

[103] 陆大道．我国的城镇化进程与空间扩张．城市规划学刊，2007（4）

[104] 罗荣渠．现代化新论：世界与中国的现代化进程．北京：商务印书馆，2004

[105] 罗小龙，郑焕友，殷洁．开发区的“第三次创业”：从工业园走向新城——以苏州工业园转型为例．长江流域资源与环境，2011（7）

[106] 罗小龙，沈建法．中国城市化进程中的增长联盟和反增长联盟——以江阴经济开发区靖江园区为例．城市规划，2006（3）

[107] 吕江林．我国城市住房市场泡沫水平的度量．经济研究，2010（6）

[108] 马士江．高铁枢纽带动的新城综合交通发展战略思考——以上海市松江新城为例，上海城市规

划 . 2011（5）

[109] 马长青，李倩 . 西部欠发达山地城市生态宜居新城规划探索研究——以贵阳市北部新城规划为例 . 城市发展研究，2011（8）

[110] 买静，张京祥 . 地方政府企业化主导下的新城空间开发研究——基于常州市武进新城区的实证，城市规划学刊，2013（3）

[111] 买静，张京祥，陈浩 . 开发区向综合新城区转型的空间路径研究——以无锡新区为例 . 规划师，2011（9）

[112] 迈克尔・布鲁顿，希拉・布鲁顿，于立著，胡伶倩译 . 英国的新城发展与建设 . 城市规划，2003（12）

[113] 孟广文，杜英杰 . 天津滨海新区建设成就与发展前景 . 经济地理，2009（2）

[114] 欧阳杰 . 我国航空城规划建设刍议 . 规划师，2005（4）

[115] 潘海啸 . 面向低碳的城市空间结构——城市交通与土地使用的新模式 . 城市发展研究，2010（1）

[116] 上海市城市规划管理局编著 . 上海城市规划管理实践——科学发展观统领下的城市规划管理探索 . 北京：中国建筑工业出版社，2007

[117] 沈宏婷 . 开发区向新城转型的策略研究——以扬州经济开发区为例 . 城市问题 . 2007（12）

[118] 沈奎主编 . 创新引擎：第二代开发区的新图景 . 广州：广东人民出版社，2011

[119] 汤芳菲，2008. 义乌城市治理发展与空间重构研究，中国城市规划设计研究院硕士学位论文

[120] 唐建荣，童隆俊，邓贤峰等 . 智慧南京 . 南京：南京师范大学出版社，2011

[121] 唐志军，徐会军，巴曙松 . 中国房地产市场波动对宏观经济波动的影响研究 . 统计研究，2010（2）

[122] 陶芳芳 . 2014. 未来之城在崛起——湘江新区以人为核心的城市化解读 . http：//www. csxdq. gov. cn/XXLB/YW/2014 - 10/20141028082614Info_ 2a9e35086dd540d78f9784081. html

[123] 汪劲柏，赵民 . 我国大规模新城区开发及其影响研究 . 城市规划学刊，2012（5）

[124] 王婵 . 宁波杭州湾新区建设"三生三宜"国际化新城区 . http：//www. zj. xinhuanet. com/finance/2014 - 08/15/c_ 1112099963. htm

[125] 王峰，李松凯，徐小磊 . 滨河新区空间发展战略规划——以济南市滨河新区为例 . 规划师，2012（4）

[126] 王峰玉，郑军 . 基于产城融合理念的桐城双新经济开发区规划探索 . 小城镇建设，1994（2）

[127] 王国恩，刘松龄 ."亚运城"带动下的广州新城规划 . 城市规划 . 2009（增刊）

[128] 王慧 . 开发区与城市相互关系的内在肌理及空间效应 . 城市规划，2003（3）

[129] 王吉勇 . 分权下的多规合一深圳新区发展历程与规划思考 . 城市发展研究，2013（1）

[130] 王青. 以大型公共设施为导向的城市新区开发模式探讨. 现代城市研究, 2008 (11)

[131] 王欣, 周伟, 吴殿廷. 新区产业功能定位和城市发展战略的耦合关系——以北京市海淀新区为例. 城市问题, 2006 (6)

[132] 王勇. 郑东新区洋规划之争: 是“窝里斗”还是“争鸣与反思”. 中国经济周刊, 2006 (36)

[133] 王云才. 景观生态规划原理. 北京: 中国建筑工业出版社, 2007

[134] 魏心镇、王缉慈. 新的产业空间: 高技术产业开发区的发展与布局. 北京: 北京大学出版社, 1993

[135] 巫细波, 杨再高. 智慧城市理念与未来城市发展. 城市发展研究. 2010 (11)

[136] 吴国玺, 潘春彩, 申怀飞. 许昌新区建设的理念及可持续发展规划. 地域开发与研究, 2011 (03)

[137] 吴良镛. 关于“南通—中国近代第一城”的探索与随想. 南通大学学报 (哲学社会科学版). 2005 (1)

[138] 吴良镛. 完整社区与和谐社会. 世博网, 2010 - 10 - 31: http: //www. expo2010. cn/a/20101031/000093. htm

[139] 吴文鑫, 杨永春, 马交国, 毛利伟. 中国城市新城 (区) 发展研究——以兰州市榆中新区为例. 城市问题, 2005 (3)

[140] 吴智刚. 城市新区土地运营模式研究. 广州: 华南理工大学出版社, 2010

[141] 武廷海, 杨保军, 张城国. 中国新城: 1979 ~ 2009, 城市与区域规划研究, 2011 (2)

[142] 杨东峰, 熊国平, 王静文. 1990 年以来国际新城建设趋势探讨. 地域研究与开发. 2007 (6)

[143] 杨东峰, 殷成志, 史永亮. 从沿海开发区到外向型工业新城——1990 年代以来我国沿海大城市开发区到新城转型发展现象探讨. 城市发展研究, 2006 (6)

[144] 杨帆, 李宏谨, 李勇. 泡沫经济理论与中国房地产市场. 管理世界, 2005 (6)

[145] 杨上广. 浦东新区迁入人口的分异. 城市问题, 2006 (1)

[146] 姚南. 智慧城市理念在新城规划中的应用探讨——以成都市天府新城规划为例. 规划师, 2013 (2)

[147] 叶嘉安, 徐江, 易虹. 中国城市化的第四波. 城市规划, 2006 (I)

[148] 叶裕民. 中国城市化之路——经济支持与制度创新. 北京: 商务印书馆, 2002

[149] 喻新安等. 中国新城区建设研究: 郑州新区建设的实践与探索. 北京: 社会科学文献出版社, 2010

[150] 袁奇峰, 魏成. 从“大盘”到“新城”——广州“华南板块”的重构思考. 城市与区域规划研究, 2011 (2)

[151] 张捷, 赵民. 新城规划的理论与实践: 田园城市思想的世纪演绎. 北京: 中国建筑工业出版

社，2004

[152] 张捷，赵民．新城运动的演进及现实意义．国外城市规划，2002（5）

[153] 张捷．新城规划与建设概论．天津：天津大学出版社，2009

[154] 张京祥，陈浩，胡嘉佩．中国城市空间开发中的柔性尺度调整——南京河西新城区的实证研究．城市规划，2014（1）

[155] 张京祥，殷洁，罗震东．地域大事件营销效应的城市增长机制分析——以南京奥体新城为例．经济地理，2007（3）

[156] 张京祥，于涛，殷洁．试论营销型城市增长策略及其效应反思——基于城市增长机器理论的分析．人文地理．2008（3）

[157] 张京祥．体制转型与中国城市空间重构．南京：东南大学出版社，2007

[158] 张敏，顾朝林．农村城市化："苏南模式"与"珠江模式"比较研究．经济地理．2002（4）

[159] 张学勇，李桂文，曾宇．我国大城市地区新城发展模式及路径研究．规划师，2011（5）

[160] 张学勇，李桂文，曾宇．新城建设及其功能成长路径．城市问题，2011（03）

[161] 张伊娜，周双海．上海郊区新城建设成效评估，城市问题．2014（2）

[162] 赵民，王聿丽．新城规划与建设实践的国际经验及启示．城市与区域规划研究，2011（2）

[163] 赵晓香．新制度主义视角下开发区的新城（区）转变研究——以广州开发区为例．规划师，2010（S2）

[164] 郑德高，陈勇．后金融危机的浦东新区转型研究．城市规划学刊，2012（S1）

[165] 郑德高，陈勇，王婷婷．舟山群岛国家新区发展战略中的"央、地"利益权衡分析．城市规划学刊，2012（S1）

[166] 郑德高，陈勇．后金融危机的浦东新区转型研究．城市规划学刊，2012（S1）

[167] 郑德高，孙娟．新时期上海新城发展与市域空间结构体系研究，城市与区域规划研究，4（2）

[168] 郑国．开发区发展与城市空间重构．北京：中国建筑工业出版社，2010

[169] 中国城市科学研究会．中国低碳生态城市发展报告．北京：中国建筑工业出版社，2012

[170] 中国城市科学研究会．中国低碳生态城市发展战略．北京：中国城市出版社，2009

[171] 周岚．低碳时代的生态城市规划与建设．北京：中国建筑工业出版社，2010

[172] 朱东风，吴明伟．战后中西方新城研究回顾及对国内新城发展的启示，城市规划汇刊，2004（5）

[173] 朱孟珏，周春山．改革开放以来我国城市新区开发的演变历程、特征及机制研究．现代城市研究，2012（9）

[174] 朱孟珏，周春山．从连续式到跳跃式：转型期我国城市新区空间增长模式．规划师，2013（7）

[175] 朱一荣，田华，祁丽艳．人口与产业分散视角下的北京新城开发成效探讨．规划师，2010（8）

[176] 朱郁郁，蔡震，袁海琴，赵哲．云龙生态新城的规划与实施路径探索．城市规划学刊，2012 (S1)

[177] 诸大建，王世营．上海城市空间重构与新城发展研究．城市与区域规划研究，2011 (I)

[178] 诸大建．中国城市第三波．决策．2007 - 08 - 22. http：//news. tongji. edu. cn/classid - 16 - news-idl7081 - t - show. html

[179] 邹德慈．中国城镇化发展要求与挑战．城市规划学刊．2011 (4)

[180] 邹小华．城市新区难聚人气原因探析——以南昌市为例．城市问题，2008 (11)

[181] "Paradise lost，Britain' s neWTOwns illustrate the value of cheap land and good" infrastructure，August 3rd 2013，*the Economist*，http：//www. economist. com/news/britain/21582559 - britains - new - towns - illustrate - value - cheap - land - and - good - infrastructure - paradise - lost，Accessed November 30th 2014

[182] *Department for Communities and Local Government*，*Transferable Lessons from the New Towns*，July 2006，Crown Copyright 2006，Reference no. 06HC03919，http：//www. futurecommunities. net/files/images/Transferable_ lessons_ from_ new_ towns_ 0. pdf，Accessed November 30th 2014

[183] *Local Development Benefits from Staging Global Events*：*Achieving the Local Development Legacy from* 2012，A peer review of the Olympic and Paralympic legacy for East London proposed by the Department of Communities and Local Government，United Kingdom，OECD 2010，http：//www. oecd. org/cfe/leed/46207013. pdf，Accessed November 30th 2014

[184] 米歇尔—米绍，张杰，邹欢．法国城市规划 40 年．北京：社会科学文献出版社，2007

[185] Lillibridge，Robert. "Town Development in the Era of Eclecticism" . *Journal of the Society of Architectural Historians*，1953，12 (3)：17 - 22

[186] Birch，Eugenie L. "Radburn and the American Planning Movement The Persistence of an Idea " . *Journal of the American Planning Association*，2007，46 (4)：424 - 429

[187] Knepper，Cathy D. *Greenbelt*，*Maryland*：*A Living Legacy of the New Deal* . Baltimore：The Johns Hopkins University Press，2001. 13 - 39

[188] Ruff，Joshua. "Levittown：The Archetype for Suburban Development" . *American History Magazine*，2007

[189] Bloom，Nicholas. Suburban Alchemy：1960s New Towns and the Transformation of the American Dream. Waltham：Brandeis University，1999

[190] Morgan，George T. and King，John O. *The Woodlands*：*New Community Development*，1964 - 1983. College Station：Texas A&M University Press，1987. 49 - 51

[191] McGovern，Patrick S. "San Francisco Bay Area Edge Cities：New Roles for Planners and the General

Plan" . *Journal of Planning Education and Research*, 1998, 17: 246 -258

[192] LaFrank, Kathleen. "Seaside, Florida: 'The New Town: The Old Ways'" . *Perspectives in Vernacular Architecture*, 1997, 6: 111 -121

[193] Al -Hindi, Karen F. and Till, Karen E. "(Re) Placing the New Urbanism Debates: Towards and Interdisciplinary Research Agenda" . *Journal of Urban Geography*, 2013, 22 (3): 189 -201

[194] Mountain House Master Plan. Stockton: Community Development Department, 2007

[195] Cahill, Kathleen. Ave Maria and Celebration: An Examination of the Visionary Influences on the Design and Development of two New Town Intentional Communities in the State of Florida. Shrewsbury: University of Massachusetts, 2008

[196] 王珏等．全球化视角的区域主义与区域一体化理论阐释．地理科学进展，2013 -7

[197] 谢宝剑．基于路径依赖视角的中国区域一体化发展研究．学术研究，2012（1）

[198] 赵丽虹，王鹏．近距城市一体化发展空间策略初探．2011 中国城市规划年会论文集，2011

[199] 彭剑波．建城方略 - 中国新城新区开发运营策划实战．北京：清华大学出版社，2014

[200] 方创琳等．中国新型城镇化发展报告．北京：科学出版社，2014

[201] 方创琳，马海涛．新城新区，如何让城市更美好？光明日报．2014 -7 -1

[202] 方创琳，刘晓丽．中国城市化发展阶段的修正及地域分异规律分析．干旱区地理，2008（4）

[203] 方创琳．城市亚健康之忧．人民论坛，2010（6）

[204] 方创琳．中国城市化进程亚健康的反思与警示．现代城市研究，2011（8）

[205] 方创琳．中国快速城市化进程的资源环境保障问题与对策建议．中国科学院院刊，2009（5）

[206] 方创琳，方嘉雯．解析城镇化进程中的资源环境保障瓶颈．中国国情国力，2013（4）

[207] 方创琳．中国城市化进程及资源环境保障报告．北京：科学出版社，2010

[208] 方创琳，马海涛．新型城镇化背景下中国的新区建设与土地集约利用．中国土地科学，2013（7）

[209] 朱孟珏，周春山．改革开放以来我国城市新区开发的演变历程、特征及机制研究．现代城市研究．2012（9）

[210] 朱孟珏，周春山．我国城市新区开发的管理模式与空间组织研究．热带地理，2013（1）

[211] 宋德勇，张纪录．中国城市低碳发展的模式选择．中国人口资源与环境，2012（1）

[212] 方创琳，刘毅，林跃然等．中国创新型城市发展报告．北京：科学出版社，2013

[213] 中国城市科学研究会主编．中国低碳生态城市发展报告（2014）．北京：中国建筑工业出版社，2014

[214] 唐子来．以低碳生态的名义．城市规划，2011（1）

[215] 李迅，刘琰．中国低碳生态城市发展的现状、问题与对策，城市规划学刊，2011（4）

[216] 李迅，曹广忠，徐文珍等，中国低碳生态城市发展战略，城市发展研究，2010（1）

[217] 段进. 城市空间发展论. 南京：江苏科学技术出版社，1999

[218] 卢波. 当代“大学城”规划建设问题及其战略调整研究. 南京：东南大学博士学位论文，2005

[219] [美] 卡斯特尔（Castells，M.），（英）霍尔（Hall，P.）著. 李鹏飞，范琼英等译. 世界的高技术园区：21 世纪产业综合体的形成. 北京：北京理工大学出版社，1998

[220] [美] Jeff Saperstein，Daniel Rouach. 金马工作室译. 区域财富：世界九大高科技园园区的经验. 北京：清华大学出版社，2003

[221] 王恩铭. 美国名校风采. 上海：上海外国语出版社，2000

[222] 中国教育与人力资源问题报告课题组. 从人口大国迈向人力资源强国. 北京：高等教育出版社，2003

[223] 李岚清. 李岚清教育访谈录. 北京：人民教育出版社，2003

[224] 广州城市规划编制研究中心. 国内大学城研究项目报告，2003

[225] 张捷. 新城规划与建设概论. 天津：天津大学出版社，2009

[226] 武廷海，杨保军，张城国. 中国新城：1979—2009. 城市与区域规划研究，2011（2）

[227] 周飞舟. 分税制十年：制度及其影响. 中国社会科学，2006（6）

[228] 汪劲柏，赵民. 我国大规模新城区开发及其影响研究. 城市规划学刊，2012（5）

[229] 范明媛，王朝晖. 中国大学城空巢现象研究—基于上海松江大学城的调研. 价值工程，2013（6）

[230] 洪慧群. 对广州大学城规划设计目标的矫正. 城市规划，2010（4）

[231] 陈新炎. 东方大学城：中国第一个大学城的十年生死. 南方周末，2010 - 6 - 25

[232] 段进，李京生等. 新型城镇化与城乡规划笔谈. 城市规划学刊，2014（1 - 3）

[233] 王建平. 我国高校新区发展中的问题与思考 - 以郑州市高校新区为例. 地域研究与开发，2007（8）

[234] 沈丽萍. 试论我国大学城的文化缺失现象. 开放教育研究，2008（6）

[235] Blake Gumprecht. The American College Town. The Geographical Review，2003（1）

后　记

在《中国新城新区发展报告》的形成过程中，许多机构给予了有力的支持，许多领导与专家学者付出了辛勤的劳动。我们希望借助后记表达我们的感谢之情。

首先，要感谢国家发展改革委城市和小城镇改革发展中心及其主任李铁先生。我们借助“中心”这个平台，参与组织了2012年12月在深圳、2013年3月和2014年4月在上海、2014年11月在广州、2015年1月在北京等一系列关于新城新区的论坛交流活动。在这些活动中，李铁主任发表了一系列富有启发性的演讲，激发了我们进行深入思考。这些活动也让我们结识国内外多个学科的多位专家，我们共同构建成立了一个开放型的研究团队，来推动报告的产生。

其次，要感谢中国科学院周成虎院士、陆大道院士。在两位院士的直接支持下，我们将新城新区作为资源与环境信息系统国家重点实验室一个重要的研究方向，制定了研究框架。有了学术的支撑，新城新区的研究基础必将更加坚实。

再次，要感谢国内外机构的支持以及他们所推荐的优秀研究人员负责各章节的撰写。这本报告的作者共有19位，其中6位是长年生活在欧洲、美国、新加坡、韩国的作者。海内外不同学科专家学者的共同参与，为我们的研究提供了全球的视角。

同时，要感谢案例单位的大力支持与配合。国外的案例单位包括法国巴黎城外的马恩拉瓦莱、美国的工业新城普曼、新加坡的榜鹅新镇、韩国的东滩新城等。国内的案例单位包括横琴新区、冀南新区、镇江新区、杭州未来科技城、威海南海新区、西安渭北工业区临潼工业组团等。港中旅房地产开发有限公司也提供了案例资料。优博集团董事长、中国住交会秘书长单大伟为本报告案例研究提供支持。案例荟萃，互相借鉴，使得这本报告有了更多鲜活的元素。

此外，要感谢国家发展改革委地区经济司、国土部规划司、商务部外资司、工业和信息化部规划司以及浙江省国土资源厅等有关部门领导的支持。我们聆听了他们的建议，同时也在案例研究中得到他们的支持与帮助。在报告出版之后，我们将继续推动与部委职能部门互动合作，推动形成更加科学的政策意见。

最后，要感谢中国发展出版社及包月阳社长、尚元经副总编辑等给予的支持与帮助。他们为本书的出版付出了巨大的努力。

在本书编辑过程中，GUANGMIN（新加坡）、杨典华博士、虢建宏博士、戴毓容、刘曦蔓、朴爱春等协助进行翻译整理，付出大量劳动，一并致谢。

新城新区是一份新的事业。截至2014年10月，我们统计出县及县以上的新城新区数量总共约3140个。我们这一本报告，只是开启了系统研究中国新城新区发展问题的一扇门，未来还有很多工作需要我们继续推进。

由于时间紧，本报告还存在许多不足之处，希望读者提出宝贵意见，我们将在今后的研究和学习中继续改进。

冯　奎

2015年3月31日　北京三里河